Stefan Zweig

(1881-1942)

NOVELLEN UND GESCHICHTEN

SCHACHNOVELLE
1943

ERSTES ERLEBNIS
VIER GESCHICHTEN AUS KINDERLAND
1911
GESCHICHTE IN DER DÄMMERUNG
DIE GOUVERNANTE
BRENNENDES GEHEIMNIS
SOMMERNOVELETTE

DER STERN ÜBER DEM WALDE
1903

DIE WUNDER DES LEBENS
1904

DIE LIEBE DER ERIKA EWALD
1904

INHALTSVERZEICHNIS

SCHACHNOVELLE 7

ERSTES ERLEBNIS
VIER GESCHICHTEN AUS KINDERLAND 75

GESCHICHTE IN DER DÄMMERUNG 79

DIE GOUVERNANTE 115

BRENNENDES GEHEIMNIS 133

SOMMERNOVELETTE 223

DER STERN ÜBER DEM WALDE 237

DIE WUNDER DES LEBENS 251

DIE LIEBE DER ERIKA EWALD 331

SCHACHNOVELLE

Auf dem großen Passagierdampfer, der um Mitternacht von New York nach Buenos Aires abgehen sollte, herrschte die übliche Geschäftigkeit und Bewegung der letzten Stunde. Gäste vom Land drängten durcheinander, um ihren Freunden das Geleit zu geben, Telegraphenboys mit schiefen Mützen schossen Namen ausrufend durch die Gesellschaftsräume, Koffer und Blumen wurden geschleppt, Kinder liefen neugierig treppauf und treppab, während das Orchester unerschütterlich zur Deckshow spielte. Ich stand im Gespräch mit einem Bekannten etwas abseits von diesem Getümmel auf dem Promenadendeck, als neben uns zwei- oder dreimal Blitzlicht scharf aufsprühte – anscheinend war irgendein Prominenter knapp vor der Abfahrt noch rasch von Reportern interviewt und photographiert worden. Mein Freund blickte hin und lächelte. »Sie haben da einen raren Vogel an Bord, den Czentovic.« Und da ich offenbar ein ziemlich verständnisloses Gesicht zu dieser Mitteilung machte, fügte er erklärend bei: »Mirko Czentovic, der Weltschachmeister. Er hat ganz Amerika von Ost nach West mit Turnierspielen abgeklappert und fährt jetzt zu neuen Triumphen nach Argentinien.«

In der Tat erinnerte ich mich nun dieses jungen Weltmeisters und sogar einiger Einzelheiten im Zusammenhang mit seiner raketenhaften Karriere –, mein Freund, ein aufmerksamerer Zeitungsleser als ich, konnte sie mit einer ganzen Reihe von Anekdoten ergänzen. Czentovic hatte sich vor etwa einem Jahr mit einem Schlage neben die bewährtesten Altmeister der Schachkunst, wie Aljechin, Capablanca, Tartakower, Lasker, Bogoljubow, gestellt; seit dem Auftreten des siebenjährigen Wunderkindes Rzecewski bei dem Schachturnier 1922 in New York hatte noch nie der

Einbruch eines völlig Unbekannten in die ruhmreiche Gilde derart allgemeines Aufsehen erregt. Denn Czentovics intellektuelle Eigenschaften schienen ihm keineswegs solch eine blendende Karriere von vornherein zu weissagen. Bald sickerte das Geheimnis durch, daß dieser Schachmeister in seinem Privatleben außerstande war, in irgendeiner Sprache einen Satz ohne orthographischen Fehler zu schreiben, und wie einer seiner verärgerten Kollegen ingrimmig spottete, »seine Unbildung war auf allen Gebieten gleich universell«. Sohn eines blutarmen südslawischen Donauschiffers, dessen winzige Barke eines Nachts von einem Getreidedampfer überrannt wurde, war der damals Zwölfjährige nach dem Tode seines Vaters vom Pfarrer des abgelegenen Ortes aus Mitleid aufgenommen worden, und der gute Pater bemühte sich redlich, durch häusliche Nachhilfe wettzumachen, was das maulfaule, dumpfe, breitstirnige Kind in der Dorfschule nicht zu erlernen vermochte.

Aber die Anstrengungen blieben vergeblich. Mirko starrte die schon hundertmal ihm erklärten Schriftzeichen immer wieder fremd an; auch für die simpelsten Unterrichtsgegenstände fehlte seinem schwerfällig arbeitenden Gehirn jede festhaltende Kraft. Wenn er rechnen sollte, mußte er noch mit vierzehn Jahren jedesmal die Finger zu Hilfe nehmen, und ein Buch oder eine Zeitung zu lesen bedeutete für den schon halbwüchsigen Jungen noch besondere Anstrengung. Dabei konnte man Mirko keineswegs unwillig oder widerspenstig nennen. Er tat gehorsam, was man ihm gebot, holte Wasser, spaltete Holz, arbeitete mit auf dem Felde, räumte die Küche auf und erledigte verläßlich, wenn auch mit verärgernder Langsamkeit, jeden geforderten Dienst. Was den guten Pfarrer aber an dem querköpfigen Knaben am meisten verdroß, war seine totale Teilnahmslosigkeit. Er tat nichts ohne besondere Aufforderung, stellte nie eine Frage, spielte nicht mit anderen Burschen und suchte von selbst keine Beschäftigung, sofern man sie nicht ausdrücklich anordnete; sobald Mirko die Verrichtungen des Haushalts erledigt hatte, saß er stur im Zimmer herum mit jenem leeren Blick, wie ihn Schafe auf der Weide haben, ohne an den Geschehnissen rings um ihn den geringsten Anteil zu nehmen. Während der Pfarrer abends, die lange Bauernpfeife schmauchend, mit dem Gendarmeriewachtmeister seine üblichen drei Schachpartien spielte, hockte der blondsträhnige Bursche stumm daneben und starrte unter seinen schweren Lidern anscheinend schläfrig und gleichgültig auf das karierte Brett.

Eines Winterabends klingelten, während die beiden Partner in ihre tägliche Partie vertieft waren, von der Dorfstraße her die Glöckchen eines Schlittens rasch und immer rascher heran. Ein Bauer, die Mütze mit Schnee überstäubt, stapfte hastig herein, seine alte Mutter läge im Sterben, und der Pfarrer möge eilen, ihr noch rechtzeitig die letzte Ölung zu erteilen. Ohne zu zögern folgte ihm der Priester. Der Gendarmeriewachtmeister, der sein Glas Bier noch nicht ausgetrunken hatte, zündete sich zum Abschied eine neue Pfeife an und bereitete sich eben vor, die schweren Schaftstiefel anzuziehen, als ihm auffiel, wie unentwegt der Blick Mirkos auf dem Schachbrett mit der angefangenen Partie haftete.

»Na, willst du sie zu Ende spielen?« spaßte er, vollkommen überzeugt, daß der schläfrige Junge nicht einen einzigen Stein auf dem Brett richtig zu rücken verstünde. Der Knabe starrte scheu auf, nickte dann und setzte sich auf den Platz des Pfarrers. Nach vierzehn Zügen war der Gendarmeriewachtmeister geschlagen und mußte zudem eingestehen, daß keineswegs ein versehentlich nachlässiger Zug seine Niederlage verschuldet habe. Die zweite Partie fiel nicht anders aus.

»Bileams Esel!« rief erstaunt bei seiner Rückkehr der Pfarrer aus, dem weniger bibelfesten Gendarmeriewachtmeister erklärend, schon vor zweitausend Jahren hätte sich ein ähnliches Wunder ereignet, daß ein stummes Wesen plötzlich die Sprache der Weisheit gefunden habe. Trotz der vorgerückten Stunde konnte der Pfarrer sich nicht enthalten, seinen halb analphabetischen Famulus zu einem Zweikampf herauszufordern. Mirko schlug auch ihn mit Leichtigkeit. Er spielte zäh, langsam, unerschütterlich, ohne ein einziges Mal die gesenkte breite Stirn vom Brette aufzuheben. Aber er spielte mit unwiderlegbarer Sicherheit; weder der Gendarmeriewachtmeister noch der Pfarrer waren in den nächsten Tagen imstande, eine Partie gegen ihn zu gewinnen. Der Pfarrer, besser als irgend jemand befähigt, die sonstige Rückständigkeit seines Zöglings zu beurteilen, wurde nun ernstlich neugierig, wieweit diese einseitige sonderbare Begabung einer strengeren Prüfung standhalten würde. Nachdem er Mirko bei dem Dorfbarbier die struppigen strohblonden Haare hatte schneiden lassen, um ihn einigermaßen präsentabel zu machen, nahm er ihn in seinem Schlitten mit in die kleine Nachbarstadt, wo er im Café des Hauptplatzes eine Ecke mit enragierten Schachspielern wußte, denen er selbst erfahrungsgemäß nicht gewachsen war. Es erregte bei der ansässigen Runde nicht geringes Staunen, als der Pfarrer den fünfzehnjährigen strohblonden und rotbackigen Burschen in seinem nach innen getragenen Schafspelz und schweren, hohen Schaftstiefeln in das Kaffeehaus schob, wo der Junge befremdet mit scheu nieder geschlagenen Augen in einer Ecke stehenblieb, bis man ihn zu einem der Schachtische hinrief. In der ersten Partie wurde Mirko geschlagen, da er die sogenannte Sizilianische Eröffnung bei dem guten Pfarrer nie gesehen hatte. In der zweiten Partie kam er schon gegen den besten Spieler auf Remis. Von der dritten und vierten an schlug er sie alle, einen nach dem andern.

Nun ereignen sich in einer kleinen südslawischen Provinzstadt höchst selten aufregende Dinge; so wurde das erste Auftreten dieses bäuerlichen Champions für die versammelten Honoratioren unverzüglich zur Sensation. Einstimmig wurde beschlossen, der Wunderknabe müßte unbedingt noch bis zum nächsten Tage in der Stadt bleiben, damit man die anderen Mitglieder des Schachklubs zusammenrufen und vor allem den alten Grafen Simczic, einen Fanatiker des Schachspiels, auf seinem Schlosse verständigen könne. Der Pfarrer, der mit einem ganz neuen Stolz auf seinen Pflegling blickte, aber über seiner Entdeckerfreude doch seinen pflichtgemäßen Sonntagsgottesdienst nicht versäumen wollte, erklärte sich bereit, Mirko für eine weitere Probe zurückzulassen. Der junge Czentovic wurde auf Kosten der Schachecke im Hotel einquartiert und sah an diesem Abend zum erstenmal ein Wasserklosett. Am folgenden Sonntagnachmittag war der Schachraum überfüllt. Mirko, unbeweglich vier Stunden vor dem Brett sitzend, besiegte, ohne ein Wort zu sprechen oder auch nur aufzuschauen, einen Spieler nach dem andern; schließlich wurde eine Simultanpartie vorgeschlagen. Es dauerte eine Welle, ehe man dem Unbelehrten begreiflich machen konnte, daß bei einer Simultanpartie er allein gegen die verschiedenen Spieler zu kämpfen hätte. Aber sobald Mirko diesen Usus begriffen, fand er sich rasch in die Aufgabe, ging mit seinen schweren, knarrenden Schuhen langsam von Tisch zu Tisch und gewann schließlich sieben von den acht Partien.

Nun begannen große Beratungen. Obwohl dieser neue Champion im strengen Sinne nicht zur Stadt gehörte, war doch der heimische Nationalstolz lebhaft entzündet. Vielleicht konnte endlich die kleine Stadt, deren Vorhandensein auf der Landkarte kaum jemand bisher wahrgenommen, zum erstenmal sich die Ehre erwerben, einen berühmten Mann in die Welt zu schicken. Ein Agent namens Koller, sonst nur Chansonetten und Sängerinnen für das Kabarett der Garnison vermittelnd, erklärte sich bereit, sofern man den Zuschuß für ein Jahr leiste, den jungen Menschen in Wien von einem ihm bekannten ausgezeichneten kleinen Meister fachmäßig in der Schachkunst ausbilden zu lassen. Graf Simczic, dem in sechzig Jahren täglichen Schachspieles nie ein so merkwürdiger Gegner entgegengetreten war, zeichnete sofort den Betrag. Mit diesem Tage begann die erstaunliche Karriere des Schiffersohnes.

Nach einem halben Jahre beherrschte Mirko sämtliche Geheimnisse der Schachtechnik, allerdings mit einer seltsamen Einschränkung, die später in den Fachkreisen viel beobachtet und bespöttelt wurde. Denn Czentovic brachte es nie dazu, auch nur eine einzige Schachpartie auswendig – oder wie man fachgemäß sagt: blind – zu spielen. Ihm fehlte vollkommen die Fähigkeit, das Schlachtfeld in den unbegrenzten Raum der Phantasie zu stellen. Er mußte immer das schwarz-weiße Karree mit den vierundsechzig Feldern und zweiunddreißig Figuren handgreiflich vor sich haben; noch zur Zeit seines Weltruhmes führte er ständig ein zusammenlegbares Taschenschach mit sich, um, wenn er eine Meisterpartie rekonstruieren oder ein Problem für sich lösen wollte, sich die Stellung optisch vor Augen zu führen. Dieser an sich unbeträchtliche Defekt verriet einen Mangel an imaginativer Kraft und wurde in dem engen Kreise ebenso lebhaft diskutiert, wie wenn unter Musikern ein hervorragender Virtuose oder Dirigent sich unfähig gezeigt hätte, ohne aufgeschlagene Partitur zu spielen oder zu dirigieren. Aber diese merkwürdige Eigenheit verzögerte keineswegs Mirkos stupenden Aufstieg. Mit siebzehn Jahren hatte er schon ein Dutzend Schachpreise gewonnen, mit achtzehn sich die ungarische Meisterschaft, mit zwanzig endlich die Weltmeisterschaft erobert. Die verwegensten Champions, jeder einzelne an intellektueller Begabung, an Phantasie und Kühnheit ihm unermeßlich überlegen, erlagen ebenso seiner zähen und kalten Logik wie Napoleon dem schwerfälligen Kutusow, wie Hannibal dem Fabius Cunctator, von dem Livius berichtet, daß er gleichfalls in seiner Kindheit derart auffällige Züge von Phlegma und Imbezillität gezeigt habe. So geschah es, daß in die illustre Galerie der Schachmeister, die in ihren Reihen die verschiedensten Typen intellektueller Überlegenheit vereinigt, Philosophen, Mathematiker, kalkulierende, imaginierende und oft schöpferische Naturen, zum erstenmal ein völliger Outsider der geistigen Welt einbrach, ein schwerer, maulfauler Bauernbursche, aus dem auch nur ein einziges publizistisch brauchbares Wort herauszulocken selbst den gerissensten Journalisten nie gelang. Freilich, was Czentovic den Zeitungen an geschliffenen Sentenzen vorenthielt, ersetzte er bald reichlich durch Anekdoten über seine Person. Denn rettungslos wurde mit der Sekunde, da er vom Schachbrette aufstand, wo er Meister ohnegleichen war, Czentovic zu einer grotesken und beinahe komischen Figur; trotz seines feierlichen schwarzen Anzuges, seiner pompösen Krawatte mit der etwas aufdringlichen Perlennadel und seiner mühsam manikürten Finger blieb er in seinem Gehaben und seinen Manieren derselbe beschränkte Bauernjunge, der im Dorf die Stube des Pfarrers gefegt. Ungeschickt und geradezu schamlos plump suchte er zum Gaudium und zum Ärger seiner Fachkollegen aus seiner Begabung und seinem Ruhm mit einer kleinlichen und sogar oft ordinären Habgier herauszuholen, was an Geld herauszuholen war. Er reiste von Stadt zu Stadt, immer in den billigsten Hotels wohnend, er spielte in den kläglichsten Vereinen, sofern man ihm sein Honorar bewilligte, er ließ sich abbilden auf Seifenreklamen und verkaufte sogar, ohne auf den Spott seiner Konkurrenten zu achten, die genau wußten, daß er nicht imstande war, drei Sätze richtig zu schreiben, seinen Namen für eine ›Philosophie des Schachs‹, die in Wirklichkeit ein kleiner galizischer Student für den geschäftstüchtigen Verleger geschrieben. Wie allen zähen Naturen fehlte ihm jeder Sinn für das Lächerliche; seit seinem Siege im Weltturnier hielt er sich für den wichtigsten Mann der Welt, und das Bewußtsein, all diese gescheiten, Intellektuellen, blendenden Sprecher und Schreiber auf ihrem eigenen Feld geschlagen zu haben, und vor allem die handgreifliche Tatsache, mehr als sie zu verdienen, verwandelte die ursprüngliche Unsicherheit in einen kalten und meist plump zur Schau getragenen Stolz.

»Aber wie sollte ein so rascher Ruhm nicht einen so leeren Kopf beduseln?« schloß mein Freund, der mir gerade einige klassische Proben von Czentovics kindischer Präpotenz anvertraut hatte. »Wie sollte ein einundzwanzigjähriger Bauernbursche aus dem Banat nicht den Eitelkeitskoller kriegen, wenn er plötzlich mit ein bißchen Figurenherumschieben auf einem Holzbrett in einer Woche mehr verdient als sein ganzes Dorf daheim mit Holzfällen und den bittersten Abrackereien in einem ganzen Jahr? Und dann, ist es nicht eigentlich verflucht leicht, sich für einen großen Menschen zu halten, wenn man nicht mit der leisesten Ahnung belastet ist, daß ein Rembrandt, ein Beethoven, ein Dante, ein Napoleon je gelebt haben? Dieser Bursche weiß in seinem vermauerten Gehirn nur das eine, daß er seit Monaten nicht eine einzige Schachpartie verloren hat, und da er eben nicht ahnt, daß es außer Schach und Geld noch andere Werte auf unserer Erde gibt, hat er allen Grund, von sich begeistert zu sein.«

Diese Mitteilungen meines Freundes verfehlten nicht, meine besondere Neugierde zu erregen. Alle Arten von monomanischen, in eine einzige Idee verschossenen Menschen haben mich zeitlebens angereizt, denn je mehr sich einer begrenzt, um so mehr ist er andererseits dem Unendlichen nahe; gerade solche scheinbar Weltabseitigen bauen in ihrer besonderen Materie sich termitenhaft eine merkwürdige und durchaus einmalige Abbreviatur der Welt. So machte ich aus meiner Absicht, dieses sonderbare

Spezimen intellektueller Eingleisigkeit auf der zwölftägigen Fahrt bis Rio näher unter die Lupe zu nehmen, kein Hehl.

Jedoch: »Da werden Sie wenig Glück haben«, warnte mein Freund. »Soviel ich weiß, ist es noch keinem gelungen, aus Czentovic das geringste an psychologischem Material herauszuholen. Hinter all seiner abgründigen Beschränktheit verbirgt dieser gerissene Bauer die große Klugheit, sich keine Blößen zu geben, und zwar dank der simplen Technik, daß er außer mit Landsleuten seiner eigenen Sphäre, die er sich in kleinen Gasthäusern zusammensucht, jedes Gespräch vermeidet. Wo er einen gebildeten Menschen spürt, kriecht er in sein Schneckenhaus; so kann niemand sich rühmen, je ein dummes Wort von ihm gehört oder die angeblich unbegrenzte Tiefe seiner Unbildung ausgemessen zu haben.« Mein Freund sollte in der Tat recht behalten. Während der ersten Tage der Reise erwies es sich als vollkommen unmöglich, an Czentovic ohne grobe Zudringlichkeit, die schließlich nicht meine Sache ist, heranzukommen. Manchmal schritt er zwar über das Promenadendeck, aber dann immer die Hände auf dem Rücken verschränkt mit jener stolz in sich versenkten Haltung, wie Napoleon auf dem bekannten Bilde; außerdem erledigte er immer so eilig und stoßhaft seine peripatetische Deckrunde, daß man ihm hätte im Trab nachlaufen müssen, um ihn ansprechen zu können. In den Gesellschaftsräumen wiederum, in der Bar, im Rauchzimmer zeigte er sich niemals; wie mir der Steward auf vertrauliche Erkundigung hin mitteilte, verbrachte er den Großteil des Tages in seiner Kabine, um auf einem mächtigen Brett Schachpartien einzuüben oder zu rekapitulieren.

Nach drei Tagen begann ich mich tatsächlich zu ärgern, daß seine zähe Abwehrtechnik geschickter war als mein Wille, an ihn heranzukommen. Ich hatte in meinem

Leben noch nie Gelegenheit gehabt, die persönliche Bekanntschaft eines Schachmeisters zu machen, und je mehr ich mich jetzt bemühte, mir einen solchen Typus zu personifizieren, um so unvorstellbarer schien mir eine Gehirntätigkeit, die ein ganzes Leben lang ausschließlich um einen Raum von vierundsechzig schwarzen und weißen Feldern rotiert. Ich wußte wohl aus eigener Erfahrung um die geheimnisvolle Attraktion des ›königlichen Spiels‹, dieses einzigen unter allen Spielen, die der Mensch ersonnen, das sich souverän jeder Tyrannis des Zufalls entzieht und seine Siegespalmen einzig dem Geist oder vielmehr einer bestimmten Form geistiger Begabung zuteilt. Aber macht man sich nicht bereits einer beleidigenden Einschränkung schuldig, indem man Schach ein Spiel nennt? Ist es nicht auch eine Wissenschaft, eine Kunst, schwebend zwischen diesen Kategorien wie der Sarg Mohammeds zwischen Himmel und Erde, eine einmalige Bindung aller Gegensatzpaare; uralt und doch ewig neu, mechanisch in der Anlage und doch nur wirksam durch Phantasie, begrenzt in geometrisch starrem Raum und dabei unbegrenzt in seinen Kombinationen, ständig sich entwickelnd und doch steril, ein Denken, das zu nichts führt, eine Mathematik, die nichts errechnet, eine Kunst ohne Werke, eine Architektur ohne Substanz und nichtsdestominder erwiesenermaßen dauerhafter in seinem Sein und Dasein als alle Bücher und Werke, das einzige Spiel, das allen Völkern und allen Zeiten zugehört und von dem niemand weiß, welcher Gott es auf die Erde gebracht, um die Langeweile zu töten, die Sinne zu schärfen, die Seele zu spannen. Wo ist bei ihm Anfang und wo das Ende: jedes Kind kann seine ersten Regeln erlernen, jeder Stümper sich in ihm versuchen, und doch vermag es innerhalb dieses unveränderbar engen Quadrats eine besondere Spezies von Meistern zu erzeugen, unvergleichbar allen anderen, Menschen mit einer einzig dem Schach zubestimmten Begabung, spezifische Genies, in denen Vision, Geduld und Technik in einer ebenso genau bestimmten Verteilung wirksam sind wie im Mathematiker, im Dichter, im Musiker, und nur in anderer Schichtung und Bindung. In früheren Zeiten physiognomischer Leidenschaft hätte ein Gall vielleicht die Gehirne solcher Schachmeister seziert, um festzustellen, ob bei solchen Schachgenies eine besondere Windung in der grauen Masse des Gehirns, eine Art Schachmuskel oder Schachhöcker sich intensiver eingezeichnet fände als in anderen Schädeln. Und wie hätte einen solchen Physiognomiker erst der Fall eines Czentovic angereizt, wo dies spezifische Genie eingesprengt erscheint in eine absolute intellektuelle Trägheit wie ein einzelner Faden Gold in einem Zentner tauben Gesteins. Im Prinzip war mir die Tatsache von jeher verständlich, daß ein derart einmaliges, ein solches geniales Spiel sich spezifische Matadore schaffen mußte, aber wie schwer, wie unmöglich doch, sich das Leben eines geistig regsamen Menschen vorzustellen, dem sich die Weit einzig auf die enge Einbahn zwischen Schwarz und Weiß reduziert, der in einem bloßen Hin und Her, Vor und Zurück von zweiunddreißig Figuren seine Lebenstriumphe sucht, einen Menschen, dem bei einer neuen Eröffnung, den Springer vorzuziehen statt des Bauern, schon Großtat und sein ärmliches Eckchen Unsterblichkeit im Winkel eines Schachbuches bedeutet – einen Menschen, einen geistigen Menschen, der, ohne wahnsinnig zu werden, zehn, zwanzig, dreißig, vierzig Jahre lang die ganze Spannkraft seines Denkens immer und immer wieder an den lächerlichen Einsatz wendet, einen hölzernen König auf einem hölzernen Brett in den Winkel zu drängen!

Und nun war ein solches Phänomen, ein solches sonderbares Genie oder ein solcher rätselhafter Narr mir räumlich zum erstenmal ganz nahe, sechs Kabinen weit auf demselben Schiff, und ich Unseliger, für den Neugier in geistigen Dingen immer zu einer Art Passion ausartet, sollte nicht imstande sein, mich ihm zu nähern. Ich begann, mir die absurdesten Listen auszudenken: etwa, ihn in seiner Eitelkeit zu kitzeln, indem ich ihm ein angebliches Interview für eine wichtige Zeitung vortäuschte, oder bei seiner Habgier zu packen, dadurch, daß ich ihm ein einträgliches Turnier in Schottland proponierte. Aber schließlich erinnerte ich mich, daß die bewährteste Technik der Jäger, den Auerhahn an sich heranzulocken, darin besteht, daß sie seinen Balzschrei nachahmen; was konnte eigentlich wirksamer sein, um die Aufmerksamkeit eines Schachmeisters auf sich zu ziehen, als indem man selber Schach spielte?

Nun bin ich zeitlebens nie ein ernstlicher Schachkünstler gewesen, und zwar aus dem einfachen Grunde, daß ich mich mit Schach immer bloß leichtfertig und ausschließlich zu meinem Vergnügen befaßte; wenn ich mich für eine Stunde vor das Brett setze, geschieht dies keineswegs, um mich anzustrengen, sondern im Gegenteil, um mich von geistiger Anspannung zu entlasten. Ich ›spiele‹ Schach im wahrsten Sinne des Wortes, während die anderen, die wirklichen Schachspieler, Schach ›ernsten‹, um ein verwegenes neues Wort in die deutsche Sprache einzuführen. Für Schach ist nun, wie für die Liebe, ein Partner unentbehrlich, und ich wußte zur Stunde noch nicht, ob sich außer uns andere Schachliebhaber an Bord befanden. Um sie aus ihren Höhlen herauszulocken, stellte ich im Smoking Room eine primitive Falle auf, indem ich mich mit meiner Frau, obwohl sie noch schwächer spielt als ich, vogelstellerisch vor ein Schachbrett setzte. Und tatsächlich, wir hatten noch nicht sechs Züge getan, so blieb schon jemand im Vorübergehen stehen, ein zweiter erbat die Erlaubnis, zusehen zu dürfen; schließlich fand sich auch der erwünschte Partner, der mich zu einer Partie herausforderte. Er hieß McConnor und war ein schottischer Tiefbauingenieur, der, wie ich hörte, bei Ölbohrungen in Kalifornien sich ein großes Vermögen gemacht hatte, von äußerem Ansehen ein stämmiger Mensch mit starken, fast quadratisch harten Kinnbacken, kräftigen Zähnen und einer satten Gesichtsfarbe, deren prononcierte Rötlichkeit wahrscheinlich, zumindest teilweise, reichlichem Genuß von Whisky zu verdanken war. Die auffällig breiten, fast athletisch vehementen Schultern machten sich leider auch im Spiel charaktermäßig bemerkbar, denn dieser Mister McConnor gehörte zu jener Sorte selbstbesessener Erfolgsmenschen, die auch im belanglosesten Spiel eine Niederlage schon als Herabsetzung ihres Persönlichkeitsbewußtseins empfinden. Gewöhnt, sich im Leben rücksichtslos durchzusetzen, und verwöhnt vom faktischen Erfolg, war dieser massive Selfmademan derart unerschütterlich von seiner Überlegenheit durchdrungen, daß jeder Widerstand ihn als ungebührliche Auflehnung und beinahe Beleidigung erregte. Als er die erste Partie verlor, wurde er mürrisch und begann umständlich und diktatorisch zu erklären, dies könne nur durch eine momentane Unaufmerksamkeit geschehen sein, bei der dritten machte er den Lärm im Nachbarraum für sein Versagen verantwortlich; nie war er gewillt, eine Partie zu verlieren, ohne sofort Revanche zu fordern. Anfangs amüsierte mich diese ehrgeizige Verbissenheit; schließlich nahm ich sie nur mehr als unvermeidliche Begleiterscheinung für meine eigentliche Absicht hin, den Weltmeister an unseren Tisch zu locken.

Am dritten Tag gelang es und gelang doch nur halb. Sei es, daß Czentovic uns vom Promenadendeck aus durch das Bordfenster vor dem Schachbrett beobachtet oder daß er nur zufälligerweise den Smoking Room mit seiner Anwesenheit beehrte – jedenfalls trat er, sobald er uns Unberufene seine Kunst ausüben sah, unwillkürlich einen Schritt näher und warf aus dieser gemessenen Distanz einen prüfenden Blick auf unser Brett. McConnor war gerade am Zuge. Und schon dieser eine Zug schien ausreichend, um Czentovic zu belehren, wie wenig ein weiteres Verfolgen unserer dilettantischen Bemühungen seines meisterlichen Interesses würdig sei. Mit derselben selbstverständlichen Geste, mit der unsereiner in einer Buchhandlung einen angebotenen schlechten Detektivroman weglegt, ohne ihn auch nur anzublättern, trat er von unserem Tische fort und verließ den Smoking Room. ›Gewogen und zu leicht befunden‹, dachte ich mir, ein bißchen verärgert durch diesen kühlen, verächtlichen Blick, und um meinem Unmut irgendwie Luft zu machen, äußerte ich zu McConnor:

»Ihr Zug scheint den Meister nicht sehr begeistert zu haben.«

»Welchen Meister?«

Ich erklärte ihm, jener Herr, der eben an uns vorübergegangen und mit mißbilligendem Blick auf unser Spiel gesehen, sei der Schachmeister Czentovic gewesen. Nun, fügte ich hinzu, wir beide würden es überstehen und ohne Herzeleid uns mit seiner illustren Verachtung abfinden; arme Leute müßten eben mit Wasser kochen. Aber zu meiner Überraschung übte auf McConnor meine lässige Mitteilung eine völlig unerwartete Wirkung. Er wurde sofort erregt, vergaß unsere Partie, und sein Ehrgeiz begann geradezu hörbar zu pochen. Er habe keine Ahnung gehabt, daß Czentovic an Bord sei, und Czentovic müsse unbedingt gegen ihn spielen. Er habe noch nie im Leben gegen einen Weltmeister gespielt außer einmal bei einer Simultanpartie mit vierzig anderen; schon das sei furchtbar spannend gewesen, und er habe damals beinahe gewonnen. Ob ich den Schachmeister persönlich kenne? Ich verneinte. Ob ich ihn nicht ansprechen wolle und zu uns bitten? Ich lehnte ab mit der Begründung, Czentovic sei meines Wissens für neue Bekanntschaften nicht sehr zugänglich. Außerdem, was für einen Reiz sollte es einem Weltmeister bieten, mit uns drittklassigen Spielern sich abzugeben?

Nun, das mit den drittklassigen Spielern hätte ich zu einem derart ehrgeizigen Manne wie McConnor lieber nicht äußern sollen. Er lehnte sich verärgert zurück und erklärte schroff, er für seinen Teil könne nicht glauben, daß Czentovic die höfliche Aufforderung eines Gentlemans ablehnen werde; dafür werde er schon sorgen. Auf seinen Wunsch gab ich ihm eine kurze Personenbeschreibung des Weltmeisters, und schon stürmte er, unser Schachbrett gleichgültig im Stich lassend, in unbeherrschter Ungeduld Czentovic auf das Promenadendeck nach. Wieder spürte ich, daß der Besitzer dermaßen breiter Schultern nicht zu halten war, sobald er einmal seinen Willen in eine Sache geworfen.

Ich wartete ziemlich gespannt. Nach zehn Minuten kehrte McConnor zurück, nicht sehr aufgeräumt, wie mir schien.

»Nun?« fragte ich.

»Sie haben recht gehabt«, antwortete er etwas verärgert. »Kein sehr angenehmer Herr. Ich stellte mich vor, erklärte ihm, wer ich sei. Er reichte mir nicht einmal die Hand. Ich versuchte, ihm auseinanderzusetzen, wie stolz und geehrt wir alle an Bord sein würden, wenn er eine Simultanpartie gegen uns spielen wollte. Aber er hielt seinen Rücken verflucht steif; es täte ihm leid, aber er habe kontraktliche Verpflichtungen gegen seinen Agenten, die ihm ausdrücklich untersagten, während seiner ganzen Tournee ohne Honorar zu spielen. Sein Minimum sei zweihundertfünfzig Dollar pro Partie.«

Ich lachte. »Auf diesen Gedanken wäre ich eigentlich nie geraten, daß Figuren von Schwarz auf Weiß zu schieben ein derart einträgliches Geschäft sein kann. Nun, ich hoffe, Sie haben sich ebenso höflich empfohlen.«

Aber McConnor blieb vollkommen ernst. »Die Partie ist für morgen nachmittags drei Uhr angesetzt. Hier im Rauchsalon. Ich hoffe, wir werden uns nicht so leicht zu Brei schlagen lassen.«

»Wie? Sie haben ihm die zweihundertfünfzig Dollar bewilligt?« rief ich ganz betroffen aus.

»Warum nicht? C' est son métier. Wäre ich Zahnarzt an Bord, würde ich auch nicht verlangen, daß er mir den Zahn umsonst ziehen soll. Der Mann hat ganz recht, dicke Preise zu machen; in jedem Fach sind die wirklichen Könner auch die besten Geschäftsleute. Und was mich betrifft: je klarer ein Geschäft, um so besser. Ich zahle lieber in Cash, als mir von einem Herrn Czentovic Gnaden erweisen zu lassen und mich am Ende noch bei ihm bedanken zu müssen. Schließlich habe ich in unserem Klub schon mehr an einem Abend verloren als zweihundertfünfzig Dollar und dabei mit keinem Weltmeister gespielt. Für ›drittklassige‹ Spieler ist es keine Schande, von einem Czentovic umgelegt zu werden.«

Es amüsierte mich, zu bemerken, wie tief ich McConnors Selbstgefühl mit dem einen unschuldigen Wort ›drittklassiger Spieler‹ gekränkt hatte. Aber da er den teuren Spaß zu bezahlen gesonnen war, hatte ich nichts einzuwenden gegen seinen deplacierten Ehrgeiz, der mir endlich die Bekanntschaft meines Kuriosums vermitteln sollte. Wir verständigten eiligst die vier oder fünf Herren, die sich bisher als Schachspieler deklariert hatten, von dem bevorstehenden Ereignis und ließen, um von durchgehenden Passanten möglichst wenig gestört zu werden, nicht nur unseren Tisch, sondern auch die Nachbartische für das bevorstehende Match im voraus reservieren.

Am nächsten Tage war unsere kleine Gruppe zur vereinbarten Stunde vollzählig erschienen. Der Mittelplatz gegenüber dem Meister blieb selbstverständlich McConnor zugeteilt, der seine Nervosität entlud, indem er eine schwere Zigarre nach der andern anzündete und immer wieder unruhig auf die Uhr blickte. Aber der Weltmeister ließ – ich hatte nach den Erzählungen meines Freundes derlei schon geahnt – gute zehn Minuten auf sich warten, wodurch allerdings sein Erscheinen dann erhöhten Aplomb erhielt. Er trat ruhig und gelassen auf den Tisch zu. Ohne sich vorzustellen – ›Ihr wißt, wer ich bin, und wer ihr seid, interessiert mich nicht‹, schien diese Unhöflichkeit zu besagen –, begann er mit fachmännischer Trockenheit die sachlichen Anordnungen. Da eine Simultanpartie hier an Bord mangels an verfügbaren Schachbrettern unmöglich sei, schlage er vor, daß wir alle gemeinsam gegen ihn spielen sollten. Nach jedem Zug werde er, um unsere Beratungen nicht zu stören, sich zu einem anderen Tisch am Ende des Raumes verfügen. Sobald wir unseren Gegenzug getan, sollten wir, da bedauerlicherweise keine Tischglocke zur Hand sei, mit dem Löffel gegen ein Glas klopfen. Als maximale Zugzeit schlage er zehn Minuten vor, falls wir keine andere Einteilung wünschten. Wir pflichteten selbstverständlich wie schüchterne Schüler jedem Vorschlage bei. Die Farbenwahl teilte Czentovic Schwarz zu; noch im Stehen tat er den ersten Gegenzug und wandte sich dann gleich dem von ihm vorgeschlagenen Warteplatz zu, wo er lässig hingelehnt eine illustrierte Zeitschrift durchblätterte.

Es hat wenig Sinn, über die Partie zu berichten. Sie endete selbstverständlich, wie sie enden mußte, mit unserer totalen Niederlage, und zwar bereits beim vierundzwanzigsten Zuge. Daß nun ein Weltschachmeister ein halbes Dutzend mittlerer oder untermittlerer Spieler mit der linken Hand niederfegt, war an sich wenig erstaunlich; verdrießlich wirkte eigentlich auf uns alle nur die präpotente Art, mit der Czentovic es uns allzu deutlich fühlen ließ, daß er uns mit der linken Hand erledigte. Er warf jedesmal nur einen scheinbar flüchtigen Blick auf das Brett, sah an uns so lässig vorbei, als ob wir selbst tote Holzfiguren wären, und diese impertinente Geste erinnerte unwillkürlich an die, mit der man einem räudigen Hund abgewendeten Blicks einen Brocken zuwirft. Bei einiger Feinfühligkeit hätte er meiner Meinung nach uns auf Fehler aufmerksam machen können oder durch ein freundliches Wort aufmuntern. Aber auch nach Beendigung der Partie äußerte dieser unmenschliche Schachautomat keine Silbe, sondern wartete, nachdem er »Matt« gesagt, regungslos vor dem Tische, ob man noch eine zweite Partie von ihm wünsche. Schon war ich aufgestanden, um hilflos, wie man immer gegen dickfellige Grobheit bleibt, durch eine Geste anzudeuten, daß mit diesem erledigten Dollargeschäft wenigstens meinerseits das Vergnügen unserer Bekanntschaft beendet sei, als zu meinem Ärger neben mir McConnor mit ganz heiserer Stimme sagte: »Revanche!«

Ich erschrak geradezu über den herausfordernden Ton; tatsächlich bot McConnor in diesem Augenblick eher den Eindruck eines Boxers vor dem Losschlagen als den eines höflichen Gentlemans. War es die unangenehme Art der Behandlung, die uns Czentovic hatte zuteil werden lassen, oder nur sein pathologisch reizbarer Ehrgeiz – jedenfalls war McConnors Wesen vollkommen verändert. Rot im Gesicht bis hoch hinauf an das Stirnhaar, die Nüstern von innerem Druck stark aufgespannt, transpirierte er sichtlich, und von den verbissenen Lippen schnitt sich scharf eine Falte gegen sein kämpferisch vorgerecktes Kinn. Ich erkannte beunruhigt in seinem Auge jenes Flackern unbeherrschter Leidenschaft, wie sie sonst Menschen nur am Roulettetisch ergreift, wenn zum sechsten- oder siebentenmal bei immer verdoppeltem Einsatz nicht die richtige Farbe kommt. In diesem Augenblick wußte ich, dieser fanatisch Ehrgeizige würde, und sollte es ihn sein ganzes Vermögen kosten, gegen

Czentovic so lange spielen und spielen und spielen, einfach oder doubliert, bis er wenigstens ein einziges Mal eine Partie gewonnen. Wenn Czentovic durchhielt, so hatte er an McConnor eine Goldgrube gefunden, aus der er bis Buenos Aires ein paar tausend Dollar schaufeln konnte.

Czentovic blieb unbewegt. »Bitte«, antwortete er höflich. »Die Herren spielen jetzt Schwarz.«

Auch die zweite Partie bot kein verändertes Bild, außer daß durch einige Neugierige unser Kreis nicht nur größer, sondern auch lebhafter geworden war. McConnor blickte so starr auf das Brett, als wollte er die Figuren mit seinem Willen, zu gewinnen, magnetisieren; ich spürte ihm an, daß er auch tausend Dollar begeistert geopfert hätte für den Lustschrei ›Matt!‹ gegen den kaltschnäuzigen Gegner. Merkwürdigerweise ging etwas von seiner verbissenen Erregung unbewußt in uns über. Jeder einzelne Zug wurde ungleich leidenschaftlicher diskutiert als vordem, immer hielten wir noch im letzten Moment einer den andern zurück, ehe wir uns einigten, das Zeichen zu geben, das Czentovic an unseren Tisch zurückrief. Allmählich waren wir beim siebenunddreißigsten Zuge angelangt, und zu unserer eigenen Überraschung war eine Konstellation eingetreten, die verblüffend vorteilhaft schien, weil es uns gelungen war, den Bauern der c – Linie bis auf das vorletzte Feld c2 zu bringen; wir brauchten ihn nur vorzuschieben auf c1, um eine neue Dame zu gewinnen. Ganz behaglich war uns freilich nicht bei dieser allzu offenkundigen Chance; wir argwöhnten einmütig, dieser scheinbar von uns errungene Vorteil müsse von Czentovic, der doch die Situation viel weitblickender übersah, mit Absicht uns als Angelhaken zugeschoben sein. Aber trotz angestrengtem gemeinsamem Suchen und Diskutieren vermochten wir die versteckte Finte nicht wahrzunehmen. Schließlich, schon knapp am Rande der verstatteten Überlegungsfrist, entschlossen wir uns, den Zug zu wagen. Schon rührte McConnor den Bauern an, um ihn auf das letzte Feld zu schieben, als er sich jäh am Arm gepackt fühlte und jemand leise und heftig flüsterte: »Um Gottes willen! Nicht!«

Unwillkürlich wandten wir uns alle um. Ein Herr von etwa fünfundvierzig Jahren, dessen schmales, scharfes Gesicht mir schon vordem auf der Deckpromenade durch seine merkwürdige, fast kreidige Blässe aufgefallen war, mußte in den letzten Minuten, indes wir unsere ganze Aufmerksamkeit dem Problem zuwandten, zu uns getreten sein. Hastig fügte er, unsern Blick spürend, hinzu:

»Wenn Sie jetzt eine Dame machen, schlägt er sie sofort mit dem Läufer c 1, Sie nehmen mit dem Springer zurück. Aber inzwischen geht er mit seinem Freibauern auf d7, bedroht Ihren Turm, und auch wenn Sie mit dem Springer Schach sagen, verlieren Sie und sind nach neun bis zehn Zügen erledigt. Es ist beinahe dieselbe Konstellation, wie sie Aljechin gegen Bogoljubow 1922 im Pistyaner Großturnier initiiert hat.«

McConnor ließ erstaunt die Hand von der Figur und starrte nicht minder verwundert als wir alle auf den Mann, der wie ein unvermuteter Engel helfend vom Himmel kam. Jemand, der auf neun Züge im voraus ein Matt berechnen konnte, mußte ein Fachmann ersten Ranges sein, vielleicht sogar ein Konkurrent um die Meisterschaft, der zum gleichen Turnier reiste, und sein plötzliches Kommen und Eingreifen gerade in einem so kritischen Moment hatte etwas fast Übernatürliches. Als erster faßte sich McConnor.

»Was würden Sie raten?« flüsterte er aufgeregt.

»Nicht gleich vorziehen, sondern zunächst ausweichen! Vor allem mit dem König abrücken aus der gefährdeten Linie von g8 auf h7. Er wird wahrscheinlich den Angriff dann auf die andere Flanke hinüberwerfen.

Aber das parieren Sie mit Turm c8 – c4; das kostet ihn zwei Tempi, einen Bauern und damit die Überlegenheit. Dann steht Freibauer gegen Freibauer, und wenn Sie sich richtig defensiv halten, kommen Sie noch auf Remis. Mehr ist nicht herauszuholen.«

Wir staunten abermals. Die Präzision nicht minder als die Raschheit seiner Berechnung hatte etwas Verwirrendes; es war, als ob er die Züge aus einem gedruckten Buch ablesen würde. Immerhin wirkte die unvermutete Chance, dank seines Eingreifens unsere Partie gegen einen Weltmeister auf Remis zu bringen, zauberisch. Einmütig rückten wir zur Seite, um ihm freieren Blick auf das Brett zu gewähren. Noch einmal fragte McConnor:

»Also König g8 auf h7?«

»Jawohl! Ausweichen vor allem!«

McConnor gehorchte, und wir klopften an das Glas. Czentovic trat mit seinem gewohnt gleichmütigen Schritt an unseren Tisch und maß mit einem einzigen Blick den Gegenzug. Dann zog er auf dem Königsflügel den Bauern h2 – h4, genau wie es unser unbekannter Helfer vorausgesagt. Und schon flüsterte dieser aufgeregt:

»Turm vor, Turm vor, c8 auf c4, er muß dann zuerst den Bauern decken. Aber das wird ihm nichts helfen! Sie schlagen, ohne sich um seinen Freibauern zu kümmern, mit dem Springer d3 – e5, und das Gleichgewicht ist wiederhergestellt. Den ganzen Druck vorwärts, statt zu verteidigen!«

Wir verstanden nicht, was er meinte. Für uns war, was er sagte, Chinesisch. Aber schon einmal in seinem Bann, zog McConnor, ohne zu überlegen, wie jener geboten. Wir schlugen abermals an das Glas, um Czentovic zurückzurufen. Zum ersten Male entschied er sich nicht rasch, sondern blickte gespannt auf das Brett. Unwillkürlich schoben sich seine Brauen zusammen. Dann tat er genau den Zug, den der Fremde uns angekündigt, und wandte sich zum Gehen. Jedoch ehe er zurücktrat, geschah etwas Neues und Unerwartetes. Czentovic hob den Blick und musterte unsere Reihen – offenbar wollte er herausfinden, wer ihm mit einem Male so energischen Widerstand leistete.

Von diesem Augenblick an wuchs unsere Erregung ins Ungemessene. Bisher hatten wir ohne ernstliche Hoffnung gespielt, nun aber trieb der Gedanke, den kalten Hochmut Czentovics zu brechen, uns eine fliegende Hitze durch alle Pulse. Schon aber hatte unser neuer Freund den nächsten Zug angeordnet, und wir konnten – die Finger zitterten mir, als ich den Löffel an das Glas schlug – Czentovic zurückrufen. Und nun kam unser erster Triumph. Czentovic, der bisher immer nur im Stehen gespielt, zögerte, zögerte und setzte sich schließlich nieder. Er setzte sich langsam und schwerfällig; damit aber war schon rein körperlich das bisherige Von-oben-herab zwischen ihm und uns aufgehoben. Wir hatten ihn genötigt, sich wenigstens räumlich auf eine Ebene mit uns zu begeben. Er überlegte lange, die Augen unbeweglich auf das Brett gesenkt, so daß man kaum mehr die Pupillen unter den schwarzen Lidern wahrnehmen konnte, und im angestrengten Nachdenken öffnete sich ihm allmählich der Mund, was seinem runden Gesicht ein etwas einfältiges Aussehen gab. Czentovic überlegte einige Minuten, dann tat er seinen Zug und stand auf. Und schon flüsterte unser Freund:

»Ein Hinhaltezug! Gut gedacht! Aber nicht darauf eingehen! Abtausch forcieren, unbedingt Abtausch, dann können wir auf Remis, und kein Gott kann ihm helfen.«

McConnor gehorchte. Es begann in den nächsten Zügen zwischen den beiden – wir andern waren längst zu leeren Statisten herabgesunken – ein uns unverständliches Hin und Her. Nach etwa sieben Zügen sah Czentovic nach längerem Nachdenken auf und erklärte: »Remis.«

Einen Augenblick herrschte totale Stille. Man hörte plötzlich die Wellen rauschen und das Radio aus dem Salon herüberjazzen, man vernahm jeden Schritt vom Promenadendeck und das leise, feine Sausen des Winds, der durch die Fugen der Fenster fuhr. Keiner von uns atmete, es war zu plötzlich gekommen und wir alle noch geradezu erschrocken über das Unwahrscheinliche, daß dieser Unbekannte dem Weltmeister in einer schon halb verlorenen Partie seinen Willen aufgezwungen haben sollte. McConnor lehnte sich mit einem Ruck zurück, der zurückgehaltene Atem fuhr ihm hörbar in einem beglückten »Ah!« von den Lippen. Ich wiederum beobachtete Czentovic. Schon bei den letzten Zügen hatte mir geschienen, als ob er blässer geworden sei. Aber er verstand sich gut zusammenzuhalten. Er verharrte in seiner scheinbar gleichmütigen Starre und fragte nur in lässigster Weise, während er die Figuren mit ruhiger Hand vom Brette schob:

»Wünschen die Herren noch eine dritte Partie?«

Er stellte die Frage rein sachlich, rein geschäftlich. Aber das Merkwürdige war: er hatte dabei nicht McConnor angeblickt, sondern scharf und gerade das Auge gegen unseren Retter gehoben. Wie ein Pferd am festeren Sitz einen neuen, einen besseren Reiter, mußte er an den letzten Zügen seinen wirklichen, seinen eigentlichen Gegner erkannt haben. Unwillkürlich folgten wir seinem Blick und sahen gespannt auf den Fremden. jedoch ehe dieser sich besinnen oder gar antworten konnte, hatte in seiner ehrgeizigen Erregung McConnor schon triumphierend ihm zugerufen:

»Selbstverständlich! Aber jetzt müssen Sie allein gegen ihn spielen! Sie allein gegen Czentovic!«

Doch nun ereignete sich etwas Unvorhergesehenes. Der Fremde, der merkwürdigerweise noch immer angestrengt auf das schon abgeräumte Schachbrett starrte, schrak auf, da er alle Blicke auf sich gerichtet und sich so begeistert angesprochen fühlte. Seine Züge verwirrten sich.

»Auf keinen Fall, meine Herren«, stammelte er sichtlich betroffen. »Das ist völlig ausgeschlossen... ich komme gar nicht in Betracht... ich habe seit zwanzig, nein, fünfundzwanzig Jahren vor keinem Schachbrett gesessen... und ich sehe erst jetzt, wie ungehörig ich mich betragen habe, indem ich mich ohne Ihre Verstattung in Ihr Spiel einmengte... Bitte, entschuldigen Sie meine Vordringlichkeit... ich will gewiß nicht weiter stören.« Und noch ehe wir uns von unserer Überraschung zurechtgefunden, hatte er sich bereits zurückgezogen und das Zimmer verlassen.

»Aber das ist doch ganz unmöglich!« dröhnte der temperamentvolle McConnor, mit der Faust aufschlagend. »Völlig ausgeschlossen, daß dieser Mann fünfundzwanzig Jahre nicht Schach gespielt haben soll! Er hat doch jeden Zug, jede Gegenpointe auf fünf, auf sechs Züge vorausberechnet. So etwas kann niemand aus dem Handgelenk. Das ist doch völlig ausgeschlossen – nicht wahr?«

Mit der letzten Frage hatte sich McConnor unwillkürlich an Czentovic gewandt. Aber der Weltmeister blieb unerschütterlich kühl.

»Ich vermag darüber kein Urteil abzugeben. jedenfalls hat der Herr etwas befremdlich und interessant gespielt; deshalb habe ich ihm auch absichtlich eine

Chance gelassen.« Gleichzeitig lässig aufstehend, fügte er in seiner sachlichen Art bei:

»Sollte der Herr oder die Herren morgen eine abermalige Partie wünschen, so stehe ich von drei Uhr ab zur Verfügung.«

Wir konnten ein leises Lächeln nicht unterdrücken. jeder von uns wußte, daß Czentovic unserem unbekannten Helfer keineswegs großmütig eine Chance gelassen und diese Bemerkung nichts anderes als eine naive Ausflucht war, um sein eigenes Versagen zu maskieren. Um so heftiger wuchs unser Verlangen, einen derart unerschütterlichen Hochmut gedemütigt zu sehen. Mit einemmal war über uns friedliche, lässige Bordbewohner eine wilde, ehrgeizige Kampflust gekommen, denn der Gedanke, daß gerade auf unserem Schiff mitten auf dem Ozean dem Schachmeister die Palme entrungen werden könnte – ein Rekord, der dann von allen Telegraphenbüros über die ganze Welt hingeblitzt würde – faszinierte uns in herausforderndster Weise. Dazu kam noch der Reiz des Mysteriösen, der von dem unerwarteten Eingreifen unseres Retters gerade im kritischen Momente ausging, und der Kontrast seiner fast ängstlichen Bescheidenheit mit dem unerschütterlichen Selbstbewußtsein des Professionellen. Wer war dieser Unbekannte? Hatte hier der Zufall ein noch unentdecktes Schachgenie zutage gefördert? Oder verbarg uns aus einem unerforschlichen Grunde ein berühmter Meister seinen Namen? Alle diese Möglichkeiten erörterten wir in aufgeregtester Weise, selbst die verwegensten Hypothesen waren uns nicht verwegen genug, um die rätselhafte Scheu und das überraschende Bekenntnis des Fremden mit seiner doch unverkennbaren Spielkunst in Einklang zu bringen. In einer Hinsicht jedoch blieben wir alle einig: keinesfalls auf das Schauspiel eines neuerlichen Kampfes zu verzichten. Wir beschlossen, alles zu versuchen, damit unser Helfer am nächsten Tage eine Partie gegen Czentovic spiele, für deren materielles Risiko

McConnor aufzukommen sich verpflichtete. Da sich inzwischen durch Umfrage beim Steward herausgestellt hatte, daß der Unbekannte ein Österreicher sei, wurde mir als seinem Landsmann der Auftrag zugeteilt, ihm unsere Bitte zu unterbreiten.

Ich benötigte nicht lange, um auf dem Promenadendeck den so eilig Entflüchteten aufzufinden. Er lag auf seinem Deckchair und las. Ehe ich auf ihn zutrat, nahm ich die Gelegenheit wahr, ihn zu betrachten. Der scharfgeschnittene Kopf ruhte in der Haltung leichter Ermüdung auf dem Kissen –, abermals fiel mir die merkwürdige Blässe des verhältnismäßig jungen Gesichtes besonders auf, dem die Haare blendend weiß die Schläfen rahmten; ich hatte, ich weiß nicht warum, den Eindruck, dieser Mann müsse plötzlich gealtert sein. Kaum ich auf ihn zutrat, erhob er sich höflich und stellte sich mit einem Namen vor, der mir sofort vertraut war als der einer hochangesehenen altösterreichischen Familie. Ich erinnerte mich, daß ein Träger dieses Namens zu dem engsten Freundeskreise Schuberts gehört hatte und auch einer der Leibärzte des alten Kaisers dieser Familie entstammte. Als ich Dr. B. unsere Bitte übermittelte, die Herausforderung Czentovics anzunehmen, war er sichtlich verblüfft. Es erwies sich, daß er keine Ahnung gehabt hatte, bei jener Partie einen Weltmeister, und gar den zur Zeit erfolgreichsten, ruhmreich bestanden zu haben. Aus irgendeinem Grunde schien diese Mitteilung auf ihn besonderen Eindruck zu machen, denn er erkundigte sich immer und immer wieder von neuem, ob ich dessen gewiß sei, daß sein Gegner tatsächlich ein anerkannter Weltmeister gewesen. Ich merkte bald, daß dieser Umstand meinen Auftrag erleichterte, und hielt es nur, seine Feinfühligkeit spürend, für ratsam, ihm zu verschweigen, daß das materielle Risiko einer allfälligen Niederlage zu Lasten von McConnors Kasse ginge. Nach längerem Zögern erklärte sich Dr. B. schließlich zu einem Match bereit, doch nicht ohne ausdrücklich gebeten zu haben, die anderen Herren nochmals zu warnen, sie möchten keineswegs auf sein Können übertriebene Hoffnungen setzen.

»Denn«, fügte er mit einem versonnenen Lächeln hinzu, »ich weiß wahrhaftig nicht, ob ich fähig bin, eine Schachpartie nach allen Regeln richtig zu spielen. Bitte glauben Sie mir, daß es keineswegs falsche Bescheidenheit war, wenn ich sagte, daß ich seit meiner Gymnasialzeit, also seit mehr als zwanzig Jahren, keine Schachfigur mehr berührt habe. Und selbst zu jener Zeit galt ich bloß als Spieler ohne sonderliche Begabung.«

Er sagte dies in einer so natürlichen Weise, daß ich nicht den leisesten Zweifel an seiner Aufrichtigkeit hegen durfte. Dennoch konnte ich nicht umhin meiner Verwunderung Ausdruck zu geben, wie genau er an jede einzelne Kombination der verschiedensten Meister sich erinnern könne; immerhin müsse er sich doch wenigstens theoretisch mit Schach viel beschäftigt haben. Dr. B. lächelte abermals in jener merkwürdig traumhaften Art.

»Viel beschäftigt! – Weiß Gott, das kann man wohl sagen, daß ich mich mit Schach viel beschäftigt habe. Aber das geschah unter ganz besonderen, ja völlig einmaligen Umständen. Es war dies eine ziemlich komplizierte Geschichte, und sie könnte allenfalls als kleiner Beitrag gelten zu unserer lieblichen großen Zeit. Wenn Sie eine halbe Stunde Geduld haben...«

*

Er hatte auf den Deckchair neben sich gedeutet. Gerne folgte ich seiner Einladung. Wir waren ohne Nachbarn. Dr. B. nahm die Lesebrille von den Augen, legte sie zur Seite und begann:

»Sie waren so freundlich, zu äußern, daß Sie sich als Wiener des Namens meiner Familie erinnerten. Aber ich vermute, Sie werden kaum von der Rechtsanwaltskanzlei gehört haben, die ich gemeinsam mit meinem Vater und späterhin allein leitete, denn wir führten keine Causen, die publizistisch in der Zeitung abgehandelt wurden, und vermieden aus Prinzip neue Klienten. In Wirklichkeit hatten wir eigentlich gar keine richtige Anwaltspraxis mehr, sondern beschränkten uns ausschließlich auf die Rechtsberatung und vor allem Vermögensverwaltung der großen Klöster, denen mein Vater als früherer Abgeordneter der klerikalen Partei nahestand. Außerdem war uns – heute, da die Monarchie der Geschichte angehört, darf man wohl schon darüber sprechen – die Verwaltung der Fonds einiger Mitglieder der kaiserlichen Familie anvertraut. Diese Verbindungen zum Hof und zum Klerus – mein Onkel war Leibarzt des Kaisers, ein anderer Abt in Seitenstetten – reichten schon zwei Generationen zurück; wir hatten sie nur zu erhalten, und es war eine stille, eine, möchte ich sagen, lautlose Tätigkeit, die uns durch dies ererbte Vertrauen zugeteilt war, eigentlich nicht viel mehr erfordernd als strengste Diskretion und Verläßlichkeit, zwei Eigenschaften, die mein verstorbener Vater im höchsten Maße besaß; ihm ist es tatsächlich gelungen, sowohl in den Inflationsjahren als in jenen des Umsturzes durch seine Umsicht seinen Klienten beträchtliche Vermögenswerte zu erhalten. Als dann Hitler in Deutschland ans Ruder kam und gegen den Besitz der Kirche und der Klöster seine Raubzüge begann, gingen auch von jenseits der Grenze mancherlei Verhandlungen und Transaktionen, um wenigstens den mobilen Besitz vor Beschlagnahme zu retten, durch unsere Hände, und von gewissen geheimen politischen Verhandlungen der Kurie und des Kaiserhauses wußten wir beide mehr, als die Öffentlichkeit je erfahren wird. Aber gerade die Unauffälligkeit unserer Kanzlei – wir führten nicht einmal ein Schild an der Tür – sowie die Vorsicht, daß wir beide alle Monarchistenkreise ostentativ mieden, bot sichersten Schutz vor unberufenen Nachforschungen. De facto hat in all diesen Jahren keine Behörde in Österreich jemals vermutet, daß die geheimen Kuriere des Kaiserhauses ihre wichtigste Post immer gerade in unserer unscheinbaren Kanzlei im vierten Stock abholten oder abgaben.

Nun hatten die Nationalsozialisten, längst ehe sie ihre Armeen gegen die Welt aufrüsteten, eine andere ebenso gefährliche und geschulte Armee in allen Nachbarländern zu organisieren begonnen, die Legion der Benachteiligten, der Zurückgesetzten, der Gekränkten. In jedem Amt, in jedem Betrieb waren ihre sogenannten ›Zellen‹ eingenistet, an jeder Stelle bis hinauf in die Privatzimmer von Dollfuß und Schuschnigg saßen ihre Horchposten und Spione. Selbst in unserer unscheinbaren Kanzlei hatten sie, wie ich leider erst zu spät erfuhr, ihren Mann. Es war freilich nicht mehr als ein jämmerlicher und talentloser Kanzlist, den ich auf Empfehlung eines Pfarrers einzig deshalb angestellt hatte, um der Kanzlei nach außen hin den Anschein eines regulären Betriebes zu geben; in Wirklichkeit verwendeten wir ihn zu nichts anderem als zu unschuldigen Botengängen, ließen ihn das Telephon bedienen und die Akten ordnen, das heißt jene Akten, die völlig gleichgültig und unbedenklich waren. Die Post durfte er niemals öffnen, alle wichtigen Briefe schrieb ich, ohne Kopien zu hinterlegen, eigenhändig mit der Maschine, jedes wesentliche Dokument nahm ich selbst nach Hause und verlegte geheime Besprechungen ausschließlich in die Priorei des Klosters oder in das Ordinationszimmer meines Onkels. Dank dieser Vorsichtsmaßnahmen bekam dieser Horchposten von den wesentlichen Vorgängen nichts zu sehen; aber durch einen unglücklichen Zufall mußte der ehrgeizige und eitle Bursche bemerkt haben, daß man ihm mißtraute und hinter seinem Rücken allerlei Interessantes geschah. Vielleicht hat einmal in meiner Abwesenheit einer der Kuriere unvorsichtigerweise von ›Seiner Majestät‹ gesprochen, statt, wie vereinbart, vom ›Baron Fern‹, oder der Lump mußte Briefe widerrechtlich geöffnet haben – jedenfalls holte er sich, ehe ich Verdacht schöpfen konnte, von München oder Berlin Auftrag, uns zu überwachen. Erst viel später, als ich längst in Haft saß, erinnerte ich mich, daß seine anfängliche Lässigkeit im Dienst sich in den letzten Monaten in plötzlichen Eifer verwandelt und er sich mehrfach beinahe zudringlich angeboten hatte, meine Korrespondenz zur Post zu bringen. Ich kann mich von einer gewissen Unvorsichtigkeit also nicht freisprechen, aber sind schließlich nicht auch die größten Diplomaten und Militärs von der Hitlerei heimtückisch überspielt worden? Wie genau und liebevoll die Gestapo mir längst ihre Aufmerksamkeit zugewandt hatte, erwies dann äußerst handgreiflich der Umstand, daß noch am selben Abend, da Schuschnigg seine Abdankung bekanntgab, und einen Tag, ehe Hitler in Wien einzog, ich bereits von SS-Leuten festgenommen war. Die allerwichtigsten Papiere war es mir glücklicherweise noch gelungen zu verbrennen, kaum ich im Radio die Abschiedsrede Schuschniggs gehört, und den Rest der Dokumente mit den unentbehrlichen Belegen für die im Ausland deponierten Vermögenswerte der Klöster und zweier Erzherzöge schickte ich wirklich in der letzten Minute, ehe die Burschen mir die Tür einhämmerten in einem Waschkorb versteckt durch meine alte, verläßliche Haushälterin zu meinem Onkel hinüber.«

Dr. B. unterbrach, um sich eine Zigarre anzuzünden. Bei dem aufflackernden Licht bemerkte ich, daß ein nervöses Zucken um seinen rechten Mundwinkel lief, das mir schon vorher aufgefallen war und, wie ich beobachten konnte, sich jede paar Minuten wiederholte. Es war nur eine flüchtige Bewegung, kaum stärker als ein Hauch, aber sie gab dem ganzen Gesicht eine merkwürdige Unruhe.

»Sie vermuten nun wahrscheinlich, daß ich Ihnen jetzt vom Konzentrationslager erzählen werde, in das doch alle jene übergeführt wurden, die unserem alten Österreich die Treue gehalten, von den Erniedrigungen, Martern, Torturen, die ich dort erlitten. Aber nichts dergleichen geschah. Ich kam in eine andere Kategorie. Ich wurde nicht zu jenen Unglücklichen getrieben, an denen man mit körperlichen und seelischen Erniedrigungen ein lang aufgespartes Ressentiment austobte, sondern jener anderen, ganz kleinen Gruppe zugeteilt, aus der die Nationalsozialisten entweder Geld oder wichtige Informationen herauszupressen hofften. An sich war meine bescheidene Person natürlich der Gestapo völlig uninteressant. Sie mußten aber erfahren haben, daß wir die Strohmänner, die Verwalter und Vertrauten ihrer erbittertsten Gegner gewesen, und was sie von mir zu erpressen hofften, war belastendes Material: Material gegen die Klöster, denen sie Vermögensverschiebungen nachweisen wollten, Material gegen die kaiserliche Familie und all jene die in Österreich sich aufopfernd für die Monarchie eingesetzt. Sie vermuteten – und wahrhaftig nicht zu Unrecht – daß von jenen Fonds, die durch unsere Hände gegangen waren, wesentliche Bestände sich noch, ihrer Raublust unzugänglich, versteckten; sie holten mich darum gleich am ersten Tag heran, um mit ihren bewährten Methoden mir diese Geheimnisse abzuzwingen. Leute meiner Kategorie, aus denen wichtiges Material oder Geld herausgepreßt werden sollte, wurden deshalb nicht in Konzentrationslager abgeschoben, sondern für eine besondere Behandlung aufgespart. Sie erinnern sich vielleicht, daß unser Kanzler und anderseits der Baron Rothschild, dessen Verwandten sie Millionen abzunötigen hofften, keineswegs hinter Stacheldraht in ein Gefangenenlager gesetzt wurden, sondern unter scheinbarer Bevorzugung in ein Hotel, das Hotel Metropole, das zugleich Hauptquartier der Gestapo war, überführt, wo jeder ein abgesondertes Zimmer erhielt. Auch mir unscheinbarem Mann wurde diese Auszeichnung erwiesen.

Ein eigenes Zimmer in einem Hotel – nicht wahr, das klingt an sich äußerst human? Aber Sie dürfen mir glauben, daß man uns keineswegs eine humanere, sondern nur eine raffiniertere Methode zudachte, wenn man uns ›Prominente‹ nicht zu zwanzig in eine eiskalte Baracke stopfte, sondern in einem leidlich geheizten und separaten Hotelzimmer behauste. Denn die Pression, mit der man uns das benötigte ›Material‹ abzwingen wollte, sollte auf subtilere Weise funktionieren als durch rohe Prügel oder körperliche Folterung: durch die denkbar raffinierteste Isolierung. Man tat uns nichts, man stellte uns nur in das vollkommene Nichts, denn bekanntlich erzeugt kein Ding auf Erden einen solchen Druck auf die menschliche Seele wie das Nichts. Indem man uns jeden einzeln in ein völliges Vakuum sperrte, in ein Zimmer, das hermetisch von der Außenwelt abgeschlossen war, sollte, statt von außen durch Prügel und Kälte, jener Druck von innen erzeugt werden, der uns schließlich die Lippen aufsprengte. Auf den ersten Blick sah das mir zugewiesene Zimmer durchaus nicht unbehaglich aus. Es hatte eine Tür, ein Bett, einen Sessel, eine Waschschüssel, ein vergittertes Fenster. Aber die Tür blieb Tag und Nacht verschlossen, auf dem Tisch durfte kein Buch, keine Zeitung, kein Blatt Papier, kein Bleistift liegen, das Fenster starrte eine Feuermauer an; rings um mein Ich und selbst an meinem eigenen Körper war das vollkommene Nichts konstruiert. Man hatte mir jeden Gegenstand abgenommen, die Uhr, damit ich nicht wisse um die Zeit, den Bleistift, daß ich nicht etwa schreiben könne, das Messer, damit ich mir nicht die Adern öffnen könne; selbst die kleinste Betäubung wie eine Zigarette wurde mir versagt. Nie sah ich außer dem Wärter, der kein Wort sprechen und auf keine Frage antworten durfte, ein menschliches Gesicht, nie hörte ich eine menschliche Stimme; Auge, Ohr, alle Sinne bekamen von morgens bis nachts und von nachts bis morgens nicht die geringste Nahrung, man blieb mit sich, mit seinem Körper und den vier oder fünf stummen

Gegenständen Tisch, Bett, Fenster, Waschschüssel rettungslos allein; man lebte wie ein Taucher unter der Glasglocke im schwarzen Ozean dieses Schweigens und wie ein Taucher sogar, der schon ahnt, daß das Seil nach der Außenwelt abgerissen ist und er nie zurückgeholt werden wird aus der lautlosen Tiefe. Es gab nichts zu tun, nichts zu hören, nichts zu sehen, überall und ununterbrochen war um einen das Nichts, die völlige raumlose und zeitlose Leere. Man ging auf und ab, und mit einem gingen die Gedanken auf und ab, auf und ab, immer wieder. Aber selbst Gedanken, so substanzlos sie scheinen, brauchen einen Stützpunkt, sonst beginnen sie zu rotieren und sinnlos um sich selbst zu kreisen; auch sie ertragen nicht das Nichts. Man wartete auf etwas, von morgens bis abends, und es geschah nichts. Man wartete wieder und wieder. Es geschah nichts. Man wartete, wartete, wartete, man dachte, man dachte, man dachte, bis einem die Schläfen schmerzten. Nichts geschah. Man blieb allein. Allein. Allein.

Das dauerte vierzehn Tage, die ich außerhalb der Zeit, außerhalb der Welt lebte. Wäre damals ein Krieg ausgebrochen, ich hätte es nicht erfahren; meine Welt bestand doch nur aus Tisch, Tür, Bett, Waschschüssel, Sessel, Fenster und Wand, und immer starrte ich auf dieselbe Tapete an derselben Wand; jede Linie ihres gezackten Musters hat sich wie mit ehernem Stichel eingegraben bis in die innerste Falte meines Gehirns, so oft habe ich sie angestarrt. Dann endlich begannen die Verhöre. Man wurde plötzlich abgerufen, ohne recht zu wissen, ob es Tag war oder Nacht. Man wurde gerufen und durch ein paar Gänge geführt, man wußte nicht wohin; dann wartete man irgendwo und wußte nicht wo und stand plötzlich vor einem Tisch, um den ein paar uniformierte Leute saßen. Auf dem Tisch lag ein Stoß Papier: die Akten, von denen man nicht wußte, was sie enthielten, und dann begannen die Fragen, die echten und die falschen, die klaren und die tückischen, die Deckfragen und Fangfragen, und während man antwortete, blätterten fremde, böse Finger in den Papieren, von denen man nicht wußte, was sie enthielten, und fremde, böse Finger schrieben etwas in ein Protokoll, und man wußte nicht, was sie schrieben. Aber das Fürchterlichste bei diesen Verhören für mich war, daß ich nie erraten und errechnen konnte, was die Gestapoleute von den Vorgängen in meiner Kanzlei tatsächlich wußten und was sie erst aus mir herausholen wollten. Wie ich Ihnen bereits sagte, hatte ich die eigentlich belastenden Papiere meinem Onkel in letzter Stunde durch die Haushälterin geschickt. Aber hatte er sie erhalten? Hatte er sie nicht erhalten? Und wieviel hatte jener Kanzlist verraten? Wieviel hatten sie an Briefen aufgefangen, wieviel inzwischen in den deutschen Klöstern, die wir vertraten, einem ungeschickten Geistlichen vielleicht schon abgepreßt? Und sie fragten und fragten. Welche Papiere ich für jenes Kloster gekauft, mit welchen Banken ich korrespondiert, ob ich einen Herrn Soundso kenne oder nicht, ob ich Briefe aus der Schweiz erhalten und aus Steenookerzeel? Und da ich nie errechnen konnte, wieviel sie schon ausgekundschaftet hatten, wurde jede Antwort zur ungeheuersten Verantwortung. Gab ich etwas zu, was ihnen nicht bekannt war, so lieferte ich vielleicht unnötig jemanden ans Messer. Leugnete ich zuviel ab, so schädigte ich mich selbst.

Aber das Verhör war noch nicht das Schlimmste. Das Schlimmste war das Zurückkommen nach dem Verhör in mein Nichts, in dasselbe Zimmer mit demselben Tisch, demselben Bett, derselben Waschschüssel, derselben Tapete. Denn kaum allein mit mir, versuchte ich zu rekonstruieren, was ich am klügsten hätte antworten sollen und was ich das nächste Mal sagen müßte, um den Verdacht wieder abzulenken, den ich vielleicht mit einer unbedachten Bemerkung heraufbeschworen. Ich überlegte, ich durchdachte, ich durchforschte, ich überprüfte meine eigene Aussage auf jedes Wort, das ich dem Untersuchungsrichter gesagt, ich rekapitulierte jede Frage, die sie gestellt, jede Antwort, die ich gegeben, ich versuchte zu erwägen, was sie davon protokolliert haben könnten, und wußte doch, daß ich das nie errechnen und erfahren könnte. Aber diese Gedanken, einmal angekurbelt im leeren Raum, hörten nicht auf, im Kopf zu rotieren, immer wieder von neuem, in immer anderen Kombinationen, und das ging hinein bis in den Schlaf –, jedesmal nach einer Vernehmung durch die Gestapo übernahmen ebenso unerbittlich meine eigenen Gedanken die Marter des Fragens und Forschens und Quälens, und vielleicht noch grausamer sogar, denn jene Vernehmungen endeten doch immerhin nach einer Stunde, und diese nie, dank der tückischen Tortur dieser Einsamkeit. Und immer um mich nur der Tisch, der Schrank, das Bett, die Tapete, das Fenster, keine Ablenkung, kein Buch, keine Zeitung, kein fremdes Gesicht, kein Bleistift, um etwas zu notieren, kein Zündholz, um damit zu spielen, nichts, nichts, nichts. jetzt erst gewahrte ich, wie teuflisch sinnvoll, wie psychologisch mörderisch erdacht dieses System des Hotelzimmers war. Im Konzentrationslager hätte man vielleicht Steine karren müssen, bis einem die Hände bluteten und die Füße in den Schuhen abfroren, man wäre zusammengepackt gelegen mit zwei Dutzend Menschen in Stank und Kälte. Aber man hätte Gesichter gesehen, man hätte ein Feld, einen Karren, einen Baum, einen Stern, irgend, irgend etwas anstarren können, indes hier immer dasselbe um einen stand, immer dasselbe, das entsetzliche Dasselbe. Hier war nichts, was mich ablenken konnte von meinen Gedanken, von meinen Wahnvorstellungen, von meinem krankhaften Rekapitulieren. Und gerade das beabsichtigten sie ich sollte doch würgen und würgen an meinen Gedanken, bis sie mich erstickten und ich nicht anders konnte, als sie schließlich ausspeien, als auszusagen, alles auszusagen, was sie wollten, endlich das Material und die Menschen auszuliefern. Allmählich spürte ich, wie meine Nerven unter diesem gräßlichen Druck des Nichts sich zu lockern begannen, und ich spannte, der Gefahr bewußt, bis zum Zerreißen meine Nerven, irgendeine Ablenkung zu finden oder zu erfinden. Um mich zu beschäftigen, versuchte ich alles, was ich jemals auswendig gelernt, zu rezitieren und zu rekonstruieren, die Volkshymne und die Spielreime der Kinderzeit, den Homer des Gymnasiums, die Paragraphen des Bürgerlichen Gesetzbuchs. Dann versuchte ich zu rechnen, beliebige Zahlen zu addieren, zu dividieren, aber mein Gedächtnis hatte im Leeren keine festhaltende Kraft. Ich konnte mich auf nichts konzentrieren. Immer fuhr und flackerte derselbe Gedanke dazwischen: Was wissen sie? Was habe ich gestern gesagt, was muß ich das nächste Mal sagen?

Dieser eigentlich unbeschreibbare Zustand dauerte vier Monate. Nun – vier Monate, das schreibt sich leicht hin: just ein Dutzend Buchstaben! Das spricht sich leicht aus: vier Monate vier Silben. In einer Viertelsekunde hat die Lippe rasch so einen Laut artikuliert: vier Monate! Aber niemand kann schildern, kann messen, kann veranschaulichen, nicht einem andern, nicht sich selbst, wie lange eine Zeit im Raumlosen, im Zeitlosen währt, und keinem kann man erklären, wie es einen zerfrißt und zerstört, dieses Nichts und Nichts und Nichts um einen, dies immer nur Tisch und Bett und Waschschüssel und Tapete, und immer das Schweigen, immer derselbe Wärter, der, ohne einen anzusehen, das Essen hereinschiebt, immer dieselben Gedanken, die im Nichts um das eine kreisen, bis man irre wird. An kleinen Zeichen wurde ich beunruhigt gewahr, daß mein Gehirn in Unordnung geriet. Im Anfang war ich bei den Vernehmungen noch innerlich klar gewesen, ich hatte ruhig und überlegt ausgesagt; jenes Doppeldenken, was ich sagen sollte und was nicht, hatte noch funktioniert. jetzt konnte ich schon die einfachsten Sätze nur mehr stammelnd artikulieren, denn während ich aussagte, starrte ich hypnotisiert auf die Feder, die protokollierend über das Papier lief, als wollte ich meinen eigenen Worten nachlaufen. Ich spürte, meine Kraft ließ nach, ich spürte, immer näher rückte der Augenblick, wo ich, um mich zu retten, alles sagen würde, was ich wußte, und vielleicht noch mehr, in dem ich, um dem Würgen dieses Nichts zu entkommen, zwölf Menschen und ihre Geheimnisse verraten würde, ohne mir selbst damit mehr zu schaffen als einen Atemzug Rast. An einem Abend war es wirklich schon so weit: als der Wärter zufällig in diesem Augenblick des Erstickens mir das Essen brachte, schrie ich ihm plötzlich nach: ›Führen Sie mich zur Vernehmung! Ich will alles sagen! Ich will alles aussagen! Ich will sagen, wo die Papiere sind, wo das Geld liegt! Alles werde ich sagen, alles!‹ Glücklicherweise hörte er mich nicht mehr. Vielleicht wollte er mich auch nicht hören.

In dieser äußersten Not ereignete sich nun etwas Unvorhergesehenes, was Rettung bot, Rettung zum mindesten für eine gewisse Zeit. Es war Ende Juli, ein dunkler, verhangener, regnerischer Tag: ich erinnere mich an diese Einzelheit deshalb ganz genau, weil der Regen gegen die Scheiben im Gang trommelte, durch den ich zur Vernehmung geführt wurde. Im Vorzimmer des Untersuchungsrichters mußte ich warten. Immer mußte man bei jeder Vorführung warten: auch dieses Wartenlassen gehörte zur Technik. Erst riß man einem die Nerven auf durch den Anruf, durch das plötzliche Abholen aus der Zelle mitten in der Nacht, und dann, wenn man schon eingestellt war auf die Vernehmung, schon Verstand und Willen gespannt hatte zum Widerstand, ließen sie einen warten, sinnlos-sinnvoll warten, eine Stunde, zwei Stunden, drei Stunden vor der Vernehmung, um den Körper müde, um die Seele mürbe zu machen. Und man ließ mich besonders lange warten an diesem Donnerstag, dem 27. Juli, zwei geschlagene Stunden im Vorzimmer stehend warten; ich erinnere mich auch an dieses Datum aus einem bestimmten Grunde so genau, denn in diesem Vorzimmer, wo ich selbstverständlich, ohne mich niedersetzen zu dürfen zwei Stunden mir die Beine in den Leib stehen mußte, hing ein Kalender, und ich vermag Ihnen nicht zu erklären, wie in meinem Hunger nach Gedrucktem, nach Geschriebenem ich diese eine Zahl, diese wenigen Worte ›27. Juli‹ an der Wand anstarrte und anstarrte; ich fraß sie gleichsam in mein Gehirn hinein. Und dann wartete ich wieder und wartete und starrte auf die Tür, wann sie sich endlich öffnen würde, und überlegte zugleich, was die Inquisitoren mich diesmal fragen könnten, und wußte doch, daß sie mich etwas ganz anderes fragen würden, als worauf ich mich vorbereitete. Aber trotz alledem war die Qual dieses Wartens und Stehens zugleich eine Wohltat, eine Lust, weil dieser Raum immerhin ein anderes Zimmer war als das meine, etwas größer und mit zwei Fenstern statt einem, und ohne das Bett und ohne die Waschschüssel und ohne den bestimmten Riß am Fensterbrett, den ich millionenmal betrachtet. Die Tür war anders gestrichen, ein anderer Sessel stand an der Wand und links ein Registerschrank mit Akten sowie eine Garderobe mit Aufhängern, an denen drei oder vier nasse Militärmäntel, die Mäntel meiner Folterknechte, hingen. Ich hatte also etwas Neues, etwas anderes zu betrachten, endlich einmal etwas anderes mit meinen ausgehungerten Augen, und sie krallten sich gierig an jede Einzelheit. Ich beobachtete an diesen Mänteln jede Falte, ich bemerkte zum Beispiel einen Tropfen, der von einem der nassen Kragen niederhing, und so lächerlich es für Sie klingen mag, ich wartete mit einer unsinnigen Erregung, ob dieser Tropfen endlich abrinnen wollte, die Falte entlang, oder ob er noch gegen die Schwerkraft sich wehren und länger haften bleiben würde – ja, ich starrte und starrte minutenlang atemlos auf diesen Tropfen, als hinge mein Leben daran. Dann, als er endlich niedergerollt war, zählte ich wieder die Knöpfe auf den Mänteln nach, acht an dem einen Rock, acht an dem andern, zehn an dem dritten, dann wieder verglich ich die Aufschläge; alle diese lächerlichen, unwichtigen Kleinigkeiten betasteten, umspielten, umgriffen meine verhungerten Augen mit einer Gier, die ich nicht zu beschreiben vermag. Und plötzlich blieb mein Blick starr an etwas haften. Ich hatte entdeckt, daß an einem der Mäntel die Seitentasche etwas aufgebauscht war. Ich trat näher heran und glaubte an der rechteckigen Form der Ausbuchtung zu erkennen, was diese etwas geschwellte Tasche in sich barg: ein Buch! Mir begannen die Knie zu zittern: ein BUCH! Vier Monate lang hatte ich kein Buch in der Hand gehabt, und schon die bloße Vorstellung eines Buches, in dem man aneinandergereihte Worte sehen konnte, Zeilen, Seiten und Blätter, eines Buches, aus dem man andere, neue, fremde, ablenkende Gedanken lesen, verfolgen, sich ins Hirn nehmen könnte, hatte etwas Berauschendes und gleichzeitig Betäubendes. Hypnotisiert starrten meine Augen auf die kleine Wölbung, die jenes Buch innerhalb der Tasche formte, sie glühten diese eine unscheinbare Stelle an, als ob sie ein Loch in den Mantel brennen wollten. Schließlich konnte ich meine Gier nicht verhalten; unwillkürlich schob ich mich näher heran. Schon der Gedanke, ein Buch durch den Stoff mit den Händen wenigstens antasten zu können, machte mir die Nerven in den Fingern bis zu den Nägeln glühen. Fast ohne es zu wissen, drückte ich mich immer näher heran. Glücklicherweise achtete der Wärter nicht auf mein gewiß sonderbares Gehaben; vielleicht auch schien es ihm nur natürlich, daß ein Mensch nach zwei Stunden aufrechten Stehens sich ein wenig an die Wand lehnen wollte. Schließlich stand ich schon ganz nahe bei dem Mantel, und mit Absicht hatte ich die Hände hinter mich auf den Rücken gelegt, damit sie unauffällig den Mantel berühren könnten. Ich tastete den Stoff an und fühlte tatsächlich durch den Stoff etwas Rechteckiges, etwas, das biegsam war und leise knisterte – ein Buch! Ein Buch! Und wie ein Schuß durchzuckte mich der Gedanke: stiehl dir das Buch! Vielleicht gelingt es, und du kannst dir's in der Zelle verstecken und dann lesen, lesen, lesen, endlich wieder einmal lesen! Der Gedanke, kaum in mich gedrungen, wirkte wie ein starkes Gift; mit einemmal begannen mir die Ohren zu brausen und das Herz zu hämmern, meine Hände wurden eiskalt und gehorchten nicht mehr. Aber nach der ersten Betäubung drängte ich mich leise und listig noch näher an den Mantel, ich drückte, immer dabei den Wächter fixierend, mit den hinter dem Rücken versteckten Händen das Buch von unten aus der Tasche höher und höher. Und dann: ein Griff, ein leichter, vorsichtiger Zug, und plötzlich hatte ich das kleine, nicht sehr umfangreiche Buch in der Hand. jetzt erst erschrak ich vor meiner Tat. Aber ich konnte nicht mehr zurück. jedoch wohin damit? Ich schob den Band hinter meinem Rücken unter die Hose an die Stelle, wo sie der Gürtel hielt, und von dort allmählich hinüber an die Hüfte, damit ich es beim Gehen mit der Hand militärisch an der Hosennaht festhalten könnte. Nun galt es die erste Probe. Ich trat von der Garderobe weg, einen Schritt, zwei Schritte, drei Schritte. Es ging. Es war möglich, das Buch im Gehen festzuhalten, wenn ich nur die Hand fest an den Gürtel preßte.

Dann kam die Vernehmung. Sie erforderte meinerseits mehr Anstrengung als je, denn eigentlich konzentrierte ich meine ganze Kraft, während ich antwortete, nicht auf meine Aussage, sondern vor allem darauf, das Buch unauffällig festzuhalten. Glücklicherweise fiel das Verhör diesmal kurz aus, und ich brachte das Buch heil in mein Zimmer – ich will Sie nicht aufhalten mit all den Einzelheiten, denn einmal rutschte es von der Hose gefährlich ab mitten im Gang, und ich mußte einen schweren Hustenanfall simulieren, um mich niederzubücken und es wieder heil unter den Gürtel zurückzuschieben. Aber welch eine Sekunde dafür, als ich damit in meine Hölle zurücktrat, endlich allein und doch nicht mehr allein!

Nun vermuten Sie wahrscheinlich, ich hätte sofort das Buch gepackt, betrachtet, gelesen. Keineswegs! Erst wollte ich die Vorlust auskosten, daß ich ein Buch bei mir hatte, die künstlich verzögernde und meine Nerven wunderbar erregende Lust, mir auszuträumen, welche Art Buch dies gestohlene am liebsten sein sollte: sehr eng gedruckt vor allem, viele, viele Lettern enthaltend, viele, viele dünne Blätter, damit ich länger daran zu lesen hätte. Und dann wünschte ich mir, es sollte ein Werk sein, das mich geistig anstrengte, nichts Flaches, nichts Leichtes, sondern etwas, das man lernen, auswendig lernen konnte, Gedichte, und am besten – welcher verwegene Traum! – Goethe oder Homer. Aber schließlich konnte ich meine Gier, meine Neugier nicht länger verhalten. Hingestreckt auf das Bett, so daß der Wärter, wenn er plötzlich die Tür aufmachen sollte, mich nicht ertappen könnte, zog ich zitternd unter dem Gürtel den Band heraus.

Der erste Blick war eine Enttäuschung und sogar eine Art erbitterter Ärger: dieses mit so ungeheurer Gefahr erbeutete, mit so glühender Erwartung aufgesparte Buch war nichts anderes als ein Schachrepetitorium, eine Sammlung von hundertfünfzig Meisterpartien. Wäre ich nicht verriegelt, verschlossen gewesen, ich hätte im ersten Zorn das Buch durch ein offenes Fenster geschleudert, denn was sollte, was konnte ich mit diesem Nonsens beginnen? Ich hatte als Knabe im Gymnasium wie die meisten anderen mich ab und zu aus Langeweile vor einem Schachbrett versucht. Aber was sollte mir dieses theoretische Zeug? Schach kann man doch nicht spielen ohne einen Partner und schon gar nicht ohne Steine, ohne Brett. Verdrossen blätterte ich die Seiten durch, um vielleicht dennoch etwas Lesbares zu entdecken, eine Einleitung, eine Anleitung; aber ich fand nichts als die nackten quadratischen Schemata der einzelnen Meisterpartien und darunter mir zunächst unverständliche Zeichen, a2 – a3, S f1 – g3 und so weiter. Alles das schien mir eine Art Algebra, zu der ich keinen Schlüssel fand. Erst allmählich enträtselte ich, daß die Buchstaben a, b, c für die Längsreihen, die Zahlen 1 bis 8 für die Querreihen eingesetzt waren und den Jeweiligen Stand jeder einzelnen Figur bestimmten; damit bekamen die rein graphischen Schemata immerhin eine Sprache. Vielleicht, überlegte ich, könnte ich mir in meiner Zelle eine Art Schachbrett konstruieren und dann versuchen, diese Partien nachzuspielen; wie ein himmlischer Wink erschien es mir, daß mein Bettuch sich zufällig als grob kariert erwies. Richtig zusammengefaltet, ließ es sich am Ende so legen, um vierundsechzig Felder zusammenzubekommen. Ich versteckte also zunächst das Buch unter der Matratze und riß nur die erste Seite heraus. Dann begann ich aus kleinen Krümeln, die ich mir von meinem Brot absparte, in selbstverständlich lächerlich unvollkommener Weise die Figuren des Schachs, König, Königin und so weiter, zurechtzumodeln; nach endlosem Bemühen konnte ich es schließlich unternehmen, auf dem karierten Bettuch die im Schachbuch abgebildete Position zu rekonstruieren. Als ich aber versuchte, die ganze Partie nachzuspielen, mißlang es zunächst vollkommen mit meinen lächerlichen Krümelfiguren, von denen Ich zur Unterscheidung die eine Hälfte mit Staub dunkler gefärbt hatte. Ich verwirrte mich in den ersten Tagen unablässig; fünfmal, zehnmal, zwanzigmal mußte ich diese eine Partie immer wieder von Anfang beginnen. Aber wer auf Erden verfügte über so viel ungenützte und nutzlose Zeit wie ich, der Sklave des Nichts, wem stand so viel unermeßliche Gier und Geduld zu Gebot? Nach sechs Tagen spielte ich schon die Partie tadellos zu Ende, nach weiteren acht Tagen benötigte ich nicht einmal die Krümel auf dem Bettuch mehr, um mir die Position aus dem Schachbuch zu vergegenständlichen, und nach weiteren acht Tagen wurde auch das karierte Bettuch entbehrlich; automatisch verwandelten sich die anfangs abstrakten Zeichen des Buches a1, a2, c7, c8 hinter meiner Stirn zu visuellen, zu plastischen Positionen. Die

Umstellung war restlos gelungen: ich hatte das Schachbrett mit seinen Figuren nach innen projiziert und überblickte auch dank der bloßen Formeln die jeweilige Position, so wie einem geübten Musiker der bloße Anblick der Partitur schon genügt, um alle Stimmen und ihren Zusammenklang zu hören. Nach weiteren vierzehn Tagen war ich mühelos imstande, jede Partie aus dem Buch auswendig – oder, wie der Fachausdruck lautet: blind – nachzuspielen; jetzt erst begann ich zu verstehen, welche unermeßliche Wohltat mein frecher Diebstahl mir eroberte. Denn ich hatte mit einem Male eine Tätigkeit – eine sinnlose, eine zwecklose, wenn Sie wollen, aber doch eine, die das Nichts um mich zunichte machte, ich besaß mit den hundertfünfzig Turnierpartien eine wunderbare Waffe gegen die erdrückende Monotonie des Raumes und der Zeit. Um mir den Reiz der neuen Beschäftigung ungebrochen zu bewahren, teilte ich mir von nun ab jeden Tag genau ein: zwei Partien morgens, zwei Partien nachmittags, abends dann noch eine rasche Wiederholung. Damit war mein Tag, der sich sonst wie Gallert formlos dehnte, ausgefüllt, ich war beschäftigt, ohne mich zu ermüden, denn das Schachspiel besitzt den wunderbaren Vorzug, durch Bannung der geistigen Energien auf ein engbegrenztes Feld selbst bei anstrengendster Denkleistung das Gehirn nicht zu erschlaffen, sondern eher seine Agilität und Spannkraft zu schärfen. Allmählich begann bei dem zuerst bloß mechanischen Nachspielen der Meisterpartien ein künstlerisches, ein lusthaftes Verständnis in mir zu erwachen. Ich lernte die Feinheiten, die Tücken und Schärfen in Angriff und Verteidigung verstehen, ich erfaßte die Technik des Vorausdenkens, Kombinierens, Ripostierens und erkannte bald die persönliche Note jedes einzelnen Schachmeisters in seiner individuellen Führung so unfehlbar, wie man Verse eines Dichters schon aus wenigen Zellen feststellt; was als bloß zeitfüllende Beschäftigung begonnen, wurde Genuß, und die Gestalten der großen Schachstrategen, wie Aljechin, Lasker,

Bogoljubow, Tartakower, traten als geliebte Kameraden in meine Einsamkeit. Unendliche Abwechslung beseelte täglich die stumme Zelle, und gerade die Regelmäßigkeit meiner Exerzitien gab meiner Denkfähigkeit die schon erschütterte Sicherheit zurück: ich empfand mein Gehirn aufgefrischt und durch die ständige Denkdisziplin sogar noch gleichsam neu geschliffen. Daß ich klarer und konziser dachte, erwies sich vor allem bei den Vernehmungen; unbewußt hatte ich mich auf dem Schachbrett in der Verteidigung gegen falsche Drohungen und verdeckte Winkelzüge vervollkommnet; von diesem Zeitpunkt an gab ich mir bei den Vernehmungen keine Blöße mehr, und mir dünkte sogar, daß die Gestapoleute mich allmählich mit einem gewissen Respekt zu betrachten begannen. Vielleicht fragten sie sich im stillen, da sie alle anderen zusammenbrechen sahen, aus welchen geheimen Quellen ich allein die Kraft solch unerschütterlichen Widerstands schöpfte.

Diese meine Glückszeit, da ich die hundertfünfzig Partien jenes Buches Tag für Tag systematisch nachspielte, dauerte etwa zweieinhalb bis drei Monate. Dann geriet ich unvermuteterweise an einen toten Punkt. Plötzlich stand ich neuerdings vor dem Nichts. Denn sobald ich jede einzelne Partie zwanzig- oder dreißigmal durchgespielt hatte, verlor sie den Reiz der Neuheit, der Überraschung, ihre vordem so aufregende, so anregende Kraft war erschöpft. Welchen Sinn hatte es, nochmals und nochmals Partien zu wiederholen, die ich Zug um Zug längst auswendig kannte? Kaum ich die erste Eröffnung getan, klöppelte sich ihr Ablauf gleichsam automatisch in mir ab, es gab keine Überraschung mehr, keine Spannungen, keine Probleme. Um mich zu beschäftigen, um mir die schon unentbehrlich gewordene Anstrengung und Ablenkung zu schaffen, hätte ich eigentlich ein anderes Buch mit anderen Partien gebraucht. Da dies aber vollkommen unmöglich war, gab es nur einen Weg auf dieser sonderbaren Irrbahn:

ich mußte mir statt der alten Partien neue erfinden. Ich mußte versuchen, mit mir selbst oder vielmehr gegen mich selbst zu spielen.

Ich weiß nun nicht, bis zu welchem Grade Sie über die geistige Situation bei diesem Spiel der Spiele nachgedacht haben. Aber schon die flüchtigste Überlegung dürfte ausreichen, um klarzumachen, daß beim Schach als einem reinen, vom Zufall abgelösten Denkspiel es logischerweise eine Absurdität bedeutet, gegen sich selbst spielen zu wollen. Das Attraktive des Schachs beruht doch im Grunde einzig darin, daß sich seine Strategie in zwei verschiedenen Gehirnen verschieden entwickelt, daß in diesem geistigen Krieg Schwarz die jeweiligen Manöver von Weiß nicht kennt und ständig zu erraten und zu durchkreuzen sucht, während seinerseits wiederum Weiß die geheimen Absichten von Schwarz zu überholen und parieren strebt. Bildeten nun Schwarz und Weiß ein und dieselbe Person, so ergäbe sich der widersinnige Zustand, daß ein und dasselbe Gehirn gleichzeitig etwas wissen und doch nicht wissen sollte, daß es als Partner Weiß funktionierend, auf Kommando völlig vergessen könnte, was es eine Minute vorher als Partner Schwarz gewollt und beabsichtigt. Ein solches Doppeldenken setzt eigentlich eine vollkommene Spaltung des Bewußtseins voraus, ein beliebiges Auf- und Abblendenkönnen der Gehirnfunktion wie bei einem mechanischen Apparat; gegen sich selbst spielen zu wollen, bedeutet also im Schach eine solche Paradoxie, wie über seinen eigenen Schatten zu springen. Nun, um mich kurz zu fassen, diese Unmöglichkeit, diese Absurdität habe ich in meiner Verzweiflung monatelang versucht. Aber ich hatte keine Wahl als diesen Widersinn, um nicht dem puren Irrsinn oder einem völligen geistigen Marasmus zu verfallen. Ich war durch meine fürchterliche Situation gezwungen, diese Spaltung in ein Ich Schwarz und ein Ich Weiß zumindest zu versuchen, um nicht erdrückt zu werden von dem grauenhaften Nichts um mich.«

Dr. B. lehnte sich zurück in den Liegestuhl und schloß für eine Minute die Augen. Es war, als ob er eine verstörende Erinnerung gewaltsam unterdrücken wollte. Wieder lief das merkwürdige Zucken, das er nicht zu beherrschen wußte, um den linken Mundwinkel. Dann richtete er sich in seinem Lehnstuhl etwas höher auf.

»So – bis zu diesem Punkte hoffe ich, Ihnen alles ziemlich verständlich erklärt zu haben. Aber ich bin leider keineswegs gewiß, ob ich das Weitere Ihnen noch ähnlich deutlich veranschaulichen kann. Denn diese neue Beschäftigung erforderte eine so unbedingte Anspannung des Gehirns, daß sie jede gleichzeitige Selbstkontrolle unmöglich machte. Ich deutete Ihnen schon an, daß meiner Meinung nach es an sich schon Nonsens bedeutet, Schach gegen sich selber spielen zu wollen; aber selbst diese Absurdität hätte immerhin noch eine minimale Chance mit einem realen Schachbrett vor sich, weil das Schachbrett durch seine Realität immerhin noch eine gewisse Distanz, eine materielle Exterritorialisierung erlaubt. Vor einem wirklichen Schachbrett mit wirklichen Figuren kann man Überlegungspausen einschalten, man kann sich rein körperlich bald auf die eine Seite, bald auf die andere Seite des Tisches stellen und damit die Situation bald vom Standpunkt Schwarz, bald vom Standpunkt Weiß ins Auge fassen. Aber genötigt, wie ich es war, diese Kämpfe gegen mich selbst oder, wenn Sie wollen, mit mir selbst in einen imaginären Raum zu projizieren, war ich gezwungen, in meinem Bewußtsein die jeweilige Stellung auf den vierundsechzig Feldern deutlich festzuhalten und außerdem nicht nur die momentane Figuration, sondern auch schon die möglichen weiteren Züge von beiden Partnern mir auszukalkulieren, und zwar – ich weiß, wie absurd dies alles klingt – mir doppelt und dreifach zu imaginieren, nein, sechsfach, achtfach, zwölffach, für jedes meiner Ich, für Schwarz und Weiß immer schon vier und fünf Züge voraus. Ich mußte – verzeihen Sie, daß ich Ihnen zumute, diesen Irrsinn durchzudenken bei diesem Spiel im abstrakten Raum der Phantasie als Spieler Weiß vier oder fünf Züge vorausberechnen und ebenso als Spieler Schwarz, also alle sich in der Entwicklung ergebenden Situationen gewissermaßen mit zwei Gehirnen vorauskombinieren, mit dem Gehirn Weiß und dem Gehirn Schwarz. Aber selbst diese Selbstzerteilung war noch nicht das Gefährlichste an meinem abstrusen Experiment, sondern daß ich durch das selbständige Ersinnen von Partien mit einemmal den Boden unter den Füßen verlor und ins Bodenlose geriet. Das bloße Nachspielen der Meisterpartien, wie ich es in den vorhergehenden Wochen geübt, war schließlich nichts als eine reproduktive Leistung gewesen, ein reines Rekapitulieren einer gegebenen Materie und als solches nicht anstrengender, als wenn ich Gedichte auswendig gelernt hätte oder Gesetzesparagraphen memoriert, es war eine begrenzte, eine disziplinierte Tätigkeit und darum ein ausgezeichnetes Exercitium mentale. Meine zwei Partien, die ich morgens, die zwei, die ich nachmittags probte, stellten ein bestimmtes Pensum dar, das ich ohne jeden Einsatz von Erregung erledigte; sie ersetzten mir eine normale Beschäftigung, und überdies hatte ich, wenn ich mich im Ablauf einer Partie irrte oder nicht weiter wußte, an dem Buche noch immer einen Halt. Nur darum war diese Tätigkeit für meine erschütterten Nerven eine so heilsame und eher beruhigende gewesen, weil ein Nachspielen fremder Partien nicht mich selber ins Spiel brachte; ob Schwarz oder Weiß siegte, blieb mir gleichgültig, es waren doch Aljechin oder Bogoljubow, die um die Palme des Champions kämpften, und meine eigene Person, mein Verstand, meine Seele genossen einzig als Zuschauer, als Kenner die Peripetien und Schönheiten jener Partien. Von dem Augenblick an, da ich aber gegen mich zu spielen versuchte, begann ich mich unbewußt herauszufordern.

jedes meiner beiden Ich, mein Ich Schwarz und mein Ich Weiß, hatten zu wetteifern gegeneinander und gerieten jedes für sein Teil in einen Ehrgeiz, in eine Ungeduld, zu siegen, zu gewinnen; ich fieberte als Ich Schwarz nach jedem Zuge, was das Ich Weiß nun tun würde. jedes meiner beiden Ich triumphierte, wenn das andere einen Fehler machte, und erbitterte sich gleichzeitig über sein eigenes Ungeschick.

Das alles scheint sinnlos, und in der Tat wäre ja eine solche künstliche Schizophrenie, eine solche Bewußtseinsspaltung mit ihrem Einschuß an gefährlicher Erregtheit bei einem normalen Menschen in normalem Zustand undenkbar. Aber vergessen Sie nicht, daß ich aus aller Normalität gewaltsam gerissen war, ein Häftling, unschuldig eingesperrt, seit Monaten raffiniert mit Einsamkeit gemartert, ein Mensch, der seine aufgehäufte Wut längst gegen irgend etwas entladen wollte. Und da ich nichts anderes hatte als dies unsinnige Spiel gegen mich selbst, fuhr meine Wut, meine Rachelust fanatisch in dieses Spiel hinein. Etwas in mir wollte recht behalten, und ich hatte doch nur dieses andere Ich in mir, das ich bekämpfen konnte; so steigerte ich mich während des Spiels in eine fast manische Erregung. Im Anfang hatte ich noch ruhig und überlegt gedacht, ich hatte Pausen eingeschaltet zwischen einer und der andern Partie, um mich von der Anstrengung zu erholen; aber allmählich erlaubten meine gereizten Nerven mir kein Warten mehr. Kaum hatte mein Ich Weiß einen Zug getan, stieß schon mein Ich Schwarz fiebrig vor; kaum war eine Partie beendigt, so forderte ich mich schon zur nächsten heraus, denn jedesmal war doch eines der beiden Schach-Ich von dem andern besiegt und verlangte Revanche. Nie werde ich auch nur annähernd sagen können, wie viele Partien ich infolge dieser irrwitzigen Unersättlichkeit während dieser letzten Monate in meiner Zelle gegen mich selbst gespielt – vielleicht tausend, vielleicht mehr. Es war eine Besessenheit, deren ich mich nicht erwehren konnte; von früh bis nachts dachte ich an nichts als an Läufer und Bauern und Turm und König und a und b und c und Matt und Rochade, mit meinem ganzen Sein und Fühlen stieß es mich in das karierte Quadrat. Aus der Spielfreude war eine Spiellust geworden, aus der Spiellust ein Spielzwang, eine Manie, eine frenetische Wut, die nicht nur meine wachen Stunden, sondern allmählich auch meinen Schlaf durchdrang. Ich konnte nur Schach denken, nur in Schachbewegungen, Schachproblemen; manchmal wachte ich mit feuchter Stirn auf und erkannte, daß ich sogar im Schlaf unbewußt weitergespielt haben mußte, und wenn ich von Menschen träumte, so geschah es ausschließlich in den Bewegungen des Läufers, des Turms, im Vor und Zurück des Rösselsprungs. Selbst wenn ich zum Verhör gerufen wurde, konnte ich nicht mehr konzis an meine Verantwortung denken; ich habe die Empfindung, daß bei den letzten Vernehmungen ich mich ziemlich konfus ausgedrückt haben muß, denn die Verhörenden blickten sich manchmal befremdet an. Aber in Wirklichkeit wartete ich, während sie fragten und berieten, in meiner unseligen Gier doch nur darauf, wieder zurückgeführt zu werden in meine Zelle, um mein Spiel, mein irres Spiel, fortzusetzen, eine neue Partie und noch eine und noch eine. jede Unterbrechung wurde mir zur Störung; selbst die Viertelstunde, da der Wärter die Gefängniszelle aufräumte, die zwei Minuten, da er mir das Essen brachte, quälten meine fiebrige Ungeduld; manchmal stand abends der Napf mit der Mahlzeit noch unberührt, ich hatte über dem Spiel vergessen zu essen. Das einzige, was ich körperlich empfand, war ein fürchterlicher Durst; es muß wohl schon das Fieber dieses ständigen Denkens und Spielens gewesen sein; ich trank die Flasche leer in zwei Zügen und quälte den Wärter um mehr und fühlte dennoch im nächsten Augenblick die Zunge schon wieder trocken im Munde. Schließlich steigerte sich meine Erregung während des Spielens und ich tat nichts anderes mehr von morgens bis nachts – zu solchem Grade, daß ich nicht einen Augenblick mehr stillzusitzen vermochte; ununterbrochen ging ich, während ich die Partien überlegte, auf und ab, immer schneller und schneller und schneller auf und ab, auf und ab, und immer hitziger, je mehr sich die Entscheidung der Partie näherte; die Gier, zu gewinnen, zu siegen, mich selbst zu besiegen, wurde allmählich zu einer Art Wut, ich zitterte vor Ungeduld, denn immer war dem einen Schach-Ich in mir das andere zu langsam. Das eine trieb das andere an; so lächerlich es Ihnen vielleicht scheint, ich begann mich zu beschimpfen – ›schneller, schneller!‹ oder ›vorwärts, vorwärts!‹ –, wenn das eine Ich in mir mit dem andern nicht rasch genug ripostierte. Selbstverständlich bin ich mir heute ganz im klaren, daß dieser mein Zustand schon eine durchaus pathologische Form geistiger Überreizung war, für die ich eben keinen andern Namen finde als den bisher medizinisch unbekannten: eine Schachvergiftung. Schließlich begann diese monomanische Besessenheit nicht nur mein Gehirn, sondern auch meinen Körper zu attackieren. Ich magerte ab, ich schlief unruhig und verstört, ich brauchte beim Erwachen jedesmal eine besondere Anstrengung, die bleiernen Augenlider aufzuzwingen; manchmal fühlte ich mich derart schwach, daß, wenn ich ein Trinkglas anfaßte, ich es nur mit Mühe bis zu den Lippen brachte, so zitterten mir die Hände; aber kaum das Spiel begann, überkam mich eine wilde Kraft: ich lief auf und ab mit geballten Fäusten, und wie durch einen roten Nebel hörte ich manchmal meine eigene Stimme, wie sie heiser und böse ›Schach‹ oder ›Matt!‹ sich selber zuschrie.

Wie dieser grauenhafte, dieser unbeschreibbare Zustand zur Krise kam, vermag ich selbst nicht zu berichten. Alles, was ich darüber weiß, ist, daß ich eines Morgens aufwachte, und es war ein anderes Erwachen als sonst. Mein Körper war gleichsam abgelöst von mir, ich ruhte weich und wohlig. Eine dichte, gute Müdigkeit, wie ich sie seit Monaten nicht gekannt, lag auf meinen Lidern, lag so warm und wohltätig auf ihnen, daß ich mich zuerst gar nicht entschließen konnte, die Augen aufzutun. Minuten lag ich schon wach und genoß noch diese schwere Dumpfheit, dies laue Liegen mit wollüstig betäubten Sinnen. Auf einmal war mir, als ob ich hinter mir Stimmen hörte, lebendige menschliche Stimmen, die Worte sprachen, und Sie können sich mein Entzücken nicht ausdenken, denn ich hatte doch seit Monaten, seit bald einem Jahr keine anderen Worte gehört als die harten, scharfen und bösen von der Richterbank. ›Du träumst‹, sagte ich mir. ›Du träumst! Tu keinesfalls die Augen auf! Laß ihn noch dauern, diesen Traum, sonst siehst du wieder die verfluchte Zelle um dich, den Stuhl und den Waschtisch und den Tisch und die Tapete mit dem ewig gleichen Muster. Du träumst – träume weiter!‹

Aber die Neugier behielt die Oberhand. Ich schlug langsam und vorsichtig die Lider auf. Und Wunder: es war ein anderes Zimmer, in dem ich mich befand, ein Zimmer, breiter, geräumiger als meine Hotelzelle. Ein ungegittertes Fenster ließ freies Licht herein und einen Blick auf Bäume, grüne, im Wind wogende Bäume statt meiner starren Feuermauer, weiß und glatt glänzten die Wände, weiß und hoch hob sich über mir die Decke – wahrhaftig, ich lag in einem neuen, einem fremden Bett, und wirklich, es war kein Traum, hinter mir flüsterten leise menschliche Stimmen. Unwillkürlich muß ich mich in meiner Überraschung heftig geregt haben, denn schon hörte ich hinter mir einen nahenden Schritt. Eine Frau kam weichen Gelenks heran, eine Frau mit weißer Haube über dem Haar, eine Pflegerin, eine Schwester. Ein Schauer des Entzückens fiel über mich: ich hatte seit einem Jahr keine Frau gesehen. Ich starrte die holde Erscheinung an, und es muß ein wilder, ekstatischer Aufblick gewesen sein, denn ›Ruhig! Bleiben Sie ruhig!‹ beschwichtigte mich dringlich die Nahende. Ich aber lauschte nur auf ihre Stimme – war das nicht ein Mensch, der sprach? Gab es wirklich noch auf Erden einen Menschen, der mich nicht verhörte, nicht quälte? Und dazu noch – unfaßbares Wunder! – eine weiche, warme, eine fast zärtliche Frauenstimme. Gierig starrte ich auf ihren Mund, denn es war mir in diesem Höllenjahr unwahrscheinlich geworden, daß ein Mensch gütig zu einem andern sprechen könnte. Sie lächelte mir zu – ja, sie lächelte, es gab noch Menschen, die gütig lächeln konnten –, dann legte sie den Finger mahnend auf die Lippen und ging leise weiter. Aber ich konnte ihrem Gebot nicht gehorchen. Ich hatte mich noch nicht sattgesehen an dem Wunder. Gewaltsam versuchte ich mich in dem Bette aufzurichten, um ihr nachzublicken, diesem Wunder eines menschlichen Wesens nachzublicken, das gütig war. Aber wie ich mich am Bettrande aufstützen wollte, gelang es mir nicht. Wo sonst meine rechte Hand gewesen, Finger und Gelenk, spürte ich etwas Fremdes, einen dicken, großen, weißen Bausch, offenbar einen umfangreichen Verband. Ich staunte dieses Weiße, Dicke, Fremde an meiner Hand zuerst verständnislos an, dann begann ich langsam zu begreifen, wo ich war, und zu überlegen, was mit mir geschehen sein mochte. Man mußte mich verwundet haben, oder ich hatte mich selbst an der Hand verletzt. Ich befand mich in einem Hospital.

Mittags kam der Arzt, ein freundlicher älterer Herr. Er kannte den Namen meiner Familie und erwähnte derart respektvoll meinen Onkel, den kaiserlichen Leibarzt, daß mich sofort das Gefühl überkam, er meine es gut mit mir. Im weiteren Verlauf richtete er allerhand Fragen an mich, vor allem eine, die mich erstaunte – ob ich Mathematiker sei oder Chemiker. Ich verneinte.

›Sonderbar‹, murmelte er. ›Im Fieber haben Sie immer so sonderbare Formeln geschrien – c3, c4. Wir haben uns alle nicht ausgekannt.‹

Ich erkundigte mich, was mit mir vorgegangen sei. Er lächelte merkwürdig.

›Nichts Ernstliches. Eine akute Irritation der Nerven‹, und fügte, nachdem er sich zuvor vorsichtig umgeblickt hatte, leise bei: ›Schließlich eine recht verständliche. Seit dem 13. März, nicht wahr?‹

Ich nickte.

›Kein Wunder bei dieser Methode‹, murmelte er.

›Sie sind nicht der erste. Aber sorgen Sie sich nicht.‹

An der Art, wie er mir dies beruhigend zuflüsterte, und dank seines begütigenden Blicks wußte ich, daß ich bei ihm gut geborgen war.

Zwei Tage später erklärte mir der gütige Doktor ziemlich freimütig, was vorgefallen war. Der Wärter hatte mich in meiner Zelle laut schreien gehört und zunächst geglaubt, daß jemand eingedrungen sei, mit dem ich streite. Kaum er sich aber an der Tür gezeigt, hätte ich mich auf ihn gestürzt und ihn mit wilden Ausrufen angeschrien, die ähnlich klangen wie: ›Zieh schon einmal, du Schuft, du Feigling!‹, ihn bei der Gurgel zu fassen gesucht und schließlich so wild angefallen, daß er um Hilfe rufen mußte. Als man mich in meinem tollwütigen Zustand dann zur ärztlichen Untersuchung schleppte, hätte ich mich plötzlich losgerissen, auf das Fenster im Gang gestürzt, die Scheibe eingeschlagen und mir dabei die Hand zerschnitten – Sie sehen noch die tiefe Narbe hier. Die ersten Nächte im Hospital hatte ich in einer Art Gehirnfieber verbracht, aber jetzt finde er mein Sensorium völlig klar. ›Freilich‹, fügte er leise bei, ›werde ich das lieber nicht den Herrschaften melden, sonst holt man Sie am Ende noch einmal dorthin zurück. Verlassen Sie sich auf mich, ich werde mein Bestes tun.‹

Was dieser hilfreiche Arzt meinen Peinigern über mich berichtet hat, entzieht sich meiner Kenntnis. jedenfalls erreichte er, was er erreichen wollte: meine Entlassung. Mag sein, daß er mich als unzurechnungsfähig erklärt hat, oder vielleicht war ich inzwischen schon der Gestapo unwichtig geworden, denn Hitler hatte seitdem Böhmen besetzt, und damit war der Fall Österreich für ihn erledigt. So brauchte ich nur die Verpflichtung zu unterzeichnen, unsere Heimat innerhalb von vierzehn Tagen zu verlassen, und diese vierzehn Tage waren dermaßen erfüllt mit all den tausend Formalitäten, die heutzutage der einstmalige Weltbürger zu einer Ausreise benötigt – Militärpapiere, Polizei, Steuer, Paß, Visum, Gesundheitszeugnis –, daß ich keine Zeit hatte, über das Vergangene viel nachzusinnen. Anscheinend wirken in unserem Gehirn geheimnisvoll regulierende Kräfte, die, was der Seele lästig und gefährlich werden kann, selbsttätig ausschalten, denn immer, wenn ich zurückdenken wollte an meine Zellenzeit, erlosch gewissermaßen in meinem Gehirn das Licht; erst nach Wochen und Wochen, eigentlich erst hier auf dem Schiff, fand ich wieder den Mut, mich zu besinnen, was mir geschehen war.

Und nun werden Sie begreifen, warum ich mich so ungehörig und wahrscheinlich unverständlich Ihren Freunden gegenüber benommen. Ich schlenderte doch nur ganz zufällig durch den Rauchsalon, als ich Ihre Freunde vor dem Schachbrett sitzen sah; unwillkürlich fühlte ich den Fuß angewurzelt vor Staunen und Schrecken. Denn ich hatte total vergessen, daß man Schach spielen kann an einem wirklichen Schachbrett und mit wirklichen Figuren, vergessen, daß bei diesem Spiel zwei völlig verschiedene Menschen einander leibhaftig gegenübersitzen. Ich brauchte wahrhaftig ein paar Minuten, um mich zu erinnern, daß, was diese Spieler dort taten, im Grunde dasselbe Spiel war, das ich in meiner Hilflosigkeit monatelang gegen mich selbst versucht. Die Chiffren, mit denen ich mich beholfen während meiner grimmigen Exerzitien, waren doch nur Ersatz gewesen und Symbol für diese beinernen Figuren; meine Überraschung, daß dieses Figurenrücken auf dem Brett dasselbe sei wie mein imaginäres Phantasieren im Denkraum, mochte vielleicht der eines Astronomen ähnlich sein, der sich mit den kompliziertesten Methoden auf dem Papier einen neuen Planeten errechnet hat und ihn dann wirklich am Himmel erblickt als einen weißen, klaren, substantiellen Stern. Wie magnetisch festgehalten starrte ich auf das Brett und sah dort meine Schemata, Pferd, Turm, König, Königin und Bauern als reale Figuren, aus Holz geschnitzt; um die Stellung der Partie zu überblicken, mußte ich sie unwillkürlich erst zurückmutieren aus meiner abstrakten Ziffernwelt in die der bewegten Steine. Allmählich überkam mich die Neugier, ein solches reales Spiel zwischen zwei Partnern zu beobachten. Und da passierte das Peinliche, daß ich, alle Höflichkeit vergessend, mich einmengte in Ihre Partie. Aber dieser falsche Zug Ihres Freundes traf mich wie ein Stich ins Herz. Es war eine reine Instinkthandlung, daß ich ihn zurückhielt, ein impulsiver Zugritt, wie man, ohne zu überlegen, ein Kind faßt, das sich über ein Geländer beugt. Erst später wurde mir die grobe Ungehörigkeit klar, deren ich mich durch meine Vordringlichkeit schuldig gemacht.«

Ich beeilte mich, Dr. B. zu versichern, wie sehr wir alle uns freuten, diesem Zufall seine Bekanntschaft zu verdanken, und daß es für mich nach all dem, was er mir anvertraut, nun doppelt interessant sein werde, ihm morgen bei dem improvisierten Turnier zusehen zu dürfen. Dr. B. machte eine unruhige Bewegung.

»Nein, erwarten Sie wirklich nicht zu viel. Es soll nichts als eine Probe für mich sein... eine Probe, ob ich... ob ich überhaupt fähig bin, eine normale Schachpartie zu spielen, eine Partie auf einem wirklichen Schachbrett mit faktischen Figuren und einem lebendigen Partner... denn ich zweifle jetzt immer mehr daran, ob jene Hunderte und vielleicht Tausende Partien, die ich gespielt habe, tatsächlich regelrechte Schachpartien waren und nicht bloß eine Art Traumschach, ein Fieberschach, ein Fieberspiel, in dem wie immer im Traum Zwischenstufen übersprungen wurden. Sie werden mir doch hoffentlich nicht im Ernst zumuten, daß ich mir anmaße, einem Schachmeister, und gar dem ersten der Welt, Paroli bieten zu können. Was mich interessiert und intrigiert, ist einzig die posthume Neugier, festzustellen, ob das in der Zelle damals noch Schachspiel oder schon Wahnsinn gewesen, ob ich damals noch knapp vor oder schon jenseits der gefährlichen Klippe mich befand – nur dies, nur dies allein.«

Vom Schiffsende tönte in diesem Augenblick der Gong, der zum Abendessen rief Wir mußten – Dr. B. hatte mir alles viel ausführlicher berichtet, als ich es hier zusammenfasse – fast zwei Stunden verplaudert haben. Ich dankte ihm herzlich und verabschiedete mich. Aber noch war ich nicht das Deck entlang, so kam er mir schon nach und fügte sichtlich nervös und sogar etwas stottrig bei:

»Noch eines! Wollen Sie den Herren gleich im voraus ausrichten, damit ich nachträglich nicht unhöflich erscheine: ich spiele nur eine einzige Partie... sie soll nichts als der Schlußstrich unter eine alte Rechnung sein – eine endgültige Erledigung und nicht ein neuer Anfang ... Ich möchte nicht ein zweites Mal in dieses leidenschaftliche Spielfieber geraten, an das ich nur mit Grauen zurückdenken kann... und übrigens... übrigens hat mich damals auch der Arzt gewarnt... ausdrücklich gewarnt. jeder, der einer Manie verfallen war, bleibt für immer gefährdet, und mit einer – wenn auch ausgeheilten – Schachvergiftung soll man besser keinem Schachbrett nahekommen... Also Sie verstehen – nur diese eine Probepartie für mich selbst und nicht mehr.«

Pünktlich um die vereinbarte Stunde, drei Uhr, waren wir am nächsten Tage im Rauchsalon versammelt. Unsere Runde hatte sich noch um zwei Liebhaber der königlichen Kunst vermehrt, zwei Schiffsoffiziere, die sich eigens Urlaub vom Borddienst erbeten, um dem Turnier zusehen zu können. Auch Czentovic ließ nicht wie am vorhergehenden Tage auf sich warten, und nach der obligaten Wahl der Farben begann die denkwürdige Partie dieses Homo obscurissimus gegen den berühmten Weltmeister. Es tut mir leid, daß sie nur für uns durchaus unkompetente Zuschauer gespielt war und ihr Ablauf für die Annalen der Schachkunde ebenso verloren ist wie Beethovens Klavierimprovisationen für die Musik. Zwar haben wir an den nächsten Nachmittagen versucht, die Partie gemeinsam aus dem Gedächtnis zu rekonstruieren, aber vergeblich; wahrscheinlich hatten wir alle während des Spiels zu passioniert auf die beiden Spieler statt auf den Gang des Spiels geachtet. Denn der geistige Gegensatz im Habitus der beiden Partner wurde im Verlauf der Partie immer mehr körperlich plastisch. Czentovic, der Routinier, blieb während der ganzen Zeit unbeweglich wie ein Block, die Augen streng und starr auf das Schachbrett gesenkt; Nachdenken schien bei ihm eine geradezu physische Anstrengung, die alle seine Organe zu äußerster Konzentration nötigte. Dr. B. dagegen bewegte sich vollkommen locker und unbefangen. Als der rechte Dilettant im schönsten Sinne des Wortes, dem im Spiel nur das Spiel, das ›diletto‹ Freude macht, ließ er seinen Körper völlig entspannt, plauderte während der ersten Pausen erklärend mit uns, zündete sich mit leichter Hand eine Zigarette an und blickte immer nur gerade, wenn an ihn die Reihe kam, eine Minute auf das Brett. Jedesmal hatte es den Anschein, als hätte er den Zug des Gegners schon im voraus erwartet.

Die obligaten Eröffnungszüge ergaben sich ziemlich rasch. Erst beim siebenten oder achten schien sich etwas wie ein bestimmter Plan zu entwickeln. Czentovic verlängerte seine Überlegungspausen; daran spürten wir, daß der eigentliche Kampf um die Vorhand einzusetzen begann. Aber um der Wahrheit die Ehre zu geben, bedeutete die allmähliche Entwicklung der Situation wie jede richtige Turnierpartie für uns Laien eine ziemliche Enttäuschung. Denn je mehr sich die Figuren zu einem sonderbaren Ornament ineinander verflochten, um so undurchdringlicher wurde für uns der eigentliche Stand. Wir konnten weder wahrnehmen, was der eine Gegner noch was der andere beabsichtigte, und wer von den beiden sich eigentlich im Vorteil befand. Wir merkten bloß, daß sich einzelne Figuren wie Hebel vorschoben, um die feindliche Front aufzusprengen, aber wir vermochten nicht – da bei diesen überlegenen Spielern jede Bewegung immer auf mehrere Züge vorauskombiniert war –, die strategische Absicht in diesem Hin und Wider zu erfassen. Dazu gesellte sich allmählich eine lähmende Ermüdung, die hauptsächlich durch die endlosen Überlegungspausen Czentovics verschuldet war, die auch unseren Freund sichtlich zu irritieren begannen. Ich beobachtete beunruhigt, wie er, je länger die Partie sich hinzog, immer unruhiger auf seinem Sessel herumzurücken begann, bald aus Nervosität eine Zigarette nach der anderen anzündend, bald nach dem Bleistift greifend, um etwas zu notieren. Dann wieder bestellte er ein Mineralwasser, das er Glas um Glas hastig hinabstürzte; es war offenbar, daß er hundertmal schneller kombinierte als Czentovic. jedesmal, wenn dieser nach endlosem Überlegen sich entschloß, mit seiner schweren Hand eine Figur vorwärtszurücken, lächelte unser Freund nur wie jemand, der etwas lang Erwartetes eintreffen sieht, und ripostierte bereits. Er mußte mit seinem rapid arbeitenden Verstand im Kopf alle Möglichkeiten des Gegners vorausberechnet haben; je länger darum Czentovics Entschließung sich verzögerte, um so mehr wuchs seine Ungeduld, und um seine Lippen preßte sich während des Wartens ein ärgerlicher und fast feindseliger Zug. Aber Czentovic ließ sich keineswegs drängen. Er überlegte stur und stumm und pausierte immer länger, je mehr sich das Feld von Figuren entblößte. Beim zweiundvierzigsten Zuge, nach geschlagenen zweidreiviertel Stunden, saßen wir schon alle ermüdet und beinahe teilnahmslos um den Turniertisch. Einer der Schiffsoffiziere hatte sich bereits entfernt, ein anderer ein Buch zur Lektüre genommen und blickte nur bei jeder Veränderung für einen Augenblick auf. Aber da geschah plötzlich bei einem Zuge Czentovics das Unerwartete. Sobald Dr. B. merkte, daß Czentovic den Springer faßte, um ihn vorzuziehen, duckte er sich zusammen wie eine Katze vor dem Ansprung. Sein ganzer Körper begann zu zittern, und kaum hatte Czentovic den Springerzug getan, schob er scharf die Dame vor, sagte laut triumphierend: »So! Erledigt!«, lehnte sich zurück, kreuzte die Arme über der Brust und sah mit herausforderndem Blick auf Czentovic. Ein heißes Licht glomm plötzlich in seiner Pupille.

Unwillkürlich beugten wir uns über das Brett, um den so triumphierend angekündigten Zug zu verstehen. Auf den ersten Blick war keine direkte Bedrohung sichtbar. Die Äußerung unseres Freundes mußte sich also auf eine Entwicklung beziehen, die wir kurzdenkenden Dilettanten noch nicht errechnen konnten. Czentovic war der einzige unter uns, der sich bei jener herausfordernden Ankündigung nicht gerührt hatte; er saß so unerschütterlich, als ob er das beleidigende ›Erledigt!‹ völlig überhört hätte. Nichts geschah. Man hörte, da wir alle unwillkürlich den Atem anhielten, mit einemmal das Ticken der Uhr, die man zur Feststellung der Zugzeit auf den Tisch gelegt hatte. Es wurden drei Minuten, sieben Minuten, acht Minuten – Czentovic rührte sich nicht, aber mir war, als ob sich von einer inneren Anstrengung seine dicken Nüstern noch breiter dehnten. Unserem Freunde schien dieses stumme Warten ebenso unerträglich wie uns selbst. Mit einem Ruck stand er plötzlich auf und begann im Rauchzimmer auf und ab zu gehen, erst langsam, dann schneller und immer schneller. Alle blickten wir ihm etwas verwundert zu, aber keiner beunruhigter als ich, denn mir fiel auf, daß seine Schritte trotz aller Heftigkeit dieses Auf und Ab immer nur die gleiche Spanne Raum ausmaßen; es war, als ob er jedesmal mitten im leeren Zimmer an eine unsichtbare Schranke stieße, die ihn nötigte umzukehren. Und schaudernd erkannte ich, es reproduzierte unbewußt dieses Auf und Ab das Ausmaß seiner einstmaligen Zelle; genau so mußte er in den Monaten des Eingesperrtseins auf und ab gerannt sein wie ein eingesperrtes Tier im Käfig, genau so die Hände verkrampft und die Schultern eingeduckt; so und nur so mußte er dort tausendmal auf und nieder gelaufen sein, die roten Lichter des Wahnsinns im starren und doch fiebernden Blick. Aber noch schien sein Denkvermögen völlig intakt, denn von Zeit zu Zeit wandte er sich ungeduldig dem Tisch zu, ob Czentovic sich inzwischen schon entschieden hätte. Aber es wurden neun, es wurden zehn Minuten. Dann endlich geschah, was niemand von uns erwartet hatte. Czentovic hob langsam seine schwere Hand, die bisher unbeweglich auf dem Tisch gelegen. Gespannt blickten wir alle auf seine Entscheidung. Aber Czentovic tat keinen Zug, sondern sein gewendeter Handrücken schob mit einem entschiedenen Ruck alle Figuren langsam vom Brett. Erst im nächsten Augenblick verstanden wir: Czentovic hatte die Partie aufgegeben. Er hatte kapituliert, um nicht vor uns sichtbar mattgesetzt zu werden. Das Unwahrscheinliche hatte sich ereignet, der Weltmeister, der Champion zahlloser Turniere hatte die Fahne gestrichen vor einem Unbekannten, einem Manne, der zwanzig oder fünfundzwanzig Jahre kein Schachbrett angerührt. Unser Freund, der Anonymus, der Ignotus, hatte den stärksten Schachspieler der Erde in offenem Kampfe besiegt!

Ohne es zu merken, waren wir in unserer Erregung einer nach dem anderen aufgestanden. jeder von uns hatte das Gefühl, er müßte etwas sagen oder tun, um unserem freudigen Schrecken Luft zu machen. Der einzige, der unbeweglich in seiner Ruhe verharrte, war Czentovic. Erst nach einer gemessenen Pause hob er den Kopf und blickte unseren Freund mit steinernem Blick an.

»Noch eine Partie?« fragte er.

»Selbstverständlich«, antwortete Dr. B. mit einer mir unangenehmen Begeisterung und setzte sich, noch ehe ich ihn an seinen Vorsatz mahnen konnte, es bei einer Partie bewenden zu lassen, sofort nieder und begann mit fiebriger Hast die Figuren neu aufzustellen. Er rückte sie mit solcher Hitzigkeit zusammen, daß zweimal ein Bauer durch die zitternden Finger zu Boden glitt; mein schon früher peinliches Unbehagen angesichts seiner unnatürlichen Erregtheit wuchs zu einer Art Angst. Denn eine sichtbare Exaltiertheit war über den vorher so stillen und ruhigen Menschen gekommen; das Zucken fuhr immer öfter um seinen Mund, und sein Körper zitterte wie von einem jähen Fieber geschüttelt.

»Nicht!« flüsterte ich ihm leise zu. »Nicht jetzt! Lassen Sie's für heute genug sein! Es ist für Sie zu anstrengend.«

»Anstrengend! Ha!« lachte er laut und boshaft. »Siebzehn Partien hätte ich unterdessen spielen können statt dieser Bummelei! Anstrengend ist für mich einzig, bei diesem Tempo nicht einzuschlafen! – Nun! Fangen Sie doch schon einmal an!«

Diese letzten Worte hatte er in heftigem, beinahe grobem Ton zu Czentovic gesagt. Dieser blickte ihn ruhig und gemessen an, aber sein steinern starrer Blick hatte etwas von einer geballten Faust. Mit einemmal stand etwas

Neues zwischen den beiden Spielern; eine gefährliche Spannung, ein leidenschaftlicher Haß. Es waren nicht zwei Partner mehr, die ihr Können spielhaft aneinander proben wollten, es waren zwei Feinde, die sich gegenseitig zu vernichten geschworen. Czentovic zögerte lange, ehe er den ersten Zug tat, und mich überkam das deutliche Gefühl, er zögerte mit Absicht so lange. Offenbar hatte der geschulte Taktiker schon herausgefunden, daß er gerade durch seine Langsamkeit den Gegner ermüdete und irritierte. So setzte er nicht weniger als vier Minuten aus, ehe er die normalste, die simpelste aller Eröffnungen machte, indem er den Königsbauern die üblichen zwei Felder vorschob. Sofort fuhr unser Freund mit seinem Königsbauern ihm entgegen, aber wieder machte Czentovic eine endlose, kaum zu ertragende Pause; es war, wie wenn ein starker Blitz niederfährt und man pochenden Herzens auf den Donner wartet, und der Donner kommt und kommt nicht. Czentovic rührte sich nicht. Er überlegte still, langsam und, wie ich immer gewisser fühlte, boshaft langsam; damit aber gab er mir reichlich Zeit, Dr. B. zu beobachten. Er hatte eben das dritte Glas Wasser hinabgestürzt; unwillkürlich erinnerte ich mich, daß er mir von seinem fiebrigen Durst in der Zelle erzählte. Alle Symptome einer anomalen Erregung zeichneten sich deutlich ab; ich sah seine Stirne feucht werden und die Narbe auf seiner Hand röter und schärfer als zuvor. Aber noch beherrschte er sich. Erst als beim vierten Zug Czentovic wieder endlos überlegte, verließ ihn die Haltung, und er fauchte ihn plötzlich an:

»So spielen Sie doch schon endlich einmal!«

Czentovic blickte kühl auf. »Wir haben meines Wissens zehn Minuten Zugzeit vereinbart. Ich spiele prinzipiell nicht mit kürzerer Zeit.«

Dr. B. biß sich die Lippe; ich merkte, wie unter dem Tisch seine Sohle unruhig und immer unruhiger gegen den

Boden wippte, und wurde selbst unaufhaltsam nervöser durch das drückende Vorgefühl, daß sich irgend etwas Unsinniges in ihm vorbereitete. In der Tat ereignete sich bei dem achten Zug ein zweiter Zwischenfall. Dr. B., der immer unbeherrschter gewartet hatte, konnte seine Spannung nicht mehr verhalten; er rückte hin und her und begann unbewußt mit den Fingern auf dem Tisch zu trommeln. Abermals hob Czentovic seinen schweren bäurischen Kopf.

»Darf ich Sie bitten, nicht zu trommeln? Es stört mich. Ich kann so nicht spielen.«

»Ha!« lachte Dr. B. kurz. »Das sieht man.«

Czentovics Stirn wurde rot. »Was wollen Sie damit sagen?« fragte er scharf und böse.

Dr. B. lachte abermals knapp und boshaft. »Nichts. Nur daß Sie offenbar sehr nervös sind.«

Czentovic schwieg und beugte seinen Kopf nieder. Erst nach sieben Minuten tat er den nächsten Zug, und in diesem tödlichen Tempo schleppte sich die Partie fort. Czentovic versteinte gleichsam immer mehr; schließlich schaltete er immer das Maximum der vereinbarten Überlegungspause ein, ehe er sich zu einem Zug entschloß, und von einem Intervall zum andern wurde das Benehmen unseres Freundes sonderbarer. Es hatte den Anschein, als ob er an der Partie gar keinen Anteil mehr nehme, sondern mit etwas ganz anderem beschäftigt sei. Er ließ sein hitziges Aufundniederlaufen und blieb an seinem Platz regungslos sitzen. Mit einem stieren und fast irren Blick ins Leere vor sich starrend, murmelte er ununterbrochen unverständliche Worte vor sich hin; entweder verlor er sich in endlosen Kombinationen, oder er arbeitete – dies war mein innerster Verdacht – sich ganz andere Partien aus, denn jedesmal, wenn Czentovic endlich gezogen hatte, mußte man ihn aus seiner Geistesabwesenheit zurückmahnen. Dann brauchte er immer einige Minuten, um sich in der Situation wieder zurechtzufinden; immer mehr beschlich mich der Verdacht, er habe eigentlich Czentovic und uns alle längst vergessen in dieser kalten Form des Wahnsinns, der sich plötzlich in irgendeiner Heftigkeit entladen konnte. Und tatsächlich, bei dem neunzehnten Zug brach die Krise aus. Kaum daß Czentovic seine Figur bewegt, stieß Dr. B. plötzlich, ohne recht auf das Brett zu blicken, seinen Läufer drei Felder vor und schrie derart laut, daß wir alle zusammenfahren:

»Schach! Schach dem König!«

Wir blickten in der Erwartung eines besonderen Zuges sofort auf das Brett. Aber nach einer Minute geschah, was keiner von uns erwartet. Czentovic hob ganz, ganz langsam den Kopf und blickte – was er bisher nie getan – in unserem Kreise von einem zum andern. Er schien irgend etwas unermeßlich zu genießen, denn allmählich begann auf seinen Lippen ein zufriedenes und deutlich höhnisches Lächeln. Erst nachdem er diesen seinen uns noch unverständlichen Triumph bis zur Neige genossen, wandte er sich mit falscher Höflichkeit unserer Runde zu.

»Bedaure – aber ich sehe kein Schach. Sieht vielleicht einer von den Herren ein Schach gegen meinen König?«

Wir blickten auf das Brett und dann beunruhigt zu Dr. B. hinüber. Czentovics Königsfeld war tatsächlich – ein Kind konnte das erkennen durch einen Bauern gegen den Läufer völlig gedeckt, also kein Schach dem König möglich. Wir wurden unruhig. Sollte unser Freund in seiner Hitzigkeit eine Figur danebengestoßen haben, ein Feld zu weit oder zu nah? Durch unser Schweigen aufmerksam gemacht, starrte jetzt auch Dr. B. auf das Brett und begann heftig zu stammeln:

»Aber der König gehört doch auf f7... er steht falsch, ganz falsch. Sie haben falsch gezogen! Alles steht ganz falsch auf diesem Brett... der Bauer gehört doch auf g5 und nicht auf g 4... das ist ja eine ganz andere Partie... Das ist...«

Er stockte plötzlich. Ich hatte ihn heftig am Arm gepackt oder vielmehr ihn so hart in den Arm gekniffen, daß er selbst in seiner fiebrigen Verwirrtheit meinen Griff spüren mußte. Er wandte sich um und starrte mich wie ein Traumwandler an.

»Was... was wollen Sie?«

Ich sagte nichts als »Remember!« und fuhr ihm gleichzeitig mit dem Finger über die Narbe seiner Hand. Er folgte unwillkürlich meiner Bewegung, sein Auge starrte glasig auf den blutroten Strich. Dann begann er plötzlich zu zittern, und ein Schauer lief über seinen ganzen Körper.

»Um Gottes willen«, flüsterte er mit blassen Lippen. »Habe ich etwas Unsinniges gesagt oder getan... bin ich am Ende wieder...?«

»Nein«, flüsterte ich leise. »Aber Sie müssen sofort die Partie abbrechen, es ist höchste Zeit. Erinnern Sie sich, was der Arzt Ihnen gesagt hat!«

Dr. B. stand mit einem Ruck auf. »Ich bitte um Entschuldigung für meinen dummen Irrtum«, sagte er mit seiner alten höflichen Stimme und verbeugte sich vor Czentovic. »Es ist natürlich purer Unsinn, was ich gesagt habe. Selbstverständlich bleibt es Ihre Partie.« Dann wandte er sich zu uns. »Auch die Herren muß ich um Entschuldigung bitten. Aber ich hatte Sie gleich im voraus gewarnt, Sie sollten von mir nicht zuviel erwarten.

Verzeihen Sie die Blamage – es war das letzte Mal, daß ich mich im Schach versucht habe.«

Er verbeugte sich und ging, in der gleichen bescheidenen und geheimnisvollen Weise, mit der er zuerst erschienen. Nur ich wußte, warum dieser Mann nie mehr ein Schachbrett berühren würde, indes die andern ein wenig verwirrt zurückblieben mit dem ungewissen Gefühl, mit knapper Not etwas Unbehaglichem und Gefährlichem entgangen zu sein. »Damned fool!« knurrte McConnor in seiner Enttäuschung. Als letzter erhob sich Czentovic von seinem Sessel und warf noch einen Blick auf die halbbeendete Partie.

»Schade«, sagte er großmütig. »Der Angriff war gar nicht so übel disponiert. Für einen Dilettanten ist dieser Herr eigentlich ungewöhnlich begabt.«

ERSTES ERLEBNIS

VIER GESCHICHTEN AUS KINDERLAND

O Kindheit, wie ich hinter deinen Gittern,
Du enger Kerker, oft in Tränen stand,
Wenn draußen er mit blau und goldnen Flittern
Vorüberzog, der Vogel Unbekannt.

O Nächte Ungeduld, da sich die Hand
Am Riegel wundriß – schon fühlt ich das Zittern
Verfrühter Wünsche mir im Blut gewittern –
Bis ich ihn brach und frei die Ferne fand!

Kaum daß ich blickte, war ich schon entsprungen.
Mein war die Welt! In hundert heißen Schauern
Verlor sich das verbreiterte Gefühl.

Und doch, Entsinnen bringt mir oft Bedauern:
»O süße Angst der ersten Dämmerungen!
O könnt ich heim! Wie war ich rein und kühl!«

GESCHICHTE IN DER DÄMMERUNG

Hat der Wind wieder Regen über die Stadt geweht, daß es plötzlich so dunkelt in unserem Zimmer? Nein. Die Luft ist silbern klar und still, wie selten in diesen Sommertagen, aber es ist spät geworden, und wir haben es nicht bemerkt. Nur die Dachfenster gegenüber lächeln noch in leisem Glanz, und der Himmel über dem First ist schon mit goldenem Rauch umflort. In einer Stunde wird es Nacht sein. In einer wundervollen Stunde, denn nichts ist schöner zu sehen als diese Farbe, die allmählich welk wird und sich verschattet, und dann im Zimmer das Dunkel, das vom Boden aufquillt, bis schließlich die schwarzen Fluten lautlos über den Wänden zusammenschlagen und uns mittragen in ihre Finsternis. Wenn man da einander gegenübersitzt und sich ansteht ohne Wort, will es einem scheinen in dieser Stunde, als würde das vertraute Gesicht in den Schatten älter und fremder und ferner, als hätte man sich nie so gekannt und sähe sich an über einen weiten Raum und viele Jahre. Aber du willst jetzt das Schweigen nicht, sagst du, weil man sonst zu beklommen hört, wie die Uhr die Zeit in hundert kleine Splitter zerschlägt und das Atmen in der Stille laut wird, wie das eines Kranken. Ich soll dir jetzt etwas erzählen. Gerne. Freilich nicht von mir, denn unser Leben in diesen endlosen Städten ist ja arm an Erlebnis, oder es scheint uns so, weil wir noch nicht wissen, was uns wirklich zu eigen gehört. Aber ich will dir eine Geschichte erzählen für diese Stunde, die eigentlich nur das Schweigen liebt, und ich wollte, sie hätte etwas von diesem warmen, weichen, flutenden Licht der Dämmerung, das schleiernd vor unsern Fenstern schwebt.

Ich weiß nicht, wie diese Geschichte zu mir kam. Ich bin nur, dessen entsinne ich mich, am frühen Nachmittage hier lang gesessen, habe in einem Buche gelesen und es dann sinken lassen, hindämmernd in Träumerei, vielleicht auch in leisen Schlaf. Und plötzlich sah ich Gestalten hier, und sie glitten die Wand entlang, und ich konnte ihre Worte hören und in ihr Leben sehen. Doch als ich den Entschwindenden nachblicken wollte, war ich schon wieder wach und allein. Zu meinen Füßen gesunken, lag das Buch. Nun ich es aufhob und nach den Gestalten frug, fand ich darin die Geschichte nicht mehr; es war, als sei sie aus den Blättern in meine Hände gefallen, oder sie war nie darin gewesen. Vielleicht hatte ich sie geträumt – oder in einer jener bunten Wolken gelesen, die heute von fernen Ländern in unsre Stadt kamen und den Regen forttrugen, der uns so lange bedrückte. Oder hatte ich sie aus jenem einfältigen alten Lied gehört, das eine Drehorgel melancholisch unter meinem Fenster knarrte, oder hatte sie jemand mir vor Jahren erzählt? Ich weiß es nicht. Solche Geschichten kommen oft zu mir heran, und ich lasse ihre Geschehnisse spielend durch meine Finger rinnen, ohne sie festzuhalten, so wie man Ähren und hochstengeligen Blumen im Vorübergehen schmeichelt, ohne sie zu pflücken. Ich träume sie nur von einem jähen farbigen Bild zu einem sanfteren Ende, aber ich fasse sie nicht. Doch du willst heute von mir eine Geschichte, und so erzähle ich sie dir jetzt in dieser Stunde, da die Dämmerung uns sehnsüchtig macht, Buntes und Bewegtes vor unsern Augen leuchten zu sehn, die im Grau verarmen.

Wie soll ich beginnen? Ich fühle, ich muß einen Augenblick aus dem Dunkel herausheben, ein Bild und eine Gestalt, denn so beginnen auch in mir diese seltsamen Träume. Nun entsinne ich mich schon. Ich sehe einen schlanken Knaben, der die breitstufige Treppe eines Schlosses niedersteigt. Es ist Nacht und eine Nacht mit nur mattem Mondlicht, aber ich umfasse wie mit einem erhellten Spiegel jede Kontur seines geschmeidigen

Körpers, sehe genau in seine Züge. Er ist außerordentlich schön. Kindhaft gekämmt fallen die schwarzen Haare glatt über die fast überhohe Stirne, und die Hände, die er im Dunkel vorbreitet, um die Wärme der durchsonnten Luft tastend zu fühlen, sind sehr zart und edel. Sein Schritt zögert. Verträumt steigt er nieder zu dem großen, mit vielen runden Bäumen rauschenden Garten, durch den wie ein weißer Steg eine einzige breite Chaussee strahlt.

Ich weiß nicht, wann dies alles geschieht, ob gestern oder vor fünfzig Jahren, und ich weiß nicht wo, aber ich glaube in England muß es sein oder in Schottland, denn nur dort kenne ich so hohe breitgequaderte Schlösser, die von der Ferne wie Kastelle trotzig drohen und sich erst vertrautem Blick willig zu den hellen blumigen Gärten niederneigen. Ja, nun weiß ich es ganz bestimmt, es ist oben in Schottland, denn nur dort sind die Sommernächte so licht, daß der Himmel milchig glänzt wie ein Opal und die Felder nie dunkel werden, daß alles wie von innen leise leuchtend scheint und nur die Schatten, schwarzen Riesenvögeln gleich, in die hellen Flächen niederfallen. In Schottland ist es, oh, nun weiß ich es ganz, ganz bestimmt, und wenn ich mich mühte, fände ich diesem gräflichen Schlosse den Namen und dem Knaben auch, denn nun schält sich rasch die dunkle Rinde los von dem Traume, und alles fühle ich so deutlich, als sei es nicht Entsinnung, sondern Erlebnis. Der Knabe ist während des Sommers bei seiner verheirateten Schwester zu Gast und nach der freundschaftlichen Art der vornehmen englischen Familien nicht allein; abends versammelt die Runde eine ganze Reihe Jagdfreunde und ihre Frauen, dazu ein paar Mädchen, hohe schöne Menschen, deren Heiterkeit und Jugend lachend und doch nicht lärmend mit dem Echo der alten Mauern spielt. Tagsüber sprengen Pferde hin und her, Hunde werden in Koppeln gebracht, drüben auf dem Fluß glitzern zwei, drei Boote: eine Regsamkeit ohne Geschäftigkeit gibt dem Tag einen angenehm schnellen Rhythmus.

Aber jetzt ist es Abend, die Tischrunde gelöst. Die Herren sitzen im Saal, rauchen und spielen; bis Mitternacht fallen von den hellen Fenstern weiße, an den Rändern zitternde Lichtkegel in den Park hinein, manchmal auch ein volles, launiges Lachen. Die Damen sind meist schon auf ihren Zimmern, eine oder zwei plaudern vielleicht noch in der Vorhalle mitsammen. Und so ist der Knabe abends ganz allein. Zu den Herren darf er noch nicht oder nur für einen Augenblick, und vor der Nähe der Frauen hat er Scheu, denn oft, wenn er die Türe aufklinkt, senken sie plötzlich die Stimmen, und er spürt, sie reden Dinge, die er nicht hören soll. Und überhaupt, er liebt ihre Gesellschaft nicht, denn sie fragen ihn wie ein Kind und hören nur lässig seine Antwort, sie nützen ihn bloß zu tausend kleinen Gefälligkeiten aus und danken ihm dann wie einem artigen Buben. So hat er zu Bett gehen wollen und war schon die krumme Treppe hinaufgegangen; aber das Zimmer war zu warm gewesen, vollgepreßt mit dumpfer unbewegter Schwüle. Man hatte vergessen, bei Tag die Fenster zu schließen, und so hatte die Sonne sich hier breit gemacht: den Tisch hatte sie heiß gezündet und das Bett angeglüht, auf den Wänden lastend gelegen, und noch zittert erregt ihr schwüler Atem aus den Winkeln und Vorhängen. Und dann: so früh war es noch – und draußen leuchtete die sommerliche Nacht wie eine weiße Kerze, so ruhig, so windstill, so sehnsuchtslos still. Und da ist der Knabe die hohe Schloßtreppe wieder hinabgestiegen zu dem Garten, über dessen dunkler Runde der Himmel mattleuchtend liegt wie ein Heiligenschein und wo ein voller, von vielen unsichtbaren Blüten entatmeter Duft ihm lockend entgegenbebt. Seltsam ist ihm zumute. Er wüßte nicht zu sagen wie, in dem verwirrten Gefühl seiner fünfzehn Jahre, aber seine Lippen beben so, als müßte er irgend etwas in die Nacht hinsprechen oder die Hände heben oder die Augen lange schließen, als sei irgendein Geheimnisvoll-Vertrautes zwischen ihm und dieser ruhenden Sommernacht, das Rede wollte oder ein Zeichen des Grußes.

Langsam geht der Knabe aus der breiten, offenen Allee in einen der schmalen Seitengänge, wo sich die Bäume hoch oben mit silbern bestrahlten Kronen zu umarmen scheinen, unten aber nachtschwer das Dunkel liegt. Ganz still ist es. Nur jenes unbeschreibliche Getön der Stille in einem Garten, jenes summende Schwingen, als fiele ein weicher Regen ins Gras oder streiften die Halme hellsurrend einander, weht an den Schreitenden heran, der ganz verloren ist in süßer unfaßbarer Schwermut. Manchmal rührt er leise einen Baum an oder bleibt stehen, um dem flüchtigen Getön nachzulauschen: der Hut drückt ihm die Stirne, und so legt er ihn ab, um an den nackten Schläfen, wo sein Blut klingt, die Hand des schläfrigen Windes zu fühlen. Da, mit einem Male, wie er tiefer in das Dunkel tritt, geschieht etwas Unerhörtes. Hinter ihm knirscht leise der Kies. Und da er sich erschreckt umwendet, sieht er nur noch das flatternde Leuchten einer hohen weißen Gestalt auf sich zu, und schon an ihm, und erschrocken fühlt er sich stark und doch ohne jede Gewalt von einer Frau umfangen. Ein warmer, weicher Körper preßt sich drängend an den seinen, eine Hand streift rasch und schaudernd über sein Haar und beugt seinen Kopf zurück: taumelnd fühlt er an seinem Mund eine fremde, aufgetane Frucht, zitternde Lippen, die sich in die seinen einsaugen. So nahe ist dieses Gesicht dem seinen, daß er die Züge nicht sehen kann. Und er wagt es nicht, denn wie Schmerz schlägt Schauer seinen Leib, daß er die Augen schließen muß und sich willenlos als Beute diesen brennenden Lippen hingeben; unentschlossen, unsicher wie eine Frage, fassen seine Arme nun diese fremde Gestalt, und jäh berauscht preßt er den fremden Leib an sich. Gierig stießen seine Hände die weichen Linien entlang, ruhen und zittern wieder fort, werden fiebriger und empörter. Immer drängender und schon übergebeugt, eine selig schwere Bürde, ruht jetzt die ganze Last des Körpers über seiner nachgebenden Brust. Er fühlt sich irgendwie sinken und hinströmen unter diesem schwer atmenden Drängen, und schon brechen seine Knie. An nichts denkt er, nicht, wie diese Frau zu ihm kam, und nicht, wie ihr Name ist, er trinkt nur mit geschlossenen Augen von diesen fremden duftfeuchten Lippen die Begehrlichkeit in sich, bis er trunken ist, willenlos, sinnlos hintreibend in eine ungeheure Leidenschaftlichkeit. Ihm ist, als seien plötzlich Sterne niedergestürzt, so ein Flimmern ist vor seinen Augen, und wie Funken zittert alles und brennt, was er berührt. Und er weiß nicht, wie lange all dies dauert, ob es Stunden sind, daß er so weich umkettet ist, oder Sekunden: alles fühlt er auflodern in dem wilden Gefühl des wollüstigen Kampfes und wegtreiben, hintaumeln in eine wunderbare Schwindligkeit.

Und dann plötzlich, mit einem Ruck, zerbricht die heiße Kette. Jäh, fast erbost, läßt die Umklammerung seine umpreßte Brust, die fremde Gestalt richtet sich auf, und schon fließt, hell und schnell, ein weißer Lichtstreif an den Bäumen vorbei und ist wieder fort, ehe er die Hände heben konnte, ihn zu haschen.

Wer war das? Und wie lange hat das gedauert? Beklemmt, betäubt richtet er sich an einem Baume auf. Langsam strömt das kühle Denken wieder zurück zwischen die fiebrigen Schläfen: um tausend Stunden scheint ihm sein Leben plötzlich vorgerückt. Was er verwirrt geträumt hatte von Frauen und von Leidenschaft, sollte es plötzlich wahr geworden sein? Oder war es doch nur ein Traum? Er tastet sich an, greift sich ins Haar. Ja, es ist feucht um die hämmernden Schläfen, feucht und kühl vom Tau des Grases, in das sie hingestürzt waren. Nun blitzt alles wieder vorbei vor seinem Blick, er fühlt die Lippen wieder brennen, atmet den fremden knisternden Duft der Wollust aus dem Kleid, jedes Wortes sucht er sich zu entsinnen. Aber keines fällt ihm ein.

Und jetzt erinnert er sich erschreckt mit einem Male, daß sie gar nichts gesprochen, nicht einmal seinen Namen genannt; daß er nur ihre überquellenden Seufzer kennt und das Drohen, das krampfig verhaltene Schluchzen der Lust, daß er den Duft ihrer verworrenen Haare weiß, den heißen Druck ihrer Brüste, den glatten Email ihrer Haut, daß ihre Gestalt, ihr Atem, ihr ganzes zuckendes Gefühl ihm zu eigen war und er doch nicht ahnt, wer diese Frau gewesen, die ihn mit ihrer Liebe im Dunkel überfiel. Daß er nun stammeln muß nach einem Namen, um seine Überraschung, sein Glück zu benennen.

Und da scheint ihm das Unerhörte, das er soeben plötzlich mit einer Frau erlebt, arm, ganz arm und nichtig gegen das funkelnde Geheimnis, das mit lockenden Augen aus dem Dunkel auf ihn starrt. Wer war diese Frau? Im Flug überdenkt er alle Möglichkeit, versammelt die Bilder aller Frauen, die hier am Schlosse leben, vor seinem Blick; jede seltsame Stunde ruft er zurück, jedes Gespräch mit ihnen gräbt er aus seiner Erinnerung, jedes Lächeln der fünf, sechs Frauen, die einzig in diesem Rätsel verstrickt sein könnten. Die junge Gräfin E., die oft so heftig ihren alternden Mann anfuhr, vielleicht, oder die junge Frau seines Onkels, die so seltsam sanfte und doch irisierende Augen hatte, oder – er erschrak bei dem Gedanken – eine der drei Schwestern, seine Cousinen, die einander so ähnlich sind in ihrer hohen, stolzen, schroffen Art? Nein – aber die waren doch alle kühle, bedächtige Menschen. Wie ein Verstoßener, Kranker hatte er sich in den letzten Jahren oftmals gedünkt, seit geheime Gluten in ihm wühlten und flackernd in seine Träume fielen, wie hatte er alle die beneidet, die so ruhig, so schwindelfrei und begierdelos waren oder schienen, hatte sich geängstigt vor seiner erwachenden Leidenschaft, wie vor einem Gebrest. Und nun ...? Aber wer, wer unter allen diesen wußte so zu täuschen?

Langsam löst die beharrliche Frage den Rausch aus seinem Blut. Es ist spät geworden, die Lichter im Spielsaal sind verlöscht, er allein wacht noch im Schloß, er – und vielleicht noch jene Andere, Unbekannte. Leise drängt ihn die Müdigkeit. Wozu noch sinnen? Ein Blick, ein Funkeln zwischen den Lidern, ein heimlicher Händedruck muß ihm ja morgen alles verraten. Träumerisch steigt er die Treppe hinauf, träumerisch wie er sie hinabgestiegen, aber doch so unendlich anders. Sein Blut ist noch leise erregt, und das erwärmte Zimmer scheint ihm jetzt klarer und kühler zu sein.

Wie er aufwacht am nächsten Morgen, stampfen und scharren schon unten die Pferde, er hört Stimmen lachen und seinen Namen dazwischen. Rasch springt er auf – das Frühstück ist versäumt – zieht sich fieberschnell an und stürmt hinab, wo ihn die andern schon fröhlich empfangen. »Langschläfer«, lacht ihm die Gräfin E. entgegen, und das Lachen blinkt aus hellen Augen. Ein gieriger Blick faßt ihr Gesicht; nein, nein, sie konnte es nicht sein, ihr Lachen ist zu unbekümmert. »Süß geträumt«, spottet die junge Frau, aber zu schmächtig scheint ihm ihr zarter Körper. Rasch flattert seine Frage von Gesicht zu Gesicht, aber auf keinem wartet ein lächelnder Widerschein.

Und sie reiten hinein ins Land. Er horcht auf jede Stimme, horcht mit den Blicken auf jede Linie, jede Welle der im Ritt bewegten Frauenkörper; jedes Biegen belauscht er und wie sie die Arme heben. Er beugt sich mittags bei Tische im Gespräch nahe heran, um jeden Duft der Lippen zu spüren oder die Schwüle des Haares, aber nichts, nichts gibt ihm ein Zeichen, eine flüchtige Spur, auf der seine erhitzten Gedanken nachstürmen könnten. Der Tag dehnt sich unendlich dem Abend zu. Nun er in einem Buche lesen will, rinnen die Zeilen über den Rand hinaus und führen plötzlich in den Garten, und es ist wieder Nacht, die sonderbare Nacht, und er fühlt sich wieder umkettet von den Armen der Unbekannten. Da läßt er das Buch aus den zitternden Händen und will zum Teich hinüber. Und steht plötzlich, selbst erschrocken, auf dem Kieswege an der gleichen Stelle. Abends fiebert er beim Essen, seine Hände sind irr, tasten rastlos hin und her, wie verfolgt, seine Augen kriechen scheu unter die Lider. Erst wie die andern ihre Stühle endlich, oh, endlich wegrücken, ist er beglückt, und schon flieht er zum Zimmer hinaus in den Park hinein, auf und nieder den weißen Weg, der wie ein milchiger Nebel unter seinen Füßen zu flimmern scheint, auf und nieder und wieder auf und nieder, hunderte-, tausendmal. Brennen die Lichter schon im Saal? Ja, endlich sind sie aufgeflammt, und endlich glänzen auch vom ersten Stock ein paar blinde Fenster. Die Damen haben sich zurückgezogen. Jetzt kann es nur mehr Minuten dauern, wenn sie kommen will, aber jetzt schwillt jede Minute bis zum Bersten mit roter Ungeduld. Und wieder auf und nieder, er zuckt nur so hin und her wie von geheimen Schnüren gerissen.

Und da plötzlich huscht die weiße Gestalt die Treppe hinab, rasch, viel zu rasch, als daß er sie erkennen könnte. Ein Mondstreif scheint sie oder ein verlorener, wehender Schleier zwischen den Bäumen, vom schnellen Wind hergejagt und jetzt, jetzt in seine Arme, die sich um diesen wilden, vom hastigen Laufe erhitzt pochenden Leib gierig schließen wie eine Kralle. Wie gestern ist es wieder ein einziger Augenblick, da diese warme Welle unvermutet an seine Brust schlägt, daß er ohnmächtig zu werden glaubt von ihrem süßen Schlag und nur hinströmen will, verfluten in eine finstere Lust. Aber dann erlischt jäh der Rausch, und er hält seine Glut zurück. Nein, sich nicht verlieren in diese wunderbare Wollust, nicht sich hingeben an diese saugenden Lippen, ehe zu wissen, welchen Namen dieser Körper trägt, der sich so eng an ihn drängt, daß ihm ist, als poche dieses fremde laute Herz in seiner eigenen Brust! Er beugt den Kopf vor ihrem Kusse zurück, um das Gesicht zu sehn: aber Schatten fallen herab und mischen sich im unsicheren Lichte mit dem dunklen Haar. Zu dicht ist das Baumgewirr und zu matt das Licht des wolkenumschleierten Mondes. Nur die Augen sieht er glimmernd leuchten, glühende Steine, irgendwo tief in den mattglänzenden Marmor eingesprengt.

Da will er ein Wort hören, nur einen losgerissenen Splitter ihrer Stimme. »Wer bist du, sag mir, wer bist du?« verlangt er. Aber dieser weiche, feuchte Mund hat nur Küsse, keine Worte. Da will er ein Wort erpressen, einen Schrei des Schmerzes, er zerdrückt den Arm, bohrt seine Nägel tief in das Fleisch, aber bloß Keuchen fühlt er aus einer angespannten Brust, erhitzten Atem und die Schwüle der hartnäckig stummen Lippen, die nur manchmal leise stöhnen, er weiß nicht, ob in Schmerz oder Wollust. Und das macht ihn wahnsinnig, daß er keine Kraft hat über diesen trotzigen Willen, daß diese Frau aus dem Dunkel ihn nimmt, ohne sich ihm zu verraten, daß er unbegrenzte Macht hat über ihren begehrenden Körper und nicht Herr ist ihres Namens. Ein Zorn bricht in ihm auf, und er wehrt ihrer Umschlingung; sie aber, die Ermattung seines Armes fühlend und gewahr seiner Unruhe, umschmeichelt begütigend und lockend mit der erregten Hand sein Haar. Und da spürt er, wie die Finger hinstreifen, leise klingend etwas an seiner Stirne, Metall, ein Medaillon, eine Münze, die lose von ihrem Armbande pendelt. Da faßt ihn jäh ein Gedanke. Wie in wildester Leidenschaft preßt er ihre Hand an sich und drückt dabei die Münze tief in seinen halbentblößten Arm, bis sich die Fläche in seine Haut eingräbt. Ein Zeichen ist ihm jetzt gewiß, und nun, da es an seinem Körper brennt, da gibt er sich willig hin an die verhaltene Leidenschaft. Nun preßt er sich tief in ihren Körper, saugt die Wollust von ihren Lippen, hinstürzend in diese geheimnisvoll lüsterne Glut einer wortlosen Umkettung.

Und als sie dann, ganz wie gestern, plötzlich aufspringt und flüchtet, da sucht er sie nicht zu halten, denn die Neugier nach dem Zeichen fiebert in seinem Blut. Er stürmt in sein Zimmer, läßt die mattschwelende Lampe grell aufflammen und beugt sich gierig über das Mal, das die Münze in seinen Arm eingegraben hat.

Es ist nicht mehr ganz deutlich, die volle Rundung ist verlöscht, aber die eine Ecke ist noch scharf und rot eingepreßt, unverkennbar genau. An den Ecken kantig abgeschliffen, achteckig muß die Münze sein und mittelgroß, wie ein Penny etwa, nur plastischer, denn hier ist die Grube noch tief, die der Erhöhung entspricht. Wie Feuer brennt das Mal, da er es so gierig betrachtet, wie eine Wunde tut es ihm plötzlich weh, und erst jetzt, da er die Hand in das kalte Wasser taucht, schwindet das schmerzhafte Brennen. Achteckig ist das Medaillon: jetzt fühlt er sich ganz sicher. Triumph funkelt in seinem Blick. Morgen wird er alles wissen.

Am nächsten Morgen ist er einer der ersten am Frühstückstisch. Von Damen sind nur ein ältliches Fräulein, seine Schwester und die Gräfin E. zur Stelle. Alle sind sie aufgeräumt, ihr Gespräch springt achtlos an ihm vorbei. Um so besser kann er beobachten. Rasch gleitet sein Blick um die schmale Handfessel der Gräfin: sie trägt kein Armband. Nun erst kann er ruhig mit ihr sprechen, aber nervös tastet sein Auge immer zur Türe hin. Die drei Schwestern, seine Cousinen, treten jetzt zusammen ein. Die Unruhe rührt ihn wieder an. Undeutlich unter den Ärmel verschoben, sieht er ihren Armschmuck, aber zu rasch nehmen sie Platz, gerade ihm gegenüber Kitty, die kastanienbraune, Margot, die blonde, und Elisabeth, deren Haar so hell ist, daß es im Dunkel wie Silber leuchtet und in der Sonne golden fließt. Alle drei sind sie wie immer kühl, still und abwehrend, erstarrt in die Würde, die er an ihnen so haßt, weil sie doch nicht viel älter sind als er und doch vor Jahren noch seine Spielkameraden waren. Die junge Frau seines Onkels fehlt noch. Immer unruhiger wird das Herz des Knaben, da er die Entscheidung so nahe fühlt, und mit einemmal ist ihm die rätselhafte Qual des Geheimnisses fast lieb. Aber sein Blick ist neugierig, huschend streift er an der Tischkante herum, über deren weißem Geleucht die Hände der Frauen ruhig liegen oder langsam wandeln wie Schiffe in einer blinkenden Bucht. Er sieht nur die Hände, und sie scheinen ihm plötzlich wie eigene Wesen, wie Gestalten auf einer Bühne, jede ein

Leben und eine Seele. Warum klopft das Blut so an seine Schläfe? Alle drei Cousinen, sieht er erschreckt, tragen Armreifen, und die Gewißheit, daß es eine von diesen hochmütigen, äußerlich so tadellosen Frauen sein könnte, die er nur immer, selbst in Kindertagen, trotzig in sich gewandt gekannt hatte, verwirrt ihn. Welche sollte es sein? Kitty, die er am wenigsten kennt, weil sie die Älteste ist, die schroffe Margot oder die kleine Elisabeth? Er wagt sich gar keine von ihnen zu wünschen. Im geheimsten verlangt er, keine möge es sein oder er möchte es nicht wissen. Aber jetzt reißt ihn das Verlangen schon hin.

»Darf ich noch um eine Tasse Tee bitten, Kitty?« Seine Stimme klingt, als hätte er Sand in der Kehle. Er reicht die Tasse, nun muß sie den Arm heben, über den Tisch strecken, bis zu ihm her. Jetzt – er sieht ein Medaillon vom Armreif niederzittern, eine Sekunde starrt seine Hand, aber nein, es ist ein grüner Stein, rund gefaßt, der leise an das Porzellan anklingt. Wie ein Kuß streichelt sein Blick dankbar das braune Haar Kittys.

Einen Augenblick holt er Atem.

»Darf ich dich um ein Stück Zucker bemühen, Margot?« Eine schmale Hand drüben am Tisch wacht auf, streckt sich, krümmt sich um eine Silberdose und bringt sie her. Und da – seine Hand schlottert leise – sieht er, wo das Gelenk sich in den Ärmel verkriecht, von einem feingeflochtenen Reif eine alte Silbermünze niederpendeln, achtkantig abgeschliffen, pennygroß, ein Familienstück offenbar. Aber achtkantig, mit den scharfen Ecken, die gestern in seinem Fleisch gebrannt haben. Seine Hand wird nicht fester, zweimal tappt die Zuckerzange daneben, dann erst läßt er ein Stück Zucker in den Tee fallen, den er zu trinken vergißt.

Margot! Auf den Lippen fiebert der Name, ein Aufschrei der ungeheuerlichsten Überraschung; aber er beißt die Zähne zusammen. Da hört er sie jetzt sprechen – und so fremd scheint ihm ihre Stimme, als redete jemand von einer Tribüne herab – kühl, besonnen, leise witzelnd und so ruhigen Atems, daß ihm fast graut vor der furchtbaren Lüge ihres Lebens. Ist das wirklich dieselbe Frau, deren Keuchen er gestern niedergepreßt, deren feuchte Lippen er getrunken, die sich nachts wie ein Raubtier auf ihn gestürzt? Immer starrt er wieder auf die Lippen. Ja, der Trotz, das Verschlossensein, der konnte nur auf diesen scharfen Lippen sich bergen, aber was verriet ihm die Glut?

Tiefer steht er in ihr Gesicht, als sähe er es zum erstenmal. Und zum erstenmal fühlt er, jubelnd, schauernd beglückt und fast einem Weinen nah, wie schön sie war in diesem Stolz, wie lockend in ihrem Geheimnis. Wollüstig zeichnet sein Blick die runde, in einem scharfen Winkel dann plötzlich aufklimmende Linie ihrer Augenbrauen nach, gräbt sich tief in den kühlen Karneol ihrer graugrünen Augen, küßt die blasse, leise durchleuchtende Haut ihrer Wangen, wölbt die jetzt scharfgespannten Lippen weicher zum Kuß, irrt um das helle Haar und faßt in raschem Niederstieg jetzt wollüstig die ganze Gestalt. Nie bis zu dieser Sekunde hat er sie gekannt. Nun er von Tisch aufsteht, zittern seine Knie. Er ist von ihrem Anblick trunken wie von schwerem Wein.

Da ruft schon unten seine Schwester. Die Pferde stehen bereit zum Morgenritt, tänzeln nervös und kauen ungeduldig an den Trensen. Rasch steigt einer nach dem andern in den Sattel, und dann geht es in bunter Kavalkade durch die breite Gartenallee. Zuerst in langsamem Trab, dessen träger Gleichklang dem Knaben so wenig zum jagenden Takt seines Blutes stimmt. Aber dann hinter dem Tore lassen sie den Pferden die Zügel, stürmen von der Straße rechts und links seitab in die Wiesen hinein, die noch leise dampfen im Morgen. Es muß nachts stark getaut haben, denn unter dem schleiernden Rauch glitzern unruhige Funken, und die Luft ist wie von einem nahen Wassersturz wunderbar gekühlt. Die geschlossene Gruppe löst sich bald, die Kette zerreißt in farbige Splitter, ein paar

Reiter sind schon im Wald und zwischen den Hügeln verschwunden.

Margot ist eine der ersten voran. Sie liebt den wilden Schwung, den leidenschaftlichen Anflug des Windes, der an ihren Haaren reißt, das unbeschreibliche Gefühl des Vorwärtssausens im scharfen Galopp. Hinter ihr stürmt der Knabe: er sieht ihren stolzen Körper hochgereckt, geschwungen zu einer schönen Linie durch die wilde Bewegung, sieht manchmal ihr Gesicht, angeflogen von einer leichten Röte, das Leuchten ihrer Augen, und jetzt, da sie ihre Kraft so leidenschaftlich auslebt, erkennt er sie wieder. Verzweifelt fühlt er seine jähe Liebe, sein Verlangen. Eine ungestüme Gier überfällt ihn, sie jetzt plötzlich zu fassen, vom Pferd zu reißen und in seine Arme, wieder die unbändigen Lippen zu trinken und die schlitternden Stöße ihres erregten Herzens an seiner Brust aufzufangen. Ein Schlag in die Flanke, und aufwiehernd springt sein Pferd vor. Jetzt ist er an ihrer Seite, fast streift sein Knie das ihre, die Bügel klingen leise zusammen. Nun muß er es sagen, er muß. »Margot«, stammelt er. Sie wendet den Kopf, die scharfe Braue spannt sich nach oben. »Was ists, Bob?« Ganz kühl sagt sies. Und ganz kühl und blank sind ihre Augen. Ein Schauer rieselt ihm bis ins Knie. Was hat er sagen wollen? Er weiß es nicht mehr. Irgend etwas stammelt er von Umkehren. »Bist du müde?« sagt sie, ein wenig höhnisch wie ihm scheint. »Nein, aber die andern sind so weit zurück«, bringt er noch mühsam hervor. Ein Augenblick noch, fühlt er, und er muß etwas ganz Unsinniges tun, jäh die Arme nach ihr ausstrecken oder zu weinen anfangen oder mit der Gerte nach ihr schlagen, die wie elektrisch in seiner Hand zittert. Mit einem Ruck reißt er das Pferd zurück, daß es sich kurz bäumt. Sie stürmt weiter, hochgereckt, stolz, unnahbar.

Die andern holen ihn bald ein. Um ihn schwirrt rechts und links ein helles Gespräch, aber die Worte und das Lachen summen sinnlos an ihm vorbei wie das harte Klappern der Hufe. Er quält sich, daß er den Mut nicht fand, ihr von seiner Liebe zu sagen und ihr Geständnis zu erzwingen, und die Begierde, sie zu bändigen, wird wilder und wilder, wie ein roter Himmel fällt sie vor seinen Augen über das Land. Warum hat er sie nicht gehöhnt, wie sie ihn mit ihrem Trotz? Unbewußt treibt er das Pferd, und nun erst, im hitzigen Sausen wird ihm leichter. Da rufen die andern zur Umkehr. Die Sonne ist über den Hügel gekrochen und steht hoch im Mittag. Von den Feldern weht ein weicher, qualmiger Duft her, grell sind die Farben geworden und brennen wie geschmolzenes Gold in die Augen. Schwüle und Schwere bläht sich über das Land, schon traben die verschwitzten Pferde schläfriger, dampfen warm und keuchen. Langsam sammelt sich wieder der Zug, die Heiterkeit ist lässiger, das Gespräch spärlicher geworden.

Auch Margot ist wieder aufgetaucht. Ihr Pferd ist angeschäumt, weiße Flocken zittern an ihrem Kleid, und der runde Knoten des Haares droht aufzubrechen, so locker halten nur mehr die Spangen. Der Knabe starrt wie verzaubert auf das blonde Geflecht, und der Gedanke, daß es sich plötzlich lösen könnte und niederrauschen in wilden, wehenden Flechten, macht ihn toll vor Erregung. Schon glänzt am Ende der Chaussee das gewölbte Tor des Gartens und dahinter der breite Gang zum Schlosse hin. Vorsichtig lenkt er an den andern vorbei, ist als erster zur Stelle, springt ab, gibt dem herbeieilenden Diener die Zügel und erwartet die Kavalkade. Margot ist eine der letzten. Ganz langsam trabt sie heran, den Körper schlaff zurückgelehnt, erschöpft wie nach einer Wollust. So müßte sie sein, fühlt er, wenn sie ihren Rausch betäubt hatte, so mußte sie gestern, vorgestern abends gewesen sein. Das Erinnern macht ihn wieder ungestüm. Er drängt hin zu ihr. Atemlos hilft er ihr vom Pferde.

Wie er den Bügel hält, umklammert seine Hand fiebernd das zarte Gelenk ihres Fußes. »Margot«, stöhnt er, murmelt er leise. Sie antwortet nicht einmal mit einem

Blick und faßt geladen beim Niedersprung die hingereichte Hand.

»Margot, wie wunderbar bist du«, stammelt er noch einmal. Sie sieht ihn scharf an, die Braue schneidet sich wieder hoch in die Stirne. »Ich glaube, du bist betrunken, Bob! Was schwätzest du da?« Aber zornig über die Verstellung, blind vor Leidenschaft preßt er die noch immer gehaltene Hand fest an sich, als wollte er sie in seine Brust bohren. Da gibt ihm Margot, zornig errötend, einen harten Stoß, daß er taumelt, und schreitet rasch an ihm vorbei. So rasch, so zuckend rasch ist dies alles geschehen, daß keiner es bemerkt hat und daß ihm nun selber dünkt, es sei nur ein beängstigender Traum gewesen.

So blaß ist er, so erregt dann den ganzen Tag, daß ihm die blonde Gräfin beim Vorübergehen ins Haar streift und fragt, ob ihm etwas fehle. So zornig ist er, daß er seinen Hund, der ihm bellend entgegenspringt, mit einem Fußtritt zur Seite jagt, so ungeschickt beim Spiel, daß die Mädchen ihn auslachen. Der Gedanke, daß sie heute abend nicht kommen würde, vergiftet sein Blut, macht ihn böse und unwirsch. Sie sitzen beim Tee zusammen draußen im Garten, Margot ihm gegenüber, aber sie sieht ihn nicht an. Magnetisch angezogen zittern seine Augen immer gegen die ihren hin, aber kühl, wie graues Gestein ruhen die und geben kein Echo. Erbitterung packt ihn, daß sie so mit ihm spielt. Wie sie sich jetzt brüsk von ihm abwendet, ballt sich seine Faust, und er fühlt, er könnte sie ruhig niederschlagen.

»Was hast du denn, Bob, du bist ja ganz blaß«, sagt da plötzlich eine Stimme. Es ist die kleine Elisabeth, Margots Schwester. In ihren Augen glänzt ein warmes, weiches Licht, aber er merkt es nicht. Er fühlt sich irgendwie ertappt und sagt wütend: »Laßt mich doch einmal in Ruh mit eurer verfluchten Besorgnis.« Und bereut es schon. Denn Elisabeth wird sehr blaß, wendet sich ab und sagt, mit Tränen in der Stimme: »Du bist aber schon mehr als merkwürdig.« Alle sehen ihn böse und fast drohend an, und er selbst fühlt seine Inkorrektheit. Aber da kommt, ehe er sich noch entschuldigen kann, eine harte Stimme, blank und scharf wie eine Messerschneide, Margots Stimme über den Tisch herüber: »Überhaupt finde ich Bob für seine Jahre sehr ungezogen. Man tut unrecht, ihn als Gentleman oder nur als Erwachsenen zu behandeln.« Margot sagt das, Margot, die ihm noch gestern nachts ihre Lippen geschenkt. Er fühlt alles um sich kreisen, einen Nebel vor seinen Augen. Ein Zorn packt ihn an. »Du mußt es ja wissen, gerade du!« sagt er mit einer ganz bösartigen Betonung und steht auf. Hinter ihm fällt der Sessel um von der jähen Bewegung, aber er wendet sich nicht mehr.

Und doch, so unsinnig es ihm selbst scheint, abends steht er wieder unten im Garten und betet zu Gott, daß sie kommen möge. Vielleicht war auch dies nur Verstellung und Trotz, nein, er wollte sie nicht mehr fragen und nicht mehr quälen, wenn sie nur käme, wenn er nur wieder das erbitterte Begehren dieser weichen, feuchten Lippen an seinem Munde spüren dürfte, das alle Fragen versiegelt. Die Stunden scheinen eingeschlafen zu sein, ein träges schlaffes Tier liegt die Nacht vor dem Schloß: irrsinnig lang ist die Zeit. Wie von spöttelnden Stimmen beseelt scheint ihm das leise Gesurr im Grase ringsum, wie höhnische Hände diese Äste und Zweige, die sich leise bewegen und mit ihrem Schatten spielen und dem leichten Funkeln des Lichts. Alle Geräusche sind verworren und fremd, schmerzhafter prickeln sie als die Stille. Einmal schlägt drüben im Land ein Hund an, und einmal schwirrt eine Sternschnuppe quer über den Himmel und stürzt irgendwo hinter das Schloß. Immer heller scheint die Nacht zu werden, immer dunkler der Bäume Schatten über dem Weg und immer verworrener dies leise Tönen. Dann hüllen wandernde Wolken wieder den Himmel in ein mattes, schwermütiges Dunkel. Schmerzhaft fällt diese Einsamkeit über das fiebernde Herz.

Der Knabe geht auf und ab. Immer heftiger. und schneller. Manchmal schlägt er zornig gegen einen Baum oder zerreibt die Rinde zwischen den Fingern, zerreibt sie so zornig, daß sie bluten. Nein, sie wird nicht kommen, er hat es ja gewußt, aber doch will er es nicht glauben, denn dann kommt sie ja nie, nie mehr wieder. Es ist seines Lebens bitterster Augenblick. Und so leidenschaftlich jung ist er noch, daß er sich heftig hinwirft in das feuchte Moos, die Hände in die Erde verkrallt, Tränen über den Wangen und leise, erbittert schluchzend, wie er nie als Kind geweint hat und nie mehr wird weinen können.

Da plötzlich weckt ihn ein leises Knacken im Gehölz aus seiner Verzweiflung. Und wie er aufspringt und mit blinden, tastenden Händen nach vorne, da hält er – und wunderbar ist dieser jähe, warme Anprall an seine Brust – wieder den Körper in den Armen, von dem er wild geträumt. Ein Schluchzen schäumt aus seiner Kehle, sein ganzes Sein ist gelöst in einen unerhörten Krampf, und er preßt diesen hohen, vollen Leib so herrisch an sich, daß von den fremden und stummen Lippen ein Stöhnen bricht. Und wie er sie unter seiner Kraft stöhnen fühlt, da weiß er zum erstenmal, daß er Herr ist über sie und nicht wie gestern, wie vorgestern, die Beute ihrer Laune; ein Verlangen packt ihn, sie zu quälen für die Qual, die er durch hundert Stunden geschleppt, sie zu züchtigen für ihren Trotz, für diese verächtlichen Worte heute abend vor den andern, für das lügnerische Spiel ihres Lebens. Haß ist in seine brennende Liebe zu ihr so unlösbar verflochten, daß diese Umschlingung mehr ein Kampf ist als eine Zärtlichkeit. Er klemmt ihre schmalen Handgelenke, daß sich ihr ganzer keuchender Körper zitternd mitwindet, und reißt sie dann wieder so stürmisch an sich, daß sie sich nicht rühren kann und nur immer dumpf stöhnt, er weiß nicht, ob in Lust oder Schmerz. Aber kein Wort kann er ihr abzwingen. Wie er jetzt ihre Lippen mit den seinen saugend umpreßt, um auch noch dieses dumpfe Stöhnen zu verschließen, fühlt er eine warme Feuchte daran, Blut, rinnendes Blut, so sehr sind ihre Zähne in die Lippen verbissen gewesen. Und so quält er sie, bis er plötzlich selbst seine Kraft entrinnen spürt und die heiße Welle der Lust in ihm aufschießt, und nun keuchen sie beide, Brust an Brust. Flammen sind über die Nacht gefallen, Sterne scheinen vor seinen Augen zu flirren, alles wird irr, die Gedanken kreisen wilder, und alles hat nur einen Namen: Margot. Dumpf, aus tiefster Seele in glühendstem Überschwall stößt er das Wort endlich heraus, Jubel und Verzweiflung, Sehnsucht, Haß, Zorn und Liebe zugleich, einen einzigen Schrei, der dreier Tage Qual in sich preßt: Margot, Margot, und in den zwei Silben schwingt für ihn die Musik der Welt.

Wie ein Schlag fährt es durch ihren Körper. Mit einem Male erstarrt das Ungestüm der Umschlingung, ein wilder, kurzer Stoß, ein Schluchzen, ein Weinen zuckt die Kehle heraus, und schon ist wieder Feuer in den Bewegungen, aber nur, um sich loszureißen, wie von verhaßter Berührung. Er versucht sie überrascht zu halten, aber sie ringt mit ihm, er fühlt beim Nahebiegen des Gesichtes Tränen des Zornes über ihre Wangen zittern und den schlanken Körper gebäumt wie eine Schlange. Und plötzlich wirft sie ihn mit einem erbitterten Stoß zurück und entflieht. Weiß flimmert der Schein ihres Kleides zwischen den Bäumen und ist schon ertrunken im Dunkel.

Und da steht er wieder allein, erschreckt und verwirrt, wie das erstemal, als die Wärme und Leidenschaft jäh aus seinen Armen stürzte. Vor seinen Blicken schimmern die Sterne feucht, und das Blut bohrt spitze Funken von innen an seine Stirne. Was ist ihm geschehen? Er tastet durch die sich lösende Reihe der Bäume tiefer in den Garten hinein, wo er weiß, daß die kleine Fontäne sprudelt, und läßt ihr Wasser sich über die Hand schmeicheln, weißes, silbernes Wasser, das ihm leise zumurmelt und wunderbar leuchtet im Widerschein des aus Wolken nun langsam wieder erwachenden Mondes. Und da faßt ihn, jetzt da sein Blick klarer wird, wunderbar, als hätte der laue Wind sie aus den Bäumen niedergeweht, eine wilde Traurigkeit. Tränenwarm quillt es aus seiner Brust, und nun stärker, klarer als m den Sekunden zuckender Umpressung fühlt er, wie sehr er Margot liebt. Alles, was bislang war, ist von ihm gesunken, der Rausch, Schauer und Krampf des Besitzes und der Zorn des verwehrten Geheimnisses: wehmutssüß und voll hält ihn die Liebe umfaßt, eine schon fast sehnsuchtslose, aber doch übermächtige Liebe.

Warum hat er sie so gequält? Hat sie ihm denn nicht unsagbar viel gegeben in diesen drei Nächten, war nicht sein Leben aus einer trüben Dämmerung plötzlich in ein funkelndes und gefährliches Licht getreten, seit sie ihn die Zärtlichkeit lehrte und die wilden Schauer der Liebe? Und mit Tränen, im Zorn war sie von ihm gegangen! Ein unwiderstehliches, weiches Verlangen quillt in ihm auf nach einer Versöhnung, nach einem linden, ruhigen Wort, irgendwie ein Gelüst, sie wunschlos still im Arm zu halten und ihr zu sagen, wie dankbar er ihr sei. Ja, er will hingehen zu ihr, ganz in Demut, und will ihr sagen, wie rein er sie liebt und daß er nie wieder ihren Namen nennen will, nie eine verwehrte Frage erzwingen.

Silbern rauscht das Wasser, und er muß an ihre Tränen denken. Vielleicht ist sie jetzt ganz allein in ihrem Zimmer, sinnt er weiter, und nur diese flüsternde Nacht hört auf sie, die alle belauscht und keinen tröstet. Dieses Fern- und Nahesein zugleich von ihr, ohne einen Schimmer von ihrem Haar zu sehen, ein halbverwehtes Wort ihrer Stimme zu hören und doch verstrickt zu sein, Seele in Seele, wird ihm zur unerträglichen Qual. Und unwiderstehlich wird die Sehnsucht nach ihrer Nähe, und sei es nur vor ihrer Tür zu liegen wie ein Hund oder als Bettler zu stehen unter ihrem Fenster.

Wie er zaghaft aus dem Baumdunkel hinschleicht, sieht er von ihrem Fenster im ersten Stock noch Licht glänzen. Es ist ein matter Schein, kaum hellt sein gelbes Flimmern noch die Blätter des breiten Ahornbaumes, der seine Äste wie Hände pochend an das Fenster legen will und sich vorstreckt und wieder weicht im leisen Wind, ein dunkler, riesiger Lauscher vor der kleinen, blanken Scheibe. Der Gedanke, daß Margot hinter diesem blanken Glase wacht, daß sie vielleicht noch weint oder an ihn denkt, regt den Knaben so auf, daß er sich an den Baum lehnen muß, um nicht zu schwanken.

Wie gebannt starrt er hinauf. Die weißen Gardinen schaukeln, unruhig im Luftzug spielend, aus dem Dunkel heraus, scheinen bald tiefgolden in der innern Strahlung des warmen Lampenlichtes, bald silbern, wenn sie vorwehend an den Mondstreif rühren, der zwischen den runden Blättern durchsickert und flirrt. Und die nach innen gewandte Scheibe spiegelt dies bewegte Fließen von Schatten und Licht als loses Gewebe von lichten Reflexen. Aber dem Fiebernden, der jetzt mit heißen Augen vom Schattendunkel nach oben starrt, scheinen dunkle Runen des Geschehens auf die blanke Tafel geschrieben zu sein. Das Fließen der Schatten, das silbrige Glänzen, das wie zarter Rauch über die blanke Fläche weht, diese flüchtigen Wahrnehmungen füllt seine Phantasie zu zuckenden Bildern. Er sieht sie, Margot, hoch und schön, das Haar, oh, das wilde, blonde Haar, gelöst, seine eigene Unruhe im Blut auf- und niedergehn im Zimmer, sieht sie fiebernd in der Schwüle ihrer Leidenschaft, schluchzend im Zorn. Wie durch Glas sieht er jetzt durch die überhohen Wände die kleinsten ihrer Bewegungen, das Erbeben ihrer Hände, das Niedersinken auf einen Sessel und das stumme, verzweifelte Hinstarren in den sternenweißen Himmel. Er glaubt sogar, da die Scheibe für einen Augenblick sich erhellt, ihr Gesicht zu erkennen, das sie ängstlich heranbeugt, um in den schlummernden Garten niederzusehen, nach ihm zu sehen. Und da überwältigt ihn sein wildes Gefühl, verhalten und doch drängend, ruft er ihren Namen hinauf: Margot! ... Margot!

War das nicht ein Huschen wie ein Schleier, weiß und schnell über die blanke Fläche? Deutlich glaubt er es gesehen zu haben. Er horcht. Aber nichts regt sich. Rückwärts schwillt der leise Atem der schlaftrunkenen Bäume und das seidige Knistern im Grase leise an vom trägen Wind, wird wieder ferner und wieder lauter, eine warme Woge, die leise verrauscht. Ruhig atmet die Nacht, und stumm steht das Fenster, ein silberner Rahmen um ein abgedunkeltes Bild. Hat sie ihn nicht gehört? Oder will sie ihn nicht mehr hören?

Dieser zitternde Glanz um das Fenster macht ihn ganz wirr. Sein Herz schlägt das Verlangen hart aus der Brust heraus gegen die Rinde des Baumes, die zu zittern scheint vor so ungestümer Leidenschaft. Er weiß nur, daß er sie jetzt sehen, jetzt sprechen muß, und sollte er ihren Namen so rufen, daß die Leute kämen und andere vom Schlafe erwachten. Er fühlt jetzt, daß etwas geschehen müsse, das Unsinnigste scheint ihm erwünscht, wie im Traum alle Dinge leicht und erreichbar. Jetzt, da sein Blick noch einmal emporgreift zum Fenster, sieht er mit einemmal den hingelehnten Baum seinen Ast hinstrecken wie einen Wegweiser, und schon greift die Hand wilder um den Stamm. Plötzlich ist ihm alles klar: er muß da hinauf – der Stamm ist zwar breit, fühlt sich aber weich und geschmeidig an – und von oben sie rufen, eine Spanne nur von ihrem Fenster; dort, ihr nahe, will er dann mit ihr sprechen und nicht eher wieder niedersteigen, ehe sie ihm nicht vergeben hat. Keine Sekunde überlegt er, nur das Fenster sieht er lockend und leise glänzen und spürt den Baum an seiner Seite, stämmig und bereit, ihn zu tragen. Ein paar rasche Griffe, ein Schwung jetzt noch hinauf, und schon hängen seine Hände an einem Ast und ziehen den Körper energisch nach. Und jetzt hängt er oben, fast ganz oben im Blattwerk, das unter ihm entsetzt schwankt. Bis in die letzten Blätter rieselt dieses wellig schauernde Rauschen, und stärker beugt sich der vorgelehnte Ast an das Fenster, als wollte er die Ahnungslose warnen. Der Kletternde sieht jetzt schon die weiße Decke des Zimmers und in ihrer Mitte golden funkelnd den Lichtkreis der

Lampe. Und er weiß, leise zitternd vor Erregung, im nächsten Augenblicke wird er sie selbst sehen, weinend oder still schluchzend oder in der nackten Begierde ihres Körpers. Seine Arme werden schlaff, aber er faßt sich wieder. Langsam gleitet er den Ast hinab, der ihrem Fenster zugewandt ist, die Kniee bluten ihm leicht, die Hand hat sich aufgerissen, aber er klimmt weiter und ist schon fast angestrahlt vom nahen Schein des Fensters. Ein breites Gebüschel von Blättern umhängt noch die Aussicht, den so sehr ersehnten letzten Blick, und wie er jetzt die Hand hebt, um ihn beiseite zu streifen, und schon der Lichtstrahl blank auf ihn fällt, wie er sich vorbeugt und bebt – schwankt sein Körper, verliert das Gleichgewicht, und wirbelnd stürzt er hinab.

Ein leiser dumpfer Schlag fällt auf den Rasen wie von einer schweren Frucht. Oben beugt sich, beunruhigt blickend, eine Gestalt zum Fenster hinaus, aber das Dunkel ist reglos und still wie ein Teich, der einen Ertrinkenden in seine Flut genommen. Bald löscht oben das Licht, und der Garten geistert wieder im unsichern Dämmerglanz über den schweigenden Schatten.

Nach ein paar Minuten erwacht der Gestürzte aus seiner Betäubung. Sein Blick starrt eine Sekunde lang fremd nach oben, wo ein blasser Himmel mit ein paar irren Sternen kalt auf ihn niedersieht. Aber dann fühlt er einen jäh zuckenden, furchtbaren Schmerz im rechten Fuß, einen Schmerz, der ihn fast aufschreien läßt bei der ersten leisen Bewegung, die er jetzt versucht. Da weiß er plötzlich, was ihm geschehen ist. Und weiß auch, er darf hier nicht liegen bleiben unter Margots Fenster, darf keinen um Hilfe bitten, nicht rufen oder sich laut bewegen. Von der Stirne tropft Blut, er muß im Rasen auf einen Kiesel oder ein Holzstück hingeschlagen haben, aber das wischt er mit der Hand weg, nur so, daß es ihm nicht über die Augen rinnt. Und dann versucht er, ganz auf die linke Seite gekrümmt, mit den in die Erde sich tief einkrallenden Händen langsam sich vorwärtszuziehen. Jedesmal, wenn das gebrochene Bein berührt oder nur erschüttert wird, zuckt ein Schmerz auf, daß er fürchtet, wieder ohnmächtig zu werden. Aber langsam schleift er sich weiter, eine halbe Stunde fast bis zur Treppe hin, und schon fühlt er seine Arme lahm werden. Kalter Schweiß mischt sich auf seiner Stirne mit dem zäh niedertröpfelnden Blute: das Letzte, das Ärgste ist noch zu überwinden, die Treppe, die er sich ganz langsam, unter wildesten Schmerzen hinaufquält. Wie er jetzt oben ist und das Geländer zitternd faßt, röchelt sein Atem. Wenige Schritte schleppt er sich noch zur Tür des Spielsaals hin, wo er Stimmen hört und Licht blinken sieht. An der Klinke zerrt er sich empor, und plötzlich, wie geschleudert, stürzt er mit der nachgebenden Tür in das hellerleuchtete Zimmer.

Furchtbar muß sein Anblick sein, wie er da hereinstürzt, Blut über dem Gesicht, mit Erde beschmiert und sofort wie ein Klumpen zu Boden fallend, denn die Herren springen wild auf, Stühle poltern übereinander, alles drängt hin, um ihm zu helfen. Vorsichtig trägt man ihn auf das Sofa. Er kann noch gerade etwas lallen, er sei die Treppe hinabgestürzt, wie er in den Park gehen wollte, dann fallen plötzlich schwarze Schleifen vor seinen Augen nieder, zittern hin und her und umwinden ihn ganz, daß seine Sinne schwinden und er von nichts mehr weiß.

Ein Pferd wird gesattelt, und einer reitet in den nächsten Ort um einen Arzt. Gespenstig belebt sich das aufgeschreckte Schloß: Lichter zittern wie Johanniskäfer in den Gängen auf, Stimmen ftüstern und fragen aus den Türen heraus, die Diener kommen scheu und schlaftrunken, und endlich trägt man den Ohnmächtigen hinauf in sein Zimmer.

Der Arzt konstatiert einen Beinbruch und beruhigt alle, daß keine Gefahr sei. Nur lange müsse der Verunglückte reglos liegen bleiben im Verband. Wie man es dem Knaben sagt, lächelt er matt. Es trifft ihn nicht schwer. Denn es ist schön so zu liegen, lange allein, ohne Lärm und Menschen, in einem hellen, hohen Zimmer, an das die Bäume mit den Wipfeln heranrauschen, wenn man träumen will von einer, die man liebt. Es ist süß, alles so in Ruhe zu überdenken, leise Träume zu träumen von der einen, ungestört zu sein von allen Verrichtungen und Pflichten, traulich allein mit diesen zarten Traumbildern, die an das Bett treten, wenn man die Lider für einen Augenblick schließt. Die Liebe hat vielleicht keine stillschöneren Augenblicke als die dieser blassen, dämmernden Träume.

Noch ist der Schmerz stark in den ersten Tagen. Aber es ist ihm eine eigentümliche Wollust beigemengt. Der Gedanke, daß er um Margots, um der Geliebten willen, den Schmerz erlitten habe, gibt dem Knaben ein sehr romantisches und fast überschwengliches Selbstgefühl. Er hätte gerne eine Wunde gehabt, denkt er sich, blutrot über das Gesicht, daß er sie stet und offen hätte tragen können wie ein Ritter die Farben seiner Dame; oder es wäre schön gewesen, überhaupt nicht mehr zu erwachen, sondern unten liegen zu bleiben, zerschmettert vor ihrem Fenster. Und schon träumt er weiter, wie sie dann morgens erwacht, weil Stimmen unter ihrem Fenster lärmen und durcheinander rufen, wie sie sich neugierig niederbeugt und ihn steht, ihn, unter ihrem Fenster zerschmettert, um ihretwillen gestorben. Und er sieht, wie sie niederbricht mit einem Schrei; er hört diesen gellenden Schrei in seinen Ohren, sieht dann ihre Verzweiflung, ihren Kummer, sieht sie ein ganzes verstörtes Leben lang in schwarzem Kleid düster und ernst gehen, ein leises Zucken um die Lippen, wenn die Leute sie fragen nach ihrem Schmerz.

So träumt er tagelang, zuerst nur im Dunkeln, dann auch schon mit offenen Augen, bald gewöhnt an das wohlige Erinnern des lieben Bildes. Keine Stunde ist zu licht oder zu laut, daß nicht ihr Bild, als lichter Schatten an den Wänden vorbeischleichend, zu ihm käme oder draußen ihre Stimme sich ihm löste vom tröpfelnden Rinnen der Blätter und dem Knistern des Sandes im scharfen Sonnenschein. Stundenlang spricht er so mit Margot oder träumt sich mit ihr auf Reisen und wunderbaren Fahrten. Manchmal aber wacht er wie verstört von diesen Träumereien auf. Würde sie wirklich um ihn trauern? Würde sie sich seiner überhaupt entsinnen?

Freilich: sie kommt manchmal den Kranken besuchen. Oft wenn er mit ihr in Gedanken spricht und ihr helles Bild vor ihm zu stehen scheint, geht die Tür auf, und sie tritt herein, hoch und schön, aber doch so anders wie das Wesen der Träume. Denn nicht mild ist sie und beugt sich auch nicht erregt nieder, um seine Stirn zu küssen, wie die Margot der Träume, sondern sie setzt sich nur hin zu seinem Strecksessel, fragt, wie es ihm ginge, ob er Schmerzen habe, und erzählt ihm ein paar bunte Dinge. So süß erschreckt und verwirrt ist er immer von ihrer Gegenwart, daß er sie gar nicht anzusehen wagt; oft schließt er die Lider, um ihre Stimme besser zu hören, das Tönen ihrer Worte tiefer in sich zu saugen, diese eigene Musik, die dann noch durch Stunden schwingend um ihn schwebt. Er antwortet ihr zögernd, denn er liebt das Schweigen zu sehr, wenn er nur ihren Atem vernimmt und so im tiefsten das Alleinsein mit ihr im Raum, im Weltenraume spürt. Und wenn sie dann aussieht und sich zur Türe wendet, reckt er sich, trotz des Schmerzes, mühsam auf, um noch einmal alle Linien ihrer bewegten Gestalt in sich einzuzeichnen, sie noch einmal lebend zu umfassen, eh sie wieder in die unsichere Wirklichkeit seiner Träume stürzt.

Jeden Tag fast kommt ihn Margot besuchen. Aber kommt nicht Kitty auch und Elisabeth, die kleine Elisabeth, die ihn sogar immer so erschreckt ansieht und mit so milder, besorgter Stimme fragt, ob ihm noch nicht besser sei? Sieht nicht seine Schwester täglich nach ihm und die andern Frauen, sind sie denn nicht eigentlich alle gleich herzlich zu ihm? Bleiben sie nicht auch bei ihm und erzählen ihm bunte Geschichten? Viel zu lange sogar bleiben sie, denn sie scheuchen ihm mit ihrer Gegenwart die verträumten Sinne fort, wecken sie auf von ihrer sinnenden Ruhe und treiben sie zu gleichgültigen Gesprächen und dummen Phrasen. Er wollte, sie kämen alle nicht und nur Margot käme allein, eine Stunde nur, ein paar Minuten bloß, und dann bliebe er wieder einsam, um von ihr zu träumen, ungestört, unbehelligt, leise froh, wie von linden Wolken getragen, ganz in sich gewandt zu den tröstlichen Bildern seiner Liebe.

Manchmal darum, wenn er eine Hand an der Klinke hört, schließt er die Lider und stellt sich schlafend. Dann schleichen die Besucher auf den Zehen hinaus, er hört die Klinke sich zögernd schließen und weiß, jetzt kann er sich wieder in die laue Flut seiner Träume badend stürzen, sanft von ihnen den lockendsten Fernen zugetragen.

Und einmal nun geschieht ihm dies: Margot war schon bei ihm gewesen, ganz kurz bloß, aber sie hatte ihm den vollen Duft des Gartens mit ihrem Haar gebracht, das schwüle Quellen aufgeblühten Jasmins und das heiße Funkeln der Augustsonne in ihren Augen. Nun, wußte er, durfte er sie nicht nochmals für heute erwarten. Ein langer, heller Nachmittag würde das nun werden, leuchtend in süßer Träumerei, denn keiner wird ihn mehr stören: alle sind sie ja fortgeritten. Und wie sich nun die Türe wieder zaghaft rührt, klemmt er die Augen zu und heuchelt Schlaf. Aber die Eintretende – ganz deutlich hört er es in dem atemstillen Zimmer – tritt nicht wieder zurück, sondern schließt geräuschlos, um ihn nicht zu wecken, die Türe. Und jetzt mit sorgsamen, kaum den Boden anstreifenden Schritten schleicht sie zu ihm heran. Leise hört er ein Kleid rauschen, und wie sie sich neben sein Lager setzt. Und purpurn brennend fühlt er durch die geschlossenen Augen ihren Blick über sein Gesicht streifen.

Sein Herz fängt an unruhig zu pochen. Ist es Margot? Sicherlich. Er fühlt es, aber doch ist es süßer, wilder, erregender, ein heimlicher, lüsterner Reiz, die Augen jetzt nicht aufzuschlagen und sie nur neben sich zu ahnen. Was wird sie tun? Endlos scheinen ihm die Sekunden. Sie sieht ihn nur immer an, belauscht seinen

Schlaf, und das prickelt elektrisch durch seine Poren, dieses unbehagliche und doch berauschende Bewußtsein, wehrlos, blind ihrer Betrachtung hingegeben zu sein, zu wissen, daß, wenn er jetzt die Augen aufschlüge, sie jäh wie ein Mantel Margots erschrecktes Gesicht einhüllen würden in ihre Zärtlichkeit. Aber er regt sich nicht, dämpft nur den Atem, der unruhig und stoßend wird in der zu engen Brust, und wartet, wartet.

Nichts geschieht. Ihm ist nur, als ob sie sich tiefer niederbeugte zu ihm, als ob er diesen leisen Duft, diesen feuchten, leisen Fliederduft, den er von ihren Lippen kennt, näher an seinem Antlitz fühle. Und jetzt – wie eine heiße Welle stürzt von dort sein Blut in den ganzen Körper – hat sie ihre Hand auf sein Lager gelegt und streift leise über der Decke seinen Arm entlang, ruhige, ganz behutsame Striche, die er magnetisch fühlt und denen das Blut immer wild nachrinnt. Wunderbar ist das Gefühl dieser leisen Zärtlichkeit, berauschend und aufstachelnd zugleich.

Langsam, fast rhythmisch, streift noch immer ihre Hand seinen Arm entlang. Da blinzelt er heimlich zwischen den Lidern empor. Zuerst dämmert es nur purpurn rot, eine Wolke von unruhigem Licht, dann nimmt er die dunkel gesprenkelte Decke wahr, die über seinen Körper gebreitet ist, und jetzt, als käme sie weit von fern, die streichelnde Hand; ganz, ganz dämmerig sieht er sie, nur ein weißes, schmales Leuchten, das heranbricht wie eine helle Wolke und wieder weicht. Immer mehr schiebt er den Spalt der Lider auf. Und jetzt erkennt er sie deutlich, die Finger, weiß und glänzend wie Porzellan, sieht, wie sie sanft gekrümmt vorwärtsstreifen und dann wieder zurück, tändelnd, aber doch voll innerer Lebendigkeit. Wie Fühler kriechen sie heran und ziehen sich wieder zurück, und er empfindet in diesem Augenblick die Hand auch als etwas Eigenes und Belebtes, wie eine Katze, die sich an ein Kleid anschmiegt, wie eine kleine, weiße Katze, die mit eingezogenen Krallen sich verliebt schnurrend an einen heranmacht, und er erstaunte nicht, wenn plötzlich ihre

Augen zu funkeln begännen. Und wirklich: glänzt da nicht in diesem weißen Heranstreifen blinkender Blick? Nein: es ist nur ein Glanz von Metall, ein Schimmer von Gold. Aber jetzt, wie die Hand wieder vorstreift, sieht er ihn deutlich, es ist das Medaillon, das von dem Armband niederzittert, das geheimnisvolle, verräterische Medaillon, achteckig und pennygroß. Es ist Margots Hand, die seinen Arm liebkost, und das Verlangen zuckt in ihm aus, diese leise, weiße, unberingte, nackte Hand an seine Lippen zu reißen und zu küssen. Aber da fühlt er ihren Atem gehen, spürt Margots Gesicht ganz nahe dem seinen, und da kann er seine Lider nicht länger niederpressen, und beglückt, strahlend schlägt er den Blick auf in das nahe Gesicht, das erschreckt auffährt und zurückweicht.

Und da, wie die Schatten des niedergebeugten Antlitzes aufstiegen und die Helle über die erregten Züge hinfließt, erkennt er – und wie ein Schlag zuckt es durch seine Glieder – Elisabeth, Margots Schwester, die junge, seltsame Elisabeth. War das ein Traum? Nein, er starrt in das jetzt von rascher Röte überflogene Gesicht, das die Augen ängstlich wegwendet: es ist Elisabeth. Mit einem Male ahnt er den furchtbaren Irrtum, sein Blick fährt gierig herab zu ihrer Hand, und wirklich, das Medaillon ist daran.

Vor seinen Augen beginnen Schleier zu kreisen. Ganz wie damals fühlt er, da ihn die Ohnmacht hinwarf, aber er preßt die Zähne zusammen, er will nicht die Gedanken verlieren. Blitzartig fliegt alles vorbei, eingepreßt in die eine Sekunde, das Staunen, der Hochmut Margots, das Lächeln Elisabeths, dieser seltsame Blick, der ihn anrührte wie eine verschwiegene Hand – nein, nein, da war kein Irrtum möglich.

Eine einzige leise Hoffnung zuckt in ihm auf. Er starrt auf das Medaillon hin, vielleicht hat es Margot ihr geschenkt, heute oder gestern oder damals.

Aber da spricht schon Elisabeth zu ihm. Dieses fiebernde Nachdenken muß seine Züge verzerrt haben, denn sie fragt ihn ängstlich: »Hast du Schmerzen, Bob?«

Wie doch ihre Stimmen ähnlich sind, denkt er. Und antwortet nur gedankenlos. »Ja, ja ... das heißt, nein ... es geht mir ganz gut!«

Es wird wieder eine Stille. Wie eine heiße Welle kommt der Gedanke immer wieder: vielleicht hat es Margot ihr nur geschenkt. Er weiß, daß es nicht wahr sein kann, aber er muß sie fragen.

»Was hast du da für ein Medaillon?«

»Ach, irgendeine Münze von einer amerikanischen Republik, ich weiß gar nicht von welcher. Onkel Robert hat sie uns einmal gebracht.«

»Uns?«

Er hält den Atem an. Jetzt muß sie es sagen.

»Margot und mir. Kitty wollte sie nicht. Ich weiß nicht warum.«

Er fühlt, wie etwas Feuchtes in seine Augen quillt. Vorsichtig legt er den Kopf zur Seite, daß Elisabeth nicht die Träne steht, die jetzt schon ganz nahe an den Lidern sein muß, die sich nicht zurückzwingen läßt und die jetzt ganz, ganz langsam über die Wange rollt. Er möchte etwas sagen, hat aber Angst vor seiner Stimme, daß sie sich biegen könnte unter dem steigenden Druck des Schluchzens. Beide schweigen sie, einer den andern ängstlich belauernd. Dann steht Elisabeth auf. »Ich gehe jetzt, Bob. Gute Besserung.« Er schließt die Augen, und dann knarrt die Tür leise zu.

Wie eine aufgeschreckte Taubenschar flattern jetzt die Gedanken auf. Jetzt erst begreift er das Ungeheure des Mißverständnisses, Scham und Ärger über seine Torheit packt ihn, aber gleichzeitig auch ein wilder Schmerz. Er weiß nun, daß ihm Margot auf immer verloren ist, aber er spürt, daß er sie unverändert liebt, jetzt vielleicht noch mit jener verzweifelten Sehnsucht nach dem Unerreichbaren. Und Elisabeth – wie im Zorn stößt er ihr Bild von sich, denn all die Hingabe und die jetzt so gedämpfte Glut ihrer Leidenschaft können ihm nicht mehr so viel sein wie ein Lächeln Margots oder ihre Hand, wenn sie ihn einmal nur leise anrühren wollte. Hätte Elisabeth damals sich ihm gezeigt, er hätte sie geliebt, denn in jenen Stunden war er ja noch kindhaft in seiner Leidenschaft, aber jetzt hat sich in den tausend Träumen der Name Margots zu tief in ihn eingebrannt, als daß er ihn weglöschen könnte aus seinem Leben.

Er fühlt, wie es dunkler wird vor seinen Augen, wie das unablässige Sinnen allmählich in Tränen verschwimmt. Vergebens müht er sich wie in all den Tagen der Krankheit, in den langen einsamen Stunden Margots Bild vor den Blick zu zaubern: immer drängt sich gleich einem Schatten Elisabeth dazu mit ihren tiefen sehnsüchtigen Augen, und dann verwirrt sich alles, und er muß wieder qualvoll allem nachsinnen, wie es gekommen ist. Und da faßt ihn Scham, wenn er denkt, daß er vor dem Fenster Margots gestanden und ihren Namen gerufen hatte, und wieder Mitleid mit der stillen, blonden Elisabeth, für die er nie ein Wort gehabt hatte oder einen Blick in all den Tagen, da seine Dankbarkeit doch hätte aufstrahlen müssen wie ein Feuer.

Am andern Morgen tritt dann Margot für einen Augenblick an sein Lager. Er schauert vor ihrer Nähe und wagt ihr nicht in die Augen zu sehen. Was sagt sie zu ihm? Er hört es kaum, das wilde Sausen in seinen Schläfen ist lauter als ihre Stimme. Erst wie sie von ihm geht, umfaßt er wieder sehnsüchtig mit dem Blick ihre ganze Gestalt. Er fühlt: nie hat er sie mehr geliebt.

Nachmittags kommt Elisabeth. Sie hat eine leise Vertraulichkeit in ihren Händen, die manchmal an die seinen streifen, und ihre Stimme ist sehr leise, ein wenig umflort. Sie redet mit einer gewissen Angst von gleichgültigen Dingen, als fürchte sie, sich verraten zu müssen, spräche sie von sich oder von ihm. Er weiß nicht recht, was er für sie empfindet. Manchmal wie Mitleid, manchmal wie Dankbarkeit für ihre Liebe spürt er es in sich, aber er könnte ihr nichts sagen. Er wagt kaum, sie anzusehen, aus Furcht, sie zu belügen.

Jeden Tag kommt sie jetzt und bleibt auch länger. Es ist, als ob seit jener Stunde, da das Geheimnis zwischen ihnen aufdämmerte, auch die Unsicherheit verloren gegangen wäre. Aber doch wagen sie nie davon zu reden, von diesen Stunden im Dunkel des Gartens.

Einmal sitzt Elisabeth wieder an seinem Lehnsessel. Es ist helle Sonne draußen, ein grüner Reflex von den wehenden Wipfeln zittert an den Wänden. Ihr Haar scheint in solchen Augenblicken ganz feurig wie brennende Wolken, ihre Haut blaß und durchsichtig, ihr ganzes Wesen leuchtend und irgendwie leicht. Von seinem Kissen aus, wo ein Schatten liegt, sieht er ihr Gesicht nah lächeln und sieht es doch so ferne, weil es strahlt von dem Licht, das ihn nicht mehr erreicht. Alles Geschehene vergißt er bei diesem Anblick. Und wie sie sich hinbeugt zu ihm, daß ihre Augen tiefer zu werden scheinen und als dunkle Spiralen nach innen zu laufen, wie sie sich vorneigt, da faßt sein Arm ihren Leib, beugt ihren Kopf nah zu sich herab, und er küßt sie auf den schmalen feuchten Mund. Sie zittert sehr, widerstrebt aber nicht, sondern streift nur leise traurig mit der Hand ihm übers Haar. Und sagt dann ganz verhauchend, mit einer zärtlichen Traurigkeit in der Stimme: »Du liebst ja doch nur Margot.« Bis an sein Herz fühlt er den hingebenden Ton, diese leise widerstandslose Verzweiflung, bis in die Seele den Namen, der ihn so sehr erschüttert. Aber er wagt nicht zu lügen in dieser Minute. Er schweigt.

Sie küßt ihm noch einmal ganz leicht, fast schwesterlich die Lippen, dann geht sie ohne ein Wort hinaus.

Das ist das einzige Mal, daß sie davon sprechen. Ein paar Tage noch, und dann führen sie den Genesenden hinab in den Garten, wo schon die ersten falben Blätter sich über dem Weg nachjagen und der verfrühte Abend bereits an die Melancholie des Herbstes erinnert. Und wieder ein paar Tage, und er geht schon mühsam allein und nun zum letztenmal für dieses Jahr unter dem bunten

Geflecht der Bäume, die jetzt lauter und unwilliger reden im schaukelnden Winde, als damals in jenen drei lauen Sommernächten. Wehmütig geht der Knabe hin zu jener Stelle. Ihm ist, als stände hier unsichtbar eine dunkle Mauer aufgerichtet, hinter der rückwärts, ganz verschwommen schon im Dämmern, seine Kindheit läge und vor ihm ein andres Land, fremd und gefährlich.

Abends nahm er Abschied, sah noch einmal in Margots Gesicht tief hinein, als müßte er es für sein Leben in sich trinken, legte seine Hand unruhig in die Elisabeths, die warm und drängend die seine umschloß, sah an Kitty, an den Freunden und an seiner Schwester fast vorbei, so voll war seine Seele von der Empfindung, daß er die eine liebte und die andere ihn. Sehr blaß war er und irgendein herber Zug auf seinem Gesicht, der ihn nicht mehr wie einen Knaben scheinen ließ. Zum ersten Male sah er aus wie ein Mann.

Und doch, als dann die Pferde anzogen und er sah, wie Margot sich gleichgültig abwandte, um die Treppe hinaufzugehn, und wie über Elisabeths Augen plötzlich ein feuchter Glanz lief und sie sich anhielt an dem Geländer, da kam die Fülle des neuen Erlebens so ganz über ihn, daß er sich seinen Tränen ungestüm hingab wie ein Kind.

Immer ferner leuchtete das Schloß, immer kleiner schien zwischen dem aufquellenden Staub des Wagens der dunkle Garten zu werden, immer weiter die Landschaft, und schließlich war all das, was er erlebt hatte, unsichtbar hinter seinem Blick und nur mehr drängende Erinnerung. Zwei Stunden Fahrt führten ihn zur nahen Station. Und am nächsten Morgen war er in London.

Ein paar Jahre noch, und er war kein Knabe mehr. Aber jenes erste Erlebnis war zu heftig in ihm lebendig geworden, um je wieder zu welken. Margot und Elisabeth hatten beide geheiratet, aber er wollte sie nicht mehr wiedersehen, denn die Erinnerungen an jene Stunden überkamen ihn manchmal mit solch ungestümer Kraft, daß sein ganzes späteres Leben ihm nur Traum und Schein schien gegen die Wirklichkeit dieser Erinnerung. Er ist einer jener Menschen geworden, die kein Verhältnis mehr zur Liebe und zu den Frauen finden können; denn ihn, der in einer Sekunde seines Lebens beide Empfindungen, die der Liebe und des Geliebtseins, so voll vereinigt hatte, drängte keine Sehnsucht mehr, zu suchen, was ihm so früh schon in seine zitternden, ängstlich nachgebenden Knabenhände gefallen war. Durch viele Länder ist er gereist, einer jener korrekten stillen Engländer, die viele für gefühllos halten, weil sie so schweigsam sind und weil ihr Blick kühl an den Gesichtern der Frauen und an ihrem Lächeln vorübergeht. Denn wer denkt, daß sie die Bilder, auf die ihr Blick stets geheftet ist, innen, verflochten ihrem Blute tragen, das stets um sie lodert wie ein ewiges Licht vor dem Bilde der Madonna? Und jetzt weiß ich auch, wie diese Geschichte zu mir kam. In dem Buch, darin ich heute nachmittag gelesen, war auch eine Karte gelegen, eine Karte, die mir ein Freund aus Kanada schrieb. Es ist ein junger Engländer, den ich einmal auf einer Reise kennen lernte, mit dem ich oftmals an langen Abenden sprach und in dessen Reden manchmal geheimnisvoll wie ferne Standbilder die Erinnerung an zwei Frauen aufleuchtete, die mit einem Augenblick seiner Jugend dauernd vereint waren. Es ist lange her, sehr lange, daß ich mit ihm sprach, und ich hatte auch wohl die Gespräche von damals schon vergessen. Aber heute, als ich die Karte empfing, stieg die Erinnerung, mit allerlei eigenem Erlebnis träumerisch vermengt, wieder auf, und mir war, als hätte ich seine Geschichte in dem Buche gelesen, das mir aus den Händen glitt, oder hätte sie gefunden in einem Traume. –

Aber wie dunkel ist es geworden im Zimmer, und wie ferne bist du mir nun in dieser tiefen Dämmerung! Ich sehe nur einen zarten hellen Schimmer dort, wo ich dein Antlitz ahne, und ich weiß nicht, ob du lächelst oder traurig bist. Ob du lächelst, weil ich mir seltsame Geschehnisse erfinde für Menschen, die ich flüchtig kannte, ganze Schicksale träume und sie dann wieder ruhig zurückgleiten lasse in ihr Leben und ihre Welt? Oder bist du traurig um dieses Knaben willen, der an der Liebe vorbeiging und sich in einer Stunde für immer aus dem Garten dieses süßen Traumes verlor? Sieh, ich wollte es nicht, daß diese Geschichte wehmütig sei und dunkel, ich wollte dir nur von einem Knaben erzählen, den plötzlich die Liebe überfiel, die eigene und die einer andern. Aber die Geschichten, die man des Abends erzählt, wandern alle in die leise Straße der Wehmut hinein. Die Dämmerung senkt sich auf sie mit ihren Schleiern, all die Trauer, die im Abend ruht, wölbt sich sternenlos über sie, das Dunkel sickert in ihr Blut, und all die hellen und bunten Worte, die sie tragen, haben dann einen so vollen und schweren Klang, als kämen sie aus unserm eigensten Leben.

DIE GOUVERNANTE

Die beiden Kinder sind nun allein in ihrem Zimmer. Das Licht ist ausgelöscht. Dunkel liegt zwischen ihnen, nur von den Betten her kommt ein leiser weißer Schimmer. Ganz leise atmen die beiden, man möchte glauben, sie schliefen.

»Du!« sagt da eine Stimme. Es ist die Zwölfjährige, die leise, fast ängstlich, in das Dunkel hinfragt.

»Was ists?« antwortet vom anderen Bett die Schwester. Ein Jahr nur ist sie älter.

»Du bist noch wach. Das ist gut. Ich ... ich möchte dir gern etwas erzählen ...«

Keine Antwort kommt von drüben. Nur ein Rascheln im Bett. Die Schwester hat sich aufgerichtet, erwartend blickt sie herüber, man kann ihre Augen funkeln sehn.

»Weißt du ... ich wollte dir sagen ... Aber sag du mir zuerst, ist dir nicht etwas aufgefallen in den letzten Tagen an unserm Fräulein?«

Die andere zögert und denkt nach. »Ja,« sagt sie dann, »aber ich weiß nicht recht, was es ist. Sie ist nicht mehr so streng. Letzthin habe ich zwei Tage keine Aufgaben gemacht, und sie hat mir gar nichts gesagt. Und dann ist sie so, ich weiß nicht wie. Ich glaube, sie kümmert sich gar nicht mehr um uns, sie setzt sich immer abseits und spielt nicht mehr mit, so wie früher.«

»Ich glaube, sie ist sehr traurig und will es nur nicht zeigen. Sie spielt auch nie mehr Klavier.«

Das Schweigen kommt wieder.

Da mahnt die Ältere: »Du wolltest etwas erzählen.«

»Ja, aber du darfst es niemandem sagen, wirklich niemandem, der Mama nicht und nicht deiner Freundin.«

»Nein, nein!« Sie ist schon ungeduldig. »Was ists also!«

»Also ... jetzt, wie wir schlafen gegangen sind, ist mir plötzlich eingefallen, daß ich dem Fräulein nicht ›Gute Nacht!‹ gesagt habe. Die Schuhe hab ich schon ausgezogen gehabt, aber ich bin doch hinüber in ihr Zimmer, weißt du, ganz leise, um sie zu überraschen. Ganz vorsichtig mach ich also die Tür auf. Zuerst hab ich geglaubt, sie ist nicht im Zimmer. Das Licht hat gebrannt, aber ich hab sie nicht gesehn. Da plötzlich – ich bin furchtbar erschrocken – hör ich jemand weinen und seh auf einmal, daß sie ganz angezogen auf dem Bett liegt, den Kopf in den Kissen. Geschluchzt hat sie, daß ich zusammengefahren bin. Aber sie hat mich nicht bemerkt. Und da hab ich die Tür ganz leise wieder zugemacht. Einen Augenblick hab ich stehen bleiben müssen, so hab ich gezittert. Da kam es noch einmal ganz deutlich durch die Tür, dieses Schluchzen, und ich bin rasch heruntergelaufen.«

Sie schweigen beide. Dann sagt die eine ganz leise: »Das arme Fräulein!« Das Wort zittert hin ins Zimmer wie ein verlorener dunkler Ton und wird wieder still.

»Ich möchte wissen, warum sie geweint hat«, sängt die Jüngere an. »Sie hat doch mit niemand Zank gehabt in den letzten Tagen, Mama läßt sie endlich auch in Ruh mit ihren ewigen Quälereien, und wir haben ihr doch sicher nichts getan. Warum weint sie dann so?«

»Ich kann es mir schon denken«, sagt die Ältere.

»Warum, sag mir, warum?«

Die Schwester zögert. Endlich sagt sie: »Ich glaube, sie ist verliebt.«

»Verliebt?« Die Jüngere zuckt nur so auf. »Verliebt? In wen?«

»Hast du gar nichts bemerkt?«

»Doch nicht in Otto?«

»Nicht? Und er nicht in sie? Warum hat er denn, der jetzt schon drei Jahre bei uns wohnt und studiert, uns nie begleitet und jetzt seit den paar Monaten auf einmal täglich? War er je nett zu mir oder zu dir, bevor das Fräulein zu uns kam? Den ganzen Tag ist er jetzt um uns herum gewesen. Immer haben wir ihn zufällig getroffen, zufällig, im Volksgarten oder Stadtpark oder Prater, wo immer wir mit dem Fräulein waren. Ist dir denn das nie aufgefallen?«

Ganz erschreckt stammelt die Kleine:

»Ja ... ja, natürlich hab ichs bemerkt. Ich hab nur immer gedacht, es ist ...«

Die Stimme schlägt ihr um. Sie spricht nicht weiter.

»Ich hab es auch zuerst geglaubt, wir Mädchen sind ja immer so dumm. Aber ich habe noch rechtzeitig bemerkt, daß er uns nur als Vorwand nimmt.«

Jetzt schweigen beide. Das Gespräch scheint zu Ende.

Beide sind in Gedanken oder schon in Träumen.

Da sagt noch einmal die Kleine ganz hilflos aus dem Dunkel: »Aber warum weint sie dann wieder? Er hat sie doch gern. Und ich hab mir immer gedacht, es muß so schön sein, wenn man verliebt ist.«

»Ich weiß nicht,« sagt die Ältere ganz träumerisch, »ich habe auch geglaubt, es muß sehr schön sein.«

Und einmal noch, leise und bedauernd, von schon schlafmüden Lippen weht es herüber: »Das arme Fräulein!«

Und dann wird es still im Zimmer.

*
* *

Am nächsten Morgen reden sie nicht wieder davon, und doch, eine spürt es von der andern, daß ihre Gedanken das gleiche umkreisen. Sie gehen aneinander vorbei, weichen sich aus, aber doch begegnen sich unwillkürlich ihre Blicke, wenn sie beide von der Seite die Gouvernante betrachten. Bei Tisch beobachten sie Otto, den Cousin, der seit Jahren im Hause lebt, wie einen Fremden. Sie reden nicht mit ihm, aber unter den gesenkten Lidern schielen sie immer hin, ob er sich mit ihrem Fräulein verständige. Eine Unruhe ist in beiden. Sie spielen heute nicht, sondern tun in ihrer Nervosität, hinter das Geheimnis zu kommen, unnütze und gleichgültige Dinge. Abends fragt nur die eine, kühl, als ob es ihr gleichgültig sei: »Hast du wieder etwas bemerkt?« – »Nein«, sagt die Schwester und wendet sich ab. Beide haben irgendwie Angst vor einem Gespräch. Und so geht es ein paar Tage weiter, dieses stumme Beobachten und im Kreise Herumspüren der beiden Kinder, die unruhig und unbewußt sich einem funkelnden Geheimnis nahe fühlen.

Endlich, nach ein paar Tagen, merkt die eine, wie bei Tisch die Gouvernante Otto leise mit den Augen zuwinkt. Er nickt mit dem Kopf Antwort. Das Kind zittert vor Erregung. Unter dem Tisch tastet sie leise an die Hand der älteren Schwester. Wie die sich ihr zuwendet, funkelt sie ihr mit den Augen entgegen. Die versteht sofort die Geste und wird auch unruhig.

Kaum daß sie aufstehn von der Mahlzeit, sagt die Gouvernante zu den Mädchen: »Geht in euer Zimmer und beschäftigt euch ein bißchen. Ich habe Kopfschmerzen und will für eine halbe Stunde ausruhen.«

Die Kinder sehen nieder. Vorsichtig rühren sie sich an mit den Händen, wie um sich gegenseitig aufmerksam zu machen. Und kaum ist die Gouvernante fort, so springt die Kleinere auf die Schwester zu:

»Paß auf, jetzt geht Otto in ihr Zimmer.«

»Natürlich! Darum hat sie uns doch hineingeschickt!«

»Wir müssen vor der Tür horchen!«

»Aber wenn jemand kommt?«

»Wer denn?«

»Mama.«

Die Kleine erschrickt. »Ja dann ...«

»Weißt du was? Ich horche an der Tür, und du bleibst draußen im Gang und gibst mir ein Zeichen, wenn jemand kommt. So sind wir sicher.«

Die Kleine macht ein verdrossenes Gesicht. »Aber du erzählst mir dann nichts!«

»Alles!«

»Wirklich alles ... aber alles!«

»Ja, mein Wort darauf. Und du hustest, wenn du jemanden kommen hörst.«

Sie warten im Gang, zitternd, aufgeregt. Ihr Blut pocht wild. Was wird kommen? Eng drücken sie sich aneinander.

Ein Schritt. Sie stieben fort. In das Dunkel hinein. Richtig: es ist Otto. Erfaßt die Klinke, die Tür schließt sich. Wie ein Pfeil schießt die Ältere nach und drückt sich an die Tür, ohne Atemholen horchend. Die Jüngere sieht sehnsüchtig hin. Die Neugierde verbrennt sie, es reißt sie vom angewiesenen Platz. Sie schleicht heran, aber die Schwester stößt sie zornig weg. So wartet sie wieder draußen, zwei, drei Minuten, die ihr eine Ewigkeit scheinen. Sie fiebert vor Ungeduld, wie auf glühendem Boden zappelt sie hin und her. Fast ist ihr das Weinen nah vor Erregung und Zorn, daß die Schwester alles hört und sie nichts. Da fällt drüben, im dritten Zimmer, eine Tür zu. Sie hustet. Und beide stürzen sie weg, hinein in ihren Raum. Dort stehen sie einen Augenblick atemlos, mit pochenden Herzen.

Dann drängt die Jüngere gierig: »Also ... erzähle mir.«

Die Ältere macht ein nachdenkliches Gesicht. Endlich sagt sie, ganz versonnen, wie zu sich selbst: »Ich verstehe es nicht!«

»Was?«

»Es ist so merkwürdig.«

»Was ... was ...?« Die Jüngere keucht die Worte nur so heraus. Nun versucht die Schwester sich zu besinnen. Die Kleine hat sich an sie gepreßt, ganz nah, damit ihr kein Wort entgehen könne.

»Es war ganz merkwürdig ... so ganz anders, als ich mir es dachte. Ich glaube, wie er ins Zimmer kam, hat er sie umarmen wollen oder küssen, denn sie hat zu ihm gesagt: ›Laß das, ich hab mit dir Ernstes zu bereden.‹ Sehen habe ich nichts können, der Schlüssel hat von innen gesteckt, aber ganz genau gehört habe ich. ›Was ist denn los?‹ hat der Otto darauf gesagt, doch ich hab ihn nie so reden hören. Du weißt doch, er redet sonst gern so frech und laut, das hat er aber so zaghaft gesagt, daß ich gleich gespürt habe, er hat irgendwie Angst. Und auch sie muß gemerkt haben, daß er lügt, denn sie hat nur ganz leise gesagt: ›Du weißt es ja schon.‹ – ›Nein, ich weiß gar nichts.‹ – ›So,‹ hat sie da gesagt – und so traurig, so furchtbar traurig – ›und warum ziehst du dich denn auf einmal von mir zurück? Seit acht Tagen hast du kein Wort mit mir geredet, du weichst mir aus, wo du kannst, mit den Kindern gehst du nicht mehr, kommst nicht mehr in den Park. Bin ich dir aus einmal so fremd? O, du weißt schon, warum du dich auf einmal fernhältst.‹ Er hat geschwiegen und dann gesagt: ›Ich steh jetzt vor der Prüfung, ich habe viel zu arbeiten und für nichts anderes mehr Zeit. Es geht jetzt nicht anders.‹ Da hat sie zu weinen angefangen und hat ihm dann gesagt, unter Tränen, aber so mild und gut: ›Otto, warum lügst du denn? Sag doch die Wahrheit, das habe ich wirklich nicht verdient um dich. Ich habe ja nichts verlangt, aber geredet muß doch darüber werden zwischen uns zweien. Du weißt es ja, was ich dir zu sagen habe, an den Augen seh ich dirs an.‹ – ›Was denn?‹ hat er gestammelt, aber ganz, ganz schwach. Und da sagte sie ...«

Das Mädchen fängt plötzlich zu zittern an und kann nicht weiterreden vor Erregung. Die Jüngere preßt sich enger an sie. »Was ... was denn?«

»Da sagte sie: ›Ich hab doch ein Kind von dir!‹«

Wie ein Blitz fährt die Kleine auf: »Ein Kind! Ein Kind! Das ist doch unmöglich!«

»Aber sie hat es gesagt.«

»Du mußt schlecht gehört haben.«

»Nein, nein! Und er hat es wiederholt; genau so wie du ist er aufgefahren und hat gerufen: ›Ein Kind!‹ Sie hat lange geschwiegen und dann gesagt: ›Was soll jetzt geschehn?‹ Und dann ...«

»Und dann?«

»Dann hast du gehustet, und ich hab weglaufen müssen.«

Die Jüngere starrt ganz verstört vor sich hin. »Ein Kind! Das ist doch unmöglich. Wo soll sie denn das Kind haben?«

»Ich weiß nicht. Das ist es ja, was ich nicht verstehe.«

»Vielleicht zu Hause wo ... bevor sie zu uns herkam. Mama hat ihr natürlich nicht erlaubt, es mitzubringen wegen uns. Darum ist sie auch so traurig.«

»Aber geh, damals hat sie doch Otto noch gar nicht gekannt!«

Sie schweigen wieder, ratlos, unschlüssig herumgrübelnd. Der Gedanke peinigt sie. Und wieder fängt die Kleinere an: »Ein Kind, das ist ganz unmöglich! Wieso kann sie ein Kind haben? Sie ist doch nicht verheiratet, und nur verheiratete Leute haben Kinder, das weiß ich.«

»Vielleicht war sie verheiratet.«

»Aber sei doch nicht so dumm. Doch nicht mit Otto.«

»Aber wieso ...?«

Ratlos starren sie sich an.

»Das arme Fräulein«, sagt die eine ganz traurig. Es kommt immer wieder dieses Wort, ausklingend in einen Seufzer des Mitleids. Und immer wieder flackert die Neugier dazwischen.

»Ob es ein Mädchen ist oder ein Bub?«

»Wer kann das wissen.«

»Was glaubst du ... wenn ich sie einmal fragen würde ... ganz, ganz vorsichtig ...«

»Du bist verrückt!«

»Warum ... sie ist doch so gut zu uns.«

»Aber was fällt dir ein! Uns sagt man doch solche Sachen nicht. Uns verschweigt man alles. Wenn wir ins

Zimmer kommen, hören sie immer auf zu sprechen und reden dummes Zeug mit uns, als ob wir Kinder wären, und ich bin doch schon dreizehn Jahre. Wozu willst du sie fragen, uns sagt man ja doch nur Lügen.«

»Aber ich hätte es so gern gewußt.«

»Glaubst du, ich nicht?«

»Weißt du ... was ich eigentlich am wenigsten verstehe, ist, daß Otto nichts davon gewußt haben soll. Man weiß doch, daß man ein Kind hat, so wie man weiß, daß man Eltern hat.«

»Er hat sich nur so gestellt, der Schuft. Er verstellt sich immer.«

»Aber bei so etwas doch nicht. Nur ... nur ... wenn er uns etwas vormachen will ...«

Da kommt das Fräulein herein. Sie sind sofort still und scheinen zu arbeiten. Wer von der Seite schielen sie hin zu ihr. Ihre Augen scheinen gerötet, ihre Stimme etwas tiefer und vibrierender als sonst. Die Kinder sind ganz still, mit einer ehrfürchtigen Scheu sehen sie plötzlich zu ihr auf. »Sie hat ein Kind,« müssen sie immer wieder denken, »darum ist sie so traurig.« Und langsam werden sie es selbst.

* * *

Am nächsten Tag, bei Tisch, erwartet sie eine jähe Nachricht. Otto verläßt das Haus. Er hat dem Onkel erklärt, er stände jetzt knapp vor den Prüfungen, müsse intensiv arbeiten, und hier sei er zu sehr gestört. Er würde sich irgendwo ein Zimmer nehmen für diese ein, zwei Monate, bis alles vorüber sei.

Die beiden Kinder sind furchtbar erregt, wie sie es hören. Sie ahnen irgendeinen geheimen Zusammenhang mit dem Gespräch von gestern, spüren mit ihrem geschärften Instinkt eine Feigheit, eine Flucht. Wie Otto ihnen Adieu sagen will, sind sie grob und wenden ihm den Rücken. Aber sie schielen hin, wie er jetzt vor dem

Fräulein steht. Der zuckt es um die Lippen, aber sie reicht ihm ruhig, ohne ein Wort, die Hand.

Ganz anders sind die Kinder geworden in diesen paar Tagen. Sie haben ihre Spiele verloren und ihr Lachen, die Augen sind ohne den munteren, unbesorgten Schein. Eine Unruhe und Ungewißheit ist in ihnen, ein wildes Mißtrauen gegen alle Menschen um sie herum. Sie glauben nicht mehr, was man ihnen sagt, wittern Lüge und Absicht hinter jedem Wort. Sie blicken und spähen den ganzen Tag, jede Bewegung belauern sie, jedes Zucken, jede Betonung fangen sie auf. Wie Schatten geistern sie hinter allem her, vor den Türen horchen sie, um etwas zu erhaschen, eine leidenschaftliche Bemühung ist in ihnen, das dunkle Netz dieser Geheimnisse abzuschütteln von ihren unwilligen Schultern oder durch eine Masche in die Welt der Wirklichkeit wenigstens einen Blick zu tun. Der kindische Glaube, diese heitere, unbesorgte Blindheit, ist von ihnen abgefallen. Und dann: sie ahnen aus der Schwüle der Geschehnisse irgendeine neue Entladung und haben Angst, sie könnten sie versäumen. Seit sie wissen, daß Lüge um sie ist, sind sie zäh und lauernd geworden, selbst verschlagen und verlogen. Sie ducken sich in der Nähe der Eltern in eine nun geheuchelte Kinderhaftigkeit hinein und flackern dann aus in eine jähe Beweglichkeit. Ihr ganzes Wesen ist aufgelöst in eine nervöse Unruhe, ihre Augen, die früher einen seichten Glanz sanft trugen, scheinen funkelnder und tiefer. So hilflos sind sie in ihrem steten Spähen und Spionieren, daß sie gegenseitig inniger werden in ihrer Liebe. Manchmal umarmen sie einander plötzlich stürmisch aus dem Gefühl ihrer Unwissenheit, nur dem jäh aufquellenden Zärtlichkeitsbedürfnis überschwenglich nachgebend, oder sie brechen in Tränen aus. Anscheinend ohne Ursache ist ihr Leben mit einem Male eine Krise geworden.

Unter den vielen Kränkungen, für die ihnen erst jetzt das Gefühl erweckt worden ist, spüren sie eine am meisten. Ganz still, ohne Wort haben sie sich verpflichtet, dem

Fräulein, das so traurig ist, möglichst viel Freude zu bereiten. Sie machen ihre Aufgaben fleißig und sorgsam, helfen sich beide aus, sie sind still, geben kein Wort zur Klage, springen jedem Wunsch voraus. Aber das Fräulein merkt es gar nicht, und das tut ihnen so weh. Ganz anders ist sie geworden in letzter Zeit. Manchmal, wenn eines der Mädchen sie anspricht, zuckt sie zusammen, wie aus dem Schlaf geschreckt. Und ihr Blick kommt dann immer erst suchend aus einer weiten Ferne zurück. Stundenlang sitzt sie oft da und schaut träumerisch vor sich hin. Dann schleichen die Mädchen auf den Zehen herum, um sie nicht zu stören, sie spüren dumpf und geheimnisvoll: jetzt denkt sie an ihr Kind, das irgendwo in der Ferne ist. Und immer mehr, aus den Tiefen ihrer nun erwachenden Weiblichkeit, lieben sie das Fräulein, das jetzt so milde geworden ist und so sanft. Ihr sonst frischer und übermütiger Gang ist nun bedächtiger, ihre Bewegungen vorsichtiger, und die Kinder ahnen in alldem eine geheime Traurigkeit. Weinen haben sie sie nie gesehen, aber ihre Lider sind oft gerötet. Sie merken, daß das Fräulein den Schmerz vor ihnen geheimhalten will, und sind verzweifelt, ihr nicht helfen zu können.

Und einmal, wie sich das Fräulein zum Fenster hin abgewandt hat und mit dem Taschentuch über die Augen fährt, faßt die Kleinere plötzlich Mut, ergreift leise ihre Hand und sagt: »Fräulein, Sie sind so traurig die letzte Zeit. Nicht wahr, wir sind doch nicht schuld daran?«

Das Fräulein sieht sie bewegt an und streift ihr mit der Hand über das weiche Haar. »Nein, Kind, nein«, sagt sie. »Ihr gewiß nicht.« Und küßt sie sanft aus die Stirn.

* * *

Lauernd und beobachtend, nichts außer acht lassend, was sich im Umkreis ihrer Blicke rührt, hat eine in diesen Tagen, plötzlich ins Zimmer tretend, ein Wort aufgefangen. Gerade ein Satz war es nur, denn die Eltern haben sofort das Gespräch abgebrochen, aber jedes Wort entzündet in ihnen jetzt tausend Vermutungen. »Mir ist auch schon so etwas aufgefallen«, hat die Mutter gesagt. »Ich werde sie mir dann ins Verhör nehmen.« Das Kind hat es zuerst aus sich bezogen und ist, fast ängstlich, zur Schwester geeilt, um Rat, um Hilfe. Aber mittags merken sie, wie die Blicke ihrer Eltern prüfend auf dem unachtsam verträumten Gesicht des Fräuleins ruhen und sich dann begegnen.

Nach Tisch sagt die Mutter leichthin zum Fräulein: »Bitte, kommen Sie dann in mein Zimmer. Ich habe mit Ihnen zu sprechen.« Das Fräulein neigt leise den Kopf. Die Mädchen zittern heftig, sie spüren, jetzt wird etwas geschehen.

Und sofort, wie das Fräulein hineingeht, stürzen sie nach. Dieses An-den-Türen-kleben, das Durchstöbern der Ecken, das Lauschen und Belauern ist für sie ganz selbstverständlich geworden. Sie spüren gar nicht mehr das Häßliche und Verwegene daran, sie haben nur einen Gedanken, sich aller Geheimnisse zu bemächtigen, mit denen man ihnen den Blick verhängt.

Sie horchen. Aber nur ein leises Zischeln von geflüsterten Worten hören sie. Ihr Körper zittert nervös. Sie haben Angst, alles könnte ihnen entgehen.

Da wird drin eine Stimme lauter. Es ist die ihrer Mutter. Bös und zänkisch klingt sie:

»Haben Sie geglaubt, daß alle Leute blind sind, daß man so etwas nicht bemerkt? Ich kann mir denken, wie Sie Ihre Pflicht erfüllt haben mit solchen Gedanken und solcher Moral. Und so jemandem habe ich die Erziehung meiner Kinder anvertraut, meiner Töchter, die Sie, weiß Gott wie, vernachlässigt haben ...

Das Fräulein scheint etwas zu erwidern. Aber zu leise spricht sie, als daß die Kinder verstehen könnten.

»Ausreden, Ausreden! Jede leichtfertige Person hat ihre Ausrede. Das gibt sich dem ersten besten hin und denkt an nichts. Der liebe Gott wird schon weiterhelfen.

Und so jemand will Erzieherin sein, Mädchen heranbilden. Eine Frechheit ist das. Sie glauben doch nicht, daß ich Sie in diesem Zustande noch länger im Hause behalten werde?«

Die Kinder horchen draußen. Schauer rinnen über ihren Körper. Sie verstehen das alles nicht, aber es ist ihnen furchtbar, die Stimme ihrer Mutter so zornig zu hören, und jetzt als einzige Antwort das leise wilde Schluchzen des Fräuleins. Tränen quellen auf in ihren Augen. Aber ihre Mutter scheint nur erregter zu werden.

»Das ist das einzige, was Sie wissen, jetzt zu weinen. Das rührt mich nicht. Mit solchen Personen hab ich kein Mitleid. Was aus Ihnen jetzt wird, geht mich gar nichts an. Sie werden ja wissen, an wen Sie sich zu wenden haben, ich frag Sie gar nicht danach. Ich weiß nur, daß ich jemanden, der so niederträchtig seine Pflicht vernachlässigt hat, nicht einen Tag mehr in meinem Hause dulde.«

Nur Schluchzen antwortet, dieses verzweifelte, tierisch wilde Schluchzen, das die Kinder draußen schüttelt wie ein Fieber. Nie haben sie so weinen hören. Und dumpf fühlen sie, wer so weint, kann nicht unrecht haben. Ihre Mutter schweigt jetzt und wartet. Dann sagt sie plötzlich schroff: »So, das habe ich Ihnen nur sagen wollen. Richten Sie heute Ihre Sachen und kommen Sie morgen früh um Ihren Lohn. Adieu!«

Die Kinder springen weg von der Tür und retten sich hinein in ihr Zimmer. Was war das? Wie ein Blitz ist es vor ihnen niedergefahren. Bleich und schauernd stehen sie da. Zum erstenmal ahnen sie irgendwie die Wirklichkeit. Und zum erstenmal wagen sie etwas wie Auflehnung gegen ihre Eltern zu empfinden.

»Das war gemein von Mama, so mit ihr zu reden«, sagt die Ältere mit verbissenen Lippen.

Die Kleine schrickt noch zurück vor dem verwegenen Wort. »Aber wir wissen doch gar nicht, was sie getan hat«, stottert sie klagend.

»Sicher nichts Schlechtes. Das Fräulein kann nichts Schlechtes getan haben. Mama kennt sie nicht.«

»Und dann, wie sie geweint hat. Angst hat es mir gemacht.«

»Ja, das war furchtbar. Aber wie auch Mama mit ihr geschrien hat. Das war gemein, ich sage dir, das war gemein.«

Sie stampft auf mit dem Fuß. Tränen verhüllen ihr die Augen. Da kommt das Fräulein herein. Sie sieht sehr müde aus.

»Kinder, ich habe heute nachmittag zu tun. Nicht wahr, ihr bleibt allein, ich kann mich auf euch verlassen? Ich sehe dann abends nach euch.«

Sie geht, ohne die Erregung der Kinder zu merken.

»Hast du gesehen, ihre Augen waren ganz verweint. Ich verstehe nicht, daß Mama mit ihr so umgehen konnte.«

»Das arme Fräulein!«

Es klingt wieder auf, mitleidig und tränentief. Verstört stehn sie da. Da kommt ihre Mutter herein und fragt, ob sie mit ihr spazieren fahren wollen. Die Kinder weichen aus. Sie haben Angst vor Mama. Und dann empört es sie, daß ihnen nichts über die Verabschiedung des Fräuleins gesagt wird. Sie bleiben lieber allein. Wie zwei Schwalben in einem engen Käfig schießen sie hin und her, erdrückt von dieser Atmosphäre der Lüge und des Verschweigens. Sie überlegen, ob sie nicht hinein zum Fräulein sollen und sie fragen, mit ihr reden über alles, daß sie dableiben solle und daß Mama unrecht hat. Aber sie haben Angst, sie zu kränken. Und dann schämen sie sich: alles, was sie wissen, haben sie ja erhorcht und erschlichen. Sie müssen sich dumm stellen, dumm, wie sie es waren bis vor zwei, drei Wochen. So bleiben sie allein, einen endlosen langen Nachmittag, grübelnd und weinend und immer diese schreckhasten Stimmen im Ohr, den bösen, herzlosen Zorn ihrer Mutter und das verzweifelte Schluchzen des Fräuleins.

Abends sieht das Fräulein flüchtig zu ihnen herein und sagt ihnen Gute Nacht. Die Kinder zittern, da sie sie hinausgehen sehen, sie möchten ihr gerne noch etwas sagen. Aber jetzt, da das Fräulein schon bei der Tür ist, wendet sie sich selbst plötzlich – wie von diesem stummen Wunsch zurückgerissen – noch einmal um. Etwas glänzt in ihren Augen, feucht und trüb. Sie umarmt beide Kinder, die wild zu schluchzen anfangen, küßt sie noch einmal und geht dann hastig hinaus.

In Tränen stehen die Kinder da. Sie fühlen, das war ein Abschied.

»Wir werden sie nicht mehr sehen!« weint die eine. »Paß auf, wenn wir morgen von der Schule zurückkommen, ist sie nicht mehr da.«

»Vielleicht können wir sie später besuchen. Dann zeigt sie uns auch sicher ihr Kind.«

»Ja, sie ist so gut.«

»Das arme Fräulein!« Es ist schon wieder ein Seufzer ihres eigenen Schicksals.

»Kannst du dir denken, wie das jetzt werden wird ohne sie?«

»Ich werde nie ein anderes Fräulein leiden können.«
»Ich auch nicht.«

»Keine wird so gut mit uns sein. Und dann ...«

Sie wagt es nicht zu sagen. Aber ein unbewußtes Gefühl der Weiblichkeit macht sie ihnen ehrfürchtig, seit sie wissen, daß sie ein Kind hat. Beide denken immer daran, und jetzt schon nicht mehr mit dieser kindischen Neugier, sondern im tiefsten ergriffen und mitleidig.

»Du,« sagt die eine, »hör zu!«

»Ja.«

»Weißt du, ich möchte dem Fräulein noch gern eine Freude machen, ehe sie weggeht. Damit sie weiß, daß wir sie gern haben und nicht so sind wie Mama. Willst du?«

»Wie kannst du noch fragen!«

»Ich hab mir gedacht, sie hatte doch weiße Rosen so gern, und da denk ich, weißt du, wir könnten ihr morgen früh, ehe wir in die Schule gehen, ein paar kaufen, und die stellen wir ihr dann ins Zimmer.«

»Wann aber?«

»Zu Mittag.«

»Da ist sie sicher schon fort. Weißt du, da lauf ich lieber ganz in der Früh hinunter und hole sie rasch, ohne daß es jemand merkt. Und die bringen wir ihr dann hinein ins Zimmer.«

»Ja, und wir stehen ganz früh auf.«

Sie nehmen ihre Sparbüchsen, schütten redlich ihr ganzes Geld zusammen. Nun sind sie wieder froher, seit sie wissen, daß sie dem Fräulein ihre stumme, hingebungsvolle Liebe noch werden zeigen können.

*
* *

Ganz zeitig stehen sie dann auf. Wie sie, die schönen vollen Rosen in der leicht zitternden Hand, an die Tür des Fräuleins pochen, antwortet ihnen niemand. Sie glauben das Fräulein schlafend und schleichen vorsichtig hinein. Aber das Zimmer ist leer, das Bett unberührt. Alles liegt in Unordnung herum verstreut, auf der dunklen Tischdecke schimmern ein paar Briefe.

Die beiden Kinder erschrecken. Was ist geschehen?

»Ich gehe hinein zu Mama«, sagt die Ältere entschlossen. Und trotzig, mit finsteren Augen, ganz ohne Angst pflanzt sie sich vor ihrer Mutter auf und fragt: »Wo ist unser Fräulein?«

»Sie wird in ihrem Zimmer sein«, sagt die Mutter ganz erstaunt.

»Ihr Zimmer ist leer, das Bett ist unberührt. Sie muß schon gestern abend weggegangen sein. Warum hat man uns nichts davon gesagt?«

Die Mutter merkt gar nicht den bösen, herausfordernden Ton. Sie ist blaß geworden und geht hinein zum Vater, der dann rasch im Zimmer des Fräuleins verschwindet.

Er bleibt lange aus. Das Kind beobachtet die Mutter, die sehr erregt scheint, mit einem steten zornigen Blick, dem ihre Augen nicht recht zu begegnen wagen.

Da kommt der Vater zurück. Er ist ganz fahl im Gesicht und trägt einen Brief in der Hand. Er geht mit der Mutter hinein ins Zimmer und spricht drinnen mit ihr leise. Die Kinder stehen draußen und wagen auf einmal nicht mehr zu horchen. Sie haben Angst vor dem Zorn des Vaters, der jetzt aussah, wie sie ihn nie gekannt hatten.

Ihre Mutter, die jetzt aus dem Zimmer tritt, hat verweinte Augen und blickt verstört. Die Kinder kommen ihr, unbewußt, wie von ihrer Angst gestoßen, entgegen und wollen sie wieder fragen. Aber sie sagt hart: »Geht jetzt in die Schule, es ist schon spät.«

Und die Kinder müssen gehen. Wie im Traum sitzen sie dort vier, fünf Stunden unter all den anderen und hören kein Wort. Wild stürmen sie nach Hause zurück.

Dort ist alles wie immer, nur ein furchtbarer Gedanke scheint die Menschen zu erfüllen. Keiner spricht, aber alle, selbst die Dienstboten, haben so eigene Blicke. Die Mutter kommt den Kindern entgegen. Sie scheint sich vorbereitet zu haben, ihnen etwas zu sagen. Sie beginnt: »Kinder, euer Fräulein kommt nicht mehr, sie ist ...«

Aber sie wagt nicht zu Ende zu sprechen. So funkelnd, so drohend, so gefährlich sind die Augen der beiden Kinder in die ihren gebohrt, daß sie nicht wagt, ihnen eine Lüge zu sagen. Sie wendet sich um und geht weiter, flüchtet in ihr Zimmer hinein.

Nachmittags taucht plötzlich Otto auf. Man hat ihn hergerufen, ein Brief für ihn war da. Auch er ist bleich. Verstört steht er herum. Niemand redet mit ihm. Alle weichen ihm aus. Da sieht er die beiden Kinder in der Ecke kauern und will sie begrüßen.

»Rühr mich nicht an!« sagt die eine, schauernd vor Ekel. Und die andere spuckt vor ihm aus. Er irrt noch verlegen, verwirrt eine Zeitlang herum. Dann verschwindet er.

Keiner spricht mit den Kindern. Sie selbst wechseln kein Wort. Blaß und verstört, rastlos, wie Tiere in einem Käfig, wandern sie in den Zimmern herum, begegnen sich immer wieder, sehen sich in die verweinten Augen und sagen kein Wort. Sie wissen jetzt alles. Sie wissen, daß man sie belogen hat, daß alle Menschen schlecht und niederträchtig sein können. Sie lieben ihre Eltern nicht mehr, sie glauben nicht mehr an sie. Zu keinem, wissen sie, werden sie Vertrauen haben dürfen, nun wird sich auf ihre schmalen Schultern die ganze Last des ungeheuren Lebens türmen. Wie in einen Abgrund sind sie aus der heiteren Behaglichkeit ihrer Kindheit gestürzt. Noch können sie das Furchtbare, das um sie geschehen ist, nicht fassen, aber ihr Denken würgt daran und droht sie damit zu ersticken. Fiebrige Glut liegt auf ihren Wangen, und sie haben einen bösen, gereizten Blick. Wie frierend in ihrer Einsamkeit irren sie auf und ab. Keiner, nicht einmal die Eltern, wagt mit ihnen zu sprechen, so furchtbar sehen sie jeden an, ihr unablässiges Herumwandern spiegelt die Erregung, die in ihnen wühlt. Und eine schreckhafte Gemeinsamkeit ist in den beiden, ohne daß sie zusammen sprechen. Das Schweigen, das undurchdringliche, fraglose Schweigen, der tückische verschlossene Schmerz ohne Schrei und ohne Träne macht sie allen fremd und gefährlich. Niemand kommt ihnen nahe, der Zugang zu ihren Seelen ist abgebrochen, vielleicht auf Jahre hinaus. Feinde sind sie, fühlen alle um sie, und entschlossene Feinde, die nicht mehr verzeihen können. Denn seit gestern sind sie keine Kinder mehr.

An diesem Nachmittag werden sie älter um viele Jahre. Und erst, wie sie dann abends im Dunkel ihres Zimmers allein sind, erwacht in ihnen die Kinderangst, die Angst vor der Einsamkeit, vor den Bildern der Toten und dann eine ahnungsvolle Angst vor unbestimmten Dingen. In der allgemeinen Erregung des Hauses hat man das Zimmer zu heizen vergessen. So kriechen sie fröstelnd zusammen in ein Bett, umschlingen sich fest mit den mageren Kinderarmen und pressen die schmalen, noch nicht ausgeblühten Körper eine an die andere, wie um Hilfe zu suchen vor ihrer Angst. Noch immer wagen sie nicht mitsammen zu sprechen. Aber jetzt bricht die Jüngere endlich in Tränen aus, und die Ältere schluchzt wild mit. Eng umschlungen weinen sie, baden sich das Gesicht mit den warmen, zaghaft und dann rascher niederrollenden Tränen, fangen, Brust an Brust, die eine der anderen schluchzenden Stoß auf und geben ihn schauernd zurück. Ein einziger Schmerz sind die beiden, ein einziger weinender Körper im Dunkel. Es ist nicht mehr das Fräulein, um das sie weinen, nicht die Eltern, die nun für sie verloren sind, sondern ein jähes Grauen schüttelt sie, eine Angst vor alledem, was nun kommen wird aus dieser unbekannten Welt, in die sie heute den ersten erschreckten Blick getan haben. Angst haben sie vor dem Leben, in das sie nun aufwachsen, vor dem Leben, das dunkel und drohend vor ihnen steht, wie ein finsterer Wald, den sie durchschreiten müssen. Immer dämmerhafter wird ihr wirres Angstgefühl, traumhaft fast, immer leiser ihr Schluchzen. Ihre Atemzüge fließen nun sanft ineinander, wie vordem ihre Tränen. Und so schlafen sie endlich ein.

BRENNENDES GEHEIMNIS

Der Partner

Die Lokomotive schrie heiser auf: der Semmering war erreicht. Eine Minute rasteten die schwarzen Wagen im silbrigen Licht der Höhe, warfen ein paar bunte Menschen aus, schluckten andere ein, Stimmen gingen geärgert hin und her, dann schrie vorne wieder die heisere Maschine und riß die schwarze Kette rasselnd in die Höhle des Tunnels hinab. Rein ausgespannt, mit klaren, vom nassen Wind reingefegten Hintergründen lag wieder die hingebreitete Landschaft.

Einer der Angekommenen, jung, durch gute Kleidung und eine natürliche Elastizität des Schrittes sympathisch auffallend, nahm den andern rasch voraus einen Fiaker zum Hotel. Ohne Hast trappten die Pferde den ansteigenden Weg. Es lag Frühling in der Luft. Jene weißen, unruhigen Wolken flatterten am Himmel, die nur der Mai und der Juni hat, jene weißen, selbst noch jungen und flattrigen Gesellen, die spielend über die blaue Bahn rennen, um sich plötzlich hinter hohen Bergen zu verstecken, die sich umarmen und fliehen, sich bald wie Taschentücher zerknüllen, bald in Streifen zerfasern und schließlich im Schabernack den Bergen weiße Mützen aufsetzen. Unruhe war auch oben im Wind, der die mageren, noch vom Regen feuchten Bäume so unbändig schüttelte, daß sie leise in den Gelenken krachten und tausend Tropfen wie Funken von sich wegsprühten. Manchmal schien auch Duft von Schnee kühl aus den Bergen herüberzukommen, dann spürte man im Atem etwas, das süß und scharf war zugleich. Alles in Luft und Erde war Bewegung und gärende Ungeduld. Leise schnaubend liefen die Pferde den jetzt niedersteigenden Weg, die Schellen klirrten ihnen weit voraus.

Im Hotel war der erste Weg des jungen Mannes zu der Liste der anwesenden Gäste, die er – bald enttäuscht – durchflog. »Wozu bin ich eigentlich hier«, begann es unruhig in ihm zu fragen. »Allein hier auf dem Berg zu sein, ohne Gesellschaft, ist ärger als das Bureau. Offenbar bin ich zu früh gekommen oder zu spät. Ich habe nie Glück mit meinem Urlaub. Keinen einzigen bekannten Namen finde ich unter all den Leuten. Wenn wenigstens ein paar Frauen da wären, irgendein kleiner, im Notfall sogar argloser Flirt, um diese Woche nicht gar zu trostlos zu verbringen.« Der junge Mann, ein Baron von nicht sehr klangvollem österreichischen Beamtenadel, in der Statthalter« angestellt, hatte sich diesen kleinen Urlaub ohne jegliches Bedürfnis genommen, eigentlich nur, weil sich all seine Kollegen eine Frühjahrswoche durchgesetzt hatten und er die seine dem Dienst nicht schenken wollte. Er war, obwohl innerer Befähigung nicht entbehrend, eine durchaus gesellschaftliche Natur, als solche beliebt, in allen Kreisen gern gesehen und sich seiner Unfähigkeit zur Einsamkeit voll bewußt. In ihm war keine Neigung, sich selber allein gegenüberzustehen, und er vermied möglichst diese Begegnungen, weil er intimere Bekanntschaft mit sich selbst gar nicht wollte. Er wußte, daß er die Reibfläche von Menschen brauchte, um all seine Talente, die Wärme und den Übermut seines Herzens aufflammen zu lassen, und er allein frostig und sich selber nutzlos war, wie ein Zündholz in der Schachtel.

Verstimmt ging er in der leeren Hall auf und ab, bald unschlüssig in den Zeitungen blätternd, bald wieder im Musikzimmer am Klavier einen Walzer antastend, bei dem ihm aber der Rhythmus nicht recht in die Finger sprang. Schließlich setzte er sich verdrossen hin, sah hinaus, wie das Dunkel langsam niederfiel, der Nebel als Dampfgrau aus den Fichten brach. Eine Stunde zerbröselte er so, nutzlos und nervös. Dann flüchtete er in den Speisesaal.

Dort waren erst ein paar Tische besetzt, die er alle mit eiligem Blick überflog. Vergeblich! Keine Bekannten, nur dort – er gab lässig einen Gruß zurück – ein Trainer, dort wieder ein Gesicht von der Ringstraße her, sonst nichts. Keine Frau, nichts, was ein auch flüchtiges Abenteuer versprach. Sein Mißmut wurde ungeduldiger. Er war einer jener jungen Menschen, deren hübschem Gesicht viel geglückt ist und in denen nun beständig alles für eine neue Begegnung, ein neues Erlebnis bereit ist, die immer gespannt sind, sich ins Unbekannte eines Abenteuers zu schnellen, die nichts überrascht, weil sie alles lauernd berechnet haben, die nichts Erotisches übersehen, weil schon ihr erster Blick jeder Frau in das Sinnliche greift, prüfend und ohne Unterschied, ob es die Gattin ihres Freundes ist oder das Stubenmädchen, das die Türe zu ihr öffnet. Wenn man solche Menschen mit einer gewissen leichtfertigen Verächtlichkeit Frauenjäger nennt, so geschieht es, ohne zu wissen, wieviel beobachtende Wahrheit in dem Worte versteinert ist, denn tatsächlich, alle leidenschaftlichen Instinkte der Jagd, das Aufspüren, die Erregtheit und die seelische Grausamkeit flackern in dem rastlosen Wachsein solcher Menschen. Sie sind beständig auf dem Anstand, immer bereit und entschlossen, die Spur eines Abenteuers bis hart an den Abgrund zu verfolgen. Sie sind immer geladen mit Leidenschaft, aber nicht der des Liebenden, sondern der des Spielers, der kalten, berechnenden und gefährlichen. Es gibt unter ihnen Beharrliche, denen weit über die Jugend hinaus das ganze Leben durch diese Erwartung zum ewigen Abenteuer wird, denen sich der einzelne Tag in hundert kleine, sinnliche Erlebnisse auflöst – ein Blick im Vorübergehen, ein weghuschendes Lächeln, ein im Gegenübersitzen gestreiftes Knie – und das Jahr wieder in hundert solcher Tage, für die das sinnliche Erlebnis ewig fließende, nährende und anfeuernde Quelle des Lebens ist.

Hier waren keine Partner zu einem Spiele, das übersah der Suchende sofort. Und keine Gereiztheit ist ärgerlicher als die des Spielers, der mit den Karten in der Hand im Bewußtsein seiner Überlegenheit vor dem grünen Tisch sitzt und vergeblich den Partner erwartet. Der Baron rief nach einer Zeitung. Mürrisch ließ er die Blicke über die Zeilen rinnen, aber seine Gedanken waren lahm und stolperten wie betrunken den Worten nach.

Da hörte er hinter sich ein Kleid rauschen und eine Stimme, leicht ärgerlich und mit affektiertem Akzent sagen: »Mais tais-toi donc, Edgar!«

An seinem Tisch knisterte im Vorüberschreiten ein seidenes Kleid, hoch und üppig schattete eine Gestalt vorbei und hinter ihr in einem schwarzen Samtanzug ein kleiner, blasser Bub, der ihn neugierig mit dem Blick anstreifte. Die beiden setzten sich gegenüber an den reservierten Tisch, das Kind sichtbar um eine Korrektheit bemüht, die der schwarzen Unruhe in seinen Augen zu widersprechen schien. Die Dame – und nur auf sie hatte der junge Baron acht – war sehr soigniert und mit sichtbarer Eleganz gekleidet, ein Typus überdies, den er sehr liebte, eine jener leicht üppigen Jüdinnen im Alter knapp vor der Überreife, offenbar auch leidenschaftlich, aber erfahren, ihr Temperament hinter einer vornehmen Melancholie zu verbergen. Er vermochte zunächst noch nicht in ihre Augen zu sehen und bewunderte nur die schön geschwungene Linie der Augenbrauen, rein über einer zarten Nase gerundet, die ihre Rasse zwar verriet, aber doch durch edle Form das Profil scharf und interessant machte. Die Haare waren, wie alles Weibliche an diesem vollen Körper, von einer auffallenden Üppigkeit, ihre Schönheit schien im sichern Selbstgefühl vieler Bewunderungen satt und prahlerisch geworden zu sein. Sie bestellte mit sehr leiser Stimme, wies den Buben, der mit der Gabel spielend klirrte, zurecht – all dies mit anscheinender Gleichgültigkeit gegen den vorsichtig anschleichenden Blick des Barons, den sie nicht zu bemerken schien, während es doch in Wirklichkeit nur seine rege Wachsamkeit war, die ihr diese gebändigte Sorgfalt aufzwang.

Das Dunkel im Gesichte des Barons war mit einem Male aufgehellt, unterirdisch belebend liefen die Nerven hin, strafften die Falten, rissen die Muskeln auf, daß seine Gestalt aufschnellte und Lichter in den Augen flackerten. Er war selber den Frauen nicht unähnlich, die erst die Gegenwart eines Mannes brauchen, um aus sich ihre ganze Gewalt herauszuholen. Erst ein sinnlicher Reiz spannte seine Energie zu voller Kraft. Der Jäger in ihm witterte hier eine Beute. Herausfordernd suchte sein Auge ihrem Blick zu begegnen, der ihn manchmal mit einer glitzernden Unbestimmtheit des Vorbeisehens kreuzte, nie aber blank eine klare Antwort bot. Auch um den Mund glaubte er manchmal ein Fließen wie von beginnendem Lächeln zu spüren, aber all dies war unsicher, und eben diese Unsicherheit erregte ihn. Das einzige, was ihm versprechend schien, war dieses stete Vorbeischauen, weil es Widerstand war und Befangenheit zugleich, und dann die merkwürdig sorgfältige, auf einen Zuschauer sichtlich eingestellte Art der Konversation mit dem Kinde. Eben das aufdringlich Vorgehaltene dieser Ruhe bedeutete, das fühlte er, ein erstes Beunruhigtsein. Auch er war erregt: das Spiel hatte begonnen. Er verzögerte sein Diner, hielt diese Frau eine halbe Stunde fast unablässig mit dem Blick fest, bis er jede Linie ihres Gesichtes nachgezeichnet, an jede Stelle ihres üppigen Körpers unsichtbar gerührt hatte. Draußen fiel drückend das Dunkel nieder, die Wälder senkten in kindischer Furcht, als jetzt die großen Regenwolken graue Hände nach ihnen reckten, immer finstrer drängten die Schatten ins Zimmer hinein, immer mehr schienen die Menschen hier zusammengepreßt durch das Schweigen. Das Gespräch der Mutter mit ihrem Kinde wurde, das merkte er, unter der Drohung dieser Stille immer gezwungener, immer künstlicher, bald, fühlte er, würde es zu Ende sein. Da beschloß er eine Probe. Er stand als erster auf, ging langsam, mit einem langen Blick auf die

Landschaft an ihr vorbeisehend, zur Türe. Dort zuckte er rasch, als hätte er etwas vergessen, mit dem Kopf herum. Und ertappte sie, wie sie ihm lebhaften Blickes nachsah.

Das reizte ihn. Er wartete in der Hall. Sie kam bald nach, den Buben an der Hand, blätterte im Vorübergehen unter den Zeitschriften, zeigte dem Kind ein paar Bilder. Aber als der Baron, wie zufällig, an den Tisch trat, anscheinend um auch eine Zeitschrift zu suchen, in Wahrheit, um tiefer in das feuchte Glitzern ihrer Augen zu dringen, vielleicht sogar ein Gespräch zu beginnen, wandte sie sich weg, klopfte ihrem Sohn leicht auf die Schulter: »Viens, Edgar! Au lit!« und rauschte kühl an ihm vorbei. Ein wenig enttäuscht, sah ihr der Baron nach. Er hatte eigentlich auf ein Bekanntwerden noch an diesem Abend gerechnet, und diese schroffe Art enttäuschte ihn. Aber schließlich, in diesem Widerstand war Reiz, und gerade das Unsichere entzündete seine Begier. Immerhin: er hatte seinen Partner, und ein Spiel konnte beginnen.

Rasche Freundschaft

Als der Baron am nächsten Morgen in die Hall trat, sah er dort das Kind der schönen Unbekannten in eifrigem Gespräch mit den beiden Liftboys, denen es Bilder in einem Buch von Karl May zeigte. Seine Mama war nicht zugegen, offenbar noch mit der Toilette beschäftigt. Jetzt erst besah sich der Baron den Buben. Es war ein scheuer, unentwickelter nervöser Junge von etwa zwölf Jahren mit fahrigen Bewegungen und dunkel herumjagenden Augen. Er machte, wie Kinder in diesen Jahren so oft, den Eindruck von Verschrecktheit, gleichsam als ob er eben aus dem Schlaf gerissen und plötzlich in fremde Umgebung gestellt sei. Sein Gesicht war nicht unhübsch, aber noch ganz unentschieden, der Kampf des Männlichen mit dem Kindlichen schien eben erst einsetzen zu wollen, noch war alles darin nur wie geknetet und noch nicht geformt, nichts in reinen Linien ausgesprochen, nur blaß und unruhig gemengt. Überdies war er gerade in jenem unvorteilhaften Alter, wo Kinder nie in ihre Kleider passen, Ärmel und Hosen schlaff um die mageren Gelenke schlottern und noch keine Eitelkeit sie mahnt, auf ihr Äußeres zu wachen.

Der Junge machte hier, unschlüssig herumirrend, einen recht kläglichen Eindruck. Eigentlich stand er allen im Wege. Bald schob ihn der Portier beiseite, den er mit allerhand Fragen zu belästigen schien, bald störte er am Eingang; offenbar fehlte es ihm an freundschaftlichem Umgang. So suchte er in seinem kindlichen Schwatzbedürfnis sich an die Bediensteten des Hotels heranzumachen, die ihm, wenn sie gerade Zeit hatten, antworteten, das Gespräch aber sofort unterbrachen, wenn ein Erwachsener in Sicht kam oder etwas Vernünftiges getan werden mußte. Der Baron sah lächelnd und mit Interesse dem unglücklichen Buben zu, der auf alles mit Neugier schaute und dem alles unfreundlich entwich.

Einmal faßte er einen dieser neugierigen Blicke fest an, aber die schwarzen Augen krochen sofort ängstlich in sich hinein, sobald er sie auf der Suche ertappte, und duckten sich hinter gesenkten Lidern. Das amüsierte den Baron. Der Bub begann ihn zu interessieren, und er fragte sich, ob ihm dieses Kind, das offenbar nur aus Furcht so scheu war, nicht als raschester Vermittler einer Annäherung dienen könnte. Immerhin: er wollte es versuchen. Unauffällig folgte er dem Buben, der eben wieder zur Türe hinauspendelte und in seinem kindischen Zärtlichkeitsbedürfnis die rosa Nüstern eines Schimmels liebkoste, bis ihn – er hatte wirklich kein Glück – auch hier der Kutscher ziemlich barsch wegwies. Gekränkt und gelangweilt stand er jetzt wieder herum mit seinem leeren und ein wenig traurigen Blick. Da sprach ihn der Baron an.

»Na, junger Mann, wie gefällts dir da?« setzte er plötzlich ein, bemüht, die Ansprache möglichst jovial zu halten.

Das Kind wurde feuerrot und starrte ängstlich auf. Es zog die Hand irgendwie in Furcht an sich und wand sich hin und her vor Verlegenheit. Das geschah ihm zum erstenmal, daß ein fremder Herr mit ihm ein Gespräch begann.

»Ich danke, gut«, konnte er gerade noch herausstammeln. Das letzte Wort war schon mehr gewürgt als gesprochen.

»Das wundert mich,« sagte der Baron lachend, »es ist doch eigentlich ein fader Ort, besonders für einen jungen Mann, wie du einer bist. Was treibst du denn den ganzen Tag?«

Der Bub war noch immer zu sehr verwirrt, um rasch zu antworten. War es wirklich möglich, daß dieser fremde elegante Herr mit ihm, um den sich sonst keiner kümmerte, ein Gespräch suchte? Der Gedanke machte ihn scheu und stolz zugleich. Mühsam raffte er sich zusammen.

»Ich lese, und dann, wir gehen viel spazieren. Manchmal fahren wir auch im Wagen, die Mama und ich.

Ich soll mich hier erholen, ich war krank. Ich muß darum auch viel in der Sonne sitzen, hat der Arzt gesagt.«

Die letzten Worte sagte er schon ziemlich sicher. Kinder sind immer stolz auf eine Krankheit, weil sie wissen, daß Gefahr sie ihren Angehörigen doppelt wichtig macht.

»Ja, die Sonne ist schon gut für junge Herren, wie du einer bist, sie wird dich schon braun brennen. Aber du solltest doch nicht den ganzen Tag dasitzen. Ein Bursch wie du sollte herumlaufen, übermütig sein und auch ein bißchen Unfug anstellen. Mir scheint, du bist zu brav, du siehst auch so aus wie ein Stubenhocker mit deinem großen dicken Buch unterm Arm. Wenn ich denke, was ich in deinem Alter für ein Galgenstrick war, jeden Abend bin ich mit zerrissenen Hosen nach Hause gekommen. Nur nicht zu brav sein!«

Unwillkürlich mußte das Kind lächeln, und das nahm ihm die Angst. Es hätte gern etwas erwidert, aber all dies schien ihm zu frech, zu selbstbewußt vor diesem lieben fremden Herrn, der so freundlich mit ihm sprach. Vorlaut war er nie gewesen und immer leicht verlegen, und so kam er jetzt vor Glück und Scham in die ärgste Verwirrung. Er hätte so gern das Gespräch fortgesetzt, aber es fiel ihm nichts ein. Glücklicherweise kam gerade der große gelbe Bernhardiner des Hotels vorbei, schnüffelte sie beide an und ließ sich willig liebkosen.

»Hast du Hunde gern?« fragte der Baron.

»O sehr, meine Großmama hat einen in ihrer Villa in Baden, und wenn wir dort wohnen, ist er immer den ganzen Tag mit mir. Das ist aber nur im Sommer, wenn wir dort zu Besuch sind.«

»Wir haben zu Hause, auf unserem Gut, ich glaube, zwei Dutzend. Wenn du hier brav bist, kriegst du einen von mir geschenkt. Einen braunen mit weißen Ohren, einen ganz jungen. Willst du?«

Das Kind errötete vor Vergnügen.

»O ja.«

Es fuhr ihm so heraus, heiß und gierig. Aber gleich hinterher stolperte, ängstlich und wie erschrocken, das Bedenken.

»Aber Mama wird es nicht erlauben. Sie sagt, sie duldet keinen Hund zu Hause. Sie machen zuviel Schererei.«

Der Baron lächelte. Endlich hielt das Gespräch bei der Mama.

»Ist die Mama so streng?«

Das Kind überlegte, blickte eine Sekunde zu ihm auf, gleichsam fragend, ob man diesem fremden Herrn schon vertrauen dürfe. Die Antwort blieb vorsichtig:

»Nein, streng ist die Mama nicht. Jetzt, weil ich krank war, erlaubt sie mir alles. Vielleicht erlaubt sie mir sogar einen Hund.«

»Soll ich sie darum bitten?«

»Ja, bitte tun Sie das«, jubelte der Bub. »Dann wird es die Mama sicher erlauben. Und wie sieht er aus? Weiße Ohren hat er, nicht wahr? Kann er apportieren?«

»Ja, er kann alles.« Der Baron mußte lächeln über die heißen Funken, die er so rasch aus den Augen des Kindes geschlagen hatte. Mit einem Male war die anfängliche Befangenheit gebrochen, und die von der Angst zurückgehaltene Leidenschaftlichkeit sprudelte über. In blitzschneller Verwandlung war das scheue verängstigte Kind von früher ein ausgelassener Bub. Wenn nur die Mutter auch so wäre, dachte unwillkürlich der Baron, so heiß hinter ihrer Angst! Aber schon sprang der Bub mit zwanzig Fragen an ihm hinauf:

»Wie heißt der Hund?«

»Karo.«

»Karo«, jubelte das Kind. Es mußte irgendwie lachen und jubeln über jedes Wort, ganz betrunken von dem unerwarteten Geschehen, daß sich jemand seiner in Freundlichkeit angenommen hatte. Der Baron staunte selbst über seinen raschen Erfolg und beschloß, das heiße Eisen zu schmieden. Er lud den Knaben ein, mit ihm ein bißchen spazieren zu gehen, und der arme Bub, seit Wochen ausgehungert nach einem geselligen Beisammensein, war von diesem Vorschlag entzückt. Unbedacht plauderte er alles aus, was ihm sein neuer Freund mit kleinen, wie zufälligen, Fragen entlockte. Bald wußte der Baron alles über die Familie, vor allem, daß Edgar der einzige Sohn eines Wiener Advokaten sei, offenbar aus der vermögenden jüdischen Bourgeoisie. Und durch geschickte Umfragen erkundete er rasch, daß die Mutter sich über den Aufenthalt am Semmering durchaus nicht entzückt geäußert und den Mangel an sympathischer Gesellschaft beklagt habe, ja er glaubte sogar, aus der ausweichenden Art, mit der Edgar die Frage beantwortete, ob die Mama den Papa sehr gern habe, entnehmen zu können, daß hier nicht alles zum besten stünde. Beinahe schämte er sich, wie leicht es ihm wurde, dem arglosen Buben all diese kleinen Familiengeheimnisse zu entlocken, denn Edgar, ganz stolz, daß irgend etwas von dem, was er zu erzählen hatte, einen Erwachsenen interessieren konnte, drängte sein Vertrauen dem neuen Freunde geradezu auf. Sein kindisches Herz klopfte vor Stolz – der Baron hatte im Spazierengehen ihm seinen Arm um die Schulter gelegt –, in solcher Intimität öffentlich mit einem Erwachsenen gesehen zu werden, und allmählich vergaß er seine eigene Kindheit, schnatterte frei und ungezwungen wie zu einem Gleichaltrigen. Edgar war, wie sein Gespräch zeigte, sehr klug, etwas frühreif wie die meisten kränklichen Kinder, die viel mit Erwachsenen beisammen waren, und von einer merkwürdig überreizten Leidenschaft der Zuneigung oder Feindlichkeit. Zu nichts schien er ein ruhiges Verhältnis zu haben, von jedem Menschen oder Ding sprach er entweder in Verzückung oder mit einem Hasse, der so heftig war, daß er sein Gesicht unangenehm verzerrte und es fast bösartig und häßlich machte. Etwas Wildes und Sprunghaftes; vielleicht noch bedingt durch die kürzlich überstandene Krankheit, gab seinen Reden fanatisches

Feuer, und es schien, daß seine Linkischkeit nur mühsam unterdrückte Angst vor der eigenen Leidenschaft war.

Der Baron gewann mit Leichtigkeit sein Vertrauen. Eine halbe Stunde bloß, und er hatte dieses heiße und unruhig zuckende Herz in der Hand. Es ist ja so unsäglich leicht, Kinder zu betrügen, diese Arglosen, um deren Liebe so selten geworben wird. Er brauchte sich selbst nur in die Vergangenheit zu vergessen, und so natürlich, so ungezwungen wurde ihm das kindliche Gespräch, daß auch der Bub ihn ganz als seinesgleichen empfand und nach wenigen Minuten jedes Distanzgefühl verlor. Er war nur selig von Glück, hier in diesem einsamen Ort plötzlich einen Freund gefunden zu haben, und welch einen Freund! Vergessen waren sie alle in Wien, die kleinen Jungen mit ihren dünnen Stimmen, ihrem unerfahrenen Geschwätz, wie weggeschwemmt waren ihre Bilder von dieser einen neuen Stunde! Seine ganze schwärmerische Leidenschaft gehörte jetzt diesem neuen, seinem großen Freunde, und sein Herz dehnte sich vor Stolz, als dieser ihn jetzt zum Abschied nochmals einlud, morgen vormittags wiederzukommen, und der neue Freund ihm nun zuwinkte von der Ferne, ganz wie ein Bruder. Diese Minute war vielleicht die schönste seines Lebens. Es ist so leicht, Kinder zu betrügen. – Der Baron lächelte dem Davonstürmenden nach. Der Vermittler war nun gewonnen. Der Bub würde jetzt, das wußte er, seine Mutter mit Erzählungen bis zur Erschöpfung quälen, jedes einzelne Wort wiederholen – und dabei erinnerte er sich mit Vergnügen, wie geschickt er einige Komplimente an ihre Adresse eingeflochten, wie er immer nur von Edgars »schöner Mama« gesprochen hatte. Es war ausgemachte Sache für ihn, daß der mitteilsame Knabe nicht früher ruhen würde, ehe er seine Mama und ihn zusammengeführt hätte. Er selbst brauchte nun keinen Finger zu rühren, um die Distanz zwischen sich und der schönen Unbekannten zu verringern, konnte nun ruhig träumen und die

Landschaft überschauen, denn er wußte, ein paar heiße Kinderhände bauten ihm die Brücke zu ihrem Herzen.

Terzett

Der Plan war, wie sich eine Stunde später erwies, vortrefflich und bis in die letzten Einzelheiten gelungen. Als der junge Baron, mit Absicht etwas verspätet, den Speisesaal betrat, zuckte Edgar vom Sessel auf, grüßte eifrig mit einem beglückten Lächeln und winkte ihm zu. Gleichzeitig zupfte er seine Mutter am Ärmel, sprach hastig und erregt auf sie ein, mit auffälligen Gesten gegen den Baron hindeutend. Sie verwies ihm geniert und errötend sein allzu reges Benehmen, konnte es aber doch nicht vermeiden, einmal hinüberzusehen, um dem Buben seinen Willen zu tun, was der Baron sofort zum Anlaß einer respektvollen Verbeugung nahm. Die Bekanntschaft war gemacht. Sie mußte danken, beugte aber von nun ab das Gesicht tiefer über den Teller und vermied sorgfältig während des ganzen Diners nochmals hinüberzublicken. Anders Edgar, der unablässig hinguckte, einmal sogar versuchte hinüberzusprechen, eine Unstatthaftigkeit, die ihm sofort von seiner Mutter energisch verwiesen wurde. Nach Tisch wurde ihm bedeutet, daß er schlafen zu gehen habe, und ein emsiges Wispern begann zwischen ihm und seiner Mama, dessen Endresultat war, daß es seinen heißen Bitten verstattet wurde, zum andern Tisch hinüberzugehen und sich bei seinem Freund zu empfehlen. Der Baron sagte ihm ein paar herzliche Worte, die wieder die Augen des Kindes zum Flackern brachten, plauderte mit ihm ein paar Minuten. Plötzlich aber, mit einer geschickten Wendung, drehte er sich, aufstehend, zum andern Tisch hinüber, beglückwünschte die etwas verwirrte Nachbarin zu ihrem klugen, aufgeweckten Sohn, rühmte den Vormittag, den er so vortrefflich mit ihm verbracht hatte – Edgar stand dabei, rot vor Freude und Stolz –, und erkundigte sich schließlich nach seiner Gesundheit, so ausführlich und mit so viel Einzelfragen, daß die Mutter zur Antwort gezwungen war. Und so gerieten sie unaufhaltsam in ein längeres Gespräch, dem der Bub beglückt und mit einer Art Ehrfurcht lauschte. Der Baron stellte sich vor und glaubte zu bemerken, daß sein klingender Name auf die Eitle einen gewissen Eindruck machte. Jedenfalls war sie von außerordentlicher Zuvorkommenheit gegen ihn, wie wohl sie sich nichts vergab und sogar frühen Abschied nahm, des Buben halber, wie sie entschuldigend beifügte.

Der protestierte heftig, er sei nicht müde und gerne bereit, die ganze Nacht aufzubleiben. Aber schon hatte seine Mutter dem Baron die Hand geboten, der sie respektvoll küßte.

Edgar schlief schlecht in dieser Nacht. Es war eine Wirrnis in ihm von Glückseligkeit und kindischer Verzweiflung. Denn heute war etwas Neues in seinem Leben geschehn. Zum ersten Male hatte er in die Schicksale von Erwachsenen eingegriffen. Er vergaß, schon im Halbtraum, seine eigene Kindheit und dünkte sich mit einem Male groß. Bisher hatte er, einsam erzogen und oft kränklich, wenig Freunde gehabt. Für all sein Zärtlichkeitsbedürfnis war niemand dagewesen als die Eltern, die sich wenig um ihn kümmerten, und die Dienstboten. Und die Gewalt einer Liebe wird immer falsch bemessen, wenn man sie nur nach ihrem Anlaß wertet und nicht nach der Spannung, die ihr vorausgeht, jenem hohlen, dunkeln Raum von Enttäuschung und Einsamkeit, die vor allen großen Ereignissen des Herzens liegt. Ein überschweres, ein unverbrauchtes Gefühl hatte hier gewartet und stürzte nun mit ausgebreiteten Armen dem ersten entgegen, der es zu verdienen schien. Edgar lag im Dunkeln, beglückt und verwirrt, er wollte lachen und mußte weinen. Denn er liebte diesen Menschen, wie er nie einen Freund, nie Vater und Mutter und nicht einmal Gott geliebt hatte. Die ganze unreife Leidenschaft seiner früheren Jahre umklammerte das Bild dieses Menschen, dessen Namen er vor zwei Stunden noch nicht gekannt hatte.

Aber er war doch klug genug, um durch das Unerwartete und Eigenartige dieser neuen Freundschaft nicht bedrängt zu sein. Was ihn so sehr verwirrte, war das Gefühl seiner Unwertigkeit, seiner Nichtigkeit. »Bin ich denn seiner würdig, ich, ein kleiner Bub, zwölf Jahre alt, der noch die Schule vor sich hat, der abends vor allen andern ins Bett geschickt wird?« quälte er sich ab. »Was kann ich ihm sein, was kann ich ihm bieten?« Gerade dieses qualvoll empfundene Unvermögen, irgendwie sein Gefühl zeigen zu können, machte ihn unglücklich. Sonst, wenn er einen Kameraden liebgewonnen hatte, war es sein Erstes, die paar kleinen Kostbarkeiten seines Pultes, Briefmarken und Steine, den kindischen Besitz der Kindheit, mit ihm zu teilen, aber all diese Dinge, die ihm gestern noch von hoher Bedeutung und seltenem Reiz waren, schienen ihm mit einem Male entwertet, läppisch und verächtlich. Denn wie konnte er derlei diesem neuen Freunde bieten, dem er nicht einmal wagen durfte, das Du zu erwidern; wo war ein Weg, eine Möglichkeit, seine Gefühle zu verraten? Immer mehr und mehr empfand er die Qual, klein zu sein, etwas Halbes, Unreifes, ein Kind von zwölf Jahren, und noch nie hatte er so stürmisch das Kindsein verflucht, so herzlich sich gesehnt, anders aufzuwachen, so wie er sich träumte: groß und stark, ein Mann, ein Erwachsener wie die andern.

In diese unruhigen Gedanken flochten sich rasch die ersten farbigen Träume von dieser neuen Welt des Mannseins. Edgar schlief endlich mit einem Lächeln ein, aber doch, die Erinnerung der morgigen Verabredung unterhöhlte seinen Schlaf. Er schreckte schon um sieben Uhr mit der Angst auf, zu spät zu kommen. Hastig zog er sich an, begrüßte die erstaunte Mutter, die ihn sonst nur mit Mühe aus dem Bette bringen konnte, in ihrem Zimmer und stürmte, ehe sie weitere Fragen stellen konnte, hinab. Bis neun Uhr trieb er sich ungeduldig umher, vergaß sein Frühstück, einzig besorgt, den Freund für den Spaziergang nicht lange warten zu lassen.

Um halb zehn kam endlich der Baron sorglos angeschlendert. Er hatte natürlich längst die Verabredung vergessen, jetzt aber, da der Knabe gierig auf ihn losschnellte, mußte er lächeln über so viel Leidenschaft und zeigte sich bereit, sein Versprechen einzuhalten. Er nahm den Buben wieder unterm Arm, ging mit dem Strahlenden auf und nieder, nur daß er sanft, aber nachdrücklich abwehrte, schon jetzt den gemeinsamen Spaziergang zu beginnen. Er schien auf irgend etwas zu warten, wenigstens deutete darauf sein nervös die Türen abgreifender Blick. Plötzlich straffte er sich empor. Edgars Mama war hereingetreten und kam, den Gruß erwidernd, freundlich auf beide zu. Sie lächelte zustimmend, als sie von dem beabsichtigten Spaziergang vernahm, den ihr Edgar als etwas zu Kostbares verschwiegen hatte, ließ sich aber rasch von der Einladung des Barons zum Mitgehen bestimmen.

Edgar wurde sofort mürrisch und biß die Lippen. Wie ärgerlich, daß sie gerade jetzt vorbeikommen mußte! Dieser Spaziergang hatte doch ihm allein gehört, und wenn er seinen Freund auch der Mama vorgestellt hatte, so war das nur eine Liebenswürdigkeit von ihm gewesen, aber teilen wollte er ihn deshalb nicht. Schon regte sich in ihm etwas wie Eifersucht, als er die Freundlichkeit des Barons zu seiner Mutter bemerkte.

Sie gingen dann zu dritt spazieren, und das gefährliche Gefühl seiner Wichtigkeit und plötzlichen Bedeutsamkeit wurde in dem Kinde noch genährt durch das auffällige Interesse, das beide ihm widmeten. Edgar war fast ausschließlich Gegenstand der Konversation, indem sich die Mutter mit etwas erheuchelter Besorgnis über seine Blässe und Nervosität aussprach, während der Baron wieder dies lächelnd abwehrte und sich rühmend über die nette Art seines »Freundes«, wie er ihn nannte, erging. Es war Edgars schönste Stunde. Er hatte Rechte, die ihm niemals im Laufe seiner Kindheit zugestanden worden waren. Er durfte mitreden, ohne sofort zur Ruhe verwiesen zu werden, sogar allerhand vorlaute Wünsche äußern, die ihm bislang übel aufgenommen worden wären.

Und es war nicht verwunderlich, daß in ihm das trügerische Gefühl üppig wuchernd wuchs, daß er ein Erwachsener sei. Schon lag die Kindheit in seinen hellen Träumen hinter ihm, wie ein weggeworfenes entwachsenes Kleid.

Mittag saß der Baron, der Einladung der immer freundlicheren Mutter Edgars folgend, an ihrem Tisch. Aus dem vis-à-vis war ein Nebeneinander geworden, aus der Bekanntschaft eine Freundschaft. Das Terzett war im Gang, und die drei Stimmen der Frau, des Mannes und des Kindes klangen rein zusammen.

Angriff

Nun schien es dem ungeduldigen Jäger an der Zeit, sein Wild anzuschleichen. Das Familiäre, der Dreiklang in dieser Angelegenheit mißfiel ihm. Es war ja ganz nett, so zu dritt zu plaudern, aber schließlich, Plaudern war nicht seine Absicht. Und er wußte, daß das Gesellschaftliche mit dem Maskenspiel seiner Begehrlichkeit das Erotische zwischen Mann und Frau immer retardiert, den Worten die Glut, dem Angriff sein Feuer nimmt. Sie sollte über der Konversation nie seine eigentliche Absicht vergessen, die er – dessen war er sicher – von ihr bereits verstanden wußte.

Daß sein Bemühen bei dieser Frau nicht vergeblich sein würde, hatte viel Wahrscheinlichkeiten. Sie war in jenen entscheidenden Jahren, wo eine Frau zu bereuen beginnt, einem eigentlich nie geliebten Gatten treu geblieben zu sein, und wo der purpurne Sonnenuntergang ihrer Schönheit ihr noch eine letzte dringlichste Wahl zwischen dem Mütterlichen und dem Weiblichen gewährt. Das Leben, das schon längst beantwortet schien, wird in dieser Minute noch einmal zur Frage, zum letzten Male zittert die magnetische Nadel des Willens zwischen der Hoffnung auf erotisches Erleben und der endgültigen Resignation. Eine Frau hat dann die gefährliche Entscheidung, ihr eigenes Schicksal oder das ihrer Kinder zu leben, Frau oder Mutter zu sein. Und der Baron, scharfsichtig in diesen Dingen, glaubte bei ihr gerade dieses gefährliche Schwanken zwischen Lebensglut und Aufopferung zu bemerken. Sie vergaß beständig im Gespräch, ihren Gatten zu erwähnen, der offenbar nur ihren äußeren Bedürfnissen, nicht aber ihren durch vornehme Lebensführung gereizten Snobismus zu befriedigen schien, und wußte innerlich eigentlich herzlich wenig von ihrem Kinde. Ein Schatten von Langeweile, als Melancholie in den dunklen Augen verschleiert, lag über ihrem Leben und verdunkelte ihre Sinnlichkeit. Der Baron beschloß, rasch vorzugehen, aber gleichzeitig jeden Anschein von Eile zu vermeiden. Im Gegenteil, er wollte, wie der Angler den Haken lockend zurückzieht, dieser neuen Freundschaft seinerseits äußerliche Gleichgültigkeit entgegensetzen, wollte um sich werben lassen, während er doch in Wahrheit der Werbende war. Er nahm sich vor, einen gewissen Hochmut zu outrieren, den Unterschied ihres sozialen Standes scharf herauszukehren, und der Gedanke reizte ihn, nur durch das Betonen seines Hochmutes, durch ein Äußeres, durch einen klingenden aristokratischen Namen und kalte Manieren diesen üppigen, vollen, schönen Körper gewinnen zu können.

Das heiße Spiel begann ihn schon zu erregen, und darum zwang er sich zur Vorsicht. Den Nachmittag verblieb er in seinem Zimmer mit dem angenehmen Bewußtsein, gesucht und vermißt zu werden. Aber diese Abwesenheit wurde nicht so sehr von ihr bemerkt, gegen die sie eigentlich gezielt war, sondern gestaltete sich für den armen Buben zur Qual. Edgar fühlte sich den ganzen Nachmittag unendlich hilflos und verloren; mit der, Knaben eigenen, hartnäckigen Treue wartete er die ganzen langen Stunden unablässig auf seinen Freund. Es wäre ihm wie ein Vergehen gegen die Freundschaft erschienen, wegzugehen oder irgend etwas allein zu tun. Unnütz trollte er sich in den Gängen herum, und je später es wurde, um so mehr füllte sich sein Herz mit Unglück an. In der Unruhe seiner Phantasie träumte er schon von einem Unfall oder einer unbewußt zugefügten Beleidigung und war schon nahe daran, zu weinen vor Ungeduld und Angst.

Als der Baron dann abends zu Tisch kam, wurde er glänzend empfangen. Edgar sprang, ohne auf den abmahnenden Ruf seiner Mutter und das Erstaunen der anderen Leute zu achten, ihm entgegen, umfaßte stürmisch seine Brust mit den mageren Ärmchen. »Wo waren Sie? Wo sind Sie gewesen?« rief er hastig. »Wir haben Sie überall gesucht.« Die Mutter errötete bei dieser unwillkommenen Einbeziehung und sagte ziemlich hart:

»Sois sage, Edgar. Assieds toi! « (Sie sprach nämlich immer Französisch mit ihm, obwohl ihr diese Sprache gar nicht so sehr selbstverständlich war und sie bei umständlichen Erläuterungen leicht auf Sand geriet.) Edgar gehorchte, ließ aber nicht ab, den Baron auszufragen, »Aber vergiß doch nicht, daß der Herr Baron tun kann, was er will. Vielleicht langweilt ihn unsere Gesellschaft.« Diesmal bezog sie sich selber ein, und der Baron fühlte mit Freude, wie dieser Vorwurf um ein Kompliment warb.

Der Jäger in ihm wachte auf. Er war berauscht, erregt, so rasch hier die richtige Fährte gefunden zu haben, das Wild ganz nahe vor dem Schuß nun zu fühlen. Seine Augen glänzten, das Blut flog ihm leicht durch die Adern, die Rede sprudelte ihm, er wußte selbst nicht wie, von den Lippen. Er war, wie jeder stark erotisch veranlagte Mensch, doppelt so gut, doppelt er selbst, wenn er wußte, daß er Frauen gefiel, so wie manche Schauspieler erst feurig werden, wenn sie die Hörer, die atmende Masse vor ihnen ganz im Bann spüren. Er war immer ein guter, mit sinnlichen Bildern begabter Erzähler gewesen, aber heute – er trank ein paar Gläser Champagner dazwischen, den er zu Ehren der neuen Freundschaft bestellt hatte – übertraf er sich selbst. Er erzählte von indischen Jagden, denen er als Gastfreund eines hohen aristokratischen englischen Freundes beigewohnt hatte, klug dies Thema wählend, weil es indifferent war und er anderseits spürte, wie alles Exotische und für sie Unerreichbare diese Frau erregte. Wen er aber damit bezauberte, das war vor allem Edgar, dessen Augen vor Begeisterung flammten. Er vergaß zu essen, zu trinken und starrte dem Erzähler die Worte von den Lippen weg. Nie hatte er gehofft, einen Menschen wirklich zu sehen, der diese ungeheuren Dinge erlebt hatte, von denen er in seinen Büchern las, die Tigerjagden, die braunen Menschen, die Hindus und das Dschaggernat, das furchtbare Rad, das tausend Menschen unter seinen Speichen begrub. Bislange hatte er nie daran gedacht, daß es solche Menschen wirklich gäbe, so wenig wie er die

Länder der Märchen glaubte, und diese Sekunde sprengte in ihm irgendein großes Gefühl zum ersten Male auf. Er konnte den Blick von seinem Freunde nicht wenden, starrte mit gepreßtem Atem auf die Hände da hart vor ihm, die einen Tiger getötet hatten. Kaum wagte er etwas zu fragen, und dann klang seine Stimme fieberig erregt. Seine rasche Phantasie zauberte ihm immer das Bild zu den Erzählungen herauf, er sah den Freund hoch auf einem Elefanten mit purpurner Schabracke, braune Männer rechts und links mit kostbaren Turbans und dann plötzlich den Tiger, der mit seinen gebleckten Zähnen aus dem Dschungel vorsprang und dem Elefanten die Pranke in den Rüssel schlug. Jetzt erzählte der Baron noch Interessanteres, wie listig man Elefanten fing, indem man durch alte, gezähmte Tiere die jungen, wilden und übermütigen in die Verschläge locken ließ: die Augen des Kindes sprühten Feuer. Da sagte – ihm war, als fiele blitzend ein Messer vor ihm nieder – die Mama plötzlich, mit einem Blick aus die Uhr: »Neuf heures! Au lit!«

Edgar wurde blaß vor Schreck. Für alle Kinder ist das Zu-Bette-geschickt-werden ein furchtbares Wort, weil es für sie die offenkundigste Demütigung vor den Erwachsenen ist, das Eingeständnis, das Stigma der Kindheit, des Kleinseins, der kindischen Schlafbedürftigkeit. Aber wie furchtbar war solche Schmach in diesem interessantesten Augenblick, da sie ihn solche unerhörte Dinge versäumen ließ.

»Nur das eine noch, Mama, das von den Elefanten, nur das laß mich hören!«

Er wollte zu betteln beginnen, besann sich aber rasch auf seine neue Würde als Erwachsener. Einen einzigen Versuch wagte er bloß. Aber seine Mutter war heute merkwürdig streng. »Nein, es ist schon spät. Geh nur hinauf! Sois sage, Edgar. Ich erzähl dir schon alle die Geschichten des Herrn Barons genau wieder.«

Edgar zögerte. Sonst begleitete ihn seine Mutter immer zu Bette. Aber er wollte nicht betteln vor dem

Freunde. Sein kindischer Stolz wollte diesem kläglichen Abgang noch einen Schein von Freiwilligkeit retten.

»Aber wirklich, Mama, du erzählst mir alles, alles! Das von den Elefanten und alles andere!«

»Ja, mein Kind.«

»Und sofort! Noch heute!«

»Ja, ja, aber jetzt geh nur schlafen. Geh!«

Edgar bewunderte sich selbst, daß es ihm gelang, dem Baron und seiner Mama die Hand zu reichen, ohne zu erröten, obschon das Schluchzen ihm schon ganz hoch in der Kehle saß. Der Baron beutelte ihm freundschaftlich den Schopf, das zwang noch ein Lächeln über sein gespanntes Gesicht. Aber dann mußte er rasch zur Türe eilen, sonst hätten sie gesehen, wie ihm die dicken Tränen über die Wangen liefen.

Die Elefanten

Die Mutter blieb noch eine Zeitlang unten mit dem Baron bei Tisch, aber sie sprachen nicht von Elefanten und Jagden mehr. Eine leise Schwüle, eine rasch auffliegende Verlegenheit kam in ihr Gespräch, seit der Bub sie verlassen hatte. Schließlich gingen sie hinüber in die Hall und setzten sich in eine Ecke. Der Baron war blendender als je, sie selbst leicht befeuert durch die paar Glas Champagner, und so nahm die Konversation rasch einen gefährlichen Charakter an. Der Baron war eigentlich nicht hübsch zu nennen, er war nur jung und blickte sehr männlich aus seinem dunkelbraunen energischen Bubengesicht mit dem kurz geschorenen Haar und entzückte sie durch die frischen, fast ungezogenen Bewegungen. Sie sah ihn gern jetzt von der Nähe und fürchtete auch nicht mehr seinen Blick. Doch allmählich schlich sich in seine Reden eine Kühnheit, die sie leicht verwirrte, etwas, das wie Greifen an ihrem Körper war, ein Betasten und wieder Lassen, irgendein unfaßbar Begehrliches, das ihr das Blut in die Wangen trieb. Aber dann lachte er wieder leicht, ungezwungen, knabenhaft, und das gab all den kleinen Begehrlichkeiten den losen Schein kindlicher Scherze. Manchmal war ihr, als müßte sie ein Wort schroff zurückweisen, aber kokett von Natur, wurde sie durch diese kleinen Lüsternheiten nur gereizt, mehr abzuwarten. Und hingerissen von dem verwegenen Spiel versuchte sie am Ende sogar, ihm nachzutun. Sie warf kleine, flatternde Versprechungen auf den Blicken hinüber, gab sich in Worten und Bewegungen schon hin, duldete sogar sein Heranrücken, die Nähe dieser Stimme, deren Atem sie manchmal warm und zuckend an den Schultern spürte. Wie alle Spieler vergaßen sie die Zeit und verloren sich so gänzlich in dem heißen Gespräch, daß sie erst aufschreckten, als die Hall sich um Mitternacht abzudunkeln begann.

Sie sprang sofort empor, dem ersten Erschrecken gehorchend, und fühlte mit einem Male, wie verwegen weit sie sich vorgewagt hatte. Ihr war sonst das Spiel mit dem Feuer nicht fremd, aber jetzt spürte ihr aufgereizter Instinkt, wie nahe dieses Spiel schon dem Ernste war. Mit Schauern entdeckte sie, daß sie sich nicht mehr ganz sicher fühlte, daß irgend etwas in ihr zu gleiten begann und sich beängstigend dem Wirbel zudrehte. Im Kopf wogte alles in einem Wirbel von Angst, von Wein und heißen Reden, eine dumme, sinnlose Angst überfiel sie, jene Angst, die sie schon einige Male in ihrem Leben in solchen gefährlichen Sekunden gekannt hatte, aber nie so schwindelnd und gewalttätig. »Gute Nacht, gute Nacht. Auf morgen früh«, sagte sie hastig und wollte entlaufen. Entlaufen nicht ihm so sehr, wie der Gefahr dieser Minute und einer neuen, fremdartigen Unsicherheit in sich selbst. Aber der Baron hielt die dargebotene Abschiedshand mit sanfter Gewalt, küßte sie, und nicht nur in Korrektheit ein einziges Mal, sondern vier- oder fünfmal mit den Lippen von den feinen Fingerspitzen bis hinauf zum Handgelenk, zitternd, wobei sie mit einem leichten Frösteln seinen rauhen Schnurrbart über den Handrücken kitzeln fühlte. Irgendein warmes und beklemmendes Gefühl flog von dort mit dem Blut durch den ganzen Körper, Angst schoß heiß empor, hämmerte drohend an die Schlafen, ihr Kopf glühte, die Angst, die sinnlose Angst zuckte jetzt durch ihren ganzen Körper, und sie entzog ihm rasch die Hand.

»Bleiben Sie doch noch«, flüsterte der Baron. Aber schon eilte sie fort mit einer Ungelenkigkeit der Hast, die ihre Angst und Verwirrung augenfällig machte. In ihr war jetzt die Erregtheit, die der andere wollte, sie fühlte, wie alles in ihr verworren war. Die grausam brennende Angst jagte sie, der Mann hinter ihr möchte ihr folgen und sie fassen, gleichzeitig aber, noch im Entspringen, spürte sie schon ein Bedauern, daß er es nicht tat. In dieser Stunde hätte das geschehen können, was sie seit Jahren unbewußt ersehnte, das Abenteuer, dessen nahen Hauch sie wollüstig liebte, um ihm bisher immer im letzten Augenblick zu entweichen, das große und gefährliche, nicht nur der flüchtige, aufreizende Flirt. Aber der Baron war zu stolz, einer günstigen Sekunde nachzulaufen. Er war seines Sieges zu gewiß, um diese Frau räuberisch in einer schwachen, weintrunkenen Minute zu nehmen, im Gegenteil, den fairen Spieler reizte nur der Kampf und die Hingabe bei vollem Bewußtsein. Entrinnen konnte sie ihm nicht. Ihr zuckte, das merkte er, das heiße Gift schon in den Adern.

Oben auf der Treppe blieb sie stehen, die Hand an das keuchende Herz gepreßt. Sie mußte ausruhen eine Sekunde. Ihre Nerven versagten. Ein Seufzer brach aus der Brust, halb Beruhigung, einer Gefahr entronnen zu sein, halb Bedauern; aber das alles war verworren und wirrte im Blut nur als leises Schwindligsein weiter. Mit halbgeschlossenen Augen, wie eine Betrunkene, tappte sie weiter zu ihrer Türe und atmete auf, da sie jetzt die kühle Klinke faßte. Jetzt empfand sie sich erst in Sicherheit!

Leise bog sie die Türe ins Zimmer. Und schrak schon zurück in der nächsten Sekunde. Irgend etwas hatte sich gerührt in dem Zimmer, ganz rückwärts im Dunkeln. Ihre erregten Nerven zuckten grell, schon wollte sie um Hilfe schreien, da kam es leise von drinnen, mit ganz schlaftrunkener Stimme:

»Bist du es, Mama?«

»Um Gottes willen, was machst du da?« Sie stürzte hin zum Divan, wo Edgar zusammengeknüllt lag und sich eben vom Schlafe aufraffte. Ihr erster Gedanke war, das Kind müsse krank sein oder Hilfe bedürftig.

Aber Edgar sagte, ganz verschlafen noch und mit leisem Vorwurf: »Ich habe so lange auf dich gewartet, und dann bin ich eingeschlafen.«

»Warum denn?«

»Wegen der Elefanten.«

»Was für Elefanten?«

Jetzt erst begriff sie. Sie hatte ja dem Kinde versprochen, alles zu erzählen, heute noch, von der Jagd und den Abenteuern. Und da hatte sich dieser Bub auf ihr Zimmer geschlichen, dieser einfältige, kindische Bub, und im sicheren Vertrauen gewartet, bis sie kam, und war drüber eingeschlafen. Die Extravaganz empörte sie. Oder eigentlich, sie fühlte Zorn gegen sich selbst, ein leises Raunen von Schuld und Scham, das sie überschreien wollte. »Geh sofort zu Bett, du ungezogener Fratz«, schrie sie ihn an. Edgar staunte ihr entgegen. Warum war sie so zornig mit ihm, er hatte doch nichts getan? Aber diese Verwunderung reizte die schon Aufgeregte noch mehr. »Geh sofort in dein Zimmer«, schrie sie wütend, weil sie fühlte, daß sie ihm unrecht tat. Edgar ging ohne ein Wort. Er war eigentlich furchtbar müde und spürte nur stumpf durch den drückenden Nebel von Schlaf, daß seine Mutter ein Versprechen nicht gehalten hatte und daß man in irgendeiner Weise gegen ihn schlecht war. Aber er revoltierte nicht. In ihm war alles stumpf durch die Müdigkeit; und dann, er ärgerte sich sehr, hier oben eingeschlafen zu sein, statt wach zu warten. »Ganz wie ein kleines Kind«, sagte er empört zu sich selber, ehe er wieder in Schlaf fiel.

Denn seit gestern haßte er seine eigene Kindheit.

Geplänkel

Der Baron hatte schlecht geschlafen. Es ist immer gefährlich, nach einem abgebrochenen Abenteuer zu Bette zu gehen: eine unruhige, von schwülen Träumen gefährdete Nacht ließ es ihn bald bereuen, die Minute nicht mit hartem Griff gepackt zu haben. Als er morgens, noch von Schlaf und Mißmut umwölkt, hinunterkam, sprang ihm der Knabe aus einem Versteck entgegen, schloß ihn begeistert in die Arme und begann ihn mit tausend Fragen zu quälen. Er war glücklich, seinen großen Freund wieder eine Minute für sich zu haben und nicht mit der Mama teilen zu müssen. Nur ihm sollte er erzählen, nicht mehr Mama, bestürmte er ihn, denn die hätte, trotz ihres Versprechens, ihm nichts von all den wunderbaren Dingen wiedergesagt. Er überschüttete den unangenehm Aufgeschreckten, der seine Mißlaune nur schlecht verbarg, mit hundert kindischen Belästigungen. In diese Fragen mengte er überdies stürmische Bezeugungen seiner Liebe, glückselig, wieder mit dem Langgesuchten und seit frühmorgens Erwarteten allein zu sein.

Der Baron antwortete unwirsch. Dieses ewige Auflauern des Kindes, die Läppischkeit der Fragen, wie überhaupt die unbegehrte Leidenschaft begann ihn zu langweilen. Er war müde, nun tagaus, tagein mit einem zwölfjährigen Buben herumzuziehen und mit ihm Unsinn zu schwatzen. Ihm lag jetzt nur daran, das heiße Eisen zu schmieden und die Mutter allein zu fassen, was eben durch des Kindes unerwünschte Anwesenheit zum Problem wurde. Ein erstes Unbehagen vor dieser unvorsichtig geweckten Zärtlichkeit bemächtigte sich seiner, denn vorläufig sah er keine Möglichkeit, den allzu anhänglichen Freund loszuwerden.

Immerhin: es kam auf den Versuch an. Bis zehn Uhr, der Stunde, die er mit der Mutter zum Spaziergang verabredet hatte, ließ er das eifrige Gerede des Buben achtlos über sich hinplätschern, warf hin und wieder einen Brocken Gespräch hin, um ihn nicht zu beleidigen, durchblätterte aber gleichzeitig die Zeitung. Endlich, als der Zeiger saß senkrecht stand, bat er Edgar, wie sich plötzlich erinnernd, für ihn ins andere Hotel bloß einen Augenblick hinüberzugehen, um dort nachzufragen, ob der Graf Grundheim, sein Vetter, schon angekommen sei.

Das arglose Kind, glückselig, endlich einmal seinem Freund mit etwas dienlich sein zu können, stolz auf seine Würde als Bote, sprang sofort weg und stürmte so toll den Weg hin, daß die Leute ihm verwundert nachstarrten. Aber ihm war gelegen, zu zeigen, wie flink er war, wenn man ihm Botschaften vertraute. Der Graf war, so sagte man ihm dort, noch nicht eingetroffen, ja zur Stunde gar nicht angemeldet. Diese Nachricht brachte er in neuerlichem Sturmschritt zurück. Aber in der Halle war der Baron nicht mehr zu finden. So klopfte er an seine Zimmertür, – vergeblich! Beunruhigt rannte er alle Räume ab, das Musikzimmer und das Kaffeehaus, stürmte aufgeregt zu seiner Mama, um Erkundigungen einzuziehen: auch sie war fort. Der Portier, an den er sich schließlich ganz verzweifelt wandte, sagte ihm zu seiner Verblüffung, sie seien beide vor einigen Minuten gemeinsam weggegangen!

Edgar wartete geduldig. Seine Arglosigkeit vermutete nichts Böses. Sie konnten ja nur eine kurze Weile wegbleiben, dessen war er sicher, denn der Baron brauchte ja seinen Bescheid. Aber die Zeit streckte breit ihre Stunden, Unruhe schlich sich an ihn heran. Überhaupt, seit dem Tage, da sich dieser fremde, verführerische Mensch in sein kleines, argloses Leben gemengt hatte, war das Kind den ganzen Tag angespannt, gehetzt und verwirrt. In einen so feinen Organismus, wie den der Kinder, drückt jede Leidenschaft wie in weiches Wachs ihre Spuren. Das nervöse Zittern der Augenlider trat wieder auf, schon sah er blässer aus. Edgar wartete und wartete, geduldig zuerst, dann wild erregt und schließlich schon dem Weinen nah. Aber argwöhnisch war er noch immer nicht. Sein blindes

Vertrauen in diesen wundervollen Freund vermutete ein Mißverständnis, und geheime Angst quälte ihn, er möchte vielleicht den Auftrag falsch verstanden haben.

Wie seltsam aber war erst dies, daß sie jetzt, da sie endlich zurückkamen, heiter plaudernd blieben und gar keine Verwunderung bezeigten. Es schien, als hätten sie ihn gar nicht sonderlich vermißt: »Wir sind dir entgegengegangen, weil wir hofften, dich am Weg zu treffen, Edi«, sagte der Baron, ohne sich nach dem Auftrag zu erkundigen. Und als das Kind, ganz erschrocken, sie könnten ihn vergebens gesucht haben, zu beteuern begann, er sei nur auf dem geraden Wege der Hochstraße gelaufen, und wissen wollte, welche Richtung sie gewählt hätten, da schnitt die Mama kurz das Gespräch ab. »Schon gut, schon gut! Kinder sollen nicht soviel reden.«

Edgar wurde rot vor Ärger. Das war nun schon das zweite Mal so ein niederträchtiger Versuch, ihn vor seinem Freund herabzusetzen. Warum tat sie das, warum versuchte sie immer, ihn als Kind darzustellen, das er doch – er war davon überzeugt – nicht mehr war? Offenbar war sie ihm neidisch auf seinen Freund und plante, ihn zu sich herüberzuziehen. Ja, und sicherlich war sie es auch, die den Baron mit Absicht den falschen Weg geführt hatte. Aber er ließ sich nicht von ihr mißhandeln, das sollte sie sehen. Er wollte ihr schon Trotz bieten. Und Edgar beschloß, heute bei Tisch kein Wort mit ihr zu reden, nur mit seinem Freund allein.

Doch das wurde ihm hart. Was er am wenigsten erwartet hatte, trat ein: man bemerkte seinen Trotz nicht. Ja, sogar ihn selber schienen sie nicht zu sehen, ihn, der doch gestern Mittelpunkt ihres Beisammenseins gewesen war! Sie sprachen beide über ihn hinweg, scherzten zusammen und lachten, als ob er unter den Tisch gesunken wäre. Das Blut stieg ihm zu den Wangen, in der Kehle saß ein Knollen, der ihm den Atem erwürgte. Mit Schauern wurde er seiner entsetzlichen Machtlosigkeit bewußt. Er sollte also hier ruhig sitzen und zusehen, wie seine Mutter ihm den Freund wegnahm, den einzigen Menschen, den er liebte, und sollte sich nicht wehren können, nicht anders als durch Schweigen? Ihm war, als müßte er aufstehen und plötzlich mit beiden Fäusten aus den Tisch losschlagen. Nur damit sie ihn bemerkten. Aber er hielt sich zusammen, legte bloß Gabel und Messer nieder und rührte keinen Bissen mehr an. Aber auch dies hartnäckige Fasten merkten sie lange nicht, erst beim letzten Gang fiel es der Mutter auf, und sie fragte, ob er sich nicht wohl fühle. Widerlich, dachte er sich, immer denkt sie nur das eine, ob ich nicht krank bin, sonst ist ihr alles einerlei. Er antwortete kurz, er habe keine Lust, und damit gab sie sich zufrieden. Nichts, gar nichts erzwang ihm Beachtung. Der Baron schien ihn vergessen zu haben, wenigstens richtete er nicht ein einziges Mal das Wort an ihn. Heißer und heißer quoll es ihm in die Augen, und er mußte die kindische List anwenden, rasch die Serviette zu heben, ehe es jemand sehen konnte, daß Tränen über seine Wangen sprangen und ihm salzig die Lippen näßten. Er atmete auf, wie das Essen zu Ende war.

Während des Diners hatte seine Mutter eine gemeinsame Wagenfahrt nach Maria-Schutz vorgeschlagen. Edgar hatte es gehört, die Lippe zwischen den Zähnen. Nicht eine Minute wollte sie ihn also mehr mit seinem Freunde allein lassen. Aber sein Haß stieg erst wild auf, als sie ihm jetzt beim Aufstehen sagte: »Edgar, du wirst noch alles für die Schule vergessen, du solltest doch einmal zu Hause bleiben, ein bißchen nachlernen!« Wieder ballte er die kleine Kinderfaust. Immer wollte sie ihn vor seinem Freund demütigen, immer daran öffentlich erinnern, daß er noch ein Kind war, daß er in die Schule gehen mußte und nur geduldet unter Erwachsenen war. Diesmal war ihm die Absicht aber doch zu durchsichtig. Er gab gar keine Antwort, sondern drehte sich kurzweg um.

»Aha, wieder beleidigt«, sagte sie lächelnd und dann zum Baron: »Wäre das wirklich so arg, wenn er einmal eine Stunde arbeiten möchte?«

Und da – im Herzen des Kindes wurde etwas kalt und starr – sagte der Baron, er, der sich seinen Freund nannte, er, der ihn als Stubenhocker verhöhnt hatte: »Na, eine Stunde oder zwei könnten wirklich nicht schaden.«

War das ein Einverständnis? Hatten sie sich wirklich beide gegen ihn verbündet? In dem Blick des Kindes flammte der Zorn. »Mein Papa hat verboten, daß ich hier lerne, Papa will, daß ich mich hier erhole«, schleuderte er heraus mit dem ganzen Stolz auf seine Krankheit, verzweifelt sich an das Wort, an die Autorität seines Vaters anklammernd. Wie eine Drohung stieß er es heraus. Und was das Merkwürdigste war: das Wort schien tatsächlich in den beiden ein Mißbehagen zu erwecken. Die Mutter sah weg und trommelte nur nervös mit den Fingern auf den Tisch. Ein peinliches Schweigen stand breit zwischen ihnen. »Wie du meinst, Edi«, sagte schließlich der Baron mit einem erzwungenen Lächeln. »Ich muß ja keine Prüfung machen, ich bin schon längst bei allen durchgefallen.«

Aber Edgar lächelte nicht zu dem Scherz, sondern sah ihn nur an mit einem prüfenden, sehnsüchtig eindringenden Blick, als wollte er ihm bis in die Seele greifen. Was ging da vor? Etwas war verändert zwischen ihnen, und das Kind wußte nicht, warum. Unruhig ließ es die Augen wandern. In seinem Herzen hämmerte ein kleiner, hastiger Hammer: der erste Verdacht.

Brennendes Geheimnis

»Was hat sie so verwandelt?« sann das Kind, das ihnen im rollenden Wagen gegenübersaß. »Warum sind sie nicht mehr zu mir wie früher? Weshalb vermeidet Mama immer meinen Blick, wenn ich sie ansehe? Warum sucht er immer vor mir Witze zu machen und den Hanswurst zu spielen? Beide reden sie nicht mehr zu mir wie gestern und vorgestern, mir ist beinahe, als hätten sie andere Gesichter bekommen. Mama hat heute so rote Lippen, sie muß sie gefärbt haben. Das habe ich nie gesehen an ihr. Und er zieht immer die Stirne kraus, als sei er beleidigt. Ich habe ihnen doch nichts getan, kein Wort gesagt, das sie verdrießen konnte? Nein, ich kann nicht die Ursache sein, denn sie sind selbst zueinander anders wie vordem. Sie sind so, als ob sie etwas angestellt hätten, das sie sich nicht zu sagen getrauen. Sie plaudern nicht mehr wie gestern, sie lachen auch nicht, sie sind befangen, sie verbergen etwas. Irgendein Geheimnis ist zwischen ihnen, das sie mir nicht verraten wollen. Ein Geheimnis, das ich ergründen muß um jeden Preis. Ich kenne es schon, es muß dasselbe sein, vor dem sie mir immer die Türe verschließen, von dem in den Büchern die Rede ist und in den Opern, wenn die Männer und die Frauen mit ausgebreiteten Armen gegeneinander singen, sich umfassen und sich wegstoßen. Es muß irgendwie dasselbe sein, wie das mit meiner französischen Lehrerin, die sich mit Papa so schlecht vertrug und die dann weggeschickt wurde. All diese Dinge hängen zusammen, das spüre ich, aber ich weiß nur nicht, wie. Oh, es zu wissen, endlich zu wissen, dieses Geheimnis, ihn zu fassen, diesen Schlüssel, der alle Türen aufschließt, nicht länger mehr Kind sein, vor dem man alles versteckt und verhehlt, sich nicht mehr hinhalten lassen und betrügen. Jetzt oder nie! Ich will es ihnen entreißen, dieses furchtbare Geheimnis.« Eine Falte grub sich in seine Stirne, beinahe alt sah der schmächtige

Zwölfjährige aus, wie er so ernst vor sich hin grübelte, ohne einen einzigen Blick an die Landschaft zu wenden, die sich in klingenden Farben rings entfaltete, die Berge im gereinigten Grün ihrer Nadelwälder, die Täler im noch zarten Glanz des verspäteten Frühlings. Er sah nur immer die beiden ihm gegenüber im Rücksitz des Wagens an, als könnte er mit diesen heißen Blicken wie mit einer Angel das Geheimnis aus den glitzernden Tiefen ihrer Augen herausreißen. Nichts schärft Intelligenz mehr als ein leidenschaftlicher Verdacht, nichts entfaltet mehr alle Möglichkeiten eines unreifen Intellekts, als eine Fährte, die ins Dunkel läuft. Manchmal ist es ja nur eine einzige, dünne Tür, die Kinder von der Welt, die wir die wirkliche nennen, abtrennt, und ein zufälliger Windhauch sprengt sie ihnen auf.

Edgar fühlte sich mit einem Male dem Unbekannten, dem großen Geheimnis so greifbar nahe wie noch nie, er spürte es knapp vor sich, zwar noch verschlossen und unenträtselt, aber nah, ganz nah. Das erregte ihn und gab ihm diesen plötzlichen, feierlichen Ernst. Denn unbewußt ahnte er, daß er am Rand seiner Kindheit stand.

Die beiden gegenüber fühlten irgendeinen dumpfen Widerstand vor sich, ohne zu ahnen, daß er von dem Knaben ausging. Sie fühlten sich eng und gehemmt zu dritt im Wagen. Die beiden Augen ihnen gegenüber mit ihrer dunkel in sich flackernden Glut behinderten sie. Sie wagten kaum zu reden, kaum zu blicken. Zu ihrer vormaligen leichten, gesellschaftlichen Konversation fanden sie jetzt nicht mehr zurück, schon zu sehr verstrickt in dem Ton der heißen Vertraulichkeiten, jener gefährlichen Worte, in denen die schmeichelnde Unzüchtigkeit von heimlichen Betastungen zittert. Ihr Gespräch stieß immer auf Lücken und Stockungen. Es blieb stehen, wollte weiter, aber stolperte immer wieder über das hartnäckige Schweigen des Kindes.

Besonders für die Mutter war sein verbissenes Schweigen eine Last. Sie sah ihn vorsichtig von der Seite an und erschrak, als sie plötzlich in der Art, wie das Kind die Lippen verkniff, zum erstenmal eine Ähnlichkeit mit ihrem Mann erkannte, wenn er gereizt oder verärgert war. Der Gedanke war ihr unbehaglich, gerade jetzt an ihren Mann erinnert zu werden, da sie mit einem Abenteuer Versteck spielen wollte. Wie ein Gespenst, ein Wächter des Gewissens, doppelt unerträglich hier in der Enge des Wagens, zehn Zoll gegenüber mit seinen dunkel arbeitenden Augen und dem Lauern hinter der blassen Stirn, schien ihr das Kind. Da schaute Edgar plötzlich auf, eine Sekunde lang. Beide senkten sie sofort den Blick: sie spürten, daß sie sich belauerten, zum erstenmal in ihrem Leben. Bisher hatten sie einander blind vertraut, jetzt aber war etwas zwischen Mutter und Kind, zwischen ihr und ihm plötzlich anders geworden. Zum ersten Male in ihrem Leben begannen sie, sich zu beobachten, ihre beiden Schicksale voneinander zu trennen, beide schon mit einem heimlichen Haß gegeneinander, der nur noch zu neu war, als daß sie sich ihn einzugestehen wagten.

Alle drei atmeten sie aus, als die Pferde wieder vor dem Hotel hielten. Es war ein verunglückter Ausflug gewesen, alle fühlten es, und keiner wagte es zu sagen. Edgar sprang zuerst ab. Seine Mutter entschuldigte sich mit Kopfschmerzen und ging eilig hinaus. Sie war müde und wollte allein sein. Edgar und der Baron blieben zurück. Der Baron zahlte dem Kutscher, sah auf die Uhr und schritt gegen die Hall zu, ohne den Buben zu beachten. Er ging vorbei an ihm mit seinem feinen, schlanken Rücken, diesem rhythmisch leichten Wiegegang, der das Kind so bezauberte und den es gestern schon nachzuahmen versucht hatte. Er ging vorbei, glatt vorbei. Offenbar hatte er den Knaben vergessen und ließ ihn stehen neben dem Kutscher, neben den Pferden, als gehörte er nicht zu ihm.

In Edgar riß irgend etwas entzwei, wie er ihn so vorübergehen sah, ihn, den er trotz alldem noch immer so abgöttisch liebte. Verzweiflung brach aus seinem Herzen, als er so vorbeiging, ohne ihn mit dem Mantel zu streifen, ohne ihm ein Wort zu sagen, der sich doch keiner Schuld bewußt war. Die mühsam bewahrte Fassung zerriß, die künstlich erhöhte Last der Würde glitt ihm von den zu schmalen Schultern, er wurde wieder ein Kind, klein und demütig wie gestern und vordem. Es riß ihn weiter wider seinen Willen. Mit rasch zitternden Schritten ging er dem Baron nach, trat ihm, der eben die Treppe hinauswollte, in den Weg und sagte gepreßt, mit schwer verhaltenen Tränen:

»Was habe ich Ihnen getan, daß Sie nicht mehr auf mich achten? Warum sind Sie jetzt immer so mit mir? Und die Mama auch? Warum wollen Sie mich immer wegschicken? Bin ich Ihnen lästig, oder habe ich etwas getan?«

Der Baron schrak auf. In der Stimme war etwas, das ihn verwirrte und weich stimmte. Mitleid überkam ihn mit dem arglosen Buben. »Edi, du bist ein Narr! Ich war nur schlechter Laune heute. Und du bist ein lieber Bub, den ich wirklich gern hab.« Dabei schüttelte er ihn am Schopf tüchtig hin und her, aber doch das Gesicht halb abgewendet, um nicht diese großen, feuchten, flehenden Kinderaugen sehen zu müssen. Die Komödie, die er spielte, begann ihm peinlich zu werden. Er schämte sich eigentlich schon, mit der Liebe dieses Kindes so frech gespielt zu haben, und diese dünne, von unterirdischem Schluchzen geschüttelte Stimme tat ihm weh. »Geh jetzt hinauf, Edi, heute abend werden wir uns wieder vertragen, du wirst schon sehen«, sagte er begütigend.

»Aber Sie dulden nicht, daß mich Mama gleich hinaufschickt. Nicht wahr?«

»Nein, nein, Edi, ich dulde es nicht«, lächelte der Baron. »Geh nur jetzt hinauf, ich muß mich anziehen für das Abendessen.«

Edgar ging, beglückt für den Augenblick. Aber bald begann der Hammer im Herzen sich wieder zu rühren. Er war um Jahre älter geworden seit gestern; ein fremder

Gast, das Mißtrauen, saß jetzt schon fest in seiner kindischen Brust.

Er wartete. Es galt ja die entscheidende Probe. Sie saßen zusammen bei Tisch. Es wurde neun Uhr, aber die Mutter schickte ihn nicht zu Bett. Schon wurde er unruhig. Warum ließ sie ihn gerade heute so lange hier bleiben, sie, die sonst so genau war? Hatte ihr am Ende der Baron seinen Wunsch und das Gespräch verraten? Brennende Reue überfiel ihn plötzlich, ihm heute mit seinem vollen vertrauenden Herzen nachgelaufen zu sein. Um zehn erhob sich plötzlich seine Mutter und nahm Abschied vom Baron, Und seltsam, auch der schien durch diesen frühen Aufbruch keineswegs verwundert zu sein, suchte auch nicht, wie sonst immer, sie zurückzuhalten. Immer heftiger schlug der Hammer in der Brust des Kindes.

Nun galt es scharfe Probe. Auch er stellte sich nichtsahnend und folgte ohne Widerrede seiner Mutter zur Tür. Dort aber zuckte er plötzlich auf mit den Augen. Und wirklich, er fing in dieser Sekunde einen lächelnden Blick, der über seinen Kopf von ihr gerade zum Baron hinüberging, einen Blick des Einverständnisses, irgendeines Geheimnisses. Der Baron hatte ihn also verraten. Deshalb also der frühe Aufbruch: er sollte heute eingewiegt werden in Sicherheit, um ihnen morgen nicht mehr im Wege zu sein.

»Schuft«, murmelte er.

»Was meinst du?« fragte die Mutter.

»Nichts«, stieß er zwischen den Zähnen heraus. Auch er hatte jetzt sein Geheimnis. Es hieß Haß, grenzenloser Haß gegen sie beide.

Schweigen

Edgars Unruhe war nun vorbei. Endlich genoß er ein reines, klares Gefühl: Haß und offene Feindschaft. Jetzt, da er gewiß war, ihnen im Weg zu sein, wurde das Zusammensein für ihn zu einer grausam komplizierten Wollust. Er weidete sich im Gedanken, sie zu stören, ihnen nun endlich mit der ganzen geballten Kraft seiner Feindseligkeit entgegenzutreten. Dem Baron wies er zuerst die Zähne. Als der morgens herabkam und ihn im Vorübergehen herzlich mit einem »Servus, Edi« begrüßte, knurrte Edgar, der, ohne auszuschauen, im Fauteuil sitzen blieb, ihm nur ein hartes »Morgen« zurück. »Ist die Mama schon unten?« Edgar blickte in die Zeitung: »Ich weiß nicht.«

Der Baron stutzte. Was war das auf einmal? »Schlecht geschlafen, Edi, was?« Ein Scherz sollte wie immer hinüberhelfen. Aber Edgar warf ihm nur wieder verächtlich ein »Nein« hin und vertiefte sich neuerdings in die Zeitung. »Dummer Bub«, murmelte der Baron vor sich hin, zuckte die Achseln und ging weiter. Die Feindschaft war erklärt.

Auch gegen seine Mama war Edgar kühl und höflich. Einen ungeschickten Versuch, ihn auf den Tennisplatz zu schicken, wies er ruhig zurück. Sein Lächeln, knapp an den Lippen aufgerollt und leise von Erbitterung gekräuselt, zeigte, daß er sich nicht mehr betrügen lasse. »Ich gehe lieber mit euch spazieren, Mama«, sagte er mit falscher Freundlichkeit und blickte ihr in die Augen. Die Antwort war ihr sichtlich ungelegen. Sie zögerte und schien etwas zu suchen. »Warte hier auf mich«, entschied sie endlich und ging zum Frühstück.

Edgar wartete. Aber sein Mißtrauen war rege. Ein unruhiger Instinkt arbeitete nun zwischen jedem Wort dieser beiden eine geheime feindselige Absicht heraus. Der Argwohn gab ihm jetzt manchmal eine merkwürdige

Hellsichtigkeit der Entschlüsse. Und statt, wie ihm angewiesen war, in der Hall zu warten, zog Edgar es vor, sich auf der Straße zu postieren, wo er nicht nur den einen Hauptausgang, sondern alle Türen überwachen konnte. Irgend etwas in ihm witterte Betrug. Aber sie sollten ihm nicht mehr entwischen. Auf der Straße drückte er sich, wie er es in seinen Indianerbüchern gelernt hatte, hinter einen Holzstoß. Und lachte nur zufrieden, als er nach etwa einer halben Stunde seine Mutter tatsächlich aus der Seitentür treten sah, einen Busch prachtvoller Rosen in der Hand und gefolgt vom Baron, dem Verräter.

Beide schienen sie sehr übermütig. Atmeten sie schon auf, ihm entgangen zu sein, allein für ihr Geheimnis? Sie lachten im Gespräch und schickten sich an, den Waldweg hinabzugehen.

Jetzt war der Augenblick gekommen. Edgar schlenderte gemächlich, als hätte ein Zufall ihn hergeführt, hinter dem Holzstoß hervor. Ganz, ganz gelassen ging er auf sie zu, ließ sich Zeit, sehr viel Zeit, um sich ausgiebig an ihrer Überraschung zu weiden. Die beiden waren verblüfft und tauschten einen befremdeten Blick. Langsam, mit gespielter Selbstverständlichkeit kam das Kind heran und ließ seinen höhnischen Blick nicht von ihnen. »Ah, da bist du, Edi, wir haben dich schon drin gesucht«, sagte endlich die Mutter. Wie frech sie lügt, dachte das Kind. Aber die Lippen blieben hart. Sie hielten das Geheimnis des Hasses hinter den Zähnen.

Unschlüssig standen sie alle drei. Einer lauerte auf den andern. »Also gehen wir«, sagte resigniert die verärgerte Frau und zerpflückte eine der schönen Rosen. Wieder dieses leichte Zittern um die Nasenflügel, das bei ihr Zorn verriet. Edgar blieb stehen, als ginge ihn das nichts an, sah ins Blaue, wartete, bis sie gingen, dann schickte er sich an, ihnen zu folgen. Der Baron machte noch einen Versuch. »Heute ist Tennisturnier, hast du das schon einmal gesehen?« Edgar blickte ihn nur verächtlich an. Er antwortete ihm gar nicht mehr, zog nur die Lippen krumm, als ob er pfeifen wollte. Das war sein Bescheid. Sein Haß wies die blanken Zähne.

Wie ein Alp lastete nun seine unerbetene Gegenwart auf den beiden. Sträflinge gehen so hinter dem Wärter, mit heimlich geballten Fäusten. Das Kind tat eigentlich gar nichts und wurde ihnen doch in jeder Minute mehr unerträglich mit seinen lauernden Blicken, die feucht waren von verbissenen Tränen, seiner gereizten Mürrischkeit, die alle Annäherungsversuche wegknurrte. »Geh voraus«, sagte plötzlich wütend die Mutter, beunruhigt durch sein fortwährendes Lauschen. »Tanz mir nicht immer vor den Füßen, das macht mich nervös!« Edgar gehorchte, aber immer nach ein paar Schritten wandte er sich um, blieb wartend stehen, wenn sie zurückgeblieben waren, sie mit seinem Blick wie der schwarze Pudel mephistophelisch umkreisend und einspinnend in dieses feurige Netz von Haß, in dem sie sich unentrinnbar gefangen fühlten.

Sein böses Schweigen zerriß wie eine Säure ihre gute Laune, sein Blick vergällte ihnen das Gespräch von den Lippen weg. Der Baron wagte kein einziges werbendes Wort mehr, er spürte, mit Zorn, diese Frau ihm wieder entgleiten, ihre mühsam angefachte Leidenschaftlichkeit jetzt auskühlen in der Furcht vor diesem lästigen, widerlichen Kind. Immer versuchten sie wieder zu reden, immer brach ihre Konversation zusammen. Schließlich trotteten sie alle drei schweigend über den Weg, hörten nur mehr die Bäume flüsternd gegeneinander schlagen und ihren eigenen verdrossenen Schritt. Das Kind hatte ihr Gespräch erdrosselt.

Jetzt war in allen dreien die gereizte Feindseligkeit. Mit Wollust spürte das verratene Kind, wie sich ihre Wut wehrlos gegen seine mißachtete Existenz ballte. Mit zwinkernd höhnischem Blick streifte er ab und zu das verbissene Gesicht des Barons. Er sah, wie der zwischen den Zähnen Schimpfworte knirschte und an sich halten mußte, um sie nicht gegen ihn zu speien, merkte zugleich auch mit diabolischer Lust den aufsteigenden Zorn seiner Mutter, und daß beide nur einen Anlaß ersehnten, sich auf ihn zu stürzen, ihn wegzuschieben oder unschädlich zu machen. Aber er bot keine Gelegenheit, sein Haß war in langen Stunden berechnet und gab sich keine Blößen.

»Gehen wir zurück!« sagte plötzlich die Mutter. Sie fühlte, daß sie nicht länger an sich halten könnte, daß sie etwas tun müßte, aufschreien zumindest unter dieser Folter. »Wie schade,« sagte Edgar ruhig, »es ist so schön.«

Beide merkten, daß das Kind sie verhöhnte. Aber sie wagten nichts zu sagen, dieser Tyrann hatte in zwei Tagen zu wundervoll gelernt, sich zu beherrschen. Kein Zucken im Gesicht verriet die schneidende Ironie. Ohne Wort gingen sie den langen Weg wieder heim. In ihr flackerte die Erregung noch nach, als sie dann beide allein im Zimmer waren. Sie warf den Sonnenschirm und ihre Handschuhe ärgerlich weg. Edgar merkte sofort, daß ihre Nerven erregt waren und nach Entladung verlangten, aber er wollte einen Ausbruch und blieb mit Absicht im Zimmer, um sie zu reizen. Sie ging auf und ab, setzte sich wieder hin, ihre Finger trommelten auf dem Tisch, dann sprang sie wieder auf. »Wie zerrauft du bist, wie schmutzig du umhergehst! Es ist eine Schande vor den Leuten. Schämst du dich nicht in deinem Alter?« Ohne ein Wort der Gegenrede ging das Kind hin und kämmte sich. Dieses Schweigen, dieses obstinate kalte Schweigen mit dem Zittern von Hohn auf den Lippen machte sie rasend. Am liebsten hätte sie ihn geprügelt. »Geh auf dein Zimmer«, schrie sie ihn an. Sie konnte seine Gegenwart nicht mehr ertragen. Edgar lächelte und ging.

Wie sie jetzt beide zitterten vor ihm, wie sie Angst hatten, der Baron und sie, vor jeder Stunde des Zusammenseins, dem unbarmherzig harten Griff seiner Augen! Je unbehaglicher sie sich fühlten, in um so satterem Wohlbehagen beglänzte sich sein Blick, um so herausfordernder wurde seine Freude. Edgar quälte die Wehrlosen jetzt mit der ganzen, fast noch tierischen

Grausamkeit der Kinder. Der Baron konnte seinen Zorn noch dämmen, weil er immer hoffte, dem Buben noch einen Streich spielen zu können, und nur an sein Ziel dachte. Aber sie, die Mutter, verlor immer wieder die Beherrschung. Für sie war es eine Erleichterung, ihn anschreien zu können. »Spiel nicht mit der Gabel«, fuhr sie ihn bei Tisch an. »Du bist ein unerzogener Fratz, verdienst noch gar nicht unter Erwachsenen zu sitzen.« Edgar lächelte nur immer, lächelte, den Kopf ein wenig schief zur Seite gelegt. Er wußte, daß dieses Schreien Verzweiflung war, und empfand Stolz, daß sie sich so verrieten. Er hatte jetzt einen ganz ruhigen Blick, wie den eines Arztes. Früher wäre er vielleicht boshaft gewesen, um sie zu ärgern, aber man lernt viel und rasch im Haß. Jetzt schwieg er nur, schwieg und schwieg, bis sie zu schreien begann unter dem Druck seines Schweigens.

Seine Mutter konnte es nicht länger ertragen. Als sie jetzt vom Essen aufstanden und Edgar wieder mit dieser selbstverständlichen Anhänglichkeit ihnen folgen wollte, brach es plötzlich los aus ihr. Sie vergaß alle Rücksicht und spie die Wahrheit aus. Gepeinigt von seiner schleichenden Gegenwart, bäumte sie sich wie ein von Fliegen gefoltertes Pferd. »Was rennst du mir immer nach wie ein dreijähriges Kind? Ich will dich nicht immer in der Nähe haben. Kinder gehören nicht zu Erwachsenen. Merk dir das! Beschäftige dich doch einmal eine Stunde mit dir selbst. Lies etwas oder tu, was du willst. Laß mich in Ruh! Du machst mich nervös mit deinem Herumschleichen, deiner widerlichen Verdrossenheit.«

Endlich hatte er es ihr entrissen, das Geständnis! Edgar lächelte, während der Baron und sie jetzt verlegen schienen. Sie wandte sich ab und wollte weiter, wütend über sich selbst, daß sie ihr Unbehagen dem Kind eingestanden hatte. Aber Edgar sagte nur kühl: »Papa will nicht, daß ich allein hier herumgehe. Papa hat mir das Versprechen abgenommen, daß ich nicht unvorsichtig bin und bei dir bleibe.«

Er betonte das Wort »Papa«, weil er damals bemerkt hatte, daß es eine gewisse lähmende Wirkung auf die beiden übte. Auch sein Vater mußte also irgendwie verstrickt sein in dieses heiße Geheimnis. Papa mußte irgendeine geheime Macht über die beiden haben, die er nicht kannte, denn schon die Erwähnung seines Namens schien ihnen Angst und Unbehagen zu bereiten. Auch diesmal entgegneten sie nichts. Sie streckten die Waffen. Die Mutter ging voran, der Baron mit ihr. Hinter ihnen kam Edgar, aber nicht demütig wie ein Diener, sondern hart, streng und unerbittlich wie ein Wächter. Unsichtbar klirrte er mit der Kette, an der sie rüttelten und die nicht zu zersprengen war. Der Haß hatte seine kindische Kraft gestählt, er, der Unwissende, war stärker als sie beide, denen das Geheimnis die Hände band.

Die Lügner

Aber die Zeit drängte. Der Baron hatte nur mehr wenige Tage, und die wollten genützt sein. Widerstand gegen die Hartnäckigkeit des gereizten Kindes war, das fühlten sie, vergeblich, und so griffen sie zum letzten, zum schmählichsten Ausweg: zur Flucht, um nur für eine oder zwei Stunden seiner Tyrannei zu entgehen.

»Gib diese Briefe rekommandiert zur Post«, sagte die Mutter zu Edgar. Sie standen beide in der Hall, der Baron sprach draußen mit einem Fiaker.

Mißtrauisch übernahm Edgar die beiden Briefe. Er hatte bemerkt, daß früher ein Diener irgendeine Botschaft seiner Mutter übermittelt hatte. Bereiteten sie am Ende etwas gemeinsam gegen ihn vor?

Er zögerte. »Wo erwartest du mich?«

»Hier.«

»Bestimmt?«

»Ja.«

»Daß du aber nicht weggehst! Du wartest also hier in der Hall auf mich, bis ich zurückkomme?«

Er sprach im Gefühl seiner Überlegenheit mit seiner Mutter schon befehlshaberisch. Seit vorgestern hatte sich viel verändert.

Dann ging er mit den beiden Briefen. An der Tür stieß er mit dem Baron zusammen. Er sprach ihn an, zum erstenmal seit zwei Tagen.

»Ich gebe nur die zwei Briefe auf. Meine Mama wartet auf mich, bis ich zurückkomme. Bitte gehen Sie nicht früher fort.«

Der Baron drückte sich rasch vorbei. »Ja, ja, wir warten schon.«

Edgar stürmte zum Postamt. Er mußte warten. Ein Herr vor ihm hatte ein Dutzend langweiliger Fragen. Endlich konnte er sich des Auftrags entledigen und rannte sofort mit den Rezipissen zurück. Und kam eben zurecht, um zu sehen, wie seine Mutter und der Baron im Fiaker davonfuhren.

Er war starr vor Wut. Fast hätte er sich niedergebückt und ihnen einen Stein nachgeschleudert. Sie waren ihm also doch entkommen, aber mit einer wie gemeinen, wie schurkischen Lüge! Daß seine Mutter log, wußte er seit gestern. Aber daß sie so schamlos sein konnte, ein offenes Versprechen zu mißachten, das zerriß ihm ein letztes Vertrauen. Er verstand das ganze Leben nicht mehr, seit er sah, daß die Worte, hinter denen er die Wirklichkeit vermutet hatte, nur farbige Blasen waren, die sich blähten und in nichts zersprangen. Aber was für ein furchtbares Geheimnis mußte das sein, das erwachsene Menschen so weit trieb, ihn, ein Kind, zu belügen, sich wegzustehlen wie Verbrecher? In den Büchern, die er gelesen hatte, mordeten und betrogen die Menschen, um Geld zu gewinnen, oder Macht, oder Königreiche. Was aber war hier die Ursache, was wollten diese beiden, warum versteckten sie sich vor ihm, was suchten sie unter hundert Lügen zu verhüllen? Er zermarterte sein Gehirn. Dunkel spürte er, daß dieses Geheimnis der Riegel der Kindheit sei, daß, es erobert zu haben, bedeutete, erwachsen zu sein, endlich, endlich ein Mann. Oh, es zu fassen! Aber er konnte nicht mehr klar denken. Die Wut, daß sie ihm entkommen waren, verbrannte und verqualmte ihm den klaren Blick.

Er lief hinaus in den Wald, gerade konnte er sich noch ins Dunkel retten, wo ihn niemand sah, und da brach es heraus, in einem Strom heißer Tränen. »Lügner, Hunde, Betrüger, Schurken« – er mußte diese Worte laut herausschreien, sonst wäre er erstickt. Die Wut, die Ungeduld, der Ärger, die Neugier, die Hilflosigkeit und der Verrat der letzten Tage, im kindischen Kampf, im Wahn seiner Erwachsenheit niedergehalten, sprengten jetzt die Brust und wurden Tränen. Es war das letzte Weinen seiner Kindheit, das letzte wildeste Weinen, zum letztenmal gab er sich weibisch hin an die Wollust der Tränen. Er weinte in dieser Stunde fassungsloser Wut alles aus sich heraus, Vertrauen, Liebe, Gläubigkeit, Respekt – seine ganze Kindheit.

Der Knabe, der dann zum Hotel zurückging, war ein anderer. Er war kühl und handelte vorbedacht. Zunächst ging er in sein Zimmer, wusch sorgfältig das Gesicht und die Augen, um den beiden nicht den Triumph zu gönnen, die Spuren seiner Tränen zu sehen. Dann bereitete er die Abrechnung vor. Und wartete geduldig, ohne jede Unruhe.

Die Hall war recht gut besucht, als der Wagen mit den beiden Flüchtigen draußen wieder hielt. Ein paar Herren spielten Schach, andere lasen ihre Zeitung, die Damen plauderten. Unter ihnen hatte reglos, ein wenig blaß mit zitternden Blicken das Kind gesessen. Als jetzt seine Mutter und der Baron zur Türe hereinkamen, ein wenig geniert, ihn so plötzlich zu sehen, und schon die vorbereitete Ausrede stammeln wollten, trat er ihnen ausrecht und ruhig entgegen und sagte herausfordernd: »Herr Baron, ich möchte Ihnen etwas sagen.«

Dem Baron wurde es unbehaglich. Er kam sich irgendwie ertappt vor. »Ja, ja, später, gleich!«

Aber Edgar warf die Stimme hoch und sagte hell und scharf, daß alle rings es hören konnten: »Ich will aber jetzt mit Ihnen reden. Sie haben sich niederträchtig benommen. Sie haben mich angelogen. Sie wußten, daß meine Mama auf mich wartet, und sind ...«

»Edgar!« schrie die Mutter, die alle Blicke auf sich gerichtet sah, und stürzte gegen ihn los.

Aber das Kind kreischte jetzt, da es sah, daß sie seine Worte überschreien wollten, plötzlich gellend aus:

»Ich sage es Ihnen nochmals vor allen Leuten. Sie haben infam gelogen, und das ist gemein, das ist erbärmlich.«

Der Baron stand blaß, die Leute starrten auf, einige lächelten.

Die Mutter packte das vor Erregung zitternde Kind: »Komm sofort auf dein Zimmer, oder ich prügle dich hier vor allen Leuten«, stammelte sie heiser.

Edgar aber war schon wieder ruhig. Es tat ihm leid, so leidenschaftlich gewesen zu sein. Er war unzufrieden mit sich selbst, denn eigentlich wollte er ja den Baron kühl herausfordern, aber die Wut war wilder gewesen als sein Wille. Ruhig, ohne Hast wandte er sich zur Treppe.

»Entschuldigen Sie, Herr Baron, seine Ungezogenheit. Sie wissen ja, er ist ein nervöses Kind«, stotterte sie noch, verwirrt von den ein wenig hämischen Blicken der Leute, die sie ringsum anstarrten. Nichts in der Welt war ihr fürchterlicher als Skandal, und sie wußte, daß sie nun Haltung bewahren mußte. Statt gleich die Flucht zu ergreifen, ging sie zuerst zum Portier, fragte nach Briefen und anderen gleichgültigen Dingen und rauschte dann hinauf, als ob nichts geschehen wäre. Aber hinter ihr wisperte ein leises Kielwasser von Zischeln und unterdrücktem Gelächter.

Unterwegs verlangsamte sich ihr Schritt. Sie war immer ernsten Situationen gegenüber hilflos und hatte eigentlich Angst vor dieser Auseinandersetzung. Daß sie schuldig war, konnte sie nicht leugnen, und dann: sie fürchtete sich vor dem Blick des Kindes, diesem neuen, fremden, so merkwürdigen Blick, der sie lähmte und unsicher machte. Aus Furcht beschloß sie, es mit Milde zu versuchen. Denn bei einem Kampf war, das wußte sie, dieses gereizte Kind jetzt der Stärkere.

Leise klinkte sie die Türe auf. Der Bub saß da, ruhig und kühl. Die Augen, die er zu ihr aufhob, waren ganz ohne Angst, verrieten nicht einmal Neugierde. Er schien sehr sicher zu sein.

»Edgar,« begann sie möglichst mütterlich, »was ist dir eingefallen? Ich habe mich geschämt für dich. Wie kann man nur so ungezogen sein, schon gar als Kind zu einem Erwachsenen! Du wirst dich dann sofort beim Herrn Baron entschuldigen.«

Edgar schaute zum Fenster hinaus. Das »nein« sagte er gleichsam zu den Bäumen gegenüber. Seine Sicherheit begann sie zu befremden.

»Edgar, was geht denn vor mit dir? Du bist ja ganz anders als sonst? Ich kenne mich gar nicht mehr in dir aus. Du warst doch sonst immer ein kluges, artiges Kind, mit dem man reden konnte. Und auf einmal benimmst du dich so, als sei der Teufel in dich gefahren. Was hast du denn gegen den Baron? Du hast ihn doch sehr gern gehabt. Er war immer so lieb gegen dich.«

»Ja, weil er dich kennen lernen wollte.«

Ihr wurde unbehaglich. »Unsinn! Was fällt dir ein. Wie kannst du so etwas denken?«

Aber da fuhr das Kind auf.

»Ein Lügner ist er, ein falscher Mensch. Was er tut, ist Berechnung und Gemeinheit. Er hat dich kennen lernen wollen, deshalb war er freundlich zu mir und hat mir einen Hund versprochen. Ich weiß nicht, was er dir versprochen, hat und warum er zu dir freundlich ist, aber auch von dir will er etwas, Mama, ganz bestimmt. Sonst wäre er nicht so höflich und freundlich. Er ist ein schlechter Mansch. Er lügt. Sieh dir ihn nur einmal an, wie falsch er immer schaut. Oh, ich hasse ihn, diesen erbärmlichen Lügner, diesen Schurken ...«

»Aber Edgar, wie kann man so etwas sagen.« Sie war verwirrt und wußte nicht zu antworten. In ihr regte sich ein Gefühl, das dem Kind recht gab.

»Ja, er ist ein Schurke, das lasse ich mir nicht ausreden. Das mußt du selbst sehen. Warum hat er denn Angst vor mir? Warum versteckt er sich vor mir? Weil er weiß, daß ich ihn durchschaue, daß ich ihn kenne, diesen Schurken!«

»Wie kann man so etwas sagen, wie kann man so etwas sagen.« Ihr Gehirn war ausgetrocknet, nur die Lippen stammelten blutlos immer wieder die beiden Sätze. Sie begann jetzt plötzlich eine furchtbare Angst zu haben und wußte eigentlich nicht, ob vor dem Baron oder vor dem Kinde.

Edgar sah, daß seine Mahnung Eindruck machte. Und es verlockte ihn, sie zu sich herüberzureißen, einen Genossen zu haben im Hasse, in der Feindschaft gegen ihn. Weich ging er auf seine Mutter zu, umfaßte sie, und seine Stimme wurde schmeichlerisch vor Erregung.

»Mama,« sagte er, »du mußt es doch selbst bemerkt haben, daß er nichts Gutes will. Er hat dich ganz anders gemacht. Du bist verändert und nicht ich. Er hat dich aufgehetzt gegen mich, nur um dich allein zu haben. Sicher will er dich betrügen. Ich weiß nicht, was er dir versprochen hat. Ich weiß nur, er wird es nicht halten. Du solltest dich hüten vor ihm. Wer einen belügt, belügt auch den andern. Er ist ein böser Mensch, dem man nicht trauen soll.«

Diese Stimme, weich und fast in Tränen, klang wie aus ihrem eigenen Herzen. In ihr war seit gestern ein Mißbehagen erwacht, das ihr dasselbe sagte: eindringlicher und eindringlicher. Aber sie schämte sich, dem eigenen Kinde recht zu geben. Und rettete sich, wie viele, aus der Verlegenheit eines überwältigenden Gefühls in die Rauheit des Ausdrucks. Sie reckte sich auf.

»Kinder verstehen so etwas nicht. Du hast in solche Sachen nicht dreinzureden. Du hast dich anständig zu benehmen. Das ist alles.«

Edgars Gesicht fror wieder kalt ein. »Wie du meinst,« sagte er hart, »ich habe dich gewarnt.«

»Also du willst dich nicht entschuldigen?«

»Nein.«

Sie standen sich schroff gegenüber. Sie fühlte, es ging um ihre Autorität.

»Dann wirst du hier oben speisen. Allein. Und nicht eher an unseren Tisch kommen, bis du dich entschuldigt hast. Ich werde dir noch Manieren lehren. Du wirst dich nicht vom Zimmer rühren, bis ich es dir erlaube. Hast du verstanden?«

Edgar lächelte. Dieses tückische Lächeln schien schon mit seinen Lippen verwachsen zu sein. Innerlich war er zornig gegen sich selbst. Wie töricht von ihm, daß er wieder einmal sein Herz hatte entlaufen lassen und sie, die Lügnerin, noch warnen wollte.

Die Mutter rauschte hinaus, ohne ihn noch einmal anzusehen. Sie fürchtete diese schneidenden Augen. Das Kind war ihr unbehaglich geworden, seit sie fühlte, daß es seine Augen offen hatte und ihr gerade das sagte, was sie nicht wissen und nicht hören wollte. Schreckhaft war es ihr, eine innere Stimme, ihr Gewissen, abgelöst von sich selber, als Kind verkleidet, als ihr eigenes Kind herumgehen und sie warnen, sie verhöhnen zu sehen. Bisher war dieses Kind neben ihrem Leben gewesen, ein Schmuck, ein Spielzeug, irgendein Liebes und Vertrautes, manchmal vielleicht eine Last, aber immer etwas, das in derselben Strömung im gleichen Takt ihres Lebens lief. Zum erstenmal bäumte das sich heute auf und trotzte gegen ihren Willen. Etwas wie Haß mischte sich jetzt immer in die Erinnerung an ihr Kind.

Aber dennoch: jetzt, da sie die Treppe, ein wenig müde, niederstieg, klang die kindische Stimme aus ihrer eigenen Brust. »Du solltest dich hüten vor ihm.« – Die Mahnung ließ sich nicht zum Schweigen bringen. Da glänzte ihr im Vorüberschreiten ein Spiegel entgegen, fragend blickte sie hinein, tiefer und immer tiefer, bis sich dort die Lippen leise lächelnd auftaten und sich rundeten wie zu einem gefährlichen Wort. Noch immer klang von innen die Stimme; aber sie warf die Achseln hoch, als schüttelte sie all diese unsichtbaren Bedenken von sich herab, gab dem Spiegel einen hellen Blick, raffte das Kleid und ging hinab mit der entschlossenen Geste eines Spielers, der sein letztes Goldstück klingend über den Tisch rollen läßt.

Spuren im Mondlicht

Der Kellner, der Edgar das Essen in seinen Stubenarrest gebracht hatte, schloß die Türe. Hinter ihm knackte das Schloß. Das Kind fuhr wütend auf: das war offenbar im Auftrag seiner Mutter geschehen, daß man ihn einsperrte wie ein bösartiges Tier. Finster rang es sich aus ihm.

»Was geschieht nun da drunten, während ich hier eingeschlossen bin? Was mögen die beiden jetzt bereden? Geschieht am Ende jetzt dort das Geheime, und ich muß es versäumen? Oh, dieses Geheimnis, das ich immer und überall spüre, wenn ich unter Erwachsenen bin, vor dem sie die Türe zuschließen in der Nacht, das sie in leises Gespräch versenken, trete ich unversehens herein, dieses große Geheimnis, das mir jetzt seit Tagen nahe ist, hart vor den Händen, und das ich noch immer nicht greifen kann! Was habe ich nicht schon getan, um es zu fassen! Ich habe Papa damals Bücher aus dem Schreibtisch gestohlen und sie gelesen, und alle diese merkwürdigen Dinge waren darin, nur daß ich sie nicht verstand. Es muß irgendwie ein Siegel daran sein, das erst abzulösen ist, um es zu finden, vielleicht in mir, vielleicht in den anderen. Ich habe das Dienstmädchen gefragt, sie gebeten, mir diese Stellen in den Büchern zu erklären, aber sie hat mich ausgelacht. Furchtbar, Kind zu sein, voll von Neugier und doch niemand fragen zu dürfen, immer lächerlich zu sein vor diesen Großen, als ob man etwas Dummes und Nutzloses wäre. Aber ich werde es erfahren, ich fühle, ich werde es jetzt bald wissen. Ein Teil ist schon in meinen Händen, und ich will nicht früher ablassen, ehe ich das Ganze besitze!«

Er horchte, ob niemand käme. Ein leichter Wind flog draußen durch die Bäume und brach den starren Spiegel des Mondlichtes zwischen dem Geäste in hundert schwanke Splitter.

»Es kann nichts Gutes sein, was die beiden vorhaben, sonst hätten sie nicht solche erbärmliche Lügen gesucht, um mich fortzukriegen. Gewiß, sie lachen jetzt über mich, die Verfluchten, daß sie mich endlich los sind, aber ich werde zuletzt lachen. Wie dumm von mir, mich hier einsperren zu lassen, ihnen eine Sekunde Freiheit zu geben, statt an ihnen zu kleben und jede ihrer Bewegungen zu belauschen. Ich weiß, die Großen sind ja immer unvorsichtig, und auch sie werden sich verraten. Sie glauben immer von uns, daß wir noch ganz klein sind und abends immer schlafen, sie vergessen, daß man sich auch schlafend stellen kann und lauschen, daß man sich dumm geben kann und sehr klug sein. Jüngst, wie meine Tante ein Kind bekam, haben sie es lange vorausgewußt und sich nur vor mir verwundert gestellt, als seien sie überrascht worden. Aber ich habe es auch gewußt, denn ich habe sie reden gehört, vor Wochen am Abend, als sie glaubten, ich schliefe. Und so werde ich auch diesmal sie überraschen, diese Niederträchtigen. Oh, wenn ich durch die Türe spähen könnte, sie heimlich jetzt beobachten, während sie sich sicher wähnen. Sollte ich nicht vielleicht läuten jetzt, dann käme das Mädchen, sperrte die Tür auf und fragte, was ich wollte. Oder ich könnte poltern, könnte Geschirr zerschlagen, dann sperrte man auch auf. Und in dieser Sekunde könnte ich hinausschlüpfen und sie belauschen. Aber nein, das will ich nicht. Niemand soll sehen, wie niederträchtig sie mich behandeln. Ich bin zu stolz dazu. Morgen will ich es ihnen schon heimzahlen.«

Unten lachte eine Frauenstimme. Edgar schrak zusammen: das könnte seine Mutter sein. Die hatte ja Grund zu lachen, ihn zu verhöhnen, den Kleinen, Hilflosen, hinter dem man den Schlüssel abdrehte, wenn er lästig war, den man in den Winkel warf wie ein Bündel nasser Kleider. Vorsichtig beugte er sich zum Fenster hinaus. Nein, sie war es nicht, sondern fremde übermütige Mädchen, die einen Burschen neckten.

Da, in dieser Minute bemerkte er, wie wenig hoch sich eigentlich sein Fenster über die Erde erhob. Und schon, kaum daß ers merkte, war der Gedanke da: hinausspringen, jetzt, wo sie sich ganz sicher wähnten, sie belauschen. Er fieberte vor Freude über seinen Entschluß. Ihm war, als hielt er damit das große, das funkelnde Geheimnis der Kindheit in den Händen. »Hinaus, hinaus«, zitterte es in ihm. Gefahr war keine. Menschen gingen nicht vorüber, und schon sprang er. Es gab ein leises Geräusch von knirschendem Kies, das keiner vernahm.

In diesen zwei Tagen war ihm das Beschleichen, das Lauern zur Lust seines Lebens geworden, und Wollust fühlte er jetzt gemengt mit einem leisen Schauer von Angst, als er aus ganz leisen Sohlen um das Hotel schlich, sorgsam den stark ausstrahlenden Widerschein der Lichter vermeidend. Zunächst blickte er, die Wange vorsichtig an die Scheiben pressend, in den Speisesaal. Ihr gewohnter Platz war leer. Er spähte dann weiter, von Fenster zu Fenster. Ins Hotel selbst wagte er sich nicht hinein, aus Furcht, er könnte ihnen zwischen den Gängen unversehens in den Weg lausen. Nirgends waren sie zu finden. Schon wollte er verzweifeln, da sah er zwei Schatten aus der Türe vorfallen und – er zuckte zurück und duckte sich in das Dunkel – seine Mutter mit ihrem nun unvermeidlichen Begleiter heraustreten. Gerade war er also zurecht gekommen. Was sprachen sie? Er konnte es nicht verstehen. Sie redeten leise, und der Wind rumorte zu unruhig in den Bäumen. Jetzt aber zog deutlich ein Lachen vorüber, die Stimme seiner Mutter. Es war ein Lachen, das er an ihr gar nicht kannte, ein seltsam scharfes, wie gekitzeltes, gereiztes nervöses Lachen, das ihn fremd anmutete und vor dem er erschrak. Sie lachte. Also konnte es nichts Gefährliches sein, nicht etwas ganz Großes und Gewaltiges, das man vor ihm verbarg. Edgar war ein wenig enttäuscht.

Aber warum verließen sie das Hotel? Wohin gingen sie jetzt allein in der Nacht? Hoch oben mußten mit riesigen Flügeln Winde dahinstreifen, denn der Himmel, eben noch rein und mondklar, wurde jetzt dunkel. Schwarze Tücher, von unsichtbaren Händen geworfen, wickelten manchmal den Mond ein, und die Nacht wurde dann so undurchdringlich, daß man kaum den Weg sehen konnte, um bald wieder hell zu glänzen, wenn sich der Mond befreite. Silber floß kühl über die Landschaft. Geheimnisvoll war dieses Spiel zwischen Licht und Schatten und aufreizend wie das Spiel einer Frau mit Blöße und Verhüllungen. Gerade jetzt entkleidete die Landschaft wieder ihren blanken Leib: Edgar sah schräg über dem Weg die wandelnden Silhouetten, oder vielmehr die eine, denn so aneinander gepreßt gingen sie, als drängte sie eine innere Furcht zusammen. Aber wohin gingen sie jetzt, die beiden? Die Föhren ächzten, es war eine unheimliche Geschäftigkeit im Wald, als wühlte die wilde Jagd darin. »Ich folge ihnen,« dachte Edgar, »sie können meinen Schritt nicht hören in diesem Aufruhr von Wind und Wald.« Und er sprang, indes die unten auf der breiten, hellen Straße gingen, oben im Gehölz von einem Baum zum anderen leise weiter, von Schatten zu Schatten. Er folgte ihnen zäh und unerbittlich, segnete den Wind, der seine Schritte unhörbar machte, und verfluchte ihn, weil er ihm immer die Worte von drüben wegtrug. Nur einmal, wenn er hätte ihr Gespräch hören können, war er sicher, das Geheimnis zu halten.

Die beiden unten gingen ahnungslos. Sie fühlten sich selig allein in dieser weiten verwirrten Nacht und verloren sich in ihrer wachsenden Erregung. Keine Ahnung warnte sie, daß oben im vielverzweigten Dunkel jedem ihrer Schritte gefolgt wurde und zwei Augen sie mit der ganzen Kraft von Haß und Neugier umkrallt hielten.

Plötzlich blieben sie stehen. Auch Edgar hielt sofort inne und preßte sich enge an einen Baum. Ihn befiel eine stürmische Angst. Wie, wenn sie jetzt umkehrten und vor ihm das Hotel erreichten, wenn er sich nicht retten konnte in sein Zimmer und die Mutter es leer fand? Dann war alles verloren, dann wußten sie, daß er sie heimlich belauerte, und er durfte nie mehr hoffen, ihnen das Geheimnis zu entreißen. Aber die beiden zögerten, offenbar in einer Meinungsverschiedenheit. Glücklicherweise war Mondlicht, und er konnte alles deutlich sehen. Der Baron deutete auf einen dunklen schmalen Seitenweg, der in das Tal hinabführte, wo das Mondlicht nicht wie hier auf der Straße einen weiten vollen Strom rauschte, sondern nur in Tropfen und seltsamen Strahlen durchs Dickicht sickerte. »Warum will er dort hinab?« zuckte es in Edgar. Seine Mutter schien »nein« zu sagen, er aber, der andere, sprach ihr zu. Edgar konnte an der Art seiner Gestikulation merken, wie eindringlich er sprach. Angst befiel das Kind. Was wollte dieser Mensch von seiner Mutter? Warum versuchte er, dieser Schurke, sie ins Dunkel zu schleppen? Aus seinen Büchern, die für ihn die Welt waren, kamen plötzlich lebendige Erinnerungen von Mord und Entführung, von finsteren Verbrechen. Sicherlich, er wollte sie ermorden, und dazu hatte er ihn weggehalten, sie einsam hierher gelockt. Sollte er um Hilfe schreien? Mörder! Der Ruf saß ihm schon ganz oben in der Kehle, aber die Lippen waren vertrocknet und brachten keinen Laut heraus. Seine Nerven spannten sich vor Aufregung, kaum konnte er sich gerade halten, erschreckt vor Angst griff er nach einem Halt – da knackte ihm ein Zweig unter den Händen.

Die beiden wandten sich erschreckt um und starrten ins Dunkel. Edgar blieb stumm an den Baum gelehnt mit angepreßten Armen, den kleinen Körper tief in den Schatten geduckt. Es blieb Totenstille. Aber doch, sie schienen erschreckt. »Kehren wir um«, hörte er seine Mutter sagen. Es klang geängstigt von ihren Lippen. Der Baron, offenbar selbst beunruhigt, willigte ein. Die beiden gingen langsam und eng aneinander geschmiegt zurück. Ihre innere Befangenheit war Edgars Glück. Auf allen vieren, ganz unten im Holz, kroch er, die Hände sich blutig reißend, bis zur Wendung des Waldes, von dort lief er mit aller Geschwindigkeit, daß ihm der Atem stockte, bis zum Hotel und da mit ein paar Sprüngen hinauf. Der Schlüssel, der ihn eingesperrt hatte, steckte glücklicherweise von außen, er drehte ihn um, stürzte ins Zimmer und schon hin aufs Bett. Ein paar Minuten mußte er rasten, denn das Herz schlug ungestüm an seine Brust, wie ein Klöppel an die klingende Glockenwand.

Dann wagte er sich auf, lehnte am Fenster und wartete, bis sie kamen. Es dauerte lange. Sie mußten sehr, sehr langsam gegangen sein. Vorsichtig spähte er aus dem umschatteten Rahmen. Jetzt kamen sie langsam daher, Mondlicht auf den Kleidern. Gespensterhaft sahen sie aus in diesem grünen Licht, und wieder überfiel ihn das süße Grauen, ob das wirklich ein Mörder sei und welch furchtbares Geschehen er durch seine Gegenwart verhindert hatte. Deutlich sah er in die kreidehellen Gesichter. In dem seiner Mutter war ein Ausdruck von Verzücktheit, den er an ihr nicht kannte, er hingegen schien hart und verdrossen. Offenbar, weil ihm seine Absicht mißlungen war.

Ganz nahe waren sie schon. Erst knapp vor dem Hotel lösten sich ihre Gestalten voneinander. Ob sie heraussehen würden? Nein, keiner blickte herauf. »Sie haben mich vergessen«, dachte der Knabe mit einem wilden Ingrimm, mit einem heimlichen Triumph, »aber ich nicht euch. Ihr denkt wohl, daß ich schlafe oder nicht aus der Welt bin, aber ihr sollt eueren Irrtum sehen. Jeden Schritt will ich euch überwachen, bis ich ihm, dem Schurken, das Geheimnis entrissen habe, das furchtbare, das mich nicht schlafen läßt. Ich werde euer Bündnis schon zerreißen. Ich schlafe nicht.«

Langsam traten die beiden in die Türe. Und als sie jetzt, einer hinter dem anderen, hineingingen, umschlangen sich wieder für eine Sekunde die fallenden Silhouetten, als einziger schwarzer Streif schwand ihr Schatten in die erhellte Tür. Dann lag der Platz im Mondlicht wieder blank vor dem Hause, wie eine weite Wiese von Schnee.

Der Überfall

Edgar trat atmend zurück vom Fenster. Das Grauen schüttelte ihn. Noch nie war er in seinem Leben ähnlich Geheimnisvollem so nah gewesen. Die Welt der Aufregungen, der spannenden Abenteuer, jene Welt von Mord und Betrug aus seinen Büchern war in seiner Anschauung immer dort gewesen, wo die Märchen waren, hart hinter den Träumen, im Unwirklichen und Unerreichbaren. Jetzt auf einmal aber schien er mitten hineingeraten in diese grauenhafte Welt, und sein ganzes Wesen wurde fieberhaft geschüttelt durch so unverhoffte Begegnung. Wer war dieser Mensch, der geheimnisvolle, der plötzlich in ihr ruhiges Leben getreten war? War er wirklich ein Mörder, daß er immer das Entlegene suchte und seine Mutter hinschleppen wollte, wo es dunkel war? Furchtbares schien bevorzustehen. Er wußte nicht, was zu tun. Morgen, das war er sicher, wollte er dem Vater schreiben oder telegraphieren. Aber konnte es nicht noch jetzt geschehen, heute abend? Noch war ja seine Mutter nicht in ihrem Zimmer, noch war sie mit diesem verhaßten, fremden Menschen.

Zwischen der inneren Tür und der äußeren, leicht beweglichen Tapetentür, war ein schmaler Zwischenraum, nicht größer als des Innere eines Kleiderschrankes. Dort in diese Handbreit Dunkel preßte er sich hinein, um auf ihre Schritte im Gang zu lauern. Denn nicht einen Augenblick, so hatte er beschlossen, wollte er sie allein lassen. Der Gang lag jetzt um Mitternacht leer, matt nur beleuchtet von einer einzelnen Flamme.

Endlich – die Minuten dehnten sich ihm fürchterlich – hörte er behutsame Schritte heraufkommen. Er horchte angestrengt. Es war nicht ein rasches Losschreiten, wie wenn jemand gerade in sein Zimmer will, sondern schleifende, zögernde, sehr verlangsamte Schritte, wie einen unendlich schweren und steilen Weg empor.

Dazwischen immer wieder Geflüster und ein Innehalten. Edgar zitterte vor Erregung. Waren es am Ende die beiden, blieb er noch immer mit ihr? Das Flüstern war zu entfernt. Aber die Schritte, wenn auch noch zögernd, kamen immer näher. Und jetzt hörte er aus einmal die verhaßte Stimme des Barons leise und heiser etwas sagen, das er nicht verstand, und dann gleich die seiner Mutter in rascher Abwehr: »Nein, nicht heute! Nein.«

Edgar zitterte, sie kamen näher, und er mußte alles hören. Jeder Schritt gegen ihn zu tat ihm, so leise er auch war, weh in der Brust. Und die Stimme, wie häßlich schien sie ihm, diese gierig werbende, widerliche Stimme des Verhaßten! »Seien Sie nicht grausam. Sie waren so schön heute abend.« Und die andere wieder: »Nein, ich darf nicht, ich kann nicht, lassen Sie mich los.«

Es war so viel Angst in der Stimme seiner Mutter, daß das Kind erschrickt. Was will er denn noch von ihr? Warum fürchtet sie sich? Sie sind immer näher gekommen und müssen jetzt schon ganz vor seiner Tür sein. Knapp hinter ihnen sieht er, zitternd und unsichtbar, eine Hand weit, geschützt nur durch die dünne Scheibe Tuch. Die Stimmen sind jetzt atemnah.

»Kommen Sie, Mathilde, kommen Sie!« Wieder hört er seine Mutter stöhnen, schwächer jetzt, in erlahmendem Widerstand.

Aber was ist dies? Sie sind ja weitergegangen im Dunkeln. Seine Mutter ist nicht in ihr Zimmer, sondern daran vorbeigegangen! Wohin schleppt er sie? Warum spricht sie nicht mehr? Hat er ihr einen Knebel in den Mund gestopft, preßt er ihr die Kehle zu?

Die Gedanken machen ihn wild. Mit zitternder Hand stößt er die Türe eine Spannweite auf. Jetzt sieht er im dunkelnden Gang die beiden. Der Baron hat seiner Mutter den Arm um die Hüfte geschlungen und führt sie, die schon nachzugeben scheint, leise fort. Jetzt macht er halt vor seinem Zimmer. »Er will sie wegschleppen,« erschrickt das Kind, »jetzt will er das Furchtbare tun.«

Ein wilder Ruck, er schlägt die Türe zu und stürzt hinaus, den beiden nach. Seine Mutter schreit auf, wie jetzt da aus dem Dunkel plötzlich etwas auf sie losstürzt, scheint in eine Ohnmacht gesunken, vom Baron nur mühsam gehalten. Der aber fühlt in dieser Sekunde eine kleine, schwache Faust in seinem Gesicht, die ihm die Lippe hart an die Zähne schlägt, etwas, was sich katzenhaft an seinen Körper krallt. Er läßt die Erschreckte los, die rasch entflieht, und schlägt blind, ehe er noch weiß, gegen wen er sich wehrt, mit der Faust zurück.

Das Kind weiß, daß es der Schwächere ist, aber es gibt nicht nach. Endlich, endlich ist der Augenblick da, der lang ersehnte, all die verratene Liebe, den aufgestapelten Haß leidenschaftlich zu entladen. Er hämmert mit seinen kleinen Fäusten blind darauflos, die Lippen verbissen in einer fiebrigen, sinnlosen Gereiztheit. Auch der Baron hat ihn jetzt erkannt, auch er steckt voll Haß gegen diesen heimlichen Spion, der ihm die letzten Tage vergällte und das Spiel verdarb; er schlägt derb zurück, wohin es eben trifft. Edgar stöhnt auf, läßt aber nicht los und schreit nicht um Hilfe. Sie ringen eine Minute stumm und verbissen in dem mitternächtigen Gang. Allmählich wird dem Baron das Lächerliche seines Kampfes mit einem halbwüchsigen Buben bewußt, er packt ihn fest an, um ihn wegzuschleudern. Aber das Kind, wie es jetzt seine Muskeln nachlassen spürt und weiß, daß es in der nächsten Sekunde der Besiegte, der Geprügelte sein wird, schnappt in wilder Wut nach dieser starken, festen Hand, die ihn im Nacken fassen will. Unwillkürlich stößt der Gebissene einen dumpfen Schrei aus und läßt frei – eine Sekunde, die das Kind benützt, um in sein Zimmer zu flüchten und den Riegel vorzuschieben.

Eine Minute nur hat dieser mitternächtige Kampf gedauert. Niemand rechts und links hat ihn gehört. Alles ist still, alles scheint in Schlaf ertrunken. Der Baron wischt sich die blutende Hand mit dem Taschentuch, späht beunruhigt in das Dunkel. Niemand hatte gelauscht. Nur oben flimmert – ihm dünkt: höhnisch – ein letztes unruhiges Licht.

Gewitter

»War das Traum, ein böser, gefährlicher Traum?« fragte sich Edgar am nächsten Morgen, als er mit versträhntem Haar aus einem Wirrnis von Angst erwachte. Den Kopf quälte dumpfes Dröhnen, die Gelenke ein erstarrtes, hölzernes Gefühl, und jetzt, wie er an sich hinabsah, merkte er erschreckt, daß er noch in den Kleidern stak. Er sprang auf, taumelte an den Spiegel und schauerte zurück vor seinem eigenen blassen, verzerrten Gesicht, das über der Stirne zu einem rötlichen Striemen verschwollen war. Mühsam raffte er seine Gedanken zusammen und erinnerte sich jetzt beängstigt an alles, an den nächtigen Kampf draußen im Gang, sein Zurückstürzen ins Zimmer, und daß er dann, zitternd im Fieber, angezogen und fluchtbereit sich auf das Bett geworfen habe. Dort mußte er eingeschlafen sein, hinabgestürzt in diesen dumpfen, verhangenen Schlaf, in dessen Träumen dann all dies noch einmal wiedergekehrt war, nur anders und noch furchtbarer, mit einem feuchten Geruch von frischem, fließendem Blut.

Unten gingen Schritte knirschend über den Kies, Stimmen flogen wie unsichtbare Vögel herauf, und die Sonne griff tief ins Zimmer hinein. Es mußte schon spät am Vormittag sein, aber die Uhr, die er erschreckt befragte, deutete auf Mitternacht, er hatte in seiner Aufregung vergessen, sie gestern aufzuziehen. Und diese Ungewißheit, irgendwo lose in der Zeit zu hängen, beunruhigte ihn, verstärkt durch das Gefühl der Unkenntnis, was eigentlich geschehen war. Er richtete sich rasch zusammen und ging hinab, Unruhe und ein leises Schuldgefühl im Herzen.

Im Frühstückszimmer saß seine Mama allein am gewohnten Tisch. Edgar atmete auf, daß sein Feind nicht zugegen war, daß er sein verhaßtes Gesicht nicht sehen mußte, in das er gestern im Zorn seine Faust geschlagen hatte. Und doch, wie er nun an den Tisch herantrat, fühlte er sich unsicher.

»Guten Morgen«, grüßte er.

Seine Mutter antwortete nicht. Sie blickte nicht einmal auf, sondern betrachtete mit merkwürdig starren Pupillen in der Ferne die Landschaft. Sie sah sehr blaß aus, hatte die Augen leicht, umrändert und um die Nasenflügel jenes nervöse Zucken, das so verräterisch für ihre Erregung war. Edgar verbiß die Lippen. Dieses Schweigen verwirrte ihn. Er wußte eigentlich nicht, ob er den Baron gestern schwer verletzt hatte und ob sie überhaupt um diesen nächtigen Zusammenstoß wissen konnte. Und diese Unsicherheit quälte ihn. Aber ihr Gesicht blieb so starr, daß er gar nicht versuchte, zu ihr aufzublicken, aus Angst, die jetzt gesenkten Augen möchten plötzlich hinter den verhangenen Lidern aufspringen und ihn fassen. Er wurde ganz still, wagte nicht einmal, Lärm zu machen, ganz vorsichtig hob er die Tasse und stellte sie wieder zurück, verstohlen hinblickend auf die Finger seiner Mutter, die sehr nervös mit dem Löffel spielten und in ihrer Gekrümmtheit geheimen Zorn zu verraten schienen. Eine Viertelstunde saß er so in dem schwülen Gefühl der Erwartung aus etwas, das nicht kam. Kein Wort, kein einziges erlöste ihn. Und jetzt, da seine Mutter aufstand, noch immer, ohne seine Gegenwart bemerkt zu haben, wußte er nicht, was er tun sollte: allein hier beim Tisch sitzen bleiben oder ihr folgen. Schließlich erhob er sich doch, ging demütig hinter ihr her, die ihn geflissentlich übersah, und spürte immer dabei, wie lächerlich sein Nachschleichen war. Immer kleiner machte er seine Schritte, um mehr und mehr hinter ihr zurückzubleiben, die, ohne ihn zu beachten, in ihr Zimmer ging. Als Edgar endlich nachkam, stand er vor einer hart geschlossenen Türe.

Was war geschehen? Er kannte sich nicht mehr aus. Das sichere Bewußtsein von gestern hatte ihn verlassen. War er am Ende gestern im Unrecht gewesen mit diesem

Überfall? Und bereiteten sie gegen ihn eine Strafe vor oder eine neue Demütigung? Etwas mußte geschehen, das fühlte er, etwas Furchtbares mußte sehr bald geschehen. Zwischen ihnen war die Schwüle eines aufziehenden Gewitters, die elektrische Spannung zweier geladener Pole, die sich im Blitz erlösen mußte. Und diese Last des Vorgefühls schleppte er durch vier einsame Stunden mit sich herum, von Zimmer zu Zimmer, bis sein schmaler Kindernacken niederbrach von unsichtbarem Gewicht, und er mittags, nun schon ganz demütig, an den Tisch trat.

»Guten Tag«, sagte er wieder. Er mußte dieses Schweigen zerreißen, dieses furchtbar drohende, das über ihm als schwarze Wolke hing.

Wieder antwortete die Mutter nicht, wieder sah sie an ihm vorbei. Und mit neuem Erschrecken fühlte sich Edgar jetzt einem besonnenen, geballten Zorn gegenüber, wie er ihn bisher in seinem Leben noch nicht gekannt hatte. Bisher waren ihre Streitigkeiten immer nur Wutausbrüche mehr der Nerven als des Gefühls gewesen, rasch verflüchtigt in ein Lächeln der Begütigung. Diesmal aber hatte er, das spürte er, ein wildes Gefühl aus dem untersten Grund ihres Wesens ausgewühlt und erschrak vor dieser unvorsichtig beschworenen Gewalt. Kaum vermochte er zu essen. In seiner Kehle quoll etwas Trockenes auf, das ihn zu erwürgen drohte. Seine Mutter schien von alldem nichts zu merken. Nur jetzt, beim Aufstehen, wandte sie sich wie gelegentlich zurück und sagte:

»Komm dann hinauf, Edgar, ich habe mit dir zu reden.«

Es klang nicht drohend, aber doch so eisig kalt, daß Edgar die Worte schauernd fühlte, als hätte man ihm eine eiserne Kette plötzlich um den Hals gelegt. Sein Trotz war zertreten. Schweigend, wie ein geprügelter Hund, folgte er ihr hinauf in das Zimmer.

Sie verlängerte ihm die Qual, indem sie einige Minuten schwieg. Minuten, in denen er die Uhr schlagen hörte und draußen ein Kind lachen und in sich selbst das Herz an die Brust hämmern. Aber auch in ihr mußte eine große Unsicherheit sein, denn sie sah ihn nicht an, während sie jetzt zu ihm sprach, sondern wandte ihm den Rücken.

»Ich will nicht mehr über dein Betragen von gestern reden. Es war unerhört, und ich schäme mich jetzt, wenn ich daran denke. Du hast dir die Folgen selber zuzuschreiben. Ich will dir jetzt nur sagen, es war das letztemal, daß du allein unter Erwachsenen sein durftest. Ich habe eben an deinen Papa geschrieben, daß du einen Hofmeister bekommst oder in ein Pensionat geschickt wirst, um Manieren zu lernen. Ich werde mich nicht mehr mit dir ärgern.«

Edgar stand mit gesenktem Kopf da. Er spürte, daß dies nur eine Einleitung, eine Drohung war, und wartete beunruhigt aus das Eigentliche.

»Du wirst dich jetzt sofort beim Baron entschuldigen.«

Edgar zuckte auf, aber sie ließ sich nicht unterbrechen.

»Der Baron ist heute abgereist, und du wirst ihm einen Brief schreiben, den ich dir diktieren werde.«

Edgar rührte sich wieder, aber seine Mutter war fest.

»Keine Widerrede. Da ist Papier und Tinte, setze dich hin.«

Edgar sah auf. Ihre Augen waren gehärtet von einem unbeugsamen Entschluß. So hatte er seine Mutter nie gekannt, so hart und gelassen. Furcht überkam ihn. Er setzte sich hin, nahm die Feder, duckte aber das Gesicht tief auf den Tisch.

»Oben das Datum. Hast du? Vor der Überschrift eine Zeile leer lassen. So! Sehr geehrter Herr Baron! Rufzeichen. Wieder eine Zeile freilassen. Ich erfahre soeben zu meinem Bedauern – hast du? – zu meinem Bedauern, daß Sie den Semmering schon verlassen haben, – Semmering mit zwei m – und so muß ich brieflich tun, was ich persönlich beabsichtigt hatte, nämlich – etwas

rascher, es muß nicht kalligraphiert sein! – Sie um
Entschuldigung bitten für mein gestriges Betragen. Wie
Ihnen meine Mama gesagt haben wird, bin ich noch
Rekonvaleszent von einer schweren Erkrankung und sehr
reizbar. Ich sehe dann oft Dinge, die übertrieben sind und
die ich im nächsten Augenblick bereue ...«

Der gekrümmte Rücken über dem Tisch schnellte
auf. Edgar drehte sich um: sein Trotz war wieder wach.

»Das schreibe ich nicht, das ist nicht wahr!«

»Edgar!«

Sie drohte mit der Stimme.

»Es ist nicht wahr. Ich habe nichts getan, was ich zu
bereuen habe. Ich habe nichts Schlechtes getan, wofür ich
mich zu entschuldigen hätte. Ich bin dir nur zu Hilfe
gekommen, wie du gerufen hast!«

Ihre Lippen wurden blutlos, die Nasenflügel
spannten sich.

»Ich habe um Hilfe gerufen? Du bist toll!«

Edgar wurde zornig. Mit einem Ruck sprang er auf.

»Ja, du hast um Hilfe gerufen, da draußen im Gang,
gestern nacht, wie er dich angefaßt hat. ›Lassen Sie mich,
lassen Sie mich‹, hast du gerufen. So laut, daß ichs bis ins
Zimmer hinein gehört habe.«

»Du lügst, ich war nie mit dem Baron im Gang hier.
Er hat mich nur bis zur Treppe begleitet ...«

In Edgar stockte das Herz bei dieser kühnen Lüge.
Die Stimme verschlug sich ihm, er starrte sie an mit
gläsernen Augensternen.

»Du ... warst nicht ... im Gang? Und er ... er hat dich
nicht gehalten? Nicht mit Gewalt herumgefaßt?«

Sie lachte. Ein kaltes, trockenes Lachen.

»Du hast geträumt.«

Das war zuviel für das Kind. Er wußte jetzt ja schon,
daß die Erwachsenen logen, daß sie kleine, kecke
Ausreden hatten, Lügen, die durch enge Maschen
schlüpften, und listige Zweideutigkeiten. Aber dies freche,
kalte Ableugnen, Stirn gegen Stirn, machte ihn rasend.

»Und da diese Striemen habe ich auch geträumt?«

»Wer weiß, mit wem du dich herumgeschlagen hast. Aber ich brauche ja mit dir keine Diskussion zu führen, du hast zu parieren, und damit Schluß. Setze dich hin und schreib!«

Sie war sehr blaß und suchte mit letzter Kraft ihre Anspannung aufrecht zu halten.

Aber in Edgar brach irgendwie etwas jetzt zusammen, irgendeine letzte Flamme von Gläubigkeit. Daß man die Wahrheit so einfach mit dem Fuß ausstampfen konnte wie ein brennendes Zündholz, das ging ihm nicht ein. Eisig zogs sich in ihm zusammen, alles wurde spitz, boshaft, ungefaßt, was er sagte:

»So, das habe ich geträumt? Das im Gang und den Striemen da? Und daß ihr beide gestern dort im Mondschein promeniert seid, und daß er dich den Weg hinabführen wollte, das vielleicht auch? Glaubst du, ich lasse mich einsperren im Zimmer wie ein kleines Kind! Nein, ich bin nicht so dumm, wie ihr glaubt. Ich weiß, was ich weiß.«

Frech starrte er ihr in das Gesicht, und das brach ihre Kraft: das Gesicht ihres eigenen Kindes zu sehen, knapp vor sich und verzerrt von Haß. Ungestüm brach ihr Zorn heraus.

»Vorwärts, du wirst sofort schreiben! Oder ...«

»Oder was ...?« Herausfordernd frech war jetzt seine Stimme geworden.

»Oder ich prügle dich wie ein kleines Kind.«

Edgar trat einen Schritt näher, höhnisch und lachte nur.

Da fuhr ihm schon ihre Hand ins Gesicht. Edgar schrie auf. Und wie ein Ertrinkender, der mit den Händen um sich schlägt, nur ein dumpfes Brausen in den Ohren, rotes Flirren vor den Augen, so hieb er blind mit den Fäusten zurück. Er spürte, daß er in etwas Weiches schlug, jetzt gegen das Gesicht, hörte einen Schrei ...

Dieser Schrei brachte ihn zu sich. Plötzlich sah er sich selbst, und das Ungeheure wurde ihm bewußt: daß er seine Mutter schlug. Eine Angst überfiel ihn, Scham und Entsetzen, das ungestüme Bedürfnis, jetzt weg zu sein, in den Boden zu sinken, fort zu sein, fort, nur nicht mehr unter diesen Blicken. Er stürzte zur Türe, und die Treppe rasch hinab, durch das Haus auf die Straße, fort, nur fort, als hetzte hinter ihm eine rasende Meute.

Erste Einsicht

Weiter drunten am Weg blieb er endlich stehen. Er mußte sich an einem Baum festhalten, so sehr zitterten seine Glieder in Angst und Erregung, so röchelnd brach ihm der Atem aus der überhetzten Brust. Hinter ihm war das Grauen vor der eigenen Tat gerannt, nun faßte es seine Kehle und schüttelte ihn wie im Fieber hin und her. Was sollte er jetzt tun? Wohin fliehen? Denn hier schon, mitten im nahen Wald, eine Viertelstunde nur vom Haus, wo er wohnte, befiel ihn das Gefühl der Verlassenheit. Alles schien anders, feindlicher, gehässiger, seit er allein und ohne Hilfe war. Die Bäume, die gestern ihn noch brüderlich umrauscht hatten, ballten sich mit einem Male finster wie eine Drohung. Um wieviel aber mußte all dies, was noch vor ihm war, fremder und unbekannter sein? Dieses Alleinsein gegen die große, unbekannte Welt machte das Kind schwindelig. Nein, er konnte es noch nicht ertragen, noch nicht allein ertragen. Aber zu wem sollte er fliehen? Vor seinem Vater hatte er Angst, der war leicht erregbar, unzugänglich und würde ihn sofort zurückschicken. Zurück aber wollte er nicht, eher noch in die gefährliche Fremdheit des Unbekannten hinein; ihm war, als könnte er nie mehr das Gesicht seiner Mutter sehen, ohne zu denken, daß er mit der Faust hineingeschlagen hatte.

Da fiel ihm seine Großmutter ein, diese alte, gute, freundliche Frau, die ihn von Kindheit an verzärtelt hatte, immer sein Schutz gewesen war, wenn ihm zu Hause eine Züchtigung, ein Unrecht drohte. Bei ihr in Baden wollte er sich verstecken, bis der erste Zorn vorüber war, wollte dort einen Brief an die Eltern schreiben und sich entschuldigen. In dieser Viertelstunde war er schon so gedemütigt, bloß durch den Gedanken, allein mit seinen unerfahrenen Händen in der Welt zu stehen, daß er seinen Stolz verwünschte, diesen dummen Stolz, den ihm ein fremder

Mensch mit einer Lüge ins Blut gejagt hatte. Er wollte ja nichts sein als das Kind von vordem, gehorsam, geduldig ohne die Anmaßung, deren lächerliche Übertriebenheit er jetzt fühlte.

Aber wie hinkommen nach Baden? Wie stundenweit das Land überfliegen? Hastig griff er in sein kleines, ledernes Portemonnaie, das er immer bei sich trug. Gott sei Dank, da blinkte es noch, das neue, goldene Zwanzigkronenstück, das ihm zum Geburtstag geschenkt worden war. Nie hatte er sich entschließen können, es auszugeben. Aber fast täglich hatte er nachgesehen, ob es noch da sei, sich an seinem Anblick geweidet, daran reich gefühlt und dann immer die Münze in dankbarer Zärtlichkeit mit seinem Taschentuch blank geputzt, bis sie funkelte wie eine kleine Sonne. Aber – der jähe Gedanke erschreckte ihn – würde das genügen? Er war so oft schon in seinem Leben mit der Bahn gefahren, ohne daran auch nur zu denken, daß man dafür bezahlen mußte, oder schon gar, wieviel das kosten könnte, ob eine Krone oder hundert. Zum ersten Male spürte er, daß es da Tatsachen des Lebens gab, an die er nie gedacht hatte, daß all die vielen Dinge, die ihn umringten, die er zwischen den Fingern gehabt und mit denen er gespielt hatte, irgendwie mit einem eigenen Wert gefüllt waren, einem besonderen Gewicht. Er, der sich noch vor einer Stunde allwissend dünkte, war, das spürte er jetzt, an tausend Geheimnissen und Fragen achtlos vorbeigegangen und schämte sich, daß seine arme Weisheit schon über die erste Stufe ins Leben hinein stolperte. Immer verzagter wurde er, immer kleiner seine unsicheren Schritte bis hinab zur Station. Wie oft hatte er geträumt von dieser Flucht, gedacht, ins Leben hinauszustürmen, Kaiser zu werden oder König, Soldat oder Dichter, und nun sah er zaghaft auf das kleine helle Haus hin, und dachte nur einzig daran, ob die zwanzig Kronen ausreichen würden, ihn bis zu seiner Großmutter zu bringen. Die Schienen glänzten weit ins Land hinaus, der Bahnhof war leer und verlassen. Schüchtern schlich sich Edgar an die Kasse hin und flüsterte, damit niemand anderer ihn hören könnte, wieviel eine Karte nach Baden koste. Ein verwundertes Gesicht sah hinter dem dunklen Verschlag heraus, zwei Augen lächelten hinter den Brillen auf das zaghafte Kind:

»Eine ganze Karte?«

»Ja«, stammelte Edgar. Aber ganz ohne Stolz, mehr in Angst, es möchte zuviel kosten.

»Sechs Kronen!«

»Bitte!«

Erleichtert schob er das blanke, vielgeliebte Stück hin, Geld klirrte zurück, und Edgar fühlte sich mit einem Male wieder unsäglich reich, nun, da er das braune Stück Pappe in der Hand hatte, das ihm die Freiheit verbürgte, und in seiner Tasche die gedämpfte Musik von Silber klang.

Der Zug sollte in zwanzig Minuten eintreffen, belehrte ihn der Fahrplan. Edgar drückte sich in eine Ecke. Ein paar Leute standen am Perron, unbeschäftigt und ohne Gedanken. Aber dem Beunruhigten war, als sähen alle nur ihn an, als wunderten sich alle, daß so ein Kind schon allein fahre, als wäre ihm die Flucht und das Verbrechen an die Stirne geheftet. Er atmete auf, als endlich von ferne der Zug zum ersten Male heulte und dann heranbrauste. Der Zug, der ihn in die Welt tragen sollte. Beim Einsteigen erst bemerkte er, daß seine Karte für die dritte Klasse galt. Bisher war er nur immer erster Klasse gefahren, und wiederum fühlte er, daß hier etwas verändert sei, daß es Verschiedenheiten gab, die ihm entgangen waren. Andere Leute hatte er zu Nachbarn wie bisher. Ein paar italienische Arbeiter mit harten Händen und rauhen Stimmen, Spaten und Schaufel in den Händen, saßen gerade gegenüber und blickten mit dumpfen, trostlosen Augen vor sich hin. Sie mußten offenbar schwer am Weg gearbeitet haben, denn einige von ihnen waren müde und schliefen im ratternden Zug, an das harte und schmutzige Holz gelehnt, mit offenem Munde. Sie hatten gearbeitet, um Geld zu verdienen, dachte Edgar, konnte sich aber nicht denken, wieviel es gewesen sein mochte; er fühlte aber wiederum, daß Geld eine Sache war, die man nicht immer hatte, sondern die irgendwie erworben werden mußte. Zum erstenmal kam ihm jetzt zum Bewußtsein, daß er eine Atmosphäre von Wohlbehagen selbstverständlich gewohnt war und daß rechts und links von seinem Leben Abgründe tief ins Dunkel hineinklafften, an die sein Blick nie gerührt hatte. Mit einem Male bemerkte er, daß es Berufe gab und Bestimmungen, daß rings um sein Leben Geheimnisse geschart waren, nah zum Greifen und doch nie beachtet. Edgar lernte viel von dieser einen Stunde, seit er allein stand, er begann vieles zu sehn aus diesem engen Abteil mit den Fenstern ins Freie. Und leise begann in seiner dunklen Angst etwas aufzublühen, das noch nicht Glück war, aber doch schon ein Staunen vor der Mannigfaltigkeit des Lebens. Er war geflüchtet aus Angst und Feigheit, das empfand er in jeder Sekunde, aber doch zum ersten Male hatte er selbständig gehandelt, etwas erlebt von dem Wirklichen, an dem er bisher vorbeigegangen war. Zum ersten Male war er vielleicht der Mutter und dem Vater selbst Geheimnis geworden, wie ihm bislang die Welt. Mit anderen Blicken sah er aus dem Fenster. Und es war ihm, als ob er zum ersten Male alles Wirkliche sähe, als ob ein Schleier von den Dingen gefallen sei und sie ihm nun alles zeigten, das Innere ihrer Absicht, den geheimen Nerv ihrer Tätigkeit. Häuser flogen vorbei wie vom Wind weggerissen, und er mußte an die Menschen denken, die drinnen wohnten, ob sie reich seien oder arm, glücklich oder unglücklich, ob sie auch die Sehnsucht hatten wie er, alles zu wissen, und ob vielleicht Kinder dort seien, die auch nur mit den Dingen bisher gespielt hatten, wie er selbst. Die Bahnwächter, die mit wehenden Fahnen am Weg standen, schienen ihm zum ersten Male nicht, wie bisher, lose Puppen und totes Spielzeug, Dinge, hingestellt von gleichgültigem Zufall, sondern er verstand, daß das ihr Schicksal war, ihr Kampf gegen das Leben. Immer rascher rollten die Räder, nun ließen die runden Serpentinen den Zug zum Tale niedersteigen, immer sanfter wurden die Berge, immer ferner, schon war die Ebene erreicht. Einmal noch sah er zurück, da waren sie schon blau und schattenhaft, weit und unerreichbar, und ihm war, als läge dort, wo sie langsam in dem nebligen Himmel sich lösten, seine eigene Kindheit.

Verwirrende Finsternis

Aber dann in Baden, als der Zug hielt und Edgar sich allein auf dem Perron befand, wo schon die Lichter entflammt waren, die Signale grün und rot in die Ferne glänzten, verband sich unversehens mit diesem bunten Anblick eine plötzliche Bangnis vor der nahen Nacht. Bei Tag hatte er sich noch sicher gefühlt, denn ringsum waren ja Menschen, man konnte sich ausruhen, auf eine Bank setzen oder vor den Läden in die Fenster starren. Wie aber würde er dies ertragen können, wenn die Menschen sich wieder in die Häuser verloren, jeder ein Bett hatte, ein Gespräch und dann eine beruhigte Nacht, während er im Gefühl seiner Schuld allein herumirren mußte, in einer fremden Einsamkeit. Oh, nur bald ein Dach über sich haben, nicht eine Minute mehr unter freiem fremden Himmel stehen, das war sein einziges klares Gefühl.

Hastig ging er den wohlbekannten Weg, ohne nach rechts und links zu blicken, bis er endlich vor die Villa kam, die seine Großmutter bewohnte. Sie lag schön an einer breiten Straße, aber nicht frei den Blicken dargeboten, sondern hinter Ranken und Efeu eines wohlbehüteten Gartens, ein Glanz hinter einer Wolke von Grün, ein weißes, altväterisch freundliches Haus. Edgar spähte durch das Gitter wie ein Fremder. Innen regte sich nichts, die Fenster waren verschlossen, offenbar waren alle mit Gästen rückwärts im Garten. Schon berührte er die kühle Klinke, als ein Seltsames geschah: mit einem Male schien ihm das, was er sich jetzt seit zwei Stunden so leicht, so selbstverständlich gedacht hatte, unmöglich. Wie sollte er eintreten, wie sie begrüßen, wie diese Fragen ertragen und wie beantworten? Wie diesen ersten Blick aushalten, wenn er berichten mußte, daß er heimlich seiner Mutter entflohen sei? Und wie gar das Ungeheuerliche seiner Tat erklären, die er selbst schon nicht mehr begriff! Innen ging jetzt eine Tür. Mit einem Male befiel ihn eine törichte Angst, es möchte jemand kommen, und er lief weiter, ohne zu wissen wohin.

Vor dem Kurpark hielt er an, weil er dort Dunkel sah und keine Menschen vermutete. Dort konnte er sich vielleicht niedersetzen und endlich, endlich ruhig denken, ausruhen und über sein Schicksal klar werden. Schüchtern trat er ein. Vorne brannten ein paar Laternen und gaben den noch jungen Blättern einen gespenstigen Wasserglanz von durchsichtigem Grün; weiter rückwärts aber, wo er den Hügel niedersteigen mußte, lag alles wie eine einzige, dumpfe, schwarze, gärende Masse in der wirren Finsternis einer verfrühten Frühlingsnacht. Edgar schlich scheu an den paar Menschen vorbei, die hier unter dem Lichtkreis der Laternen plaudernd oder lesend saßen: er wollte allein sein. Aber auch droben in der schattenden Finsternis der unbeleuchteten Gänge war keine Ruhe. Alles war da erfüllt von einem leisen, lichtscheuen Rieseln und Reden, das vielfach gemischt war mit dem Atem des Windes zwischen den biegsamen Blättern, dem Schlürfen ferner Schritte, dem Flüstern verhaltener Stimmen, mit irgendeinem wollüstigen, seufzenden, angstvoll stöhnenden Getön, das von Menschen und Tieren und der unruhig schlafenden Natur gleichzeitig ausgehen mochte. Es war eine gefährliche Unruhe, eine geduckte, versteckte und beängstigende rätselhafte, die hier atmete, irgendein unterirdisches Wühlen im Wald, das vielleicht nur mit dem Frühling zusammenhing, das ratlose Kind aber seltsam verängstigte.

Er preßte sich ganz klein auf eine Bank hin in dieses abgründige Dunkel und versuchte nun zu überlegen, was er zu Hause erzählen sollte. Aber die Gedanken glitten ihm glitschig weg, ehe er sie fassen konnte, gegen seinen eigenen Willen mußte er immer nur lauschen und lauschen auf das gedämpfte Tönen, die mystischen Stimmen des Dunkels. Wie furchtbar diese Finsternis war, wie verwirrend und doch wie geheimnisvoll schön! Waren es Tiere oder Menschen oder nur die gespenstige Hand des

Windes, die all dieses Rauschen und Knistern, dieses Surren und Locken ineinanderwebte? Er lauschte. Es war der Wind, der unruhig durch die Bäume schlich, aber – jetzt sah er es deutlich – auch Menschen, verschlungene Paare, die von unten, von der hellen Stadt heraufkamen und die Finsternis mit ihrer rätselhaften Gegenwart belebten. Was wollten sie? Er konnte es nicht begreifen. Sie sprachen nicht miteinander, denn er hörte keine Stimmen, nur die Schritte knirschten unruhig im Kies, und hie und da sah er in der Lichtung ihre Gestalten flüchtig wie Schatten vorüberschweben, immer aber so in eins verschlungen, wie er damals seine Mutter mit dem Baron gesehen hatte. Dieses Geheimnis, das große, funkelnde und verhängnisvolle, es war also auch hier. Immer näher hörte er jetzt Schritte herankommen und nun auch ein gedämpftes Lachen. Angst befiel ihn, die Nahenden möchten ihn hier finden, und noch tiefer ins Dunkel drückte er sich hinein. Aber die beiden, die jetzt durch die undurchdringliche Finsternis den Weg herauftasteten, sahen ihn nicht. Verschlungen gingen sie vorbei, schon atmete Edgar auf, da stockte plötzlich ihr Schritt, knapp vor seiner Bank. Sie preßten die Gesichter aneinander, Edgar konnte nichts deutlich sehen, er hörte nur, wie ein Stöhnen aus dem Munde der Frau brach, der Mann heiße, wahnsinnige Worte stammelte, und irgendein schwüles Vorgefühl durchdrang seine Angst mit einem wollüstigen Schauer. Eine Minute blieben sie so, dann knirschte wieder der Kies unter ihren weiterwandernden Schritten, die dann bald in der Finsternis verklangen.

Edgar schauerte zusammen. Das Blut stürzte ihm jetzt wieder in die Adern zurück, heißer und wärmer als zuvor. Und mit einem Male fühlte er sich unerträglich einsam in dieser verwirrenden Finsternis, urmächtig kam das Bedürfnis über ihn nach irgendeiner befreundeten Stimme, einer Umarmung, nach einem hellen Zimmer, nach Menschen, die er liebte. Ihm war, als wäre die ganze ratlose Dunkelheit dieser wirren Nacht nun in ihn gesunken und zersprenge ihm die Brust.

Er sprang auf. Nur heim, heim, irgendwo zu Hause sein im warmen, im hellen Zimmer, in irgend einem Zusammenhang mit Menschen. Was konnte ihm denn geschehen? Sollte man ihn schlagen und beschimpfen, er fürchtete nichts mehr, seit er dieses Dunkel gespürt hatte und die Angst vor der Einsamkeit.

Es trieb ihn vorwärts, ohne daß er sich spürte, und plötzlich stand er neuerdings vor der Villa, die Hand wieder an der kühlen Klinke. Er sah, wie jetzt die Fenster erleuchtet durch das Grün glimmerten, sah in Gedanken hinter jeder hellen Scheibe den vertrauten Raum mit seinen Menschen darin. Schon dieses Nahsein gab ihm Glück, schon dieses erste, beruhigende Gefühl, daß er nah sei zu Menschen, von denen er sich geliebt wußte. Und wenn er noch zögerte, so war es nur, um dieses Vorgefühl inniger zu genießen.

Da schrie hinter ihm eine Stimme mit gellem Erschrecken:

»Edgar, da ist er ja!«

Das Dienstmädchen seiner Großmama hatte ihn gesehen, stürzte aus ihn los und faßte ihn bei der Hand. Die Türe wurde innen ausgerissen, bellend sprang ein Hund an ihm empor, aus dem Hause kam man mit Lichtern, er hörte Stimmen mit Jubel und Schreck rufen, einen freudigen Tumult von Schreien und Schritten, die sich näherten, Gestalten, die er jetzt erkannte. Vorerst seine Großmutter mit ausgestrecktem Arm und hinter ihr – er glaubte zu träumen – seine Mutter. Mit verweinten Augen, zitternd und verschüchtert, stand er selbst inmitten dieses heißen Ausbruchs überschwenglicher Gefühle, unschlüssig, was er tun, was er sagen sollte, und selber unklar, was er fühlte: Angst oder Glück.

Der letzte Traum

Das war so geschehen: Man hatte ihn hier längst schon gesucht und erwartet. Seine Mutter, trotz ihres Zornes erschreckt durch das rasende Wegstürzen des erregten Kindes, hatte ihn am Semmering suchen lassen. Schon war alles in furchtbarster Aufregung und voll gefährlicher Vermutungen, als ein Herr die Nachricht brachte, er habe das Kind gegen drei Uhr am Bahnschalter gesehen. Dort erfuhr man rasch, daß Edgar eine Karte nach Baden genommen hatte, und sie fuhr, ohne zu zögern, ihm sofort nach. Telegramme nach Baden und Wien an seinen Vater liefen ihr voran, Aufregung verbreitend, und seit zwei Stunden war alles in Bewegung nach dem Flüchtigen.

Jetzt hielten sie ihn fest, aber ohne Gewalt. In einem unterdrückten Triumph wurde er hineingeführt ins Zimmer, aber wie seltsam war ihm dies, daß er alle die harten Vorwürfe, die sie ihm sagten, nicht spürte, weil er in ihren Augen doch die Freude und die Liebe sah. Und sogar dieser Schein, dieser geheuchelte Ärger dauerte nur einen Augenblick. Dann umarmte ihn wieder die Großmutter mit Tränen, niemand sprach mehr von seiner Schuld, und er fühlte sich von einer wundervollen Fürsorge umringt. Da zog ihm das Mädchen den Rock aus und brachte ihm einen wärmeren, da fragte ihn die Großmutter, ob er nicht Hunger habe oder irgend etwas wollte, sie fragten und quälten ihn mit zärtlicher Besorgnis, und wie sie seine Befangenheit sahen, fragten sie nicht mehr. Wollüstig empfand er das so mißachtete und doch entbehrte Gefühl wieder, ganz Kind zu sein, und Scham befiel ihn über die Anmaßung der letzten Tage, all dies entkehren zu wollen, es einzutauschen für betrügerische Lust einer eigenen Einsamkeit.

Nebenan klingelte das Telephon. Er hörte die Stimme seiner Mutter, hörte einzelne Worte: »Edgar ... zurück ... herkommen ... letzter Zug«, und wunderte sich, daß sie ihn nicht wild angefahren hatte, nur umfaßt mit so merkwürdig verhaltenem Blick. Immer wilder wurde die Reue in ihm, und am liebsten hätte er sich hier all der Sorgfalt seiner Großmutter und seiner Tante entwunden und wäre hineingegangen, sie um Verzeihung zu bitten, ihr ganz in Demut, ganz allein zu sagen, er wolle wieder Kind sein und gehorchen. Aber als er jetzt leise aufstand, sagte die Großmutter leise erschreckt:

»Wohin willst du?«

Da stand er beschämt. Sie hatten schon Angst für ihn, wenn er sich regte. Er hatte sie alle verschreckt, nun fürchteten sie, er wolle wieder entfliehen. Wie würden sie begreifen können, daß niemand mehr diese Flucht bereute als er selbst!

Der Tisch war gedeckt, und man brachte ihm ein eiliges Abendessen. Die Großmutter saß bei ihm und wandte keinen Blick. Sie und die Tante und das Mädchen schlossen ihn in einen stillen Kreis, und er fühlte sich von dieser Wärme wundersam beruhigt. Nur daß seine Mutter nicht ins Zimmer trat, machte ihn wirr. Wenn sie hätte ahnen können, wie demütig er war, sie wäre bestimmt gekommen!

Da ratterte draußen ein Wagen und hielt vor dem Haus. Die anderen schreckten so sehr auf, daß auch Edgar unruhig wurde. Die Großmutter ging hinaus, Stimmen flogen laut hin und her durch das Dunkel, und aus einmal wußte er, daß sein Vater gekommen war. Scheu merkte Edgar, daß er jetzt wieder allein im Zimmer stand, und selbst dieses kleine Alleinsein verwirrte ihn. Sein Vater war streng, war der einzige, den er wirklich fürchtete. Edgar horchte hinaus, sein Vater schien erregt zu sein, er sprach laut und geärgert. Dazwischen klangen begütigend die Stimmen seiner Großmutter und der Mutter, offenbar wollten sie ihn milder stimmen. Aber die Stimme blieb hart, hart wie die Schritte, die jetzt herankamen, näher und näher, nun schon im Nebenzimmer waren, knapp vor der Türe, die jetzt aufgerissen wurde.

Sein Vater war sehr groß. Und unsäglich klein fühlte sich jetzt Edgar vor ihm, wie er eintrat, nervös und anscheinend wirklich im Zorn.

»Was ist dir eingefallen, du Kerl, davonzulaufen? Wie kannst du deine Mutter so erschrecken?«

Seine Stimme war zornig und in den Händen eine wilde Bewegung. Hinter ihm war mit leisem Schritt jetzt die Mutter hereingetreten. Ihr Gesicht war verschattet.

Edgar antwortete nicht. Er hatte das Gefühl, sich rechtfertigen zu müssen, aber doch, wie sollte er das erzählen, daß man ihn betrogen hatte und geschlagen? Würde er es verstehen?

»Nun, kannst du nicht reden? Was war los? Du kannst es ruhig sagen! War dir etwas nicht recht? Man muß doch einen Grund haben, wenn man davonläuft! Hat dir jemand etwas zuleide getan?« Edgar zögerte. Die Erinnerung machte ihn wieder zornig, schon wollte er anklagen. Da sah er – und sein Herz stand still dabei – wie seine Mütter hinter dem Rücken des Vaters eine sonderbare Bewegung machte. Eine Bewegung, die er erst nicht verstand. Aber jetzt sah sie ihn an, in ihren Augen war eine flehende Bitte. Und leise, ganz leise hob sie den Finger zum Mund im Zeichen des Schweigens.

Da brach, das Kind fühlte es, plötzlich etwas Warmes, eine ungeheure wilde Beglückung durch seinen ganzen Körper. Er verstand; daß sie ihm das Geheimnis zu hüten gab, daß auf seinen kleinen Kinderlippen ein Schicksal lag. Und wilder, jauchzender Stolz erfüllte ihn, daß sie ihm vertraute, jäh überkam ihn ein Opfermut, ein Wille, seine eigene Schuld noch zu vergrößern, um zu zeigen, wie sehr er schon Mann war. Er raffte sich zusammen:

»Nein, nein ... es war kein Anlaß. Mama war sehr gut zu mir, aber ich war ungezogen, ich habe mich schlecht benommen ... und da ... da bin ich davongelaufen, weil ich mich gefürchtet habe.«

Sein Vater sah ihn verdutzt an. Er hatte alles erwartet, nur nicht dieses Geständnis. Sein Zorn war entwaffnet.

»Na, wenn es dir leid tut, dann ists schon gut. Dann will ich heute nichts mehr darüber reden. Ich glaube, du wirst es dir ein anderes Mal doch überlegen! Daß so etwas nicht mehr vorkommt.«

Er blieb stehen und sah ihn an. Seine Stimme wurde jetzt milder.

»Wie blaß du aussiehst. Aber mir scheint, du bist schon wieder größer geworden. Ich hoffe, du wirst solche Kindereien nicht mehr tun; du bist ja wirklich kein Bub mehr und könntest schon vernünftig sein!«

Edgar blickte die ganze Zeit über nur auf seine Mutter. Ihm war, als funkelte etwas in ihren Augen. Oder war dies nur der Widerschein der Flamme? Nein, es glänzte dort feucht und hell, und ein Lächeln war um ihren Mund, das ihm Dank sagte. Man schickte ihn jetzt zu Bett, aber er war nicht traurig darüber, daß sie ihn allein ließen. Er hatte ja so viel zu überdenken, so viel Buntes und Reiches. All der Schmerz der letzten Tage verging in dem gewaltigen Gefühl des ersten Erlebnisses, er fühlte sich glücklich in einem geheimnisvollen Vorgefühl künftiger Geschehnisse. Draußen rauschten im Dunkel die Bäume in der verfinsterten Nacht, aber er kannte kein Bangen mehr. Er hatte alle Ungeduld vor dem Leben verloren, seit er wußte, wie reich es war. Ihm war, als hätte er es zum erstenmal heute nackt gesehen, nicht mehr verhüllt von tausend Lügen der Kindheit, sondern in seiner ganzen wollüstigen, gefährlichen Schönheit. Er hatte nie gedacht, daß Tage so voll gepreßt sein konnten vom vielfältigen Übergang des Schmerzes und der Lust, und der Gedanke beglückte ihn, daß noch viele solche Tage ihm bevorständen, ein ganzes Leben warte, ihm sein Geheimnis zu entschleiern. Eine erste Ahnung der Vielfältigkeit des Lebens hatte ihn überkommen, zum ersten Male glaubte er das Wesen der Menschen verstanden zu haben, daß sie einander brauchten, selbst wenn sie sich feindlich schienen, und daß es sehr süß sei, von ihnen geliebt zu werden. Er war unfähig, an irgend etwas oder irgend jemanden mit Haß zu denken, er bereute nichts, und selbst für den Baron, den Verführer, seinen bittersten Feind, fand er ein neues Gefühl der Dankbarkeit, weil er ihm die Tür aufgetan hatte zu dieser Welt der ersten Gefühle.

Das alles war sehr süß und schmeichlerisch nun im Dunkel zu denken, leise schon verworren mit Bildern aus Träumen, und beinahe war es schon Schlaf. Da war ihm, als ob plötzlich die Türe ginge und leise etwas käme. Er glaubte sich nicht recht, war auch schon zu schlafbefangen, um die Augen aufzutun. Da spürte er atmend über sich ein Gesicht weich, warm und mild das seine streifen, und wußte, daß seine Mutter es war, die ihn jetzt küßte und ihm mit der Hand übers Haar fuhr. Er fühlte die Küsse und fühlte die Tränen, sanft die Liebkosung erwidernd, und nahm es nur als Versöhnung, als Dankbarkeit für sein Schweigen. Erst später, viele Jahre später, erkannte er in diesen stummen Tränen ein Gelöbnis der alternden Frau, daß sie von nun ab nur ihm, nur ihrem Kinde gehören wollte, eine Absage an das Abenteuer, ein Abschied von allen eigenen Begehrlichkeiten. Er wußte nicht, daß auch sie ihm dankbar war, aus einem unfruchtbaren Abenteuer gerettet zu sein, und ihm nun mit dieser Umarmung die bitter-süße Last der Liebe für sein zukünftiges Leben wie ein Erbe überließ. All dies verstand das Kind von damals nicht, aber es fühlte, daß es sehr beseligend sei, so geliebt zu sein, und daß es durch diese Liebe schon verstrickt war mit dem großen Geheimnis der Welt.

Als sie dann die Hand von ihm ließ, die Lippen sich den seinen entwanden und die leise Gestalt entrauschte, blieb noch ein Warmes zurück, ein Hauch über seinen Lippen. Und schmeichlerisch flog ihn Sehnsucht an, oft noch solche weiche Lippen zu spüren und so zärtlich umschlungen zu werden, aber dieses ahnungsvolle Vorgefühl des so ersehnten Geheimnisses war schon umwölkt vom Schatten des Schlafes. Noch einmal zogen all die Bilder der letzten Stunden farbig vorbei, noch einmal blätterte sich das Buch seiner Jugend verlockend auf. Dann schlief das Kind ein, und es begann der tiefere Traum seines Lebens.

SOMMERNOVELETTE

Den Augustmonat des vergangenen Sommers verbrachte ich in Cadenabbia, einem jener kleinen Orte am Comersee, die dort zwischen weißen Villen und dunklem Wald so reizvoll sich bergen. Still und friedsam wohl auch in den lebendigeren Tagen des Frühlings, wenn die Reisenden von Bellagio und Menaggio den schmalen Strand beschwärmen, war das Städtchen in diesen warmen Wochen eine duftende, sonnenbeglänzte Einsamkeit. Das Hotel war fast ganz verlassen: ein paar versprengte Gäste, jeder dem andern durch die Tatsache merkwürdig, sich so verlorene Stelle zum Sommeraufenthalt erwählt zu haben, wunderten sich jeden Morgen, den andern noch standhaft zu finden. Am erstaunlichsten war dies mir bei einem älteren, sehr vornehmen und kultivierten Herrn, der – dem Aussehen nach ein Mitteltypus zwischen korrektem englischen Staatsmann und einem Pariser Coureur – ohne zu irgendwelchem Seesport Zuflucht zu nehmen, den Tag damit verbrachte, den Rauch von Zigaretten sinnend vor sich in der Luft zergehen zu sehen oder ab und zu in einem Buche zu blättern. Die drückende Einsamkeit zweier Regentage und sein offenes Entgegenkommen gaben unserer Bekanntschaft rasch eine Herzlichkeit, die der Jahre Ungleichheit fast ganz überbrückte. Livländer von Geburt, in Frankreich und später in England erzogen, beruflos seit je, ohne ständigen Aufenthalt seit Jahren, war er heimatlos in dem edlen Sinne derer, die, Wikinger und Piraten der Schönheit, aller Städte Kostbarkeiten im räuberischen Flug in sich versammelt haben. Dilettantisch war er allen Künsten nahe, aber stärker als die Liebe war seine vornehme Verachtung, ihnen zu dienen: er dankte ihnen tausend schöne Stunden, ohne ihnen eine einzige schöpferischer Not gewidmet zu haben. Er lebte eines jener Leben, die überflüssig scheinen, weil sie sich keiner Gemeinsamkeit einketten, weil all der Reichtum, den tausend einzelne kostbare Erlebnisse in ihnen aufgespeichert haben, mit ihrem letzten Atemzug unvererbt zerrinnt.

Davon sprach ich eines Abends zu ihm, als wir nach dem Diner vor dem Hotel saßen und sahen, wie sich der helle See langsam vor unserem Blick verdunkelte. Er lächelte: »Vielleicht haben Sie nicht unrecht. Ich glaube zwar nicht an Erinnerungen: das Erlebte ist erlebt in der Sekunde, da es uns verläßt. Und Dichtung: geht das nicht ebenso zugrunde, zwanzig, fünfzig, hundert Jahre später? Aber ich will Ihnen heute etwas erzählen, wovon ich glaube, daß es eine hübsche Novelle wäre. Kommen Sie! Solche Dinge sprechen sich besser im Gehen.«

So gingen wir den wunderbaren Strandweg entlang, überschattet von den ewigen Zypressen und verworrenen Kastanienbäumen, zwischen deren Gezweige der See unruhig spiegelte. Drüben lag die weiße Wolke Bellagio, sanft getönt von den hinrinnenden Farben der schon gesunkenen Sonne, und hoch, hoch oben über dem dunklen Hügel glänzte, von den Strahlen diamanten umfaßt, die funkelnde Mauerkrone der Villa Serbelloni. Die Wärme war leicht schwülend und doch nicht lastend; wie ein sanfter Frauenarm lehnte sie sich zärtlich an die Schatten und füllte den Atem mit dem Dufte unsichtbarer Blüten.

Er begann: »Ein Geständnis soll den Anfang machen. Ich habe Ihnen bislang verschwiegen, daß ich schon im vergangenen Jahre hier war, hier in Cadenabbia, zur gleichen Jahreszeit und im gleichen Hotel. Das mag Sie wundern, um so mehr als ich Ihnen ja erzählte, daß ich es von je vermied, etwas in meinem Leben zu wiederholen. Aber hören Sie! Es war natürlich ebenso einsam wie diesmal. Der gleiche Herr aus Mailand war hier, der den ganzen Tag Fische fängt, um sie abends wieder loszulassen und am nächsten Morgen wieder einzufangen; es waren zwei alte Engländerinnen da, deren leise vegetative Existenz man kaum bemerkte, ferner ein hübscher junger Bursch mit einem lieben, blassen Mädel, von der ich bis heute noch nicht glaube, daß sie seine Frau war, weil sie sich viel zu herzlich gern zu haben schienen. Schließlich eine deutsche Familie, Norddeutsche vom schärfsten Typus. Eine ältere, semmelblonde, hartknochige Dame mit eckigen, häßlichen Bewegungen, stechenden Stahlaugen und einem wie mit dem Messer geschnittenen scharfen, zänkischen Mund. Mit ihr eine Schwester, unverkennbar, denn es waren die gleichen Züge, nur zergangen, zerfaltet, irgendwie weich geworden, beide stets zusammen und nie doch im Gespräch und immer über die Stickerei gebeugt, in die sie ihre ganze Gedankenlosigkeit zu spinnen schienen, unerbittliche Parzen einer Welt der Langeweile und Beschränktheit. Und zwischen ihnen ein junges, etwa sechzehnjähriges Mädchen, die Tochter einer der beiden, ich weiß nicht, welcher, denn die harte Unfertigkeit ihrer Züge mischte sich schon mit leichter frauenhafter Rundung. Sie war eigentlich unhübsch, zu schlank, unreif, überdies natürlich ungeschickt gekleidet, aber es war etwas Rührendes in ihrer hilflosen Sehnsucht. Ihre Augen waren groß und wohl auch voll dunklen Lichtes, aber sie flüchteten immer verlegen weg, den Glanz in zwinkernde Lichter verflatternd. Auch sie kam immer mit einer Arbeit, aber ihre Hände wurden oft langsam, die Finger schliefen ein, und dann saß sie still, mit einem träumerischen, unbewegten Blick über den See hin. Ich weiß nicht, was mich so merkwürdig an diesem Anblick ergriff. War es der banale und doch so unvermeidliche Gedanke, der einen befällt, wenn man die verblühte Mutter mit der blühenden Tochter sieht, den Schatten hinter der Gestalt, der Gedanke, daß in jeder Wange die Falte, in jedem Lachen die Müdigkeit, in jedem Traume schon die Enttäuschung versteckt wartet? Oder war es diese wilde, eben ausbrechende, ziellose Sehnsucht, die sich überall in ihr verriet, jene einzige, wunderbare Minute im Leben der Mädchen, wo sie den Blick begehrend ins All richten, weil sie das Eine noch nicht haben, an das sie sich dann klammern und an dem sie dann faulend hängen, wie Algen am schwimmenden Holz? Es war für mich unendlich packend, sie zu beobachten, den träumerischen, feuchten Blick, die wilde, überschwengliche Art, mit der sie jeden Hund und jede Katze liebkoste, die Unruhe, die sie vielerlei beginnen ließ und nichts zu Ende tun. Und dann die glühende Hast, mit der sie abends die paar elenden Bände der Hotelbibliothek durchjagte oder in den zwei zerlesenen Gedichtbänden blätterte, die sie sich mitgebracht hatte, in ihrem Goethe und Baumbach. ... Doch warum lächeln Sie?«

Ich mußte mich entschuldigen: »Es ist nur die Zusammenstellung, Goethe und Baumbach.«

»Ach so! Natürlich, es ist ja komisch. Und doch wieder nicht. Glauben Sie mir, daß es jungen Mädchen in diesem Alter ganz gleichgültig ist, ob sie gute oder schlechte, echte oder verlogene Gedichte lesen. Ihnen sind Verse nur Becher für den Durst, und sie achten nicht auf den Wein, denn der Rausch ist ja schon in ihnen, noch ehe sie getrunken. Und so war dieses Mädchen, so kelchvoll von Sehnsucht, daß sie ihr bis in die Augen glänzte, die Spitzen der Finger über den Tisch zittern ließ und ihrem Gang eine eigene ungelenke und doch wieder beschwingte Art zwischen Flug und Furcht gab. Man sah, daß sie hungerte, mit jemandem zu sprechen, etwas von ihrer Fülle wegzugeben, aber da war niemand, nur Einsamkeit, nur das Klappern der Nadeln rechts und links, die kalten, bedächtigen Blicke der beiden Damen. Ein unendliches Mitleid kam mich an. Und doch, ich konnte mich ihr nicht nähern, denn erstlich, was ist ein bejahrter Mann einem Mädchen in diesem Augenblick, und dann, mein Abscheu vor Familienbekanntschaften und besonders Bekanntschaft ältlicher Bürgerdamen erdrosselte jede Möglichkeit. Da versuchte ich eine merkwürdige Sache. Ich dachte: dies ist ein junges Mädchen, unflügge, unerfahren, das erstemal wohl in Italien, das ja in Deutschland, dank dem Engländer Shakespeare, der nie dort gewesen ist, als das Land der romantischen Liebe gilt, der Romeos, der heimlichen Abenteuer, der fallenden Fächer, blitzenden Dolche, der Masken, Duennas und der zärtlichen Briefe. Sicherlich träumt sie von Abenteuern, und wer kennt Mädchenträume, diese weißen, wehenden Wolken, die ziellos im Blau schweben und so wie die Wolken immer am Abend in heißeren Farben, in Rosa und dann in brennendem Rot erglühen? Nichts wird ihr hier Unwahrscheinlichkeit, Unmöglichkeit dünken. So entschloß ich mich, ihr einen geheimnisvollen Liebhaber zu erfinden.

»Und noch am selben Abend schrieb ich einen langen Brief demütiger und respektvoller Zärtlichkeit, voll fremdartiger Andeutungen und ohne Unterschrift. Einen Brief, der nichts verlangte, nichts verhieß, überschwenglich und zurückhaltend zugleich, kurz, einen romantischen Liebesbrief wie aus einem Versstück. Und da ich wußte, daß sie täglich, von ihrer Unrast gejagt, als Erste beim Frühstück erschien, faltete ich ihn in die Serviette ein. Der Morgen kam. Ich beobachtete sie vom Garten aus, sah ihre ungläubige Überraschung, ihr jähes Erschrecken, sah die rote Flamme, die über die blassen Wangen schoß und hastig bis tief in die Kehle lief. Sah ihr hilfloses Umblicken, das Zucken, die diebische Bewegung, mit der sie den Brief verbarg, und dann, wie sie unruhig, nervös saß, das Frühstück kaum berührend und schon wegschießend, hinaus, irgendwohin in die schattigen, unbelebten Gänge, das geheimnisvolle Schreiben zu entziffern ... Sie wollten etwas sagen?«

Ich hatte unwillkürlich eine Bewegung gemacht, die ich jetzt erklären mußte. »Ich finde das sehr verwegen.

Haben Sie nicht daran gedacht, sie könnte nachforschen, oder das Einfachste, den Kellner fragen, wie der Brief in die Serviette kam? Oder ihn ihrer Mutter zeigen?«

»Natürlich dachte ich daran. Aber hätten Sie das Mädchen gesehen, dieses furchtsame, verschreckte liebe Geschöpf, das sich immer ängstlich umsah, wenn sie einmal etwas lauter gesprochen hatte, dann wäre Ihnen jedes Bedenken verflogen. Es gibt Mädchen, deren Schamhaftigkeit so groß ist, daß Sie mit ihnen das Äußerste wagen können, weil sie so hilflos sind und lieber das Ärgste erdulden, ehe sich mit einem Worte andern anzuvertrauen. Lächelnd sah ich ihr nach und freute mich, wie sehr mein Spiel gelungen war. Da kam sie schon zurück, und ich fühlte mein Blut plötzlich an der Schläfe: das war ein anderes Mädchen, ein anderer Schritt. Sie ging unruhig und verworren heran, eine glühende Welle hatte ihr Gesicht übergossen, und eine süße Verlegenheit machte sie ungelenk. Und so den ganzen Tag. Zu jedem Fenster flog ihr Blick auf, als könnte er dort das Geheimnis fassen, jeden Vorüberschreitenden umkreise er, und einmal fiel er auch auf mich, der ihm vorsichtig auswich, um sich nicht durch ein Blinken zu verraten; aber in dieser blitzschnellen Sekunde hatte ich ein Feuer der Frage gefühlt, vor dem ich fast erschrak, und wieder nach Jahren empfunden, daß keine Wollust gefährlicher, verlockender und verderbter ist, als jenen ersten Funken in das Auge eines Mädchens zu sprengen. Ich sah sie dann zwischen den beiden sitzen mit schläfrigen Fingern und sah, wie sie manchmal hastig an eine Stelle ihres Kleides griff, von der ich sicher war, daß sie den Brief verbarg. Nun lockte mich das Spiel. Und noch am Abend schrieb ich ihr einen zweiten Brief und so die nächsten folgenden Tage: es wurde mir ein eigener erregender Reiz, die Empfindungen eines verliebten, jungen Menschen in meinen Briefen zu verkörpern, Steigerungen einer Leidenschaft zu erfinden, die nur ersonnen war, es wurde mir ein fesselnder Sport, wie Jäger ihn wohl haben mögen, wenn sie Schlingen legen oder Wild vor ihre Läufe locken. Und so unbeschreiblich, fast schreckhaft war für mich mein eigener Erfolg, daß ich schon dachte abzubrechen, hätte die Versuchung mich nicht so glühend an das begonnene Spiel gefesselt. Eine Leichtigkeit, eine wilde Wirrnis wie von Tanz kam in ihren Gang, eine eigene fiebrige Schönheit brach aus ihren Zügen; ihr Schlaf mußte ein Warten und Wachen auf den Brief des Morgens sein, denn ihr Auge war dunkel in der Frühe verschattet und unstet in seinem Feuer. Sie begann auf sich zu achten, trug Blumen in ihrem Haar, eine wunderbare Zärtlichkeit gegen alle Dinge beschwichtigte ihre Hände, eine stete Frage lag in ihrem Blick, denn sie fühlte aus tausend Kleinigkeiten, die ich in den Briefen verriet, daß der Schreiber ihr nahe sein mußte, ein Ariel, der mit Musik die Lüfte füllt, nahe schwebend, das geheimste Tun belauschend und doch durch seinen Willen unsichtbar. So heiter wurde sie, daß selbst den beiden stumpfen Damen die Wandlung nicht entging, denn manchmal ließen sie gütig-neugierig ihren Blick an der eilenden Gestalt und den aufknospenden Wangen haften, um sich dann mit verstohlenem Lächeln anzusehen. Ihre Stimme bekam Klang, wurde lauter, heller, verwegener, und an ihrer Kehle zitterte oft ein Zucken und Schwellen, als wollte plötzlich Gesang in jubelnden Trillern aufsteigen, als wäre ... Aber Sie lächeln schon wieder!«

»Nein, nein, bitte, erzählen Sie nur weiter. Ich meine nur, Sie erzählen sehr gut, Sie haben – verzeihen Sie – Talent und würden sicher das so gut erzählen wie einer unserer Novellisten.«

»Damit wollen Sie mir wohl höflich und vorsichtig andeuten, daß ich erzähle wie Ihre deutschen Novellisten, also lyrisch verstiegen, breit, sentimentalisch, langweilig. Ja, ich will kürzer sein! Die Marionette tanzte, und ich zog die Fäden mit überlegter Hand. Um von mir jeden Verdacht abzulenken – denn manchmal fühlte ich, wie sich ihr Blick prüfend an dem meinen anhalten wollte –, hatte ich ihr die Möglichkeit nahe gestellt, daß der Schreiber nicht hier, sondern in einem der nahen Kurplätze wohne und täglich im Boot oder mit dem Dampfer herüberkäme. Und nun sah ich sie immer, wenn die Glocke des nahenden Schiffes klang, unter einem Vorwand der mütterlichen Wacht entgleiten, wegstürmen und von einem Winkel des Pier die Ankommenden mit angehaltenem Atem mustern.

»Und da geschah es einmal, – es war ein trüber Nachmittag, und ich wußte nichts Besseres, als sie zu beobachten – daß etwas sehr Merkwürdiges sich ereignete. Unter den Passagieren war ein hübscher junger Mann, mit jener extravaganten Eleganz der italienischen jungen Leute gekleidet, und wie er suchend den Ort überflog, fiel ihm voll der verzweifelt suchende, fragende, saugende Blick des jungen Mädchens ins Auge. Und sofort überstürzte, das leise Lächeln wild überflutend, die rote Welle der Scham ihr Gesicht. Der junge Mann stutzte, wurde aufmerksam, – wie ja leichtverständlich ist, wenn man einen so heißen Blick voll tausend ungesagter Dinge zugeworfen empfängt – lächelte und suchte ihr zu folgen. Sie flüchtete, stockte in der Sicherheit, daß es der lang Gesuchte war, eilte wieder weiter und sah sich doch wieder um, es war jenes ewige Spiel zwischen Wollen und Fürchten, Sehnsucht und Scham, in dem doch immer die süße Schwäche die Stärkere ist. Er, sichtlich ermutigt, wenn auch überrascht, eilte nach und war ihr schon nahe, und ich fühlte mit Erschrecken, wie sich alles zu einem beängstigenden Chaos verwirren müsse – da kamen die beiden Damen den Weg entlang. Das Mädchen flog ihnen wie ein scheuer Vogel entgegen, der junge Mann zog sich vorsichtig zurück, aber noch trafen sich im Rückwenden einmal ihre Blicke, um sich fieberhaft ineinanderzusaugen. Dieses Ereignis mahnte mich zuerst, dem Spiel ein Ende zu machen, aber doch die Verlockung war zu stark, und ich entschloß mich, diesen Zufall als willigen Gehilfen zu wählen, und schrieb ihr am Abend einen ungewöhnlich langen Brief, der ihre Vermutung bestätigen mußte. Es reizte mich, nun mit zwei Personen zu agieren.

»Am nächsten Morgen erschreckte mich die zitternde Verwirrung in ihren Zügen. Die schöne Unrast war einer mir unverständlichen Nervosität gewichen, ihre Augen waren feucht und gerötet wie von Tränen, ein Schmerz schien sie im Tiefsten zu durchdringen. All ihr Schweigen schien nach einem wilden Schrei zu drängen, Dunkel lag um ihre Stirne, eine düstere herbe Verzweiflung in ihren Blicken, während ich gerade diesmal klare Freude erwartet hatte. Mir wurde bange. Zum erstenmal drängte sich etwas Fremdes ein, die Marionette gehorchte nicht und tanzte anders, als ich wollte. Ich grübelte nach allen Möglichkeiten und fand keine. Mir begann angst zu werden vor meinem Spiel, und ich kehrte nicht vor abends heim, um der Anklage in ihren Blicken zu entweichen. Als ich heimkam, verstand ich alles. Der Tisch war nicht mehr gedeckt, die Familie abgereist. Sie hatte fort müssen, ohne ihm ein Wort sagen zu können, und konnte den Ihren nicht verraten, wie sehr ihr Herz noch an einem einzigen Tage, an einer Stunde hing, sie war fortgeschleppt worden aus einem süßen Traum in irgendeine klägliche Kleinstadt. Daran hatte ich vergessen. Und ich fühle jetzt noch wie eine Anklage diesen letzten Blick, diese furchtbare Gewalt von Zorn, Qual, Verzweiflung und bitterstem Weh, das ich, wer weiß wie weit, in ihr Leben hineingeschleudert habe.«

Er schwieg. Mit uns war die Nacht gegangen, und von dem durch Gewölk verhangenen Mond ging ein eigentümlich flirrendes Licht aus. Zwischen den Bäumen schienen Funken und Sterne zu hängen und die bleiche Fläche des Sees. Wir gingen wortlos weiter. Endlich brach mein Begleiter das Schweigen. »Das war die Geschichte. Wäre es nicht eine Novelle?«

»Ich weiß nicht. Es ist jedenfalls eine Geschichte, die ich mit den anderen mir bewahren will, für die ich Ihnen schon dankbar sein muß. Aber eine Novelle? Ein schöner Einsatz, der mich verlocken könnte, vielleicht. Denn diese Menschen, sie streifen sich nur, sie beherrschen sich nicht ganz, es sind Ansätze zu Schicksalen, aber kein Schicksal. Man müßte sie zu Ende dichten.«

»Ich verstehe, was Sie meinen. Das Leben des jungen Mädchens, die Heimkehr in die Kleinstadt, die furchtbare Tragik der Alltäglichkeit ...«

»Nein, nicht das so sehr. Das junge Mädchen interessiert mich weiter nicht. Junge Mädchen sind immer uninteressant, so merkwürdig sie sich auch selbst dünken, weil ihre ganzen Erlebnisse nur negative und darum zu ähnliche sind. Das Mädchen in diesem Falle heiratet, wenn ihre Zeit gekommen ist, den braven Bürgersmann daheim, und diese Affäre bleibt das blühende Blatt ihrer Erinnerungen. Das Mädchen interessiert mich nicht weiter.«

»Das ist merkwürdig. Ich wieder weiß nicht, was Sie an dem jungen Mann finden können. Solche Blicke, dieses Feuer im Vorübersprühen, fängt jeder in seiner Jugend, die meisten bemerken es gar nicht, die anderen vergessen rasch daran. Man muß alt werden, um zu wissen, daß gerade dies vielleicht das Edelste und Tiefste ist, das man empfängt, das heiligste Vorrecht der Jugend.«

»Es ist auch gar nicht der junge Mann, der mich interessiert ...«

»Sondern?«

»Ich würde den älteren Herrn, den Briefschreiber, umformen, ihn zu Ende dichten. Ich glaube, in keinem Alter schreibt man ungestraft feurige Briefe und träumt sich in die Gefühle einer Liebe hinein. Ich würde darzustellen versuchen, wie aus dem Spiele Ernst wird, wie er das Spiel zu beherrschen glaubt, da das Spiel schon ihn beherrscht. Die erwachende Schönheit des Mädchens, die er als Beobachter nur zu sehen vermeint, reizt und faßt ihn tiefer. Und der Augenblick, da ihm plötzlich alles entgleitet, gibt ihm eine wilde Sehnsucht nach dem Spiel und – dem Spielzeug. Mich würde jene Umkehr in der Liebe reizen, die die Leidenschaft eines alten Mannes der eines Knaben sehr ähnlich machen muß, weil beide sich nicht ganz vollwertig fühlen, ich würde ihm das Bangen und die Erwartung geben. Ich ließe ihn unstet werden, ihr nachreisen, um sie zu sehen, und doch im letzten Augenblick sich nicht in ihre Nahe wagen, ich ließe ihn an denselben Ort wieder zurückkommen in der Hoffnung, sie wiederzusehen, den Zufall zu beschwören, der dann immer grausam ist. In dieser Linie würde ich mir die Novelle denken, und sie wäre dann ...«

»Verlogen, falsch, unmöglich!«

Ich schrak auf. Die Stimme fuhr hart, heiser zitternd und fast drohend in meine Worte. Nie hatte ich bei meinem Begleiter eine solche Erregung gesehen. Blitzschnell ahnte ich, woran ich unbedachtsam getastet hatte. Und wie er so hastig stehen blieb, sah ich, peinlich berührt, sein weißes Haar schimmern.

Ich wollte rasch ablenken, umbiegen. Aber da sprach er schon wieder, und jetzt ganz herzlich und dunkelweich mit seiner ruhenden tiefen Stimme, die von leiser Melancholie schön getönt war. »Oder Sie mögen recht haben. Es ist ja viel interessanter. ›L'amour coûte cher aux vieillards‹, so hat, glaube ich, Balzac eine seiner rührendsten Geschichten genannt, und es ließen sich noch viele zu dem Titel schreiben. Aber die alten Leute, die davon das Heimlichste wissen, erzählen nur gern von ihren Erfolgen und nicht von ihren Schwächen. Sie fürchten lächerlich zu sein in Dingen, die doch nur irgendwie der Pendelschlag des Ewigen sind. Glauben Sie wirklich, daß es ein Zufall war, daß gerade jene Kapitel der Memoiren des Casanova ›verloren gegangen' sind, wo er altert, wo aus dem Hahn ein Hahnrei, aus dem Betrüger der Betrogene wird? Vielleicht wurde ihm nur die Hand zu schwer und das Herz zu eng.«

Er bot mir die Hand. Nun war seine Stimme wieder ganz kühl, ruhig und unbewegt. »Gute Nacht! Ich sehe, es ist gefährlich, jungen Leuten in Sommernächten Geschichten zu erzählen. Das gibt leicht törichte Gedanken und allerhand unnötige Träume. Gute Nacht!«

Und er ging mit seinen elastischen, aber doch von den Jahren schon verlangsamten Schritten ins Dunkel zurück. Es war schon spät. Aber die Müdigkeit, die sonst von der Wärme der weichen Nächte mich früh befing, war heute zerstreut durch die Erregung, die im Blute aufklingt, wenn einem Seltsames widerfährt oder wenn man Fremdes für einen Augenblick wie Eigenes erlebt. So ging ich den stilldunklen Weg entlang bis zur Villa Carlotta, die mit marmorner Treppe in den See niedersteigt, und setzte mich auf die kühlen Stufen. Wunderbar war die Nacht. Die Lichter von Bellagio, die früher nahe wie Leuchtkäfer zwischen den Bäumen funkelten, schienen nun unendlich ferne über dem Wasser, und langsam fielen sie, eins nach dem anderen, in das schwere Dunkel zurück. Schweigsam lag der See, blank wie ein schwarzer Edelstein und doch von wirrem Feuer an den Kanten. Und wie weiße Hände zu hellen Tasten, so griffen die plätschernden Wellen mit leisem Schwall die Stufen auf und nieder. Endlos hoch schien die bleiche Himmelsferne, aus der tausender Sterne Funkeln war. Ruhevoll, in blitzendem Schweigen standen sie: nur manchmal löste sich einer aus dem demantenen Reigen jäh los und stürzte in die Sommernacht hinein; hinein in das Dunkel, in Täler, Schluchten, Berge oder ferne Wasser, ahnungslos und von blinder Kraft

geschleudert wie ein Leben in die jähe Tiefe unbekannter
Geschicke.

DER STERN ÜBER DEM WALDE

Franz Carl Ginzkey
in herzlicher Gesinnung

Einmal, als sich der schlanke und sehr soignierte Kellner François beim Servieren über die Schulter der schönen polnischen Gräfin Ostrowska herabneigte, geschah etwas Seltsames. Nur eine Sekunde währte es und war kein Zucken und kein Erschrecken, keine Regung und Bewegung. Und doch war es eine jener Sekunden, in die tausende Stunden und Tage voll Jubel und Qual gebannt sind, gleichwie der großen dunkelrauschenden Eichen wilde Wucht mit all ihren wiegenden Zweigen und schaukelnden Kronen in einem einzigen verflatternden Samenstäubchen geborgen ist. Nichts Äußerliches geschah in dieser Sekunde. François, der geschmeidige Kellner des großen Rivierahotels beugte sich tiefer hinab, um die Platte dem suchenden Messer der Gräfin besser zurecht zu legen. Doch sein Gesicht ruhte diesen Moment knapp über der weichgelockten duftenden Welle ihres Hauptes, und als er instinktiv das devot gesenkte Auge aufschlug, sah sein taumelnder Blick, in wie milder und weißleuchtender Linie ihr Nacken sich aus dieser dunklen Flut in das dunkelrote bauschende Kleid verlor. Wie Purpurflammen schlug es in ihm auf. Und leise klirrte das Messer an die unmerklich erzitternde Platte. Obzwar er aber in dieser Sekunde alle Folgenschwere dieser jähen Bezauberung ahnte, meisterte er gewandt seine Erregung und bediente mit der kühlen und ein wenig galanten Verve eines geschmackvollen Garçons weiter. Er reichte die Platte mit geruhigem Gange dem steten Tischgenossen der Gräfin, einem älteren, mit ruhiger Grazie begabten Aristokraten, der mit fein akzentuierter Betonung und einem kristallenen Französisch

gleichgültige Dinge erzählte. Dann trat er ohne Blick und
Gebärde von dem Tisch zurück.

Diese Minuten waren der Beginn eines sehr
seltsamen und hingebungsvollen Verlorenseins, einer so
taumelnden und trunkenen Empfindung, daß ihr das
gewichtige und stolze Wort Liebe beinahe übel ansteht. Es
war jene hündisch treue und begehrungslose Liebe, wie sie
die Menschen sonst inmitten ihres Lebens gar nicht
kennen, wie sie nur ganz junge und ganz alte Leute haben.
Eine Liebe ohne Besonnensein, die nicht denkt, sondern
nur träumt. Er vergaß ganz jene ungerechte und doch
unauslöschliche Mißachtung, die selbst kluge und
bedächtige Leute gegen Menschen im Kellnerfracke
bezeugen, er sann nicht nach Möglichkeiten und Zufällen,
sondern nährte in seinem Blute diese seltsame Neigung, bis
ihre geheime Innigkeit sich aller Bespottung und
Bemänglung entrang. Seine Zärtlichkeit war nicht die der
heimlich zwinkernden und lauernden Blicke, die jäh
losbrechende Kühnheit verwegener Gebärden, die sinnlose
Brünstigkeit lechzender Lippen und zitternder Hände, sie
war ein stilles Mühen, ein Walten jener kleinen Dienste,
die um so erhabener und heiliger in ihrer Demut sind, als
sie wissend unbemerkt bleiben. Er strich nach dem Souper
über die zerknüllten Tischtuchfalten vor ihrem Platze mit
so zärtlichen und kosenden Fingern, wie man wohl liebe
und weichruhende Frauenhände streichelt; er rückte alle
Dinge ihrer Nähe mit hingebungsvoller Symmetrie
zusammen, als ob er sie zu einem Feste bereite. Die Gläser,
die ihre Lippen berührt hatten, trug er sich sorgsam in sein
enges dumpfes Dachlukenzimmer und ließ sie im
perlenden Mondlicht nächtlich auffunkeln wie köstliches
Geschmeide. Stets war er aus irgendeinem Winkel der
geheime Behorcher ihres Schreitens und Wandelns. Er
trank ihre Sprache so wie man einen süßen und
duftberauschenden Wein wollüstig auf der Zunge wiegt,
und fing die einzelnen Worte und Befehle gierig wie
Kinder den fliegenden Spielball. So trug seine trunkene

Seele in sein armes und gleichgültiges Leben einen wechselnden und reichen Glanz. Nie kam ihm die weise Torheit, das ganze Ereignis in die kalten, vernichtenden Worte der Tatsächlichkeit zu kleiden, daß der armselige Kellner François eine exotische, ewig unerreichbare Gräfin liebte. Denn er empfand sie gar nicht als Wirklichkeit, sondern als etwas sehr Hohes, sehr Fernes, das nur mehr mit seinem Abglanz des Lebens reichte. Er liebte den herrischen Stolz ihrer Befehle, den gebietenden Winkel ihrer schwarzen, sich fast berührenden Augenbrauen, die wilde Falte um den schmalen Mund, die sichere Grazie ihrer Gebärden. Unterwürfigkeit schien ihm Selbstverständlichkeit, und die demütigende Nähe niederen Dienstes empfand er als Glück, weil er ihr zu danke so oft in den zauberischen Kreis treten durfte, der sie umfing.

So ward in dem Leben eines einfachen Menschen plötzlich ein Traum wach, gleich einer edlen und sorgfältig gezüchteten Gartenblüte, die an einer Straße blüht, wo sonst der Wanderstaub alle Keime zertritt. Es war der Taumel eines schlichten Menschen, ein zauberischer und narkotischer Traum inmitten eines kalten, gleichtönigen Lebens. Und Träume solcher Menschen sind wie die ruderlosen Boote, die ziellos in schaukelnder Wollust auf stillen, spiegelnden Wassern treiben, bis plötzlich ihr Kiel mit jähem Ruck an ein unbekanntes Ufer stößt.

Die Wirklichkeit ist aber stärker und robuster als alle Träume. Eines Abends sagte ihm der feiste Waadtländer Portier im Vorübergehn: »Die Ostrowska fährt morgen mit dem Acht-Uhr-Zug.« Und dann noch ein paar andre gleichgültige Namen, die er überhörte. Denn ein wirres Brausen und Wirbeln war aus diesen Worten in seinem Hirne geworden. Ein paar Mal fuhr er sich mechanisch mit den Fingern über die gepreßte Stirn, als wollte er eine drückende Schicht wegschieben, die dort lagerte und das Verständnis umdämmerte. Er machte ein paar Schritte; es war ein Taumeln. Unsicher und erschreckt glitt er an einem hohen goldgerahmten Spiegel vorbei, aus dem ihm ein fahles und fremdes Gesicht kreidig entgegenstarrte. Die Gedanken wollten nicht kommen, sie waren gleichsam festgemauert hinter einer dunklen nebligen Wand. Fast unbewußt tastete er am Geländer die breite Treppe in den umdämmerten Garten hinab, wo die hohen Pinien-Bäume einsam standen wie finstere Gedanken. Noch ein paar Schritte wankte seine unruhige Gestalt, gleich dem niederen und taumelnden Flug eines großen dunklen Nachtvogels, dann sank er auf eine Bank, den Kopf an die kühle Lehne gepreßt. Es war ganz still dort. Rückwärts zwischen den runden Sträuchern funkelte das Meer. Weiche und zitternde Lichter glühten dort leise, und in der Stille verlor sich der eintönig murmelnde Singsang fernplätschernder Brandungsquellen.

Und plötzlich war alles klar, ganz klar. So schmerzklar, daß er fast ein Lächeln fand. Es war einfach alles zu Ende. Die Gräfin Ostrowska fährt nach Hause, und der Kellner François bleibt auf seinem Posten. War dies denn so seltsam? Gingen nicht alle die Fremden fort, die kamen, nach zwei, nach drei, nach vier Wochen? Wie töricht, das nicht überdacht zu haben. Es war ja alles so klar, zum Lachen, zum Weinen klar. Und die Gedanken schwirrten und schwirrten. Morgen abend, mit dem Acht-Uhr-Zug nach Warschau. Nach Warschau – Stunden und Stunden durch Wälder und Täler, über Hügel und Berge, über Steppen und Flüsse und durch brausende Städte. Warschau! Wie weit das war! Er konnte es sich gar nicht ausdenken, aber im tiefsten fühlen, dieses stolze und drohende, harte und ferne Wort: Warschau. Und er ...

Eine Sekunde flatterte noch eine kleine träumerische Hoffnung auf. Er konnte ja nachfahren. Und dort sich verdingen als Diener, als Schreiber, als Fuhrknecht, als Sklave; als frierender Bettler dort auf der Straße stehn, aber nur nicht so furchtbar ferne sein, den Atem derselben Stadt nur atmen, sie manchmal vielleicht vorüberbrausen sehen, nur ihren Schatten sehen, ihr Kleid und ihr dunkles Haar.

Schon zuckten eilfertige Träumereien empor. Aber die Stunde war hart und unerbittlich. Er sah das Unerreichbare nackt und klar. Er rechnete: hundert oder zweihundert Francs Ersparnisse im besten Falle. Das reichte kaum die Hälfte des Weges. Und was dann? Wie durch einen zerrissenen Schleier sah er auf einmal sein Leben, fühlte, wie arm, wie kläglich, wie häßlich es jetzt werden mußte. Öde leere Kellnerjahre, zermartert von törichter Sehnsucht, diese Lächerlichkeit sollte seine Zukunft sein. Wie ein Schauder kam es über ihn. Und plötzlich liefen alle Gedankenketten stürmisch und unabwendbar zusammen. Es gab nur eine Möglichkeit. –

Leise schwankten die Wipfel in einer unmerklichen Brise. Eine finstere schwarze Nacht stand drohend vor ihm. Da erhob er sich sicher und gelassen von seiner Bank und schritt über den knirschenden Kies zu dem großen, in weißem Schweigen schlafenden Hause empor. Bei ihren Fenstern blieb er stehen. Sie waren blind und ohne ein funkelndes Lichterzeichen, daran sich träumerische Sehnsucht hätte entzünden können. Nun ging sein Blut in ruhigen Schlägen, und er schritt wie einer, den nichts mehr verwirrt und betrügt. In seinem Zimmer warf er sich ohne jede Erregung auf das Bett und schlief dumpfen traumlosen Schlaf bis zum rufenden Morgenzeichen.

Am nächsten Tage war sein Gebaren gänzlich in den Grenzen sorgfältig gezirkelter Überlegung und erzwungener Ruhe. Mit kühler Gleichgültigkeit erledigte er seine Pflichten, und seine Gebärden hatten eine so sichere und sorglose Gewalt, daß niemand hinter der trügerischen Maske den herben Entschluß hätte ahnen können. Kurz vor der Stunde des Diners eilte er mit seinen kleinen Ersparnissen in das vornehmste Blumengeschäft und kaufte erlesene Blumen, die ihn in ihrer farbigen Pracht wie Worte anmuteten: feuergolden glühende Tulpen, die wie eine Leidenschaft waren, weiße breitgekränzte Chrysanthemen, die wie lichte und exotische Träume anmuteten, schmale Orchideen, die schlanken Bilder der

Sehnsucht und ein paar stolze betörende Rosen. Und dann erstand er eine prächtige Vase aus opalisierendem funkelndem Glase. Die paar Francs, die ihm noch blieben, schenkte er im Vorübergehen einem Bettelkinde mit rascher und sorgloser Gebärde. Und eilte zurück. Die Vase mit den Blumen stellte er mit wehmütiger Feierlichkeit vor das Kuvert der Gräfin, das er nun zum letzten Male mit einer voluptuösen und langsamen Peinlichkeit bereitete.

Dann kam das Diner. Er servierte wie immer: kühl, lautlos und geschickt, ohne aufzuschauen. Nur zum Ende umfing er ihre ganze biegsame, stolze Gestalt mit einem unendlichen Blicke, von dem sie nie wußte. Und nie erschien sie ihm so schön wie in diesem letzten wunschlosen Blick. Dann trat er ruhig, ohne Abschied und Gebärde vom Tische zurück und ging aus dem Saal. Wie ein Gast, vor dem sich die Bedienten beugen und neigen, schritt er durch die Gänge und über die vornehme Empfangstreppe hinab der Straße zu: man hätte fühlen müssen, daß er mit diesem Augenblick seine Vergangenheit verließ. Vor dem Hotel blieb er eine Sekunde unschlüssig stehen: dann wandte er sich den blinkenden Villen und breiten Gärten entlang einem Wege zu, weiter, immer weiter wandelnd in seinem nachdenklichen Promenadeschritt, ohne zu wissen, wohin.

Bis zum Abend irrte er so unstet in träumerischem Verlorensein. Er sann über nichts mehr nach. Nicht über Vergangenes und nicht über das Unabwendbare. Er spielte nicht mehr mit dem Todesgedanken, so wie man wohl noch in den letzten Augenblicken den funkelnden, mit tiefem Auge drohenden Revolver prüfend in der wägenden Hand hebt und wieder senkt. Längst hatte er sich das Urteil gesprochen. Nur Bilder kamen noch, in flüchtigem Fluge, gleich ziehenden Schwalben. Zuerst die Jugendtage bis zu einer verhängnisvollen Schulstunde, da ihn ein törichtes Abenteuer aus einer verführerisch wirkenden Zukunft jählings in das Gewirre der Welt stieß. Dann die rastlosen

Fahrten, Mühen um den Taglohn, Versuche, die immer wieder mißglückten, bis die große finstere Welle, die man Schicksal nennt, seinen Stolz zerbrach und ihn an einen unwürdigen Posten warf. Viele farbige Erinnerungen wirbelten vorüber. Und schließlich glänzte noch die sanfte Spiegelung dieser letzten Tage aus den wachen Träumen; und jählings stießen sie wieder das dunkle Tor der Wirklichkeit auf, das er durchschreiten mußte. Er besann sich, daß er noch heute sterben wollte.

Eine Weile sann er über die vielen Wege nach, die zum Tode führen, und wägte ihre Bitterkeit und Behendigkeit gegeneinander ab. Bis ihn plötzlich ein Gedanke durchzuckte. Aus trüben Sinnen fiel ihm jäh ein finsteres Symbol ein: so wie sie unwissend und vernichtend über sein Schicksal hinweggebraust war, so sollte sie auch seinen Körper zermalmen. Sie selbst sollte es vollbringen. Sie selbst ihr Werk vollenden. Und nun hasteten die Gedanken mit unheimlicher Sicherheit. In einer knappen Stunde, um acht Uhr ging der Expreß ab, der sie ihm entführte. Dem wollte er sich unter die Räder werfen, sich zerstampfen lassen von der gleichen stürmenden Gewalt, die ihm die Frau seiner Träume entriß. Unter ihren Füßen wollte er verbluten. Die Gedanken stürmten und stürmten gleichsam jubelnd einander nach. Er wußte auch den Ort. Weiter oben am Waldhang, wo die rauschenden Wipfel den letzten Blick auf die nahe Bucht verdunkelten. Er sah auf die Uhr: fast schlugen die Sekunden und sein hämmerndes Blut den gleichen Takt. Es war schon Zeit, sich auf den Weg zu machen. Nun kam mit einem Male Elastizität und Zielsicherheit in seine schlaffen Schritte, jener harte eilige Takt, der das Träumen im Vorwärtswandeln ertötet. Unruhig stürmte er in die dämmernde Pracht des südlichen Abends der Stelle zu, wo zwischen den fernen bewaldeten Hügeln der Himmel eingebettet war als purpurner Streif. Und er eilte vorwärts, bis er an das Geleise kam, das mit seinen beiden silbernen Linien vor ihm aufglänzte und seinen Weg geleitete. Und sie führten ihn in gewundenem Zuge aufwärts durch die tiefen duftenden Tale, deren dunstige Schleier das matte Mondlicht durchsilberte, sie lenkten ihn im steigenden Gange in das Hügelland, wo man sah, wie ferne das weite nachtschwarze Meer mit seinen funkelnden Strandlichtern aufglänzte. Und sie zeigten ihm endlich den tiefen, unruhig rauschenden Wald, der das Geleise in seinen sinkenden Schatten begrub.

Es war schon spät, als er nun schweratmend am dunklen Hange des Waldes stand. Schauerlich und schwarz reihten sich die Bäume um ihn. Nur hoch oben in den durchschimmernden Kronen spann ein fahles zitterndes Mondlicht in den Zweigen, die stöhnten, wenn sie die leise Nachtbrise in die Arme nahm. Manchmal zuckten seltsame Rufe ferner Nachtvögel in diese dumpfe Stille. Die Gedanken erstarrten ihm ganz in dieser bangenden Einsamkeit. Er wartete nur, wartete und starrte, ob nicht unten an der Kurve der ersten ansteigenden Serpentine das rote Licht des Zuges auftauchen wollte. Manchmal sah er wieder nervös auf die Uhr und zählte die Sekunden. Dann horchte er wieder nach dem fernen Schrei der Lokomotive. Aber es war eine Täuschung. Ganz still wurde es wieder. Die Zeit schien erstarrt zu sein.

Endlich glänzte fern unten das Licht. Er fühlte in dieser Sekunde einen Stoß im Herzen, wußte aber nicht, ob es Furcht oder Jubel war. Mit jäher Gebärde warf er sich hin auf die Schienen. Zuerst fühlte er einen Augenblick nur die wohlige Kühle der Eisenstreifen an seiner Schläfe. Dann horchte er. Der Zug war noch weit. Minuten mochten es wohl dauern. Noch hörte man nichts außer dem flüsternden Rauschen der Bäume im Wind. Wirr sprangen die Gedanken. Und plötzlich einer, der blieb und sich wie ein schmerzhafter Pfeil in sein Herz bohrte: daß er um ihretwillen starb und sie es nie ahnen würde. Daß nicht eine einzige leise Welle seines aufschäumenden Lebens die ihre berührt hatte. Daß sie nie wissen würde, daß ein

fremdes Leben an ihrem gehangen, an ihrem zerschmettert
sei.

Ganz leise keuchte von ferne durch die atemstille
Luft der rhythmische Gang der steigenden Maschine. Aber
der Gedanke brannte unvermindert weiter und folterte die
letzten Minuten des Sterbenden. Näher und näher ratterte
der Zug. Und da schlug er noch einmal die Augen auf.
Über ihm war ein schweigender blauschwarzer Himmel
und ein paar rauschende Kronen. Und über dem Walde ein
weißer blinkender Stern. Ein einsamer Stern über dem
Walde ... Schon begannen die Schienen unter seinem
Kopfe leise zu schwingen und zu singen. Aber der
Gedanke brannte wie Feuer in seinem Herzen und in dem
Blicke, der alle Glut und Verzweiflung seiner Liebe faßte.
Alle Sehnsucht und diese letzte schmerzliche Frage
fluteten über in den weißen leuchtenden Stern, der mild auf
ihn niedersah. Näher und näher schmetterte der Zug. Und
der Sterbende umfing noch einmal mit einem letzten
unsagbaren Blick den funkelnden Stern, den Stern über
dem Walde. Dann schloß er die Augen. Die Schienen
zitterten und wankten, näher und näher stampfte der
ratternde Gang des fliegenden Zuges, daß der Wald
dröhnte wie von großen hämmernden Glocken. Die Erde
schien zu taumeln. Noch ein betäubendes sausendes
Schwirren, ein wirbelndes Getöse, dann ein schriller Pfiff,
der ängstlich tierische Schrei der Dampfpfeife und das
gelle Stöhnen einer vergeblichen Bremse ...

Die schöne Gräfin Ostrowska hatte im Zug ein
eigenes reserviertes Coupé. Seit der Abfahrt las sie einen
französischen Roman, sanft gewiegt von der schaukelnden
Bewegung des Wagens. Die Luft des engen Raumes war
schwül und getränkt von dem drückenden Dufte vieler
welkender Blumen. Schon nickten von den prächtigen
Abschiedskörben die weißen Fliedertrauben müde herab
wie überreife Früchte, erschlafft hingen die Blüten an den
Stengeln, und die schweren und breiten Kelche der Rosen

schienen zu welken in der heißen Wolke der berauschenden Düfte. Erstickende Schwüle wärmte diese schweren Duftwellen, die träge niederdrückten, selbst in der sausenden Eile des Zuges.

Plötzlich ließ sie mit matten Fingern das Buch sinken. Sie wußte selbst nicht, warum. Ein geheimes Gefühl war es, das sie aufriß. Sie fühlte einen dumpfen schmerzlichen Druck. Ein jäher, unverständlicher beklemmender Schmerz umpreßte ihr Herz. Sie glaubte ersticken zu müssen in dem schwülen betäubenden Dunst der Blumen. Und dieser ängstigende Schmerz wich nicht, sie fühlte jede Schwingung der sausenden Räder, das blinde Vorwärtsstampfen marterte sie unsäglich. Eine plötzliche Sehnsucht packte sie, den eilenden Schwung des Zuges hemmen zu können, ihn zurückzureißen von dem dunklen Schmerz, dem er entgegenstürmte. Nie hatte sie in ihrem Leben eine ähnliche Angst vor etwas Furchtbarem, Unsichtbarem, Grausamem ihr Herz umklemmen gefühlt, als in diesen Sekunden unverständlichen Schmerzes und unbegreiflicher Angst. Und immer wilder wurde dieses unsagbare Gefühl, immer enger der Druck um die Kehle. Wie ein Gebet stöhnte in ihr der Gedanke, daß der Zug anhalten möge.

Da plötzlich ein schriller Signalpfiff, der wilde warnende Schrei der Lokomotive und das klägliche knirschende Stöhnen der Bremse. Und verlangsamt der Rhythmus der fliegenden Räder, langsamer und langsamer, dann ein ratterndes Stammeln und ein stockender Stoß ...

Mühsam tappt sie zum Fenster, um die kühle Luft zu trinken. Die Scheibe rasselt nieder. Draußen schwarze, stürmende Gestalten ... fliegende Worte von wechselnden Stimmen: ein Selbstmörder ... Unter den Rädern ... Tot ... Auf freiem Feld ...

Sie zuckt zusammen. Instinktiv trifft ihr Blick den hohen schweigenden Himmel und drüben die schwarzen rauschenden Bäume. Und über ihnen ein einsamer Stern über dem Walde. Sie fühlt seinen Blick wie eine funkelnde

Träne. Sie sieht ihn an und spürt jählings eine Traurigkeit, wie sie sie nie gekannt. Eine Traurigkeit voll Glut und Sehnsucht, wie sie in ihrem eigenen Leben nie war ...

Langsam rattert der Zug weiter. Sie lehnt in der Ecke und spürt leise Tränen über die Wangen tropfen. Die dumpfe Angst ist gewichen, sie fühlt nur noch einen tiefen seltsamen Schmerz, dessen Spur sie vergebens nachsinnt. Einen Schmerz, wie ihn verschreckte Kinder haben, wenn sie in finsterer undurchdringlicher Nacht plötzlich erwachen und fühlen, daß sie ganz einsam sind ...

DIE WUNDER DES LEBENS

Die graue Nebelfahne hatte sich tief über Antwerpen gesenkt und hüllte die Stadt ganz in ihr dichtes, drückendes Tuch. Die Häuser verflossen bald in einem feinen Rauch, und die Straßen führten ins Ungewisse: über ihnen aber ging wie ein Wort Gottes aus den Wolken ein dröhnendes Klingen und ein surrender Ruf, denn die Kirchtürme, aus denen die Glocken mit gedämpfter Stimme klagten und baten, waren zerronnen in diesem großen wilden Nebelmeer, das Stadt wie Land erfüllte und ferne im Hafen die unruhigen, leise grollenden Fluten des Ozeans umschlang. Hie und da kämpfte ein matter Lichtschein mit dem feuchten Rauche und suchte ein grelles Schild zu beleuchten, aber nur das verschwommene Lärmen und Lachen harter Kehlen verriet die Schenke, in der sich die Frierenden und die des Wetters Unlustigen zusammengefunden hatten. Die Gassen waren leer, und wenn Gestalten vorbeikamen, so war es nur wie ein flüchtiger Streif, der rasch in Nebel zerrann. Trostlos und müde war dieser Sonntagmorgen.

Nur die Glocken riefen und riefen ohne Unterlaß, wie verzweifelt, daß der Nebel ihren Schrei erstickte. Denn die Andächtigen waren spärlich; die fremde Ketzerei hatte Fuß gefaßt im Lande, und wer nicht abtrünnig geworden, war lässiger und matter im Dienst des Herrn, so daß eine morgendliche Nebelwolke genügte, um viele ihrer Pflicht zu entfremden. Alte, verhutzelte Frauen, die ihre Rosenkränze emsig surrten, arme Leute in schlichtem Sonntagsgewand standen wie verloren in den tiefen dunklen Hallen der Kirche, aus denen das schimmernde Gold der Altäre und Kapellen und das leuchtende Meßgewand wie eine milde und sanfte Flamme entgegenstrahlte. Wie durchgesickert durch die hohen Wände war der Nebel, denn auch hier wohnte die traurigfröstelnde Stimmung der verlassenen, versponnenen Straßen. Und kalt, herbe, ohne den sonnigen Strahl war auch die Morgenpredigt: sie galt den Protestanten und war von wildem Zorn getragen, in dem sich Haß mit starkem Kraftbewußtsein vermählte, denn die Zeiten der Milde schienen vorbei, und von Spanien her kam den Klerikern die frohe Kunde, daß der neue König mit lobenswerter Strenge dem Werk der Kirche diene. Und mit den schildernden Drohungen des letzten Gerichtes vereinten sich dunkle Worte der Mahnung für die nächste Zeit, die vielleicht unter einer zahlreichen Hörerschar durch das raunende Gestühle weitergerauscht wären, so aber, in der dunklen Leere dröhnend und hohl zu Boden fielen, wie erfroren in der naßkalten schauernden Luft.

Während der Predigt waren zwei Männer rasch beim Hauptportal eingetreten, für den ersten Augenblick unkenntlich durch den hoch aufgeschlagenen hüllenden Mantel und das tief ins Antlitz verstürmte Haar. Der größere löste sich mit einem jähen Ruck aus der nassen Hülle: ein klares, nicht aber ungewöhnliches Gesicht, zu dessen wohlbehäbigem, bürgerlichem Schnitt die reiche Kaufherrntracht wohl paßte. Der andere war absonderlicher, wenn auch nicht phantastisch gekleidet: seine sanften und ruhigen Bewegungen harmonierten mit seinem etwas grobknochig-bäuerlichen, aber gutherzigen Gesicht, dem die weiße Wucht der herabwallenden Haare die Milde eines Evangelisten verlieh. Sie verrichteten beide eine kurze Andacht; dann winkte der Kaufherr seinem älteren Begleiter zu, ihm zu folgen, und sie gingen langsam und mit behutsamen Schritten in das Seitenschiff, das fast ganz im Dunkel lag, weil die Kerzen unruhig im feuchten Raume zitterten und vor den farbigen Scheiben die schwere Wolke lag, die sich noch immer nicht erhellen wollte. Vor einer der kleinen Seitenkapellen, die meist Stiftungen und Gelöbnisse der erbgesessenen Familien enthielten, blieb der Kaufherr stehen, und mit der Hand gegen einen der kleinen Altare hindeutend, sagte er kurz: »Hier ist es.«

Der andere trat näher und legte die Hand über das Auge, um die Dämmerung besser zu durchdringen. Der eine Altarflügel trug ein lichtes Bild, das im Dunkel nur noch weicher und milder in seiner Tönung zu werden schien und den Blick des Malers sogleich fesselte. Es war die Mutter Gottes mit dem vom Schwerte durchbohrten Herzen, ein Bild, ganz sanft und versöhnungsvoll trotz seines Schmerzes und seiner Traurigkeit. Ein seltsam süßer Kopf war die Maria, nicht so sehr Mutter Gottes wie träumerische blühende Jungfrau, der ein leiser schmerzlicher Gedanke die lächelnde Anmut spielender Sorglosigkeit nimmt. Schwarze, dicht herabfließende Haare umschlossen zärtlich angepreßt ein schmales, blaßleuchtendes Gesicht, aus dem die Lippen rot entgegenbrannten, wie eine purpurne Wunde. Wundersam fein waren die Züge, und manche Linie, wie der schmale und sichere Schwung der Augenbrauen legten einen fast begehrlichen Schein und eine spielerische Schönheit über das zarte Antlitz, aus dem die dunklen Augen versonnen träumten, wie aus einer andern vielfarbigeren und süßeren Welt, der sie ein banger Schmerz entführt. Die Hände waren sanft ergebungsvoll gefaltet, und die Brust schien noch leicht schreckhaft zu erbeben vor der kalten Berührung des Schwertes, dem entlang die blutende Spur ihrer Wunde verströmte. All dies war in wundersamen Glanz getaucht, der ihr Haupt golden überflammte, und selbst ihr Herz glühte nicht wie warmes rauschendes Blut, sondern wie das mystische Licht des Kelches im farbigen Scheine der sonnedurchleuchteten Kirchenscheiben. Und die fließende Dämmerung nahm noch den letzten Schein der Weltlichkeit dieses Bildes, so daß der Heiligenschein über diesem süßen Mädchenhaupte so lebendig glühte wie wahrhaftiges Schimmern der Verklärung.

Beinahe ungestüm raffte sich der Maler aus seiner nachhaltigen und bewundernden Betrachtung auf.

»Das hat keiner von den Unsrigen gemalt.«

Der Kaufherr nickte zustimmend mit dem Kopf.

»Ein Italiener war es. Ein junger Maler. Aber das ist eine ganze Geschichte. Ich will sie Euch von Anfang an beginnen, und Ihr selbst sollt es sein, wie Ihr wißt, der ihr den Schlußstein setzt. Doch seht: die Predigt ist zu Ende, wir wollen für Historien andern Platz suchen als die Kirche, wiewohl ihr unser Bemühen und gemeinsam Werk gelten wird. Laßt uns gehn!«

Der Maler blieb noch zögernd einige Augenblicke stehen, ehe er sich vom Bilde abwandte, das immer leuchtender zu werden schien, in dem Maße, als die rauchige Finsternis sich zu erhellen strebte und der Dunst immer goldener um die Fenster sich wölbte. Und es war ihm fast, als würde, wenn er andächtig betrachtend zurückbliebe, die sanftschmerzliche Falte dieser Kinderlippen sich in ein Lächeln verlieren und neue Holdseligkeit ihm offenbaren. Doch sein Begleiter war schon vorausgegangen, und er mußte seinen Schritt beschleunigen, um ihn noch beim Portale zu erreichen. Gemeinsam, wie sie gekommen waren, traten sie aus der Kirche.

Aus dem schweren Nebelmantel, den der Vorfrühlingsmorgen der Stadt umgehängt hatte, war ein matter, silberner Flor geworden, der wie ein Spitzengewebe sich an den gegiebelten Dächern verfangen. Das enggesteinte Pflaster glänzte feuchtatmend wie Stahl, und schon begann sich das erste Sonnenflimmern goldig darin zu spiegeln. Der Weg der beiden ging durch die schmalen verwinkelten Gassen dem hellen Hafen zu, wo der Kaufherr wohnte. Und da sie langsam dahinschritten, in Gedanken und Erinnerung verloren, führte des Kaufherrn Geschichte schneller hin zum Ziele als ihrer Schritte träumerischer Gang.

»Ich hab Euch schon erzählt,« begann er, »daß ich in jungen Jahren in Venezia war. Und um nicht lang zu zögern: ich trieb es nicht sehr christlich. Statt meines Vaters Kontor zu verwalten, saß ich in Schenken mit dem jungen Volk, das dort den lieben Tag in Saus und Braus verbringt, trank, spielte, wußte auch schon manches freche Lied und manchen bittern Fluch über den Tisch zu donnern, wie die andern. An Heimkehr dacht' ich nicht. Das Leben war mir leicht, wie meines Vaters Worte, die er mir dringender und drohender von Hause schrieb: man kannte mich und hatte ihn gewarnt, daß mich das Luderleben noch verschlingen würde. Ich lachte nur, manchmal mit Ärgernis: ein rascher Schluck von diesem dunkelsüßen Wein schwemmte mir alle Bitterkeiten weg, und tat's nicht er, so tat's ein Dirnenkuß. Die Briefe riß ich auf und bald entzwei: mich hatte ganz der böse Rausch gefaßt, ich dachte nie mehr loszukommen. Doch eines Abends ward ich alles frei. Sehr seltsam war's, und manchmal fühl' ich's heute noch so, als hätte sichtbarlich ein Wunder meinen Weg gebahnt. Ich saß in meiner Schenke: heut noch seh' ich sie mit ihrem Qualm und Dunst und meinen Kneipgesellen. Auch Dirnen waren mit, und eine war sehr schön; wir trieben's selten toller als in dieser Nacht, die stürmisch war und sehr unheimlich. Plötzlich, als eben eine unzüchtige Historie dröhnendes Lachen weckte, trat mein Diener ein und gab mir einen Brief, den der Kurier von Flandern gebracht hatte. Ich war sehr ärgerlich, weil ich die Briefe meines Vaters ungern sah, denn sie mahnten mich unablässig an meine Pflicht und an ein christlich Tun, zwei Dinge, die ich längst im Wein ersäuft hatte. Ich wollt' ihn nehmen: da sprang der eine meiner Kneipgesellen auf, ein schöner Bursch, geschickt und aller ritterlichen Künste Meister. »Laß doch den Unkenschrei! Was geht's dich an!« rief er und warf den Brief hoch, riß seinen Degen rasch heraus und stieß geschickt das niederflatternde Blatt tief in die Wand, daß die blaue geschmeidige Klinge zitterte. Er zog sie vorsichtig zurück – der geschlossene Brief blieb an seiner Stelle. »Da klebt die Fledermaus!« lachte er. Die andern schlugen in die Hände, die Dirnen sprangen freudig zu ihm auf, man trank ihm zu. Ich lachte selbst, trank mit, zwang mich zu toller Fröhlichkeit, in der ich Brief und Vater, Gott und mich vergaß. Wir gingen fort, ohne daß ich noch des Briefes dachte, zu einer andern Schenke, wo unsre Fröhlichkeit zur Torheit wurde. Ich war berauscht wie nie, und eine der Dirnen war schön wie die Sünde.« –

Der Kaufherr blieb unwillkürlich stehen und strich sich mit der Hand mehrmals über die Stirne, gleichsam, als wollte er ein unerfreuliches Bild von sich abstreifen. Der Maler merkte rasch die Peinlichkeit der Erinnerung und sah ihn nicht an, sondern ließ seinen Blick wie neugierig auf einer raschsegelnden Galeone ruhen, die sich mit vollen Segeln dem Hafen näherte, in dessen farbigem Gewirre die beiden langsam angelangt waren. Das Schweigen dauerte nicht lange, und der Erzähler fuhr mit Hastigkeit fort.

»– Ihr könnt Euch denken, wie es wurde. Ich war jung und verwirrt, sie frech und schön. Wir gingen zusammen, und ich war voll Unrast und Begierde. Aber ein Sonderbares geschah. Als ich in ihren buhlerischen Armen lag und sich ihr Mund an meinen preßte, da ward diese Zärtlichkeit mir nicht wilder, gern erwiderter Genuß, sondern in wunderbarer Weise mahnten mich diese Lippen an den sanften Abendgruß im Elternhause. Mit einem Male, wundersam und kaum glaublich, fiel mir in den Armen der Dirne meines Vaters zerknüllter, zerstoßener, ungelesener Brief ein und mir war, als fühlte ich den Stoß des Gesellen in meiner blutenden Brust. Ich fuhr auf, so unvermittelt und blaß, daß mich die Dirne erschreckten

Blickes befragte, was mir zugestoßen sei. Aber ich schämte mich meiner törichten Angst, und ich schämte mich dieses fremden Weibes, in dessen Bett ich gelegen und deren Schönheit ich genossen, ohne ihr den törichten Gedanken eines Augenblickes anvertrauen zu wollen. Aber in dieser Minute hat sich mein ganzes Leben gewandelt, und heut wie damals fühle ich, daß nur Gottes Gnade solches wirken kann. Ich warf ihr Geld hin, das sie widerwillig nahm, weil sie fürchtete, daß ich sie verachte, und sie nannte mich einen deutschen Narren. Ich aber hörte nicht mehr, sondern stürmte fort in die kalte Regennacht und schrie wie ein Verzweifelter in die dunklen Kanäle hinaus nach einer Gondel. Endlich kam eine, die sich ihre Fahrt mit Gold aufwiegen ließ, aber mein Herz pochte in einer so jähen, unbarmherzigen und unbegreiflichen Angst, daß ich an nichts anderes dachte als an den Brief, den mir ein Wunder so jählings wieder in Erinnerung gebracht. Als ich bei der Schenke angelangte, brach die Begierde nach diesen Zeilen aus wie ein zehrendes Fieber; ein Rasender stürmte ich jäh in die Schenke, ohne der freudig-erstaunten Rufe meiner Genossen zu achten, sprang auf einen gläserklirrenden Tisch, riß den Brief von der Wand und rannte weiter, ohne das tolle Hohnlachen und zornige Fluchen hinter mir zu beachten. An der nächsten Ecke entfaltete ich den Brief mit zitternden Händen. Der Regen strömte nieder vom verwölkten Himmel, und der Wind riß an dem Blatt in meiner Hand. Ich ließ aber nicht früher ab, als bis ich mit überquellenden Augen alles entziffert hatte. Es waren nicht viel der Worte: meine Mutter sei zum Sterben krank, und ich möchte nach Hause kommen. Kein Wort des Tadels und Vorwurfs wie sonst. Aber wie brannte mein Herz in tiefster Scham, als ich sah, daß des Degens Klinge mitten durch meiner Mutter Namen gestoßen war ...«

»Ein Wunder, ein offenbarliches Wunderzeichen, nicht allem Volke verständlich, aber wohl dem, für den es erstanden,« murmelte der Maler, als der Erzähler tiefbewegt in Schweigen versunken war. Eine Zeitlang gingen sie wieder wortlos nebeneinander her. Fernüber leuchtete schon das prächtige Haus des Kaufherrn ihnen entgegen. Als der Kaufherr aufblickend es bemerkte, fuhr er hastig fort.

»Laßt mich kurz sein, laßt mich Euch verschweigen, in welchem Schmerz und reuevollem Wahnsinn ich diese Nacht verlebte. Laßt Euch nur sagen, daß mich der nächste Morgen kniend auf den Stufen der Markuskirche fand, wo ich in brünstigem Gebete der Mutter Gottes einen Altar gelobte, wenn sie mir vergönnen wollte, meiner Mutter Gruß und Verzeihung zu erlangen. Am selben Tage reiste ich ab, reiste Stunden und Tage der Verzweiflung und Angst nach Antwerpen, stürmte wild und verzweifelt zu meiner Eltern Haus. Vor dem Tore stand meine Mutter, gealtert und blaß, doch wohlauf. Als sie mich sah, breitete sie mir jubelnd die Arme entgegen, und ich weinte vieler Tage Sorge und vieler vergeudeter Nächte Schmach an ihrem Herzen aus. Mein Leben ist seitdem ein anderes geworden, ich darf beinah sagen ein gutes. Das Liebste, das ich hatte, jenen Brief, habe ich eingesargt in den Grundstein dieses Hauses, das meiner Hände Arbeit geschaffen hat, und mein Gelübde habe ich zu lösen gesucht. Bald nach meiner Ankunft ließ ich den Altar errichten, den Ihr gesehn habt, und bot alle Mühe auf, ihn würdig zu schmücken. Da ich aber unbekannt war in den Geheimnissen, nach denen Ihr Eure Kunst zu werten wißt, und der Mutter Gottes ein würdiges Bild weihen wollte, so wie sie mir ihr Wunder geoffenbart, schrieb ich an einen treuen Freund nach Venedig, er möge mir den Tüchtigsten der Maler senden, den er kenne, daß er mir das Werk meines Herzens würdig vollende.

Monate vergingen. Eines Tages stand ein junger Mann vor meiner Tür, berief sich seiner Sendung und entbot mir Gruß und Brief meines Freundes. Der italienische Maler, dessen wunderbaren und seltsam traurigen Gesichtes ich mich noch wohl besinne, glich durchaus nicht den lärmenden und großsprecherischen Kumpanen meiner Venezianer Zechgelage. Eher hätte man ihn als Mönch empfangen, denn als Maler, weil sein Habitus schwarz und lang war, seine Haare schlicht gereiht und sein Antlitz von jener vergeistigten Blässe der Nachtwachen und Asketen. Der Brief bestätigte nur jenen günstigen Eindruck und zerstreute meine Bedenken ob der Jugend des Meisters; die alten Maler, schrieb mir mein Freund, seien in Italien stolzer als Fürsten, und es hielte schwer, sie auch mit dem verlockendsten Angebot aus ihrer Heimat zu entfernen, wo sie umringt seien von Freunden und Frauen, von Fürsten und Volk. Diesen jungen Meister habe nur der Zufall bestimmt: die Sehnsucht, wegen eines ihm unbekannten Grundes Italien zu verlassen, sei ihm dringender gewesen als alles Geldes Angebot, denn man kenne auch daheim des jungen Malers Wert und wisse ihn zu ehren.

Es war ein stiller verschlossener Mann, den mir mein Freund gesandt. Nie habe ich von seinem Leben etwas erfahren, nur dunklen Andeutungen entnahm ich, daß eine schöne Frau schmerzlichen Anteil an seinem Geschicke habe und er um ihretwillen die Heimat verlassen. Und, wiewohl ich keinen Beweis dafür habe und mich solches Tun ketzerisch und unchristlich anmutet, so meine ich, daß jenes Bild, das Ihr gesehn und das er im Verlauf weniger Wochen ohne Vorbild und mühsame Bereitung aus der Erinnerung gemalt, jener Frau Züge erhalte, die er geliebt. Denn immer, wenn ich zu ihm kam, fand ich ihn, wie er das gleiche süße Antlitz, das Ihr gesehen, von neuem versuchte oder träumend in seiner Betrachtung verweilte. Und als ich nach des Bildes Vollendung in heimlicher Angst ob der Gottlosigkeit, eine Dirne als Gottesmutter zu malen, ihm anbefahl, für das zweite Bild eine andere Gestalt zu wählen, da blieb er stumm. Und des nächsten Tages, als ich zu ihm ging, war er ohne ein Wort des Abschieds von hinnen gereist. Ich trug Bedenken, mit diesem Bilde den Altar zu schmücken, doch der Priester, den ich befragte, verstattete es ohne jegliches Besinnen ...«

»Und er hat recht getan,« fiel der Maler beinahe erregt ein. »Denn woher sollten wir die holde Schönheit unserer lieben Frauen zu schildern wissen, wenn nicht von der Schönheit jeder Frau, die uns begegnet. Sind wir nicht nach Gottes Bilde geschaffen und muß nicht, um das Vollkommenste darzubieten, das Vollendetste unter den Menschen eine, wenngleich nur matte Folie des Unsichtbaren sein! Seht! Ich, den ihr bestimmt, das zweite Bild zu schaffen, ich bin einer der Armen, die nicht zu malen wissen ohne die Natur, denen es nicht gegeben ist, von innen zu bilden, sondern die in mühsamer Nachzeichnung des Wahrhaftigen ihr Werk erschaffen. Nicht meine Liebste würde ich wählen, um die Mutter Gottes würdig zu bilden, denn es wäre sündhaft, die Unbefleckte durch einer Sünderin Antlitz zu sehen, aber ich würde nach Schönheit spüren und diejenige malen, deren Antlitz mir am meisten unserer Gottesmutter Züge zeigte, wie ich sie in meinen frommen Träumen erschaut. Und glaubt, obgleich eines sündigen Menschen Antlitz, wenn ihr in frommer Hingebung es schafft, bleibt nichts von Schlacken der Begehrlichkeit und Sündhaftigkeit in diesen Zügen, ja dieser wunderbaren Reinheit Zauber wirkt oft weiter als ein Zeichen in der irdischen Frauen Angesicht. Dies Wunder meint' ich oftmals selbst zu sehn.«

»In jedem Fall – Euch traue ich. Ihr seid ein reifer Mann, der viel geduldet und gelebt, und so Ihr keine Sünde darin findet ...«

»Im Gegenteil! Ich find' es lobenswert, und nur die Protestanten wie anderen Sektierer eifern gegen den Schmuck des Gotteshauses!«

»Da habt Ihr recht. Doch bitt' ich Euch, beginnt bald mit dem Bild, denn wie eine Sünde brennt dies ungelöste Gelübde auf mir. Durch zwanzig Jahre vergaß ich das zweite Bild: erst jüngst, als ich meines Weibes gramvolles Angesicht sah, wie sie am Krankenbette meines Kindes weinte, fühlte ich diese Schuld und erneute mein Gelübde. Und Ihr wißt, auch diesmal hat die Mutter Gottes ein Wunder der Genesung dort gewirkt, wo alle Ärzte sich mit Verzweiflung abgewandt hatten. Ich bitte Euch, zögert nicht lange mit dem Werk.«

»Ich tue, was ich kann, doch frei herausgesagt, fast nie in meiner langen Schaffenszeit ist mir ein Werk so schwer erschienen, denn wenn es nicht als eines Stümpers leichtfertiges Gefüge neben dieses jungen Meisters Bild erscheinen soll – von dessen Wirken ich mehr zu wissen begehrte – muß Gottes Hand mit meinem Werke sein.«

»Der fehlt seinen Treuen nie. Lebt wohl! Und schreitet wohlgemut zum Werk. Ich hoffe, Ihr bringt mir bald frohe Kunde ins Haus.«

Der Kaufherr schüttelte ihm vor seiner Pforte noch einmal innig die Hand und sah vertrauensvoll in die klaren Augen des Malers, die wie ein hellleuchtender Gebirgssee, den verwitterte Zacken und Schroffen umgrenzen, aus dem derbdeutschen, kantigen Gesichte entgegenblauten. Der hatte noch ein entgegnendes Wort auf den Lippen, verschluckte es aber mutig und faßte mit festem Drucke die dargebotene Hand. In innig verstehenden Gefühlen schieden die beiden.

Der Maler ging langsam den Hafen entlang, wie es stets seine Gewohnheit war, wenn ihn nicht die Arbeit an seine Stube fesselte. Er liebte dieses wilde, farbenreiche Bild, darin die Arbeit ungebrochen pulste, und manchmal setzte er sich auf einen Taupflock nieder, um irgendeines Schaffenden seltsame Körperbiegung nachzubilden und der schwierigen Kunst der Verkürzungen ein Fußbreit Weges abzuringen. Ihn störte nicht der laute Ruf der Schiffer, das Rasseln der Wagen und das Meer, das sich mit seinem gleichtönigen lallenden Geschwätze an die Ufer warf, ihm waren jene Blicke gegeben, die zwar nicht leuchten vom Abglanz innerer selbstgeschauter Bilder, die aber in allem Lebenden, so gleichgültig es auch sich gebärden mag, jenen Strahl erkennen, der ein Kunstwerk zu erleuchten vermag. Darum ging er auch immer ins Leben, wo es sich am farbigsten ausstrahlte und verwirrende Fülle wechselnder Reize ausatmete; zwischen dem Matrosenvolk streifte er mit langsamen Schritten und suchendem Auge, ohne daß ihn jemand zu verlachen wagte, denn unter dem vielen lärmenden unnützen Volk, das ein Hafen ansammelt, so wie der Strand die tauben Muscheln und zerbröckelndes Gestein, fiel er durch sein stilles Gebaren und die Ehrwürdigkeit seiner Mienen auf.

Diesmal aber stand er bald von seiner Suche ab. Des Kaufherrn Geschichte hatte ihn im tiefsten berührt, weil sie leise auch an ein eigenes Schicksal gestreift, und selbst der Kunst sonst so hingebender Zauber versagte heute seinen Dienst. Über allen Frauenantlitzen, und ob sie auch nur plumpe Fischergestalten waren, leuchtete der milde Glanz des Muttergottesbildes von des jungen Meisters Hand. Unschlüssig wandelte er in träumerischen Gedanken eine Zeitlang dem sonntäglich geputzten Getriebe entlang; dann aber mühte er sich nicht mehr, dem sehnsüchtigen Drange zu widerstehen, und durch das dunkle Netz der winkeligen Gassen suchte er wieder zur Kirche zurück zu jener milden Frau wundersamem Konterfei.

* *
*

Einige Wochen gingen seit jener Unterredung dahin, in welcher der Maler seinem Freunde die Vollendung des Bildes für den Altar der Gottesmutter zugesagt hatte, und noch immer blickte die unberührte Leinwand vorwurfsvoll

den alten Meister an, der sie beinahe zu fürchten begann
und die Stunden immer lieber auf der Straße zubrachte, um
nicht die grausame Mahnung und den schweigenden
Vorwurf seiner Mutlosigkeit fühlen zu müssen. In diesem
Leben regsamer Arbeit, das vielleicht sogar zu viel gewirkt
hatte, um prüfend in sich selbst zu schauen, war seit jenem
Tag, da der Maler des jungen Meisters Bild erblickt, eine
Wendung geschehen; Zukunft und Vergangenheit waren
jählings aufgerissen und blickten ihn an, wie ein leerer
Spiegel, in den nur Dunkelheit und Schatten strömen. Und
nichts Furchtbareres gibt es, als den Schauer eines Lebens,
das, schon auf dem letzten Grat seines Aufstieges,
aufblickt vom mutvollen Schreiten und dann, von
sinnender Angst befallen, es habe den Fehlweg
eingeschlagen, die Kraft verliert, die letzten leichtesten
Fußtapfen nach vorwärts zu machen. Mit einemmal schien
dem Maler, der in seinem Leben schon hundert und
aberhundert frommer Darbildungen gemalt, die Fähigkeit
zerronnen, eines Menschen Angesicht würdig zu gestalten,
daß es ihm selbst so schiene, als sei es göttlichen Wesens
würdig. Er hatte Frauen gesucht, solche, die ihr Antlitz
verkauften für die Stunde der Nachbildung, solche, die
ihren Leib verkauften, Bürgersfrauen und sanfte Mädchen,
deren Gesicht überleuchtet war vom durchglühenden
Schimmer innerer Reinheit; aber stets, wenn sie nahe vor
ihm standen und er den Pinsel ansetzen wollte zum ersten
Strich, da fühlte er ihre Menschlichkeit. Er sah die blonde,
gefräßige Behäbigkeit in der einen, die wilde, verhaltene
Gier, sich im Liebeskampfe auszutoben, in der anderen, er
fühlte die leere Glätte hinter den kurzen glänzenden
Mädchenstirnen und erschrak beim plumpen Schritt und
bei der verbuhlten Hüftenbiegung der Dirnen. Und die
Welt ward ihm mit einem Male so öde, alle diese
Menschen, die er um sich sah: der Atem der Göttlichkeit
schien ihm ausgelöscht, überwuchert von dem blühenden
Fleische dieser begehrlichen Frauen, die nichts mehr
wußten von dem mystischen Magdtum und den sanften

Schauern unbefleckter Hingebung an die Träume einer anderen Welt. Er schämte sich, die Mappen aufzuschlagen, die sein eigenes Werk enthielten, denn ihm schien, als hätte er sich selbst wie von der Erde entfernt und sei sündig gewesen, indem er plumpe Bauern zu Blutzeugen des Heilands und grasse Weiber zu seinen Dienerinnen erwählt. Dumpfer und drückender wölkte sich diese Stimmung über ihn herab. Er sah sich als jungen Knecht hinter seines Vaters hartem Pfluge gehen, lange bevor er zur Kunst entlief, mit harten Bauernhänden die Egge in die schwarze Erde stoßen und fragte sich, ob er nicht besser getan, gelbes Korn zu säen und Kindern wohlgehüteten Bestand zu wahren, als mit plumpen Fingern an Geheimnissen und Wunderzeichen zu rütteln, die nicht für ihn geschaffen. Sein ganzes Leben schien ihm in den Fugen zu wanken, emporgekeilt durch die flüchtige Erkenntnis einer Stunde, durch ein Bild, das seine Träume durchschwebte und seiner wachen Minuten Folter und Seligkeit war. Denn es war ihm nicht mehr möglich, die Mutter Gottes in seinen Gebeten anders zu empfinden, als sie auf jenem Bilde war, welches so holdseliges Konterfei bot und doch so abgewandt war von der Schönheit aller irdischen Frauen, die ihm begegnet, so verklärt in dem Scheine fraulicher Demut mit göttlicher Ahnung. Aller Frauen Bild, die er geliebt, verfloß in dem trügerischen Dämmer der Erinnerung in die wundersame Hülle dieser Gestalt. Und als er sich mühte, zum ersten Male, nicht dem Wirklichen abzulauschen, sondern eine Mutter Gottes nach dem Phantasiebilde zu schaffen, das ihn durchschwebte, Maria mit dem Kinde, sanft lächelnd und in froher, ungetrübter Seligkeit, da sanken seine Finger, die den Pinsel führen wollten, kraftlos nieder, wie vom Krampf gelähmt. Denn der Strom versiegte, die Fertigkeit der Finger, des Auges Worte zu sprechen, schien hilflos gegenüber jenem hellen Traum, den er mit seinem inneren Blick so deutlich sah, als sei er aufgemalt auf einer starren Wand. Wie ein Feuer brannte dieser Schmerz der

Unfähigkeit, den schönsten und treuesten seiner Träume irr die Wirklichkeit tragen zu können, wenn die Wirklichkeit nicht selbst aus ihrer Fülle eine Brücke bot. Und er stellte sich die bange Frage, ob er sich selbst noch Künstler nennen dürfe, da ihm solches geschah, und ob er sein Leben lang nicht nur ein mühsam bildender Handwerker gewesen sei, der nur Farben nebeneinander gefügt, wie ein Kärrner die Steine zu einem Bau.

Solche selbstquälerische Betrachtung ließ ihn keinen Tag ruhen und trieb ihn mit zwingender Gewalt aus seiner Stube, wo ihn die leere Leinwand und die sorgsam bereiteten Utensilien wie höhnische Stimmen verfolgten. Mehrmals wollte er dem Kaufherrn seine Not beichten, aber er fürchtete, daß dieser zwar fromme und auch wohlgesinnte Mann ihn nie ganz verstehen könnte und eher an eine ungeschickte Ausflucht werde glauben wollen, als an seine Unfähigkeit, ein solches Werk zu beginnen, wie er sie schon in großer Zahl und zum allgemeinen Beifall der Meister und Laien vollendet hätte. Und so irrte er gewöhnlich ratlos und rastlos in den Straßen umher, geheim erschreckend, wie ihn der Zufall oder eine verborgene Magie aus seinen wandelnden Träumen immer wieder vor jener Kirche erwachen ließ, gleichsam als binde ihn ein unsichtbares Band an dieses Bild oder eine göttliche Kraft, die seine Seele selbst im Traume regiere. Manchmal trat er ein, mit der geheimen Hoffnung, daß er Makel und Fehl entdecken könne und so der zwingende Zauber gebrochen sei; vor dem Bilde aber vergaß er gänzlich, des jungen Meisters Schöpfung neidlich nach Kunst und Handwerk zu messen, sondern er fühlte es wie Schwingen um sich rauschen, die ihn hinauftrugen in Sphären sanfteren und verklärteren Genießens und Anschauens. Und erst wenn er die Kirche verließ und begann, seiner selbst und eigenen Bemühens zu gedenken, fühlte er den alten Schmerz mit doppelter Gewalt.

Eines Nachmittags war er wieder durch die hellerleuchteten Straßen geirrt, und diesmal fühlte er seine quälerischen Zweifel milder werden. Von Süden her war der erste Frühlingswind gekommen und trug, wenn auch nicht die Wärme, so doch die Helle vieler heranblühender Lenztage in sich. Zum ersten Male schien dem Maler jener graue stumpfe Glanz, den sein eigener Gram über die Welt gelegt, sich zu lösen und Gottes Gnade in sein Herz zu rauschen, wie immer, wenn das große Auferstehungswunder in flüchtigen Zeichen sich verkündete. Eine klare Märzsonne wusch alle Dächer und Straßen blank, die Wimpel wehten bunt im Hafen, der zwischen den sanft sich wiegenden Schiffen hervorblaute, und im steten Lärmen der Stadt brauste es wie jubelndes Singen. Ein Pikett spanischer Reiter trabte über den Platz; man sah sie heute nicht mit feindlichen Blicken, wie sonst, sondern freute sich des sonnigen Widerspiels ihrer Rüstungen und der blinkenden Helme. Die weißen Hauben der Frauen, die der Wind mutwillig zurückschlug, wiesen frische und farbige Gesichter; über das Pflaster aber trappte flink der holzschuhklappernde Tanz der Kinder, die sich bei den Händen faßten und singend in Ringelreihen sich drehten.

Auch in den sonst so dunklen Hafengassen, denen sich nun der immer froher werdende Wandler zuwandte, flackerte ein leichter Schimmer, wie ein sinkender Regen des Lichts. Die Sonne konnte nicht ganz ihr leuchtendes Angesicht zwischen diese vorgeneigten Giebeldächer blicken lassen, denn die neigten sich dicht zusammen, schwarz und verknittert, wie uralte Hauben zweier Mütterchen, die in stetem geschwätzigem Gespräche stehen. Aber von Fenster zu Fenster gab sich das spiegelnde Leuchten weiter, wie wenn funkelnde Hände flirrend hinabgriffen und es hin- und herschnellten in übermütigem Spiel. Und manchen Fleck gab es, da das Leuchten still und mild blieb, wie ein träumendes Auge in der ersten Dämmerung des Abends. Denn unten, auf der Straße, lag das Dunkel, unbeweglich und seit Jahren, nur selten im Winter unter schneeigem Mantel geborgen. Und die da wohnten, trugen in ihren Augen die Unlust und Traurigkeit steter Dämmerung; nur die Kinder, denen die Seele brannte vor Sehnsucht nach Licht und Helle, ließen sich von diesem ersten Strahl des Frühlings vertrauensvoll verführen und spielten in leichter Gewandung auf dem schmutzigen, holperigen Pflaster, in ihrer Unbewußtheit tief beglückt durch den schmalen, blauen Streif, der zwischen den Dächern lugte, und durch den goldenen Tanz der Sonnenkringel.

Der Maler ging und ging, ohne ein Müdewerden zu fühlen. Es war ihm, als sei auch ihm ein geheimer Jubel beschieden und als sei jedes Sonnenfunkens flüchtiger Schein Gottes leuchtender Gnadenstrahl, der zu seinem Herzen ginge. Alle Bitternis war verloschen in seinem Angesicht, das so milde und begütigend durchleuchtet war, daß die spielenden Kinder aufstaunten und ihn fürchtig grüßten, weil sie einen Priester in ihm zu sehen meinten. Er ging und ging, ohne an Ziel und Ende zu denken, denn in seinen Gliedern drängte der neue Frühlingstrieb, wie in alten verknisterten Bäumen die Blüten bittend an den haltenden Bast klopfen, daß er ihre junge Kraft aufschießen lasse ins Licht. Sein Schritt war froh und leicht wie der eines Jünglings; frischer und lebendiger schien er zu werden, obgleich der Weg schon Stunden währte, und rascher, geschmeidiger Takt maß die rasch zurückgelegten Strecken.

Plötzlich hielt der Maler wie versteinert inne und fuhr sich mit der Hand schützend über die Augen, wie einer, den ein blitzender Strahl verletzt oder ein schrecksames und unglaubliches Ereignis. Aufschauend zum sonneüberleuchteten Schein eines Fensters hatte er den vollen Strahl des zurückspiegelnden Lichtes schmerzhaft in den Augen gefühlt, aber durch jenen Nebel von Purpur und Gold war eine seltsame Erscheinung, ein wunderbares Trugbild auf dem wirrenden Scharlachschleier erschienen: die Madonna jenes jungen Meisters, träumerisch und leise schmerzlich zurückgelehnt, wie auf jenem Bild. Ein Schauer überlief ihn, die grausame Angst der Enttäuschung vereint mit jenem selig zitternden Rausch eines Begnadeten, dem die wundersame Vision der Gottesmutter nicht im Dunkel eines Traumes, sondern in Tageshelle erschienen, ein Wunder, das viele bezeugten und wenige wirklich erschaut hatten. Noch wagte er den Blick nicht zu erheben, weil er sich nicht stark genug fühlte, um den niederschmetternden Augenblick unseliger Entscheidung auf seinen zitternden Schultern tragen zu können, weil er fürchtete, daß diese eine Sekunde sein Leben noch grimmiger zerstampfen könnte, als die unerbittliche Selbstqual seines verzagten Herzens. Erst als seine Pulse langsamer und ruhiger gingen und er nicht mehr schmerzvoll ihren Hammerschlag in der Kehle spürte, raffte er sich auf und sah langsam, unter der überschattenden, zitternden Hand zu jenem Fenster auf, in dessen Rahmen ihn das verführerische Bild gesehen.

Er hatte sich getäuscht. Es war nicht das Mädchen von des jungen Meisters Marienbild. Aber die erhobene Hand sank darum nicht verzagend herab. Denn auch das, was er erschaute, schien ihm ein Wunder zu sein, wenn auch ein viel lieblicheres, milderes und menschlicheres, als eines Gottes Erscheinung, die im glühenden Strahl einer begnadeten Stunde erscheint. Nur eine ferne und verlorene Ähnlichkeit hatte jenes Mädchen, das sich nachdenklich über die leuchtende Brüstung des Fensters lehnte, mit jenem Altarbild: auch ihr Gesicht war von schwarzen Locken umfaltet, und auch sie blühte in jener geheimnisvollen und phantastischen Blässe, aber ihre Züge waren härter, geschärfter, fast zornig, und um den Mund legte sich ein verweinter und trotziger Zorn, den nicht einmal der verlorene Ausdruck ihrer träumerischen Augen mäßigen konnte, aus denen eine alte und tiefe Trauer empordämmerte. Kindischer Mutwille und vererbtes vergrabenes Leid funkelten zusammen in dieser mühsam gebändigten Unrast. Eine Stille war in ihrem Ruhen, die sich jeden Augenblick in einer jähzornigen Bewegung lösen konnte, etwas Phantastisches und Abenteuerliches, über das kein sanftes Träumen hinwegtäuschen konnte; und der Maler fühlte an einem gewissen gespannten Ausdruck ihrer Züge, daß in diesem Kinde schon eine jener Frauen zu wirken beginne, die ihre Träume leben und mit ihren Sehnsüchten verwachsen, deren Seele sich an die Dinge klammert, die sie lieben, mit allen ihren Fibern und Fasern, und die sterben, wenn sie Gewalt von ihnen löst. Mehr aber als alle diese Sonderbarkeit und Fremdheit in ihrem Gesichte erstaunte ihn das Wunderspiel der Natur, das hinter ihrem Haupte im bespiegelten Fenster die sonnige Glut aufstrahlen, ließ wie einen Heiligenschein, der sich um ihre Locken sammelte und sie funkeln ließ, wie schwarzen Stahl. Und in diesem Spiel meinte er deutlich die Hand Gottes zu spüren, die ihm den Weg wies, sein Werk wohlgefällig und würdig zu vollenden.

Ein Karrenführer stieß derb an den in Schauen versunkenen Maler an, der verloren inmitten der Straße stand. »Gottes Zorn! Könnt Ihr nicht achtgeben oder hat es Euch altem Kerl die schöne Jüdin da angetan, daß Ihr gafft wie ein Lümmel und den Weg versperrt?«

Der Maler fuhr auf, erschreckt, aber nicht verletzt durch den groben Ton, den er überhört hatte über der Kunde, die ihm dieser übelgekleidete und ruppige Genosse brachte. Und ganz erstaunt richtete er das Wort an ihn.

»Das ist eine Jüdin?«

»Ich weiß nicht, aber man sagt es. Jedenfalls ist es nicht der Leute Kind, sie haben es wo gefunden oder bekommen. Was schert's mich, meine Neugierde hat's nie geplagt und wird's auch nicht sobald. Fragt den Meister selbst, wenn Ihr's wissen wollt, der weiß sicherlich besser als ich, wieso er dazu gekommen ist.«

Der ›Meister‹, auf den er wies, war ein Wirt, der Besitzer einer jener dumpfen, verrauchten Schenken, in denen nie ganz das Leben und Lärmen erstirbt, weil Spieler und Matrosen, Soldaten und Müßiggänger sich dort einquartieren, um sie nur selten wieder zu verlassen. Breit, mit aufgequollenem, aber gutmütigem Gesicht stand er in der schmalen Türe, wie ein einladendes Schild. Ohne viel Besinnen trat der Maler auf ihn zu. Sie traten ein in die Schenke; der Maler setzte sich in eine Ecke an einen der beschmierten Holztische, ein wenig unruhig und erregt, und als der Wirt ihm das geforderte Glas vorsetzte, bat er ihn, einen Augenblick mit ihm den Platz zu teilen. Und leise, um ein paar Matrosen, die am Nebentische, schon ein wenig betrunken, vor sich hingrölten, nicht aufmerksam zu machen, sprach er sein Anliegen aus. Er erzählte ihm in fliegenden, aber innerlich bewegten Worten von dem Wunderzeichen, das ihm erschienen, und bat den Wirt, der erstaunt zuhörte und sich anscheinend bemühte, mit seinem langsamen, vom Wein verqualmten Fassungsvermögen dem Maler zu folgen, – er möge gestatten, daß ihm seine Tochter als Folie eines Marienbildes diene. Er vergaß nicht zu erwähnen, daß durch die gegebene Verstattung auch der Vater teilhaftig werde an dem gottesfürchtigen Werk, und merkte wiederholt an, daß er bereit sei, den Dienst in barem Gelde zu vergüten.

Der Wirt antwortete nicht gleich, aber er wühlte mit seinem dicken Finger unablässig in den breiten, aufgeblähten Nasenlöchern. Endlich begann er.

»Ihr müßt mich nicht für einen schlechten Christen halten, bei Gott nicht, aber das Ding ist nicht so einfach, wie Ihr denkt. Denn wäre ich der Vater und könnte zu meinem Kind sagen, geh hin und tu so, wie ich dir's befehle, ich sag' Euch, unser Handel wäre schon erledigt. Mit diesem Kind ist's aber eine eigene Sache ... Donnerwetter, was gibt's denn dort!«

Er war aufgesprungen, in hellem Zorn, denn er ließ sich ungern in der Rede stören. Am anderen Tische hämmerte einer wie toll mit dem leeren Krug auf der Bank und begehrte neue Füllung. Unwirsch riß ihm der Wirt den Humpen aus der Hand und besorgte mit unterdrücktem Fluch die frische Ladung. Gleichzeitig nahm er auch ein Glas und die Flasche mit, stellte sie zum Tisch des Gastes und schenkte beide Gläser voll. Mit einem Ruck war das seine hinabgespült, und wie erfrischt wischte er sich den struppigen Schnauzbart ab und begann:

»Ich will Euch sagen, wie ich zu der Judendirne kam. Ich war Soldat, in Italien drunten und dann in Deutschland. Ein schlechtes Handwerk sag' ich Euch, nie schlechter als heute und damals. Ich hatt's auch über und wollt' eben durch Deutschland nach Hause ziehen und ein ehrbares Handwerk ergreifen, denn geblieben war mir just nicht viel; Beutegeld rinnt zwischen den Fingern durch, und Knauser war ich nie gewesen. Da kam's in einer deutschen Stadt; ich war just dort, als sich eines Abends ein großes Getöse erhob. Warum, weiß ich nicht mehr, doch das Volk hatte sich zusammengerottet, die Juden zu erschlagen, und ich zog mit, verlockt von der Hoffnung, etwas zu erhaschen, auch aus Neugierde, was geschehen möchte. Es ging toll zu, man stürmte, mordete, raubte, schändete, und die Kerle brüllten vor Lust und Begierde. Bald hatt' ich's satt und riß mich aus dem Haufen, denn mein ehrliches Kampfschwert mocht' ich nicht mit Weiberblut besudeln und mit Dirnen nicht um Beute streiten. Da, in einer Nebengasse, durch die ich heim will, springt ein alter Jude mit langem, zitterndem Bart und verstörtem Gesicht, im Arm ein kleines, vom Schlaf aufgeschrecktes Kind, auf mich zu und stottert eine Flut kauderwelscher Worte. Alles, was ich von seinem

Judendeutsch verstand, war, daß er mir viel Geld bot, wenn ich sie beide retten wollte. Mir tat das Kind recht leid, das mich erschreckt mit seinen großen Augen anstarrte, der Handel schien nicht übel, so warf ich ihm meinen Mantel über und führte sie in mein Quartier. Ein paar blieben stehen auf den Gassen und zeigten nicht übel Lust, auf den Alten loszugehen, aber ich hatte mein Schwert blank, und so ließen sie die beiden ungeschoren. Ich brachte sie zu mir, und weil mich der Alte auf den Knien beschwor, verließ ich noch am selben Abend die Stadt, in der Brand und Mord bis spät in die Nacht wütete. Weit am Wege sahen wir noch den Feuerschein, in den der Alte verzweifelt starrte, während das Kind ruhig weiterschlief. Lang' blieben wir drei nicht zusammen: der Alte wurde nach wenigen Tagen auf den Tod krank und starb auf der Reise. Zuvor gab er mir noch alles Geld, das er bei seiner Flucht zusammengerafft hatte, und ein beschriebenes Blatt in seltsamen Lettern, das ich in Antwerpen bei einem Makler abgeben sollte, dessen Namen er mir nannte. Sein Enkelkind befahl er mir noch sterbend an. Ich zog hierher und wies die Schriftzeichen vor, die seltsam wirkten: der Makler gab mir eine stattliche Summe Geldes, mehr als ich erwartet hatte. Ich war dessen froh, denn meines Wanderlebens wurde ich so frei, kaufte mir das Haus und diese Schenke, und der tollen Kriegszeit hab' ich bald vergessen. Das Kind behielt ich: es tat mir leid, dann hofft' ich auch, sie würde, wenn sie heranwachse, mir altem Hagestolz das Haus besorgen. Doch das kam anders.

Wie Ihr sie jetzt gesehen, so ist ihr ganzer Tag. Sie gafft zum Fenster in die Luft hinaus, spricht niemand an und gibt nur scheue Antwort, gleichsam geduckt, als ob sie einer schlagen wollte. Mit Männern spricht sie nie. Anfangs dacht' ich, sie würde hier in meiner Schenke helfen und so mir manchen Gast anlocken, wie es drüben des Wirtes junge Tochter tut, die mit den Gästen scherzt und sie anfeuert, daß sich ein Glas nach dem andern leert.

Doch die ist zimperlich: faßt sie mal einer an, so schreit sie auf und saust zur Tür hinaus wie ein Wirbelwind. Und suche ich sie dann, so sitzt sie sicherlich irgendwo in einem Winkel zusammengeknäult und heult, daß einem das Herz brechen könnte und man dächte, es sei ihr, weiß Gott was für Leid geschehen. Ein sonderbares Volk!«

»Und sagt,« unterbrach der Maler den Erzählenden, der immer nachdenklicher in seiner Rede zu werden schien, »ist sie noch Jüdin oder schon zum Glauben bekehrt?«

Der Wirt kratzte sich verlegen den Kopf. »Wißt Ihr,« hub er dann an, »ich war ein Soldat und weiß von meinem Christentum selber nicht viel. Selten war ich in der Kirche und bin's auch jetzt nicht, so sehr mich's reut; und um das Kind da zu bekehren, schien ich mir immer zu töricht. Ich hab's nie recht versucht, weil mir so schien, als sei's bei diesem trotzigen Ding verlorne Liebesmüh. Einmal hat man mir schon die Priester auf den Hals gehetzt und mir die Hölle heiß gemacht; ich habe sie vertröstet, bis das Ding vernünftig werde. Doch damit hat's wohl noch lange Zeit, obwohl sie heute schon ihre fünfzehn Jahre hinter sich hat, denn sie ist ganz versponnen und trotzig. Wer kennt sich aus mit diesem Judenvolk, es sind so seltsame Menschen; der Alte schien mir gut, und die ist auch kein übles Ding, so schwer man auch an sie herankommt. Und was dann Eure Sache anlangt, die mir nicht übel gefällt, weil ich meine, daß ein ehrlicher Christ nie genug für sein Seelenheil tun kann und jedes Bemühen dereinst gewogen wird ... ich sage Euch offen, ich habe keine rechte Gewalt über das Kind, denn wenn sie einen mit ihren großen schwarzen Augen anschaut, hat man nicht rechten Mut, ihr was zu Leide zu tun. Doch Ihr werdet ja sehen. Ich will sie rufen.«

Er stand breitspurig auf, schenkte sich noch ein Glas voll, das er stehend hinuntergoß, und stapfte dann durch die Schenke, in die eben wieder einige Matrosen eingetreten waren, die einen undurchdringlichen Qualm aus ihren kurzen weißen Tonpfeifen emporstießen. Vertraulich schüttelte er ihnen die Hände, füllte ihre Gläser und scherzte derb mit ihnen. Dann erinnerte er sich seiner Absicht, und der Maler hörte ihn langsam und mit schweren wuchtigen Schritten die Treppe emporstampfen.

Ihm war sehr seltsam zumute. Das selige Vertrauen, mit dem ihn diese glückliche Bewegung beschenkt hatte, begann sich zu trüben in dem schwelenden Lichte dieser Schenke. Straßenstaub und dunkler Qualm legte sich über das schimmernde Bild seiner Erinnerung. Und immer und immer wieder die dunkle Angst vor der Sünde, diese feiste und viehische Menschheit, die sich überall mit den Gestalten der irdischen Trägerinnen so erlauchter Gedanken vermengte, emporzutragen zu dem Thron seiner frommen Träume. Ihm schauderte, aus welchen Händen er die Gabe empfangen sollte, zu der ihm geheime und offenbare Wunderzeichen den Weg gewiesen.

Der Wirt trat wieder ein in die Stube, und in seinem schweren, breiten, schwarzen Schatten zeichnete sich die Gestalt des Mädchens ab, das unschlüssig und wie erschreckt von dem grölenden Qualm an der Schwelle stehengeblieben war und sich mit den schmalen Händen wie hilfesuchend an den Türpfosten festhielt. Ein derbes Wort des Wirtes, das sie eintreten hieß, scheuchte ihren flüchtigen Schatten eher noch mehr in das Dunkel des Treppenganges zurück, doch schon war der Maler aufgestanden und auf sie zugetreten. Mit seinen beiden alten, derben, aber doch so milden Händen faßte er die ihren und fragte sie leise und vertraulich, indem er ihr voll in die Augen schaute: »Willst du dich nicht einen Augenblick zu mir setzen?«

Das Mädchen sah ihn erstaunt an, im tiefsten überrascht durch diesen tiefen Glockenton der Milde und geklärten Liebe, der ihr zum erstenmal aus dem verräucherten Dunkel der Schenke entgegenschlug. Und sie fühlte die Milde seiner Hände und die zärtliche Güte seiner Augen mit dem süßschauernden Erschrecken derer, die Wochen und Jahre nach Zärtlichkeit hungern und sie eines Tages mit staunender Seele empfangen. Ihres toten Großvaters Bild erstand jäh in ihrem inneren Blick, als sie die schneeige Milde dieses Hauptes umfaßte, und vergessene Glocken schlugen an in ihrem Herzen und schlugen so laut und jubelnd durch alle Adern und bis in die Kehle hinauf, daß sie kein Wort der Antwort wußte. Sie errötete nur und nickte heftig, fast wie im Zorn, so eckig und hart in der plötzlichen Bewegung. Bangend und erwartend folgte sie ihm an seinen Platz und setzte sich halb an seine Seite, ohne die Bank recht zu berühren.

Der Maler beugte sich zärtlich zu ihr nieder, ohne zu sprechen. Vor dem klaren Blick des alten Mannes glühte jäh die Tragödie der Einsamkeit und stolzen Fremdheit auf, die so früh schon in diesem Kinde kämpfte. Am liebsten hätte er sie an sich gezogen und ihr einen segnenden, beruhigenden Kuß auf die Stirne gedrückt, aber er fürchtete sie zu erschrecken und fürchtete die Augen der andern, die einander lachend die seltsame Gruppe zeigten. Er verstand dieses Kind so ganz, ohne ein Wort von seinen Lippen zu wissen, und ein brennendes Mitleid stieg in ihm empor, wie eine heiße, strömende Flut, denn er kannte die Schmerzlichkeit jenes Trotzes, der nur so hart und jähzornig und drohend ist, weil er Liebe ist, eine große und unfaßbare Fülle der Liebe, die sich verschenken will und sich verstoßen fühlt. Sanft fragte er sie: »Wie heißt du, Kind?«

Sie sah vertrauend, aber verwirrt zu ihm auf. Noch war ihr alles zu seltsam, zu fremd. Und ein schüchternes Zittern lag in ihrer Stimme, als sie leise und sich halb abwendend sagte: »Esther.«

Der alte Mann aber fühlte dennoch, daß sie Vertrauen zu ihm hege, es nur noch nicht zu zeigen wage. Und sanft begann er:

»Ich bin ein Maler, Esther, und ich will dich malen. Es wird dir nichts Übles geschehen, und du wirst manches Schöne bei mir sehen und manchmal werden wir vielleicht zusammen sprechen, wie gute Freunde. Nur eine oder zwei Stunden wird es jeden Tag dauern, so lange, als es dir behagt. Willst du zu mir kommen, Esther?«

Das Mädchen wurde noch röter und wußte nicht zu antworten. Dunkle Rätsel taten sich plötzlich vor ihr auf, zu denen sie keine Wege fand. Schließlich sah sie mit einem unruhig fragenden Blick den Wirt an, der neugierig daneben stand.

»Dein Vater erlaubt es und sieht es sogar gerne,« beeilte sich der Maler zu sagen. »Von dir allein hängt die Entscheidung ab, denn zwingen möchte und kann ich dich nicht. Willst du also, Esther?«

Er hielt ihr seine große gebräunte Bauernhand einladend entgegen. Sie zögerte einen Augenblick, dann legte sie verschämt und wortlos ihre kleine weiße Hand zustimmend in die des Malers, die sich eine Sekunde lang darum schloß, wie um eine gefangene Beute. Dann gab er sie mit freundlichem Blick frei. Der Wirt staunte über den so rasch abgeschlossenen Handel und rief einige Matrosen von den Tischen herbei, um ihnen das seltsame Geschehnis zu zeigen. Aber das Mädchen, das sich verschämt im Mittelpunkt der allgemeinen Aufmerksamkeit fühlte, sprang plötzlich auf und schoß wie der Blitz zur Tür hinaus. Überrascht schauten ihr alle nach.

»Donnerwetter,« sagte der Wirt ganz verwundert, »Ihr habt da ein Meisterstück gemacht. Nie hätte ich gedacht, daß das scheue Ding einwilligen würde!«

Und wie zur Bekräftigung goß er wieder ein Glas hinab. Der Maler, dem es unbehaglich zu werden begann in dieser Gesellschaft, die langsam vertraulich wurde, warf Geld auf den Tisch, besprach mit dem Wirt alles Nähere und schüttelte ihm dankbar die Hand, beeilte sich aber, aus der Schenke zu treten, deren Dunst und Lärm ihn anwiderte, und deren saufende und grölende Insassen ihn mit Ekel erfüllten.

Als er auf die Straße trat, war die Sonne schon gesunken, und nur mattrosa Dämmerung umhüllte noch den Himmel. Der Abend war mild und rein. Mit langsamem Schritt ging der alte Mann heimwärts und dachte der Ereignisse, die ihn so seltsam und so begütigend dünkten wie ein Traum. Und gottesfürchtige Stimmung umfing sein Herz, das selig zu erzittern begann, wie nun von einem Turme die erste Glocke zum Gebete rief und Glockenstimmen von allen Türmen der Runde einfielen, mit hellen und tiefen, dumpfen und freudigen, klingenden und murrenden Stimmen, wie Menschen in Freude und Sorge und Schmerz. Unglaublich dünkte es ihn zwar, daß über ein Herz, das ein Leben lang schlicht im Dunkel geraden Weges gegangen, noch spät die milden Leuchten göttlicher Wunder sich entzündeten, aber er wagte nicht mehr zu zweifeln; und diesen Glanz erträumter Gnade trug er durch das Dunkel der verdämmernden Straßen heimwärts in ein seliges Wachen und einen wundersamen Traum ...

*　*
*

Tage waren verflossen, und noch immer stand die Leinwand unberührt auf des Malers Staffelei. Nun war es aber nicht Verzagtheit mehr, die seine Hände fesselte, sondern ein sicheres inneres Vertrauen, das nicht mehr mit Tagen rechnet und zählt, das nicht hastet, sondern sich wiegt in seliger Stille und verhaltener Kraft. Esther war gekommen, scheu zwar und verwirrt, aber bald hingebender, sanfter und schlichter werdend in dem wärmenden Lichte der väterlichen Güte, das der Seele dieses schlichten und fürchtigen Menschen zu entstrahlen schien. Sie hatten diese Tage nur zusammen verplaudert, wie Freunde, die einander nach langen Jahren begegnen und sich gleichsam wiedererkennen wollen, ehe sie die alten herzlichen Worte wieder mit innigem Empfinden durchtränken und den Wert der alten Stunden erneuen. Und bald verband ein geheimes Bedürfnis diese zwei Menschen, die sich so ferne waren und doch so ähnlich in einer gewissen Einfachheit und Einfalt ihrer Empfindung: der eine ein Mensch, den das Leben gelehrt, daß es in seinem tiefsten Grunde nur Klarheit und Stille ist, ein Erfahrener, den lange Tage und Jahre schlicht gemacht. Und die andre eine, die das Leben noch nicht empfand, weil sie wie in einer Dunkelheit versponnen sich verträumt hatte und den ersten Strahl, der aus der lichten Welt zu ihr kam, im Innersten auffing und in einfarbigem, stillem Leuchten zurückspiegelte. Und beide waren sie allein zwischen den Menschen; so wurden sie sich ganz nahe. Der Geschlechter Unterschied sprach nicht zwischen beiden; bei dem einen war der Gedanke erloschen und warf nur noch den Abendschein klärender Erinnerung herüber in sein Leben, und dem Mädchen war das dunkle Empfinden ihrer Weiblichkeit noch nicht bewußt geworden und wirkte nur als milde, sehr unsichere und unruhige Sehnsucht, die sich noch kein Ziel weiß. Eine leise und schon erzitternde Wand stand noch zwischen ihnen: die der Fremdheit des Volkes und der Religionen, die Zucht des Blutes, sich immer fremd sehen zu müssen und feindlich, ein Mißtrauen zu hegen, das erst ein Augenblick großer Liebe überwindet. Ohne diesen unbewußten Halt hätte sich längst das Mädchen, in der Liebe, versparte und edelste Liebe nach vorwärts drängte, weinend an die Brust des alten Mannes geworfen und ihm ihre heimlichen Schauer und werdende Sehnsucht, den Schmerz und Jubel ihrer einsamen Tage gestanden; so aber verriet sie das

Geheimste ihrer Seele nur in Blicken und Verschweigungen, in unruhigen Gebärden und Andeutungen, denn immer, wenn sie fühlte, wie alles in ihr zum Lichte strömen wollte und sich in den klaren und überströmenden Worten innigster Empfindung verraten, da faßte sie wie eine dunkle unsichtbare Hand die geheime Kraft und preßte die Worte zusammen. Und auch der alte Mann vergaß nicht, daß er in seinem Leben an den Juden, wenn auch nicht gehässig, so doch mit dem Gefühl der Fremdheit vorbeigegangen sei. Ein Zögern hielt ihn zurück, mit dem Bilde zu beginnen, weil er hoffte, daß ihm dieses Mädchen nur in den Weg gewiesen worden sei, um zum wahren Glauben bekehrt zu werden. Nicht an ihm sollte das Wunder gewirkt werden, sondern er sollte es wirken. Er wollte in ihrem Blicke die tiefe Heilandssehnsucht sehen, die die Gottesmutter selbst getragen haben mußte, als sie mit seligem Erwarten seiner Erscheinung entgegenbangte. Er wünschte ihr Wesen erst mit Gläubigkeit zu erfüllen, um eine Madonna schaffen zu können, in der noch die Schauer der Verkündigung beben, aber schon vereint mit dem süßen Vertrauen der Erfüllung. Und rings dachte er sich eine milde Landschaft in Vorfrühlingsstimmung, weiße Wolken, die wie Schwäne durch die Luft wanderten, als zögen sie an unsichtbaren Fäden den warmen Frühling hinter sich, ein erstes zartes Grün, das der Auferstehung entgegendrängte, und schüchterne Blumen, die wie mit dünnen Kinderstimmen die große Seligkeit verkündeten. Aber des Kindes Augen waren ihm noch zu verschüchtert und zu demutsvoll; die mystische Flamme der Verkündigung und der Hingebung an eine dunkle Verheißung wollte sich noch nicht in diesen unruhigen Blicken entzünden, in denen noch der tiefe verschleierte Schmerz des Volkes lastete und manchmal der flackernde Trotz der Auserwählten, die mit ihrem Gotte gehadert. Noch kannten sie die wahre Demut nicht und nicht die sanfte unirdische Liebe.

Er suchte sorgfältige und vorsichtige Wege, um den Glauben ihrem Herzen näher zu tragen; denn er wußte, wenn er ihn ihr hell und in seiner ganzen Fülle erglühend entgegentrüge wie eine Monstranz, in der die Sonne tausendfarbig funkelt, daß sie nicht erschauernd niedersinken würde, sondern sich schroff und hart abwenden, um das feindliche Zeichen nicht zu sehen. In seinen Mappen ruhten viele Bilder aus der heiligen Geschichte; eigene und viele großer Meister, die er in seiner Lehrzeit und auch später noch manches Mal, von lebhafter Bewunderung überwältigt, nachgezeichnet hatte. Die suchte er nun heraus, und sie betrachteten gemeinsam, Schulter an Schulter, die Bilder; bald fühlte er den tiefen Eindruck, den manches der Blätter in ihrer Seele erzeugte, an der Unruhe ihrer blätternden Hände und den raschen Atemzügen, die warm an seine Wange wellten. Eine farbige Welt von Schönheit tauchte plötzlich vor diesem einsamen Mädchen auf, das seit Jahren nur mehr die verquollenen Gestalten, der Schenke, die verrunzelten Gesichter alter schwarzgekleideter Frauen und die schmutzige Plumpheit der schreienden und sich balgenden Straßenkinder gesehen hatte. Und hier waren sanfte, in wunderbare Gewande gehüllte Frauen von bezaubernder Schönheit, traurige und stolze, begehrliche und verträumte, Ritter in Rüstungen und langen Prunkgewanden, die mit diesen Frauen scherzten oder sprachen, Könige mit langwallenden weißen Locken, auf denen goldene Kronen schimmerten, schöne Jünglinge, deren Leib von Pfeilen durchbohrt sich am Marterstamm niedersenkte oder unter Qualen verblutete. Und ein fremdes Land, das sie nicht kannte und dessen Anblick sie süß, wie eine unbewußte Heimatserinnerung berührte, tat sich auf mit grünen Palmen und hohen Zypressen, mit einem leuchtenden blauen Himmel, der über Wüsten und Berge, Städte und Fernen in gleichem tiefem Glanze lag und viel leichter und freudiger zu sein schien als dieser nördliche, der selbst wie eine einzige graue ewige Wolke war.

Nach und nach fügte er ihr kleine Erzählungen bei. Er erklärte ihr die Bilder mit den einfachen und so dichterischen Legenden des Testamentes und sprach von den Wundern und Zeichen der heiligen Tage mit solcher Glut, daß er die eigene Absicht vergaß und das gläubige Vertrauen, welches ihm die erträumte Gnade der letzten Tage verliehen, in ekstatischen Farben verkündete. Und dieses alten Mannes begeisterter Glaube erschütterte tief das Herz dieses Mädchens, die selbst sich nun fühlte wie in einem erschlossenen Wunderlande, das sich jählings aus dem Dunkeln mit umfangenden Pforten geöffnet. Stärker und stärker begann ihr Leben zu wanken, das aus tiefster Nacht plötzlich in purpurner Dämmerung erwachte. Nichts schien ihr unglaublich, seitdem sie selbst so Seltsames erlebt, nicht jene Legende von dem silbernen Sterne, hinter dem drei Könige aus fernem Lande gingen, mit Pferden und Kamelen, auf denen eine schimmernde Flut von Kostbarkeiten ruhte, – nicht daß ein Toter, von einer segnenden Hand berührt, wieder zum Leben erstand, denn an sich selbst schien sie ähnliche Wundergewalt zu verspüren. Bald blieben die Bilder unbeachtet beiseite. Der alte Mann erzählte aus seinem Leben, manches Gotteszeichen mit den Legenden der Bücher vermählend; vieles, das er in den stummen Tagen seines Alters in sich versponnen und verträumt, hoben jetzt seine Worte ins Licht, ihn selbst erstaunend, wie etwas Fremdartiges, das man prüfend von eines andern Hand übernimmt; gleich einem Prediger war er, der in der Kirche mit einem Gotteswort begonnen, um es zu erläutern und zu durchleuchten; mit einem Male aber vergißt er Hörer und Ziel und gibt sich nur der dunklen Wollust hin, alle die rauschenden Quellen seines Herzens in ein tiefes Wort strömen zu lassen, wie in einen Kelch, in dem alle Süße und Heiligkeit des Lebens ist. Und über das niedere Volk seiner betroffenen Hörer, die nicht mehr reichen bis zu seiner Welt und murren und sich bestarren, fliegt sein Wort höher und höher und ist selbst allen Himmeln nahe in

seinem verwegenen Traum der vergessenen Erdenschwere,
die sich plötzlich wieder bleiern an seine Schwingen hängt
...

Der Maler schaute plötzlich um sich, wie noch
umrauscht von dem purpurnen Nebel seiner ekstatischen
Worte; die Wirklichkeit wies ihm wieder ihr geordnetes,
kaltes Gefüge. Aber was er sah, war schön wie ein Traum.

Zu seinen Füßen saß Esther und schaute zu ihm auf.
Sanft an seinen Arm gelehnt und in diese stillen, blauen
Augen blickend, in denen sich plötzlich so viel Licht
gesammelt, war sie nach und nach an ihm herabgeglitten,
ohne daß er es in seiner gottnahen Aufwallung bemerkte,
und kauerte an seinen Knien, den Blick zu ihm erhoben.
Alte Worte aus eigener Kinderzeit rauschten wirr in ihrem
Kopfe, Worte, die der Vater an manchen Tagen im langen
schwarzen Feiergewand, umhangen von weißen zerfaserten
Binden, aus einem alten und ehrwürdigen Buche
vorgelesen hatte, und die auch so voll dröhnender
Feierlichkeit waren und voll inbrünstiger Andacht. Eine
Welt, die sie verloren und von der sie wenig mehr wußte,
ward in dämmernden Farben wieder wach und erfüllte sie
mit weher Sehnsucht, die Tränenglanz in ihren Augen
erschimmern ließ. Und als der alte Mann sich zu diesen
schmerzlichen Blicken niederbeugte und ihre Stirne küßte,
fühlte er, wie ein Schluchzen ihre zarten kindlichen
Glieder in wildem Fieber schüttelte. Und er mißverstand
sie. Denn er meinte, daß das Wunder sich vollendet habe
und Gott in einem großen Augenblicke seiner sonst
schlichten und wortkargen Sprache die glühenden
Feuerzungen der Beredsamkeit geschenkt habe, wie einst
den Propheten, da sie zum Volke gingen. Und er meinte,
dieses Schauern sei die bange und noch fürchtige Seligkeit
einer, die den Heimweg zu dem wahren und aller
Seligkeiten Fülle tragenden Glauben gefunden habe und
die zittert und schwankt, wie einer Fackel jäh entflammte
Flamme, die noch unsicher hoch in die Luft tastet und

wieder in sich zusammensinkt, ehe sie sich klärt zu stillem, geruhigem Leuchten. Dieser Irrtum umfing mit jubelnder Freude sein Herz, das sich mit einem Male seinen fernsten Zielen nahe wähnte. Eine Weihe überkam seine Worte.

»Ich habe dir von Wundern erzählt, Esther! Viele sagen, daß sie vor Zeiten waren, ich aber fühle und sage, daß sie noch heute sind, nur daß sie stiller geworden sind und nur in den Seelen derer erstehen, die sie erwarten. Was zwischen uns war, ist ein Wunder, meine Worte und deine Tränen, sie sind eines in einer unsichtbaren Hand, die sie aus unserem blinden Innern gestoßen, ein Wunder der Erleuchtung. Da du mich verstanden, gehörst du schon zu uns; in diesem Augenblicke, da dir Gott diese Tränen geschenkt, bist du schon Christin ...«

Er hielt erstaunt inne. Denn bei diesem Wort war Esther von seinen Füßen mit abwehrenden Händen emporgefahren, wie um diesen Gedanken zurückzustoßen. Erschrecken flackerte in ihren Augen und der unbändige, zornige Trotz, von dem man dem Maler gesprochen. Sie war schön in diesem Augenblick, da die Herbe ihrer Züge Trotz und Zorn wurde, die Linien um ihren Mund wie Messerschnitte so scharf, und in ihren zitternden Gliedern eine katzenhaft zur Verteidigung bereite Gebärde. Die ganze Glut, die in ihr schäumte, brach in einer Sekunde wildester Verteidigung empor ...

Dann ward wieder alles ruhiger. Sie schämte sich der Gewalttätigkeit dieser wortlosen Abwehr. Aber die Wand, die schon ganz durchleuchtet gewesen war von den Strahlen einer übersinnlichen Liebe, starrte wieder schwarz und hoch zwischen beiden. In ihren Blicken war Kälte, Unrast und Beschämung, nicht Zorn mehr und nicht mehr Vertrauen, nur Wirklichkeit und nicht mehr mystisch erschauernde Sehnsucht. Und schlaff fielen die Hände an ihrem schmalen Körper herab, wie Schwingen, die auf hochrauschendem Fluge zerbrochen. Noch immer war ihr das Leben ein Rätsel von Schönheit und Seltsamkeit, aber sie wagte nicht mehr den Traum zu lieben, aus dem sie so niederschmetternd erwacht war.

Auch der alte Maler fühlte, daß ihn ein voreiliges Vertrauen betrogen hatte, aber es war nicht die erste Enttäuschung seines langen, suchenden Lebens, das nur Treue und Vertrauen war. So kam ihn kein Schmerz an, sondern nur Erstaunen und dann wieder fast Freude über ihre rasche Beschämung. Sanft faßte er ihre beiden schmalen Kinderhände, in denen noch das Fieber glühte. »Esther, du hast mich beinahe erschreckt mit deiner jähen Aufwallung. Ich meine es doch nicht schlecht mit dir. Oder denkst du das?«

Sie schüttelte beschämt ihren Kopf, um sich im nächsten Momente wieder aufzurichten. Und ihre Worte wurden beinah wieder trotzig:

»Aber ich will keine Christin sein. Ich will nicht. Ich« – sie würgte an dem Worte lange, ehe sie es mit gedämpfter Stimme sagte – »Ich ... Ich hasse die Christen. Ich kenne sie nicht, aber ich hasse sie. Was Ihr mir gesagt habt von der Liebe, die alle umfaßt, ist schöner, als jedes Wort, das ich in meinem Leben je gehört. Aber die Menschen um mich sagen auch, daß sie Christen sind, aber sie sind roh und gewalttätig. Und ... ich weiß nicht mehr alles klar, es ist schon zu lange her ... aber wenn wir zu Hause von den Christen sprachen, so war eine Angst und ein Haß in den Worten ... Alle haßten sie ... Und ich auch ... Denn wenn ich mit meinem Vater ging, so schrien sie uns nach, und einmal warfen sie Steine nach uns ... Mich selbst hat einer getroffen, daß ich blutete und weinte, aber mein Vater zog mich ängstlich fort, als ich nach Hilfe schrie ... Mehr weiß ich nicht von ihnen ... Doch, ich weiß noch ... Unsere Gassen waren dunkel und eng, wie die hier, wo ich wohne. Und nur Juden wohnten darin ... Aber drüben die Stadt war schön. Ich habe sie einmal hoch von einem Hause gesehn ... Ein Fluß war darin, der so blau und klar vorüberfloß, und drüber eine breite Brücke, auf der Menschen in hellen Gewandungen gingen, wie Ihr mir sie auf den Bildern gezeigt habt. Und die Häuser waren mit künstlichen Figuren geschmückt und mit Gold und Giebeln verziert. Dazwischen standen hohe, ach, so hohe Türme, in denen die Glocken sangen, und die Sonne kam herab bis in die Straßen. Es war alles so schön ... Als ich aber meinem Vater sagte, er möge hinübergehn mit mir in die helle Stadt, da wurde er ernst und sagte: ›Nein, Esther, die Christen würden uns töten‹ ... Ich erschrak bei dem Wort ... Und seitdem haßte ich die Christen ...«

Sie hielt inne in ihren Träumen, denn es ward wieder alles licht in ihr. Was sie längst vergessen hatte, was verstaubt und verschleiert in ihrer Seele gelegen, funkelte wieder auf. Sie ging wieder die dunklen Ghettogassen entlang bis zu dem Hause. Und mit einem Male waren Zusammenhänge da, alles wurde so klar, und sie erfaßte, daß, was sie manchmal für einen Traum hielt, Wirklichkeit und vergangenes Leben war. Mühsam hasteten die Worte den klaren vorübereilenden Bildern nach.

»Und damals dieser Abend ... Plötzlich riß man mich aus dem Bett ... ich erkannte meinen Großvater, der mich in den Armen hielt, mit bleichem, zitterndem Gesicht ... das ganze Haus brauste und zitterte, die Luft war voll Schreien und Lärmen ... Aber jetzt dämmert es mir auf, ich höre wieder, was sie schrien: die Fremden, die Christen ... Mein Vater schrie es oder meine Mutter ... Ich weiß nicht mehr ... Mein Großvater trug mich hinab in die Dunkelheit durch schwarze Gassen und Straßen ... Und immer das Lärmen und derselbe Schrei: die Fremden, die Christen ... Wie hab' ich das vergessen können!? ... Und dann ein Mann, mit dem wir gehen ... Ich weiß nicht mehr, ich glaube, ich schlief ... Als ich erwachte, waren wir tief im Land, mein Großvater und der Mann, bei dem ich lebe ... Die Stadt sah ich nicht mehr, aber der Himmel war sehr

rot, dort, von wo wir gekommen ... Und wir reisten weiter
...«

Wieder hielt sie inne. Die Bilder schienen sich zu
verlieren, langsamer, dunkler zu werden.

»Ich hatte drei Schwestern ... Sie waren sehr schön,
und jeden Abend kamen sie an mein Bett und küßten mich
... Und mein Vater war groß, ich reichte nicht hinauf zu
ihm, und so trug er mich oft in seinen Armen ... Und meine
Mutter ... Ich habe sie nie mehr gesehen ... Ich weiß nicht,
was mit ihnen ist, denn mein Großvater sah weg, wenn ich
ihn fragte, und schwieg ... Und als er starb, wagte ich
niemanden zu fragen ...«

Und wieder hielt sie inne. Ein Schluchzen brach aus
ihrer Kehle mit weher Gewalt. Ganz leise fügte sie bei:

»Jetzt weiß ich alles ... Wie konnte das alles so
dunkel sein für mich? Mir ist, als stände mein Vater neben
mir und spräche das Wort, das er damals mir zur Antwort
gesagt – so deutlich klingt es in meinen Ohren ... Nun frage
ich niemanden mehr..

Ihre Worte wurden Schluchzen, stummes, trostloses
Weinen, das in ein tiefes, trauriges Schweigen verklang.
Das Leben, dessen helles Bild sie noch vor wenigen
Minuten verführt, gähnte ihr nun wieder dumpf und dunkel
entgegen. Und der alte Mann hatte längst Absicht und Ziel
vergessen über der hingegebenen Betrachtung dieses
Schmerzes. Stumm stand er vor ihr, und ihm war so weh,
als müßte er sich zu ihr setzen, um mit ihr zu weinen, was
er nicht in Worten sagen konnte: daß seine große
Menschenliebe diesen Schmerz in ihr, den er unbewußt
erweckt, fühlte als eine Schuld. Erschauernd spürte er die
Fülle von Sorgen und lastender Schwere, die in einer
Stunde sich die Hände reichten, und die schweren Wogen,
die sich auf und nieder senkten, und von denen er nicht

wußte, ob sie sein Leben erheben wollten oder in die drohenden Tiefen ziehen. Aber er fühlte sich matt und stumpf gegen Furcht wie Hoffnung; nur Mitleid für dieses junge Leben erfüllte ihn, vor dem noch so viel Wege und Ziele sich breiteten. Vergebens suchte er nach Worten: sie waren alle so schwer wie Blei und klangen wie falsches Metall. Was wog ihre Fülle gegen den Schmerz einer einzigen Erinnerung?

Traurig strich seine Hand über ihr zitterndes Haar. Sie schaute auf, verwirrt und zerfahren; mit mechanischer Gebärde ordnete sie sich ihre Haare und erhob sich mit umherirrenden Augen, als müßte sie sich wieder zurechtfinden in der Wirklichkeit. Schlaffer und müder wurden ihre Züge, und nur in den Augen flackerte noch der dunkle Schein. Jäh raffte sie sich zusammen und stieß die Worte rasch hervor, um zu verbergen, daß noch das Schluchzen in ihnen vibrierte. »Ich muß jetzt gehn. Es ist spät. Und mein Vater erwartet mich.«

Mit harter Gebärde schüttelte sie grüßend den Kopf, raffte ihre Sachen zusammen und wandte sich zum Gehen. Aber der alte Mann, der sie mit seinen sicheren verstehenden Blicken beobachtet hatte, rief sie noch einmal zurück. Mühsam wandte sie sich um, denn in den Augen leuchtete ein feuchter Schimmer von Tränen. Und wieder faßte der alte Mann mit seiner bezwingenden innigen Gebärde ihre beiden Hände und sah sie an. »Esther, ich weiß, du willst jetzt gehen und nicht mehr wiederkommen. Du glaubst mir und glaubst mir nicht, denn eine geheime Angst betrügt dich.«

Er fühlte, wie ihre Hände sich sanfter und vertrauender in den seinen lösten. Und er fuhr zuversichtlicher fort. »Komm aber wieder, Esther! Wir wollen alle Dinge ruhen lassen, die hellen und die traurigen. Morgen werden wir mit dem Bilde beginnen und mir ist, als wollte es gelingen. Und sei nicht traurig mehr, laß das Vergangene schlafen und rüttle nicht daran. Morgen wollen wir mit neuer Arbeit beginnen und mit neuer Hoffnung. Nicht wahr, Esther?«

Sie nickte unter Tränen. Und sie trug die Ungewißheit und Bangigkeit vor ihrem Leben wieder nach Hause zurück, wie vordem, nur mit dem Bewußtsein tieferer Fülle und vielfacheren Inhalts, als sie bisher gemeint.

Der alte Mann blieb in tiefem Sinnen zurück. Der Glaube an das Wunder war ihm nicht fremd geworden, aber das Wunder war ihm viel feierlicher und göttlicher erschienen, da es ihn nur ein Spiel des Lebens von göttlicher Hand dünkte. Und er entsagte dem Gedanken, Glauben an mystische Verheißungen in einem Antlitz aufleuchten zu lassen, dessen Seele vielleicht schon zu verzagt war, um noch zu glauben. Nicht mehr überheben wollte er sich und Mittler Gottes sein, sondern nur schlichter Diener, der ein Bild nach bestem Mühen schafft und es demütig am Altare niederlegt, so wie ein anderer eine Gabe. Er fühlte den Fehler, den Zeichen nachzugehen und sie zu suchen, statt zu warten, bis ihre Stunde käme und sie sich ihm offenbarten ...

Tiefer und tiefer neigte sich sein demütiges Herz. Warum hatte er Wunder wirken wollen an diesem Kinde, die ihm niemand geheißen? War es nicht genug Gnade, daß in sein Leben, das schon leer und kahl wurzelte wie ein alter Stamm, der nur noch mit den Ästen sehnsüchtig ins Blau aufgriff, ein andres, junges Leben getreten war, das sich ängstlich und vertrauensvoll an ihn schmiegte? Ein Wunder des Lebens war ihm geschehen, das fühlte er; die Gnade war ihm geworden, die Liebe, die seine späten Tage noch überflammte, geben und lehren zu dürfen, sie einzusenken wie einen Samen, der noch wundersam entblühen kann. Hatte ihm das Leben nicht genug damit gegeben? Und hatte ihm nicht Gott den Weg gewiesen, auf welchem er ihm dienen sollte? Eine Gestalt hatte er seinem Bilde ersehnt, und sie war ihm begegnet; war dies nicht Gottes Wille, daß er sie zum Bildnis schüfe, und nicht, daß er ihre Seele einem Glauben zuführte, den sie vielleicht nie würde verstehen können? Tiefer und tiefer neigte sich sein demütiges Herz.

Der Abend kam in sein Zimmer und die Dunkelheit. Der alte Mann stand auf; er fühlte eine Unrast und ein Bangen in sich, wie selten in seinen späten Tagen, die sonst so lind waren wie kühle klärende Herbstsonne. Langsam entzündete er das Licht. Dann ging er hin zum Schrank und suchte ein altes Buch. Sein Herz war aller Unrast müde. Er nahm die Bibel, küßte sie mit Inbrunst; dann schlug er sie auf und las bis in die späte Nacht.

* *
*

Das Bild wurde begonnen. Esther saß nachdenklich zurückgelehnt in einem weichen, wohligen Lehnstuhle und hörte bald den erzählenden Worten des alten Malers zu, der ihr mit allerhand Geschichten aus seinem und anderer Leben die eintönigen Stunden gleichmäßigen Sitzens zu vertreiben suchte, bald träumte sie gelassen in die tiefe Stube hinein, deren Wände, mit Gobelins, Bildern und Zeichnungen geschmückt, immer wieder ihren Blick anzogen. Die Arbeit ging nicht rasch vonstatten. Der Maler fühlte, daß alle diese Studien, die er machte, nur Versuche seien und noch nicht die endgültige überzeugende Stimmung. Es fehlte ihm noch etwas in dem Gedanken seiner Skizzen, das er in Worten und Begriffen sich nicht klären konnte, tiefinnerlich jedoch mit solcher Deutlichkeit empfand, daß ihn oft eine fieberhafte Eile von Blatt zu Blatt trieb, die er dann genau miteinander verglich, immer aber unzufrieden, so getreulich seine Schöpfungen auch sein mochten. Zu Esther sprach er nicht davon. Aber es war ihm, als läge in ihrem harten Zuge, der sich selbst in den Augenblicken sanfter Träumerei nie ganz von ihren

Lippen ablöste, ein Widerspruch gegen die milde Erwartung, die seine Madonna verklären sollte, als sei noch zuviel kindhafter Trotz in ihr, der noch nicht reif sei, die süße Schwere des Muttergedankens zu tragen. Er fühlte, daß Worte ihr nicht recht die Düsterkeit würden abringen können, daß sich nur von innen diese Härte würde mildern können. Aber diese weiche, frauliche Regung blieb ihrem Antlitz fern, wenn auch die ersten Frühlingstage ihr rotes Sonnengold durch alle Fensterritzen ins Zimmer warfen und die schöpferische Regung einer ganzen Welt verkündeten, wenn alle Farben auch weicher und tiefer zu werden schienen so wie die Luft, die warm durch die Gassen wallte. Schließlich ermattete der Maler. Der alte Mann war erfahren und kannte die Grenzen seiner Kunst, deren Überschreitung er nicht erzwingen konnte. Er gab den Plan auf, so wie er ihn gefaßt hatte, rasch und der lauten Stimme einer plötzlichen Intuition gehorchend. Und nachdem er die Möglichkeiten gegeneinander abgewogen hatte, entschloß er sich, in Esther nicht den Gedanken der Verkündigung zu malen, da ihr Antlitz nicht die Schauer der ersten Zeichen der gläubig erwachenden Weiblichkeit trug, sondern sie als Madonna mit dem Kinde zu schaffen, dem schlichtesten und tiefsten Symbole seiner Gläubigkeit. Und er wollte sogleich damit beginnen, denn die Verzagtheit begann sich wieder in seiner Seele einzufinden, da der Glanz der erträumten Wunder mählich und mählich mehr verblaßt war, ja schon fast in die schwere, lastende Dunkelheit gesunken. Und ohne Esther zu verständigen, löste er die Leinwand, die einige flüchtige Spuren voreiliger Versuche trug, ab und setzte eine neue an ihre Stelle, wie er sich überhaupt mühte, dieser neuen Vorstellung in sich freien Weg zu bahnen.

Als Esther am nächsten Tage sich in gewohnter Weise niedergelassen hatte und sanft zurückgelehnt auf den Beginn der Arbeit wartete, die ihr gar nicht unwillkommen war, sondern in die Armut ihres einsamen

Tages reiche Worte und freudige Minuten säte, hörte sie zu ihrer Überraschung die Stimme des Malers nebenan in freundlicher Wechselrede mit einer derben, bäuerlichen Frauenstimme, die sie nicht kannte. Neugierig horchte sie hin, ohne aber Deutliches vernehmen zu können. Bald verstummte die Frauenstimme, eine Tür fiel ins Schloß und schon trat der alte Mann herein und auf sie zu, etwas Helles in den Armen tragend, das sie beim ersten Anblick nicht erkannte. Und vorsorglich legte er ihr ein kleines, nacktes, derbes Kind von mehreren Monaten in den Schoß, das sich anfänglich unruhig bewegte, dann aber unbeweglich blieb. Esther sah mit erstarrten Augen den alten Mann an, von dem sie so sonderbaren Scherz nicht erwartet hatte. Doch dieser lächelte nur und schwieg. Und als er sah, daß sich ihre ängstlich fragenden Blicke nicht von ihm abwenden wollten, erklärte er ihr ruhig und mit bittendem Tone seine Absicht, sie mit dem Kinde auf dem Schoße zu malen. Die ganze Herzlichkeit und Güte seiner Augen legte er in diese Bitte. Die tiefe väterliche Liebe, die er zu diesem fremden Mädchen gefaßt hatte, und das innige Vertrauen auf ihr unruhiges und gläubiges Herz durchleuchteten seine Worte und noch sein beredtes Schweigen.

Esthers Gesicht war blutig überloht. Eine unbändige innere Scham zerquälte sie. Kaum wagte sie mit einem ängstlichen Seitenblick das kleine, blühende, nackte Kind zu betrachten, das sie auf ihren erzitternden Knien widerwillig hielt. Die Strenge des ganzen Volkes, in dessen Abscheu der Nacktheit sie erzogen war, ließen sie dieses gesundfröhliche und jetzt ruhig schlummernde Kind mit Ekel und geheimer Furcht betrachten; sie, die unbewußt vor sich selbst ihre Nacktheit verhüllte, schauerte zurück vor der Berührung dieses weichen, rötlichen Fleisches wie vor einer Sünde. Eine Angst war in ihr, und sie wußte nicht, warum. Alle Stimmen in ihr streckten ängstlich ihre rufenden Arme aus, aber das harte, kurze Nein wollte nicht den milden begütigenden Worten dieses alten Mannes entgegen, den sie mit wachsender Liebe verehrte. Sie fühlte, daß sie ihm nichts verweigern konnte. Und sein Schweigen und die Frage seiner gespannt wartenden Blicke lasteten so schwer auf ihr, daß sie hätte aufschreien mögen, blind, tierisch, ohne Zweck und ohne Worte. Wahnsinnig packte sie der Haß gegen dieses ruhig schlummernde Kind, das in den Frieden ihrer einzig stillen Stunde hereingebrochen war und ihre träumerische Traulichkeit zerstörte. Aber sie fühlte sich schwach und wehrlos gegen die gütige Weise dieses alten, geruhigen Mannes, der wie ein weißer, einsamer Stern über ihrem dunklen, tiefen Leben stand. Und wieder, wie zu jeder seiner Bitten, neigte sie demütig und verwirrt das Haupt.

Da sprach er nicht weiter, sondern machte sich daran, das Bild zu beginnen. Zunächst zeichnete er nur den Umriß. Denn, um den inneren Gedanken seines Werkes darzustellen, war Esther noch viel zu unruhig und zu verwirrt. Der träumerische Ausdruck war gänzlich gewichen. In ihren Blicken lag etwas Krampfhaftes und Gezwungenes, weil sie es unausgesetzt vermied, dem Anblick des nackten schlafenden Kindes auf ihrem Schoße zu begegnen und in endloser stumpfer Wiederholung die Wandhöhe mit den ihr innerlich gleichgültigen Bildern und Zieraten fixierte. Auch in ihren Händen war dieser Ausdruck der Gezwungenheit und Steifheit, von der Furcht aufgezwungen, sie möchte den Körper berühren müssen. Dazu fühlte sie die Last schwer auf den Knien, ohne eine Regung zu wagen. Nur ein gespannter Zug in ihrem Gesichte verriet stärker und stärker die qualvolle Anstrengung, so daß der Maler schließlich selbst, obwohl er nicht ihren ererbten Abscheu, sondern nur mädchenhafte Scheu voraussetzte, ihr Unbehagen zu ahnen begann und die Sitzung unterbrach. Das Kind schlief ruhig weiter, wie ein sattes Tier, und merkte nichts, wie es der Maler mit sorgfältigen Händen von dem Schoße des Mädchens abhob und es im Nebenzimmer auf das Bett legte, wo es blieb, bis seine Mutter, eine derbe holländische Schiffersfrau, die für einige Zeit nach Antwerpen verschlagen war, es wieder abholte. Aber, ob man sie auch von der körperlichen Last befreit, fühlte sich Esther doch noch von dem Gedanken schwer bedrückt, daß Tag für Tag sie gleiche Bangigkeit erfüllen sollte.

Unruhig ging sie und unruhig kam sie wieder in den nächsten Tagen. Im geheimen hegte sie die Hoffnung, daß der Maler auch diesen Plan aufgeben würde, und der Entschluß wurde drängender und überquellender, ihn mit einem ruhigen Worte darum zu bitten. Aber nie vermochte sie es; ein innerer Stolz oder eine geheime Scham hielt die Worte zurück, die schon auf ihren Lippen zuckten, so wie schwungbereite Vögel, die prüfend ihre Schwingen flattern lassen, bereit, sich im nächsten Augenblicke frei emporzustoßen in die Luft. Aber während sie Tag für Tag kam und ihre Unruhe gewissermaßen schon mit sich trug, wurde diese Scham nach und nach eine unbewußte Lüge, denn sie hatte sich schon damit vertraut gemacht, wie mit einer lästigen Selbstverständlichkeit. Es fehlte nur noch der Augenblick der Erkenntnis. Das Bild schritt inzwischen wenig fort, obwohl der Maler ihr es mit vorsichtigen Worten andeutete. In Wirklichkeit umfaßte sein Rahmen nur die leeren und unwichtigen Linien der Gestalten und ein paar flüchtige versuchende Tönungen. Denn der alte Mann wartete, bis Esther sich mit dem Gedanken ausgesöhnt hätte, und suchte nicht zu beschleunigen, was er mit Sicherheit erhoffte. Vorläufig kürzte er nur die Stunden der Sitzungen und sprach viel von allerlei gleichgültigen Dingen, die Anwesenheit des Kindes und Esthers unruhige Erregung mit Absicht übersehend. Er schien heiterer und sicherer als je.

Und sein Vertrauen betrog ihn diesmal nicht. Denn einer dieser Vormittage war hell und warm, das Fenster Umschnitt mit seinen Kanten eine lichte und durchsichtige

Landschaft: Türme, die ferne waren und doch ihren goldglänzenden Schein wie von nahe schimmern ließen, Dächer, von denen der Rauch leise und sanftgekräuselt sich in das tiefe und wie damastene Himmelsblau verlor, weiße Wolken, die ganz nahe standen, als wollten sie sich niedersenken wie ein flaumiger, flatternder Vogel in dieses dunkelflutende Meer der Dächer. Und mit vollen Händen warf die Sonne ihr Gold herein, Strahlen und tanzende Funken, rollende Kreise wie kleine klirrende Münzen, schmale schneidende Streifen wie glänzende Dolche, flatternde Formen ohne Deutung und Sinn, die mit springender Behendigkeit wie kleine schimmernde Tiere über die Bohlen sprangen. Und dieses flirrende und prickelnde Spiel hatte das Kind aus dem Schlafe geweckt, indem es wie mit feinen spitzigen Fingern an die geschlossenen Augenlider pochte, bis sie sich auftaten und blinzelten und starrten. Unruhig begann es sich auf dem Schoße des Mädchens zu bewegen, das es mit unwilliger Gebärde behütete. Aber es strebte nicht von ihr weg, sondern haschte nur ungeschickt mit seinen kleinen täppischen Händen nach diesen Funken, die es umtanzten und umspielten, ohne daß es sie fassen konnte, und dieser Mißerfolg steigerte nur seine Aufmerksamkeit. Immer eiliger suchte es die kleinen dicken Finger zu bewegen, die vom sonnigen Lichte rötlich durchleuchtet die warme Flut des Blutes durchdämmern ließen, und dieses naive Spiel erfüllte die ganze kleine unfertige Gestalt mit wundersamem Liebreiz, der auch Esther unbewußt bezwang. Lächelnd und innerlich das vergebliche Bemühen überlegen bemitleidend, sah sie diesem endlosen Spiele zu, ohne zu ermüden oder sich ihres Widerwillens gegen dieses unschuldige hilflose Wesen zu erinnern. Zum erstenmal webte ein menschliches und innig menschliches Leben für sie in diesem kleinen glatten Körper, dessen fleischige Nacktheit und stumpfe Sättigung sie bisher nur empfunden; und mit kindlicher Neugier folgte sie jeder Regung. Der alte Mann sah zu und schwieg. Mit Worten fürchtete er den Trotz und die vergessene Scham in ihr wieder wachzurufen, aber ein befriedigtes Lächeln eines, der die Welt und ihr Wesen kennt, wollte nicht weg von seinen milden Lippen. Nichts Sonderbares sah er in diesem Wechsel, sondern nur ein Berechnetes und Erwartetes, ein Vertrauen auf jene tiefrauschenden Gesetze der Natur, die nie versagen und vergessen, Wahrheit zu werden. Er fühlte sich wieder so ganz nahe einem jener ewigen, sich immer wieder erneuernden Wunder des Lebens, das aus den Kindern die hingebende Güte der Frauen mit einem Male erstehen läßt, die wieder hin zu den Kindern geht, von Werden zu Werden, und so eigene Kindheit nie verliert, sondern zweimal lebt, in sich und in denen, die ihr begegnen. Und war dies nicht das Gotteswunder Marias, die Kind war, um nie Frau zu werden, sondern weiterzuleben in ihrem Kinde? Hatte nicht jedes Wunder seinen Spiegel in der Wirklichkeit und jeder erschaute Augenblick eines werdenden Lebens einen Glanz des Unnahbaren und ein Brausen des Ewig-Unverständlichen?

Der alte Mann fühlte wieder tief jene Wundernähe, deren göttlicher oder irdischer Gedanke ihn nun seit Wochen umpreßte, ohne ihn freizugeben. Aber er wußte, daß dies eine dunkle und verschlossene Pforte war, vor der sich alles Sinnen demütig wieder wenden müsse, ohne mehr zu erringen als einen ehrfürchtigen Kuß auf die versagte Schwelle. Und so griff er zum Pinsel, um mit Arbeit die Gedanken zu verjagen, die sich schon in düstere Wolkentiefen verloren. Wie er aber hinblickte, um der Wirklichkeit das Nachbild abzulauschen, blieb er für einen Augenblick gebannt. Denn ihm war, als sei er bisher mit seinem Suchen in einer Welt gegangen, die von Schleiern umhangen war, ohne daß er es wußte, und nun erst glühte sie ihm in ihrer unmittelbaren Kraft und Verschwendung entgegen. Vor seinen Augen lebte das Bild, das er gesucht. Mit leuchtenden Augen und haschenden Händen wandte sich das blühende gesunde Kind dem Lichte entgegen, das seinen nackten Körper mit einem mattschimmernden weichen Glanz übergoß und ihm so seraphischen Schein verlieh. Und über diesem spielenden Haupte ein zweites, das sich zärtlich betrachtend niederneigt und selbst gleichsam von dem Glanze erfüllt ist, den dieser helle, lichterfüllte Körper ausstrahlt. Und schmale kindhafte Hände, die behütend zu beiden Seiten warten, um alles Unheil und Verderben von diesem Kinde abzuwehren. Und über dem Haupte ein flüchtiger Glanz, der sich in den Haaren verfangen hat und gleichsam von ihnen auszustrahlen scheint wie ein inneres Licht. Sanfte Bewegung, vereint mit tändelndem Licht, Unbewußtheit mit noch träumender Erinnerung, alles rann zusammen in ein flüchtiges und schönes Bild, das nur hingehaucht schien und aus gläsernen Farben geschaffen, die ein Augenblick jäher Bewegung zerschmettern kann.

Wie eine Vision sah der alte Mann dieses Paar, das ein flüchtiges Spiel des Lichtes so verschwistert hatte, und gleichsam aus fernem Traume fiel ihm des italienischen Malers fast vergessenes Bild ein und seine Gottesmilde. Und wieder schien es ihm, als hörte er göttlichen Ruf. Aber diesmal verlor er sich nicht an Träume, sondern schenkte seine ganze Kraft dem Augenblick. Mit heftigen Zügen hielt er dies Bewegungsspiel dieser kindischen Hände und die sanfte Neigung dieses sonst so harten Mädchenhauptes fest, als wollte er sie der Vergänglichkeit des Momentes für immer entraffen, der sie zusammengefügt. Er fühlte Schöpferkraft in sich wie heißes junges Blut. Sein ganzes Leben war ein Rinnen und Rauschen, ein Einschlürfen des Lichtes und der Farbe in dieser Minute, ein Formen und Umfassen seiner zeichnenden Hand. Und in dieser Minute, da er dem Geheimnis göttlicher Kräfte und unbegrenzter Lebensfülle so nahe stand wie noch nie, da sann er nicht ihren Wundern und Zeichen nach, sondern lebte sie, indem er sie selbst erschuf.

Dieses Spiel währte nicht allzu lange. Das Kind ermüdete endlich bei dem unablässigen Haschen, und auch Esther war befremdet, wie sie den alten Mann plötzlich mit fieberhafter Glut und geröteten Wangen arbeiten sah; wieder war in seinem Antlitz die gleiche visionäre Helle, wie an dem Tage, da er von Gott und seinen tausendfältigen Wundern zu ihr gesprochen hatte, und wieder fühlte sie begeistertes Erschauern für die Größe, die sich so ganz in die schöpferischen Welten verlieren konnte. Und in dieses umfassende Gefühl verlor sich ganz die kleine Beschämung, daß sie der Maler in dem Augenblicke überrascht hatte, da sie ganz von dem Anblick des Kindes erfüllt war. Sie sah nur eine Fülle des Lebens; und die Vielfältigkeit und Größe solcher Momente ließen sie immer jenes Erstaunen wiederempfinden, das sie zuerst gefühlt, als ihr der Maler die Bilder ferner und unbekannter Menschen, traumhaft schöner Städte und üppiger Landschaften gezeigt hatte. Und die Armut ihrer eigenen Tage und der monotone Gleichklang ihrer seelischen Erlebnisse färbten sich am Rausche des Fremden und von der Pracht des Fernen. Aber eigene Schöpfersehnsucht brannte tiefinnerst in ihrer Seele, wie ein verborgenes Licht im Dunkeln, von dem niemand weiß.

Dieser Tag war eine Wende in Esthers und des Bildes Schicksal. Der Schatten war gesunken. Nun ging sie mit hellen und hastenden Schritten zu jenen Stunden, die ihr so flüchtig schienen, weil sie eine wechselnde Reihe kleiner Erlebnisse aneinanderketteten, deren jedes ihr bedeutsam war, da sie den Wert ihres Lebens nicht kannte und sich reich glaubte mit den kleinen kupfernen Münzen unwertiger Begebnisse. Unmerklich trat die Gestalt des alten Mannes in den Hintergrund gegen den unbehilflichen kleinen rosigen Körper des Kindes. Ihr Haß war jählings in eine wilde und fast gierige Zärtlichkeit umgeschlagen, wie sie Mädchen oft gegen Kinder und kleine Tiere haben. Ihr ganzes Wesen erschöpfte sich in Beobachtung und

Liebkosung, unbewußt lebte sie den erhabensten Gedanken der Frau, die Mutterschaft, in einem hingebenden leidenschaftlichen Spiel. Der Zweck ihres Besuches entglitt ihr. Sie kam, setzte sich mit dem kleinen blühenden Kinde, das sie bald erkannte und das ihr drollig entgegenlachte, in den breiten Lehnstuhl und begann ihre innigen Tändeleien, ganz vergessend, daß sie um des Bildes willen gekommen und daß sie einst dieses nackte Kind wie einen Druck und eine Last empfunden hatte. Das schien ihr so ferne, wie einer ihrer unzähligen falschen und verlogenen Träume, die sie früher in der dunklen traurigen Gasse in langen Stunden emsig aneinandergesponnen hatte, und deren Gewebe zerflatterte beim ersten vorsichtigen Atemzuge der Wirklichkeit. Und nur in diesen Stunden glaubte sie auch jetzt noch zu leben; ihr Verweilen zu Hause war ihr eine Fremde, wie die Nacht, in die man schlafend hinabtaucht. Wenn sie mit ihren Fingern die dicken fleischigen Händchen des Kindes umfaßte, fühlte sie, daß dies kein blutloser Traum war. Und das Lächeln war keine Lüge, das ihr aus diesen blauen großen Augen entgegenblinzelte. Das war alles Leben, und sie verzehrte sich in einer inneren Gier nach Verschwendung an die Welt, die ein reiches und unbewußtes Erbteil ihres Stammes war, und nach Hingebung, der fraulichen Sehnsucht, ehe sie noch Weib war. In diesem Spiel barg sich schon der Keim tieferen Verlangens und tieferer Lust. Aber noch war alles ein tändelnder Reigen zärtlicher Einfälle und inniger Bewunderung, spielender Anmut und törichten Traums. Wie Kinder die Puppen schaukeln, so wiegte sie dieses Kind, aber sie träumte dabei, wie Frauen und Mütter träumen, – in eine süße, zärtliche, grenzenlose Ferne.

Der alte Mann fühlte die Wandlung mit der ganzen Fülle seines wissenden Herzens. Er spürte, daß er ihr ferner wurde, nicht fremder, und daß er nicht mehr in ihrem Wunsche stand, sondern schon abseits, wie eine milde

Erinnerung. Und er freute sich dieses Umschwungs, so sehr er auch Esther liebte, denn er sah junge, starke und gütige Triebe in ihr, von denen er hoffte, daß sie schneller die Trotzigkeit und Verschlossenheit ihrer ererbten Art zerbrechen würden als sein Bemühen. Und er wußte, daß ihre Liebe an ihn, den Alten, Absterbenden, Verschwendung war, während sie in junges Leben Segnung und Verheißung tragen konnte.

Wunderbare Stunden verdankte er dieser erwachten Zärtlichkeit Esthers zu dem Kinde. Viele Bilder von bezwingender Schönheit formten sich vor ihm, alle Paraphrasen eines einzigen Gedankens und doch alle verschieden. Bald war es ein zärtliches Spiel: Esther mit dem Kinde tändelnd, selbst ganz Kind in ihrer unbändigen Mitfreude, geschmeidige Bewegungen ohne Härte und Leidenschaft, milde Farben in sanfter Vereinung, zärtliches Zusammenfließen zarter Formen. Und dann wieder Augenblicke der Stille, wenn das Kind träge auf dem weichen Schoße eingeschlafen war und die schmalen Hände Esthers über ihm wachten wie zwei Engel, wenn in ihren Augen jene zärtliche Freude seligen Besitzes aufglänzte und die verschwiegene Leidenschaft, das schlafende Antlitz mit Zärtlichkeiten zu erwecken. Dann wieder Sekunden, da sich die vier Augen ineinander einsenkten, unwissend, unbewußt und suchend die einen, innig hingebend und selig leuchtend die andern. Dann waren wieder Momente entzückender Verwirrungen, wenn das Kind mit seinen unbehilflichen Händen an der Brust des Mädchens emportastete, von der es die mütterliche Spende erwartete; dann rötete wieder die Scham Esthers Wangen wie rosiges Licht, aber es war keine Angst mehr, die sie erfüllte, und kein Unwille, sondern nur eine verlegene Aufwallung, die in ein beglücktes Lächeln zerrann.

Und diese Tage wurden die Schöpferstunden des Bildes. Aus tausend Zärtlichkeiten schuf er eine, aus tausend tändelnden, beseligten, ängstlichen, glücklichen, innigen Blicken einen Mutterblick. Ein stilles, großes Werk wuchs empor. Ganz schlicht war es. Ein spielendes Kind und eines Mädchens sanft sich niederneigendes Haupt. Aber die Farben waren mild und klar, wie er sie nie gefunden, und die Formen standen so scharf und klar, wie dunkle Bäume gegen die heilige Glut des Abends. Es war, als müßte irgendein inneres Licht verborgen sein, von dem sich jene geheime Helle entzünde, eine Luft in ihm weben, die weicher, umschmeichelnder und klarer sei als die aller irdischen Welt. Nichts Überirdisches war darin und doch eine heimliche Mystik des Lebens, das es geschaffen. Denn zum erstenmal fühlte der alte Mann, der in seiner langen emsigen Schaffenszeit stets sorglich Strich an Strich gesetzt, ein inneres Wachsen und Werden an seinem Bilde, von dem er nichts wußte. Wie in der alten Volksmäre die zauberischen Geister ihre Werke erschufen, verborgen und doch mit so schaffender Eile, daß des Morgens die Menschen mit staunenden Augen die nächtige Vollendung schauten, so fühlte der Maler, wenn er nach Minuten schöpferischen Rausches vom Bilde zurücktrat und es mit prüfendem Auge betrachtete. Wieder pochte der Gedanke des Wunders an sein Herz, das kaum noch zögerte, ihm Einlaß zu gewähren. Denn dieses Werk schien ihm nicht nur seines ganzen Ringens leuchtende Blüte, sondern etwas viel Ferneres und Höheres, das sein niederes Werk nicht würdig sei zu tragen, wenn auch als seine Krönung. Und seines Schaffens Heiterkeit senkte sich tiefer und wurde fürchtige Stimmung, ein Bangen vor diesem eigenen Werk, in dem er sich nicht mehr wiederzuerkennen wagte.

So wurde auch er Esther ferner, denn sie schien ihm nur die Mittlerin des irdischen Wunders, das er vollbracht. Mit alter Güte behütete er sie, aber seine Seele erfüllte sich wieder mit den frommen Träumen, die er schon ferne geglaubt. Die schlichte Kraft des Lebens ward ihm mit einem Male so wunderbar. Wer konnte ihm Antwort geben? Die Bibel war alt und heilig, sein Herz aber irdisch und stand noch tief im Leben. Durfte er da fragen, ob die Schwingen Gottes hinabrauschten bis in diese Welt? Gingen noch heute Zeichen Gottes durch die Welt, oder waren es nur schlichte Wunder des Lebens?

Der alte Mann überhob sich nicht, da Antwort wissen zu wollen, so Seltsames auch in seinem Leben geschah. Aber er war seiner selbst nicht mehr so sicher wie einst, da er an das Leben glaubte und an Gott und nicht nachsann, wer die Wahrheit war. Und jeden Abend umhüllte er sorglich das Bild. Denn einmal in diesen Tagen, als er heimgekehrt war und der silberne Schein des Mondes segnend über dem Bilde hing, da war es ihm, als hätte die Gottesmutter ihm ihr Antlitz enthüllt. Und wenig fehlte, daß er sich betend hingeworfen hätte vor seinem eigenen Werk ...

* *
*

In diesen Tagen aber geschah noch ein anderes im Leben Esthers, das nichts Seltsames und Unwahrscheinliches war, aber doch wie ein aufwirbelnder Sturm bis in die Tiefen ihres Lebens hinabgriff, daß sie erschauerten in wildem und unverständlichem Schmerz. Sie fühlte die ersten Mysterien der Reife und ward Weib aus einem Kinde. Viel ratlose Verwirrung erfüllte ihre Seele, die niemand führte und unterwies, die einsam einen wundersamen Weg zwischen tiefen Dunkelheiten und mystischem Leuchten ging. Und viel Sehnsucht ward wach, die keinen Weg wußte. Ihr unbändiger Trotz, der früher allen Gespielen abweisend ausgewichen war und jedes unnötige Wort mit ihrer Umgebung vermieden hatte, brannte wie ein Fluch in diesen Tagen dunkler Verlorenheit. Denn so fühlte sie nicht die heimliche Süße, die in diesem Werden sich birgt, wie eine Saat, deren Fülle noch ferne ist, und nur der dumpfe, irre und so einsame Schmerz blieb zurück. Und in diese Unwissenheit glänzten

die Legenden und Wunder, von denen der alte Mann ihr
erzählt, wie verführerische Lichter, denen ihre Träume in
die unsinnigsten Möglichkeiten gierig folgten. Die
Erzählung von der milden Frau, deren Bild sie gesehen, die
Mutter ward nach wundersamer Verkündigung, durchbebte
sie mit einer jähen und fast freudigen Angst. Und doch
wagte sie nicht zu glauben, denn noch von anderem war da
gesprochen worden, das sie nicht verstand. Aber sie
meinte, daß in ihr selbst irgendein Wunder wirke, weil sie
sich so verändert fühlte in ihrem ganzen Empfinden, weil
die Welt und alle Menschen um sie mit einem Male anders
zu sein schienen, tiefer, seltsamer und voll geheimer
Triebe. Alle Dinge schienen zusammenzugehören und ein
inneres Leben zu haben, das sich entgegendrängte und
wieder zurückstieß, eine Gemeinsamkeit, von der sie nicht
wußte, wo sie sich berge; ihr schien alles
zusammenzuhalten, was so vereinzelt stand. Und sie selbst
fühlte diese innere Kraft, die sie hineinzog in das Leben
und zu den Menschen, aber sie war unsinnig und wußte
nicht, wohin sie sich wenden sollte, und hinterließ nur
diesen gleichen drängenden, pressenden und quälenden
Schmerz unverbrauchter Sehnsucht und unterbundener
Kraft.

Was Esther bisher unmöglich erschienen, versuchte
sie jetzt in verzweifelten Stunden, wenn ihre Verlorenheit
sich erkannte und die Sehnsucht nach einem Dinge, an das
sie sich anklammern könnte, ihr Herz überwältigte. Sie
sprach mit ihrem Ziehvater. Bisher war sie ihm
ausgewichen, instinktiv, weil sie die Ferne fühlte, die
zwischen ihnen war. Aber nun stieß sie dieser blinde Drang
über die Schwelle. Sie sprach mit ihm von allen Dingen,
erzählte ihm von dem Bilde, griff tief in sich hinein, um
aus diesen Stunden etwas emporraffen zu können, was ihm
von Wert sein könnte. Und der Wirt, sichtlich erfreut über
diese Wandlung, klopfte ihr derb begütigend auf die
Wangen und hörte zu. Manchmal warf er ein Wort drein,

aber es war so lässig und unpersönlich wie die Gebärde, mit der er den zerkauten Tabak zur Erde spuckte. Schließlich erzählte er selbst in seiner ungeschickten Weise, was gerade vorgegangen war, aber Esther horchte vergebens. Er wußte ihr nichts zu sagen, er versuchte es gar nicht. Alle Dinge schienen nur bis an seinen Körper heranzukommen und nichts nach innen zu fließen, eine Gleichgültigkeit gegen alles schlug ihr aus seinen Worten entgegen, die sie mit Ekel erfüllte. Was sie früher nur dumpf geahnt, wußte sie jetzt: es gab keinen Weg von solchen Menschen zu ihr und ihrer Seele. Es gab ein Nebeneinandersein, aber kein Erkennen, eine Öde und kein Verständnis. Und er schien ihr noch der beste von all den Menschen, die in dieser traurigen Kneipe aus- und eingingen, weil eine gewisse biedere Derbheit in ihm war, die in manchen Augenblicken sogar Herzlichkeit werden konnte.

Diese Enttäuschung aber konnte die drängende Kraft dieser unbändigen Sehnsucht nicht zerbrechen, und die ganze Wucht strömte wieder zu den beiden Wesen zurück, die Aufgang und Niedergang ihres Tages umspannten. Sie zählte die einsamen Stunden der Nacht, die sie noch vom Morgen entfernten, mit Inbrunst und die Stunden des Tages, die vor ihrem Besuche bei dem Maler lagen, mit fiebernder Glut, die sich auf ihrem Antlitz verriet. Und einmal auf der Gasse, warf sie sich ganz in den Arm ihrer Leidenschaft, wie ein Schwimmer in eine aufschäumende Flut, und stürmte wie verzweifelt durch die ruhig vorwärtsstrebenden Menschen, um erst haltzumachen, wenn sie mit gerötetem Gesicht und verwirrten Haaren vor dem Tore des ersehnten Hauses stand. Eine Unbändigkeit und Lust an freier leidenschaftlicher Gebärde hatte in dieser Zeit der Umformung Gewalt über sie gewonnen und gab ihr eine wilde, begehrliche Schönheit.

Und diese gierige, fast verzweiflungsvolle Art ihrer Zärtlichkeit ließ sie das Kind vor dem alten Manne bevorzugen, in dessen freundlicher, inniger Milde etwas Ablehnendes, Abgeklärtes gegenüber aller stürmischen Leidenschaft lag. Er wußte nichts von der fraulichen Wandlung Esthers, aber er ahnte sie aus ihrem ganzen Wesen, dessen so jäh erwachte Ekstatik ihn befremdete. Ihr Schranken zu setzen, versuchte er nicht, weil er die elementare Kraft spürte, die sie vorwärts trieb in diese zähe Leidenschaft. Und er verlor darum nicht die väterliche Liebe zu diesem einsamen Kinde, wenngleich auch sein Sinn sich ganz wieder dem fernen Spiel der geheimen Lebenskräfte zugewandt hatte. Er freute sich ihrer Gegenwart und suchte sie sich zu bewahren. Das Bild war schon vollendet, er sagte es aber Esther nicht, weil er sie nicht trennen wollte von dem Kinde, das sie mit Zärtlichkeit gleichsam überflutete. Ab und zu tat er noch einen Pinselstrich, aber es waren immer nur unwichtige Äußerlichkeiten, ein Faltenwurf, eine leichte Schattierung des Hintergrundes oder eine flüchtige Nuance im Spiel des Lichtes. Dem eigentlichen Gedanken des Bildes und seiner innerlichen Empfindung wagte er nicht mehr zu nahen, denn der Zauber der Wirklichkeit war langsam gewichen, und das Doppelantlitz des Bildes schien ihm das vergeistigte Wesen jenes wundervollen Schöpfertraumes, der ihm immer weniger Vollführung irdischer Kraft schien, je weiter zeitlich die Erinnerung jenes Augenblickes zu verdämmern begann. Jeder Versuch der Verbesserung schien ihm nicht nur Torheit, sondern Sünde. Und im Innersten beschloß er, nach diesem Werke, da seine Hand offenbarlich geleitet war, nicht weiteres Stümperwerk zu schaffen, sondern seine Tage in tieferer Frömmigkeit und in Erspähung der Pfade zu verbringen, die sein Leben emporführen könnten in jene Höhen, deren goldenes Abendleuchten er in diesen späten Lebensstunden noch verspürt hatte.

Esther spürte mit dem feinen Instinkte, den die Verwaisten und Zurückgestoßenen in ihren Seelen wie ein

geheimes Netzwerk empfindsamer Fäden haben; das alle
Worte und auch die verschwiegenen umspannt, die leichte
Entfernung des alten und ihr so lieben Mannes, und sie litt
beinahe unter seiner gleichen milden Zärtlichkeit; sie
fühlte, daß sie gerade jetzt seines ganzen Wesens und der
befreiten Fülle seiner Liebe bedurft hätte, um ihre Seele
mit ihren wachsenden Schmerzlichkeiten offenbaren zu
können und Antwort zu verlangen von den Rätseln, die sie
umringten. Sie horchte auf den Augenblick, da sie die
Worte aus sich befreien konnte, die in ihr drängten und
überschäumten, aber das Erwarten ward endlos und machte
sie müde. Und da wandte sie ihre ganze Zärtlichkeit dem
Kinde zu. Ihr ganzes Empfinden formte sie in diesen
kleinen unbeholfenen Körper, den sie mit heißer Gewalt
umfing und küßte; so ungestüm und vergessend, daß das
Kind oft nur den Schmerz der Umarmung spürte und zu
klagen begann. Dann wurde sie zurückhaltend, behütend,
beruhigend, aber auch diese Ängstlichkeit war Ekstase,
sowie ihr Empfinden kein mütterliches war, sondern ein
ängstlichsuchendes Emporwallen erotischer und dumpf
sehnsüchtiger Triebe. Eine Kraft in ihr drängte empor, und
ihre Unwissenheit ließ sie an diesem Kinde verschäumen.
Es war ein Traum, den sie lebte, und eine schmerzliche
Betäubung; sie hielt sich nur krampfhaft an dieses Wesen,
weil es ein warmes Herz hatte, das pochte, so wie das ihre,
weil sie alle Zärtlichkeiten, die in ihr glühten, an diese
stummen Lippen verschenken konnte, weil ihre Arme, in
denen eine unbewußte Sehnsucht war, ein Lebendes
umklammern konnten, ohne den Augenblick der
Beschämung fürchten zu müssen, der sie überfiel, wenn sie
sich nur mit einem einzigen Worte einem Fremden
anvertraut hätte. Stunden und Stunden verbrachte sie so,
ohne zu ermüden und ohne zu fühlen, wie sie sich selbst
betrog.

Dieses Kind umschloß nun für sie den Begriff des
Lebens, nach dem sie sich so wild gesehnt. Rings um sie

verwölkten sich die Zeiten, sie merkte es nicht. Abends standen die Bürger zusammen und sprachen von der alten Freiheit und dem guten König Karl, der sein Flandern so sehr geliebt, mit Bedauern und heimlichem Zorn. Unruhe wühlte in der Stadt. Die Protestanten einten sich insgeheim, lichtscheues Gesindel rottete sich zusammen, kleine Aufstände und Zusammenstöße mit den Soldaten häuften sich, getragen von drohenden Botschaften aus Spanien; und in diesem unruhigen Gezänke wetterleuchteten schon die ersten Flammen von Krieg und Rebellion. Die Vorsichtigen begannen schon jetzt ihren Blick gegen das Ausland zu richten, die andern trösteten und beruhigten sich, aber das ganze Land war mitgerissen in eine fröstelnde Erwartung, die sich in jedem einzelnen spiegelte. In der Schenke setzten sich die Männer in den Ecken zusammen und sprachen mit gedämpfter Stimme, und zwischen ihnen durch scherzte der Wirt in seiner derben Weise vom Krieg und seinen Schrecknissen, doch das Lachen wollte allen nicht recht aus der Kehle. Die sorglose Fröhlichkeit der üppigen Menschen verlosch in Angst und unruhiger Erwartung.

Esther fühlte nichts von dieser Welt, nicht ihre gedämpfte und furchtsame Art, und nicht ihr geheimes Fieber. Das Kind war still wie immer und lachte sie in seiner unbeholfenen Weise an, – so merkte sie keine Veränderung in ihrer Umgebung. Ihr Leben trieb einer einzigen Strömung nach in eine unselige Verwirrung; die Dunkelheit um sie ließ die phantastischen Träume ihrer leeren Stunden ihr als Wirklichkeit erscheinen, so ferne und fremd, daß sie für immer verloren war für die kühle, besonnene Verständigkeit der Welt. Ihre erwachte Weiblichkeit schrie nach einem Kinde, aber dieses bange Mysterium wußte sie nicht, sondern sie erträumte es sich in tausend Formen, in der schlichten Wunderbarkeit der biblischen Legende, wie in der zauberischen Möglichkeit einsamer Phantasien. Hätte ihr jemand dieses Rätsel des

Alltags in einfachen Worten erklärt, so hätte sie vielleicht mit jenem verschämt betrachtenden Blicke, wie ihn Mädchen in dieser Zeit haben, die Männer gemustert, die an ihr vorbeigingen. So aber dachte sie ihrer nicht, sondern sah nur die Kinder auf den Straßen spielen und dachte träumerisch jenes seltsamen Wunders, das ihr vielleicht auch eines Tages ein solches rosiges, spielendes Kind schenken könne, ein Kind, das ganz ihr gehörte und ganz ihre Seligkeit wäre. Und so unbändig war der Wunsch in ihr, daß sie sich vielleicht dem ersten besten hingegeben hätte, alle Scham und Ängstlichkeit vernichtend, nur um dieses ersehnten Glückes willen; aber sie wußte nichts von dieser schöpferischen Einung, und ihre Sehnsucht ging blinde und nutzlose Pfade in die Irre. Und so kehrte sie immer und immer wieder zu diesem fremden Kinde zurück, das ihr schon wie ein eigenes schien, so innig war ihre Zärtlichkeit geworden.

So kam sie eines Tages zu dem Maler, der mit geheimer Unruhe ihre übertriebene und fast krankhafte Leidenschaft zu dem Kinde bemerkt hatte, mit ihrem leuchtenden Gesicht und der funkelnden Unrast in den Augen. Das Kind war nicht, wie gewohnterweise, zur Stelle. Das beunruhigte sie, aber um es nicht einzustehen, trat sie auf den alten Mann zu und fragte ihn nach dem Fortgang des Bildes. Das Blut stieg ihr in die Wangen bei dieser Frage, denn mit einem Male fühlte sie die stumme Beleidigung aller dieser Stunden, in denen sie nie Aufmerksamkeit weder ihm noch seinem Werke geschenkt. Die Vernachlässigung dieses so gütigen Menschen drückte sie wie eine Schuld. Aber er schien nichts zu bemerken.

»Es ist fertig, Esther,« sagte er mit einem leisen Lächeln, »und sogar schon lange. Nächster Tage werde ich es übergeben.«

Sie wurde blaß. Eine böse Ahnung befiel sie, die sie nicht auszudenken wagte. Ganz leise und verschüchtert fragte sie: »Und ich darf dann nicht mehr zu Euch kommen?«

Er streckte ihr beide Hände entgegen. Es war die alte, milde, bezwingende Gebärde, die sie immer wieder gefangennahm. »So oft du willst, mein Kind. Und je öfter, desto lieber. Du siehst ja, daß ich hier einsam bin in meiner alten Stube und, wenn du da bist, dann ist es allein fröhlich und hell den ganzen Tag. Komm oft, recht oft, Esther.«

Ihre ganze alte Liebe zu diesem Manne flutete auf, wie wenn sie nun alle Dämme überrauschen wollte und sich in Worten ergießen. Wie groß und gut war er! War seine Seele nicht wahr und die des Kindes nur ihr eigener Traum? Ihr Vertrauen war wieder groß in diesem Augenblick, aber der Gedanke ihres Lebens hing noch lastend über dieser reifenden Saat wie eine Gewitterwolke. Der Gedanke an das Kind peinigte sie. Sie wollte diese Qual unterdrücken, sie preßte das Wort immer hinab und hinab, aber es quoll auf, ein wilder, verzweifelter Schrei. »Und das Kind?«

Der alte Mann schwieg. Aber seine Züge wurden härter, beinahe unbarmherzig. Daß sie in diesem Augenblicke, da er ganz ihre Seele sein Eigen hoffte, seiner vergaß, das stieß ihn zurück wie ein zorniger Arm. Kalt und gleichgültig sagte er: »Das Kind ist fort.«

Er fühlte ihre Blicke gierig und in einer rasenden Verzweiflung an seinem Munde hangen. Aber die finstere Gewalt in ihm zwang ihn, trotzig und grausam zu sein. Er fügte nichts hinzu. In diesem Augenblicke haßte er dieses Mädchen, das so undankbar die viele Liebe vergaß, die sie von ihm empfangen, und der gütige und so milde Mensch empfand die Wollust einer Sekunde, sie zu quälen. Doch es war nur ein flüchtiger Moment der Schwäche und eigenen

Verneinung, der wie eine einsame Welle in diesem unendlichen Meere der sanften Klärung verrann. Und, von dem Bangen ihres Blickes mit Mitleid erfüllt, wandte er sich ab.

Aber sie ertrug nicht dieses Schweigen. Mit wilder Gebärde stürzte sie an seine Brust und umklammerte ihn schluchzend und stöhnend. Nie brannte größere Qual in ihr, als in den verzweifelten Worten, die sie weinte und schrie. »Ich muß es wieder haben, das Kind, mein Kind. Ich kann nicht anders leben, es ist ja das einzige kleine Glück, das man mir stiehlt. Warum wollt Ihr mir es nehmen? ... Ich war schlecht gegen Euch, aber verzeiht und laßt mir das Kind. Wo ist es? Sagt es mir! Sagt es mir! Ich muß es wieder haben ...«

Ihre Worte verschlugen sich in ein tonloses Schluchzen. Tieferschüttert beugte sich der alte Mann über sie herab, die in langsam erschlaffendem Krampfe weinend seine Brust umklammerte und tiefer und tiefer herabsank wie eine ersterbende Blüte. Sanft strich er über dieses lange, dunkle, gelöste Haar. »Sei klug, Esther! Und weine nicht. Das Kind ist fort, aber ...«

»Es ist nicht wahr, nein, es ist nicht wahr,« fuhr sie empor.

»Es ist wahr, Esther. Seine Mutter hat das Land verlassen. Die Zeiten sind schwer für die Fremden und die Ketzer, aber auch für die Fürchtigen und Treuen. Nach Frankreich sind sie oder nach England. Aber warum willst du verzagen ... sei doch klug, Esther ... warte ein paar Tage ... es wird alles wieder gut werden ...«

»Ich kann nicht, ich kann nicht,« röchelte ihr irres Weinen. »Warum hat man mir das Kind genommen ... Ich hatte doch sonst nichts ... ich muß es wieder haben ... ich muß, ich muß ... Es hatte mich gern, es war das einzige

Wesen, das mir, das ganz zu mir gehörte ... wie soll ich jetzt leben ... Sagt mir doch, wo es ist, sagt mir ...«

Klagen und Schluchzen flossen zusammen in ein wirres und verzweifeltes Reden, das immer leiser und sinnloser wurde und schließlich in ein stumpfes Weinen verquoll. Wie wirre Blitze zuckten die Gedanken durch dieses zermarterte Gehirn, das nicht Klarheit und Ruhe gewinnen konnte; alle Empfindung und Betrachtung schwang in wahnsinnig kreisender Drehung um diese eine schmerzhafte Idee, die nicht loszureißen war aus ihren Reden, sondern mitschwang und mitkreiste, rastlos mit unbarmherziger wirbelnder Kraft. Das unendliche stumme Meer ihrer suchenden Liebe rauschte empor als verzweifelter und lauter Schmerz. Und die Worte strömten wirr und heiß nieder, wie tropfendes und quellendes Blut aus einer Wunde, die sich nicht schließen will. Verzagt schwieg der alte Mann, der versucht hatte, diesen Schmerz mit sanften Worten zu stillen. Die elementare Gewalt dieser Leidenschaft und ihre finstere Glut schienen ihm stärker als alle Kraft der Begütigung. Er wartete und wartete. Manchmal schien der aufschäumende Strom zu stocken und die Erregung sich zu mildern, aber immer und immer stieß ein Schluchzen verlorene Worte empor, die halb Schrei und halb Weinen waren. Eine reiche und blühende Seele verblutete in diesem Schmerz.

Endlich konnte er zu ihr sprechen. Aber Esther hörte ihn nicht. In ihren feuchten und starren Augen stand ein einziges Bild, und ein Gedanke erfüllte ihr Empfinden. Wie aus Fieberphantasien stammelte sie fort. »Wie lieb es lachte ... Mir gehörte es ja nur, mir ganz allein ... Diese vielen schönen Tage ... Ich war seine Mutter ... Und ich soll es nicht mehr haben ... Wenn ich es nur sehen könnte, nur noch einmal sehen ... Nur sehen, nur einmal ...« Und wieder verlosch die Stimme in hilfloses Schluchzen. Langsam war sie von der Brust des alten Mannes herabgesunken und umklammerte mit den matten, durchschauerten Händen nur noch seine Knie, ganz zusammengekauert in die fließende Flut ihrer schwarzen Strähnen. Ihr zerknickter, zuckender Körper mit dem überwallten und versteckten Antlitz schien wie zerschmettert von zornigem Schmerz. Und monoton, mit verlorenen erschlafften Gedanken lallte sie das Wort immer wieder. »Nur sehen ... nur einmal sehen ... nur einmal ... nur sehen.«

Tief beugte sich der alte Mann zu ihr herab.

»Esther!«

Sie rührte nicht ein Glied. Die Lippen lallten noch die Worte weiter ohne Sinn und Betonung. Er wollte sie emporheben; ihr Arm, den er faßte, war kraftlos und ohne Regung wie ein abgebrochner Ast; schlaff fiel er wieder zurück. Nur die Lippen stammelten eintönig und unbewußt ihren traurigen Spruch weiter. »Nur einmal ... nur sehen ... nur einmal sehen ...«

Da überkam ihn ein seltsamer Gedanke in seiner suchenden Ratlosigkeit. Er neigte sich zu ihrem Ohre. »Esther! Du sollst es sehen, einmal und so oft du willst!«

Sie fuhr auf, wie aus einem Traum gerüttelt. Durch alle Glieder schienen diese Worte zu fließen, denn jähe Bewegung erfaßte ihren Körper, und sie richtete sich auf. Langsam schien die Klarheit wiederkehren zu wollen. Noch war ihr der Gedanke nicht ganz klar, denn instinktiv glaubte sie nicht an ein so großes Glück, das sich aus dem Schmerze wieder erschließen sollte. Unsicher sah sie den alten Mann an, wie mit schwankenden Sinnen. Sie begriff ihn nicht ganz und wartete auf seine Worte. Alles war ihr so unklar. Aber er sprach nicht, er sah sie nur mit gütiger Verheißung an und nickte ihr zu. Lind umfaßte er sie mit seinem Arm, als hätte er Angst, ihr wehe zu tun. Es war also kein Traum und nicht die Lüge eines Augenblicks. Ihr

Herz schlug und schlug in wirrer Erwartung. Willig wie ein Kind ging sie an ihn gelehnt, ohne ein Ziel zu wissen. Aber er führte sie nur ein paar Schritte bis zur Staffelei. Und mit rascher Bewegung löste er das hüllende Tuch von dem Bilde.

Im ersten Augenblicke blieb Esther reglos. Ihr Herz stand still wie erstarrt. Aber dann stürzte sie gierig auf das Bild zu, als wollte sie dieses liebe, lächelnde, rosige Kind aus dem Rahmen reißen, wieder zurück ins Leben, um es zu wiegen und zu umschmeicheln, um die Zartheit seiner unbeholfenen Glieder zu spüren und das Lachen um diesen kleinen törichten Mund zu erwecken. Sie dachte nicht, daß dies nur ein Bild war, ein Stück bemalter Wand, das nur der Traum des Lebens war, sie überlegte nicht, sondern fühlte nur, und ihre Blicke flatterten in seligem Rausche. Reglos blieb sie knapp vor dem Bilde stehen. Ein Zittern und Reißen war in ihren Fingern, die sich sehnten, die blühende Weiche des Kindes wieder erschauernd fühlen zu können, ein Brennen in ihren Lippen, den erträumten Körper mit zärtlichen Küssen bedecken zu können. Ein seliges Fieber durchlief ihren Leib. Und dann brachen die warmen Tränen empor. Aber sie waren nicht mehr zornig und anklagend, sondern wehmütig und beglückt, sie waren nur ein Quellen und Überquellen von vielen seltsamen Gefühlen, die plötzlich ihre Seele erfüllten und empordrängten. Leise löste sich der Krampf, der sie mit seinen harten Händen umklammert, und eine unsichere, aber milde und versöhnliche Stimmung hielt sie umschlungen und wiegte sie sanft und süß in einen wachen, wunderbaren Traum, der ferne war von allen Wirklichkeiten.

Der alte Mann fühlte wieder jenes fragende Bangen in seiner Freude. Wie wundersam war dieses Werk, daß es selbst diejenigen, die es geschaffen und gelebt, so mystisch beseelte, wie unirdisch war diese sanfte Erhebung, die ihm entstrahlte! War dies nicht wie die Bilder und Zeichen der

Heiligen, die man verehrte, und bei denen die Beladenen und Bedrückten jählings ihren Schmerz vergaßen und heimgingen, von einem Wunder geläutert und befreit? Und waren dies nicht heilige Flammen in den Blicken dieses Mädchens, das ihr eigenes Bild besah, ohne Neugierde und ohne Scham, sondern hingegeben und gottverloren? Er fühlte, es müsse ein Ziel geben, zu dem so sonderbare Wege führten, es müsse ein Wille da walten, der nicht blind sei, wie der seine, sondern hellsichtig und aller seiner Wünsche Meister. Und wie fromme Glocken jubelten diese Gedanken durch sein Herz, das sich erwählt dünkte für aller Himmel leuchtende Gnade.

Vorsichtig nahm er Esther bei der Hand und führte sie weg vom Bilde. Er sprach nicht, denn auch er fühlte das warme Quellen von Tränen, die er nicht zeigen wollte. Ihm war, als ruhte auf ihrem Haupte noch ein warmer fließender Glanz, wie im Madonnenbilde, und als sei in dem Zimmer bei ihnen noch etwas Großes und Unsagbares, das mit unsichtbaren Schwingen vorüberrauschte. Er sah in Esthers Augen. Sie waren nicht mehr verweint und trotzig; nur ein sanfter spiegelnder Flor schien sie noch zu überschatten. Alles schien ihm heller, milder und verklärter ringsum. Wundernähe und Heiligkeit wollte sich ihm in allen Dingen offenbaren.

Lange blieben sie noch beide zusammen. Sie begannen wieder zu sprechen, wie in alter Zeit, aber ruhiger und geklärter, wie zwei Menschen, die sich nicht mehr suchen müssen, sondern sich ganz verstehen. Esther war still geworden. Der Anblick dieses Bildes hatte sie seltsam berührt und sie so selig gemacht, weil er ihr das Glück ihrer schönsten Erinnerung wieder schenkte, weil sie ihr Kind wieder besaß, aber nun viel heiliger, viel tiefer und mütterlicher als in der Wirklichkeit. Denn nun war es nur ganz mehr Hülle ihres Traumes, ganz eigen und ganz ihre Seele. Nun konnte es niemand mehr nehmen. Dies Bild gehörte ihr allein, wenn sie es sah, und sie durfte es ja immer sehen. Gerne hatte der alte, von mystischen Ahnungen durchschauerte Mann ihr die zage Bitte verstattet. Nun hatte sie Tag für Tag gleiche Seligkeit und Lebensfülle, ihre Sehnsucht mußte nicht mehr bangen und begehren; und diese kleine blühende Gestalt, die den andern der Heiland der Welt war, war auch dem einsamen Judenkinde unbewußt ein Gott der Liebe und des Lebens.

So kam sie noch einige Tage. Doch der Maler besann sich seines Auftrags, den er beinahe vergessen hatte. Der Kaufherr kam, das Bild zu betrachten, und auch ihn, der nichts von den heimlichen Wundern dieser Schöpfung wußte, überwältigte die milde Form der Muttergüte und die schlichte Weihe des ewigen Symboles in diesem Bilde. Begeistert drückte er seinem Freunde die Hand, der alle Lobsprüche mit bescheidener und frommer Gebärde zurückwies, als sei es nicht sein eigen Werk, vor dem er stand. Und sie beschlossen nicht länger dem Altare seinen Schmuck vorzuenthalten.

Am folgenden Tage schon schmückte das Bild den andern Altarflügel, der verwaist gewesen. Und seltsam war nun dieses fremde Paar der beiden Madonnen mit ihrer leichten Ähnlichkeit und so verschiedener Gebärde. Wie zwei Schwestern schienen sie, von denen die eine noch der Süße des Lebens sich vertrauend hingibt, während die andere schon die dunkle Frucht des Schmerzes verkostet hat und die Schauer ferner Zeiten kennt. Aber über beider Haupt leuchtete ein gleicher Schein, als ob über ihnen Sterne der Liebe glühten, unter denen ihr Weg ein Leben lang ginge durch Freude und durch Schmerzlichkeit ...

Und auch in die Kirche folgte Esther dem Bilde, als sei es ihr eigen Kind, das sie hier finde. Langsam verrauschte die Erinnerung in ihr, daß ihr das Wesen fremd war, und ein Mutterglaube erwachte, der einen Traum zur Wahrheit werden ließ. Stundenlang lag sie hingestreckt vor dem Bilde, wie eine Gläubige vor des Heilands Bild. Um sie lebte ein anderer Glaube; die Glocken riefen mit ihren donnernden Zungen zu einer Andacht, die sie nicht kannte, Priester, deren Worte sie nicht verstand, sangen tiefe, brausende Chöre, die wie dunkle Wellen die Kirche durchrauschten und aufflogen in die mystische Dämmerung, die wie eine duftende Wolke hoch, hoch über dem Gestützte hing. Und Frauen und Männer, deren Glauben sie haßte, waren rings um sie, und ihre murmelnden Gebete überraunten die leisen Zärtlichkeiten, die sie zu ihrem Kinde sprach. Aber sie fühlte alles nicht, ihr Herz war zu verwirrt, um sich zu suchen und zu erspähen; sie gab sich nur blind an diesen einen Wunsch hin, tagtäglich ihr Kind zu sehen, und dachte nicht mehr an die Welt. Die Stürme ihres reifenden Blutes hatten sich geklärt, alle Sehnsüchte waren verloren oder verströmt in diesen einzigen Gedanken, der sie immer und immer wieder hin zu dem Bilde trieb, wie ein magnetischer Zauber, den keine Kraft zu lösen vermag. Nie war sie so selig gewesen, wie in diesen langen Stunden in der Kirche, deren erhabene Feierlichkeit und geheime Wollust sie fühlte, ohne sie zu verstehen. Und ihr einziger Schmerz war, daß ab und zu ein Fremder vor dem Bilde kniete und gläubig aufblickte zu diesem Kinde, das doch nur ihr, ihr allein gehörte. Dann flackerte der alte unbändige, eifersüchtige Trotz wild in ihr auf, eine Wut brannte in ihrer Seele, die sie zum Schlagen und zum Weinen treiben wollte; ihr Sinn verwirrte sich mehr und mehr in solchen Augenblicken, sie wußte nicht mehr zu scheiden zwischen dieser Welt und der ihres Traumes. Und erst, wenn sie vor dem Bilde hingestreckt ruhte, kam wieder die große Stille in ihr Herz. –

So war der Frühling mild und gütig gegangen, in dem sich die Schöpfung vollendet hatte, und es schien, als wollte nun der Sommer nach all den Stürmen und Blüten ihr die große, feierliche Mutterstille schenken. Die Nächte wurden warm und hell, aber das Fieber war gewichen, und sanfte, zärtliche Träume neigten sich nieder auf Esthers Haupt. Nun schien ihr Leben geklärt zu sein, ein gleiches Wiegen zwischen gleichen Stunden im Rhythmus friedlicher Leidenschaft, und alle Ziele, die im Dunkel sich verloren, wollten ihre hellen Wege deuten weit, weit in die Zukunft hinein.

* *

Die Sommertage brachten endlich ihre leuchtendste Blüte, das Marienfest, Flanderns schönsten Tag. Über die goldenen Felder, die sonst emsige Arbeitsmühe erfüllt, schreiten die langen, geschmückten Prozessionen mit wehenden Wimpeln und sich bauschenden Fahnen. Wie eine Sonne leuchtet die Monstranz über die Saaten, welche des Priesters erhobene Hände segnen, und von betenden Stimmen ist so sanftes Gebrause, daß die Garben erzittern und sich demütig neigen und neigen. Hoch aber in den Lüften rufen die hellen Glocken unaufhörlich in die Ferne, und von weit herüberleuchtenden Kirchentürmen antworten die freudigen Freundesstimmen, und ihr jubelndes Schwingen ist gewaltig, als ob die Erde selbst sänge und die trotzigen Wälder und das rauschende Meer.

Und dieser Glanz strömt aus dem blühenden Lande in die Stadt und überspült die drohenden Mauern. Das trostlose Gelärme der Handwerker verstummt, die keuchenden Stimmen des Tagwerks schweigen; nur Spielleute ziehen mit Pfeife und Dudelsack von Gasse zu Gasse, und in ihr fröhlich Musizieren jauchzen die hellsilbernen Stimmen der tanzenden Kinder. Die seidenen Gewände, die in den bergenden Spinden das ganze Jahr verträumen müssen, leuchten mit ihrem vergilbten Putz der Sonne entgegen; feiertäglich geschmückt einen sich plaudernde Gruppen zum Kirchgange. In dem Dome aber, dessen ladende Pforten mit blauen Weihrauchwellen und duftender Kühle die Frommen empfangen, blüht ein Frühling von gestreuten Blumen und üppigen Girlanden, die sorgsame Hände um Bilder und Altäre gebreitet. Tausende von Kerzen durchleuchten mit magischem Licht dieses duftende Dunkel voll Orgelbrausen und Gesang, aus Tiefen und Höhen zittert geheimnisvolles Leuchten und mystische Dämmerung.

Und dann scheint plötzlich diese fromme und fürchtige Stimmung sich auf die Straßen zu ergießen. Ein Zug Andächtiger formt sich, die Priester heben das vielberühmte Marienbildnis des Hauptaltars, das gleichsam umrauscht ist von den Gerüchten vieler vollbrachten Wunder, auf ihre Schultern, und eine feierliche Prozession beginnt. Und mit dem Bilde tragen sie gleichsam die Stille unter die lärmenden Gestalten der Straße, denn ein Schweigen und Neigen geht durch die Menge. Und so zieht eine breite Furche der Andacht hinter dem Bildnis her, bis es wieder zurückgelangt in die tiefe und kühle Kirche, die es in ihr duftendes Grab aufnimmt.

In diesem Jahre aber überschatteten trübe Wolken die fromme Feier. Seit Wochen lastete ein dumpfer Druck über dem Lande, dunkle und unbestätigte Nachrichten mehrten sich, daß die alten Privilegien für null und nichtig erklärt werden sollten. Die Geusen und Protestanten begannen sich zu regen. Böse Gerüchte kamen aus dem Lande: von den protestantischen Predigern, die vor Tausenden auf freien Plätzen vor den Städten predigten und den bewaffneten Bürgern das Abendmahl reichten. Spanische Soldaten waren überfallen worden, und beim Sange der Genfer Psalmen sollten Kirchen gestürmt worden sein. Noch war alles dies unverbürgt, aber man fühlte das heimliche Flackern eines werdenden Brandes, und der bewaffnete Widerstand, den die Besonnenen in ihren Stuben bei heimlicher Beratung planten, artete in jähen Trotz und Unbotmäßigkeit aus bei den vielen, die nichts zu verlieren hatten.

Der Festtag hatte jene erste schmutzige Welle nach Antwerpen gespült, jenen heillosen Pöbel, der nie geeint ist und sich nur bei Revolten plötzlich zusammenrottet. Finstere Gestalten, die niemand kannte, tauchten mit einem Male in den Schenken auf, fluchten und drohten wild den Spaniern und den Pfaffen. Aus den Winkeln und verrufenen Gäßchen quoll seltsames tagscheues Volk mit trotzigem und gereiztem Gebaren. Die Händel mehrten sich. Ab und zu gab es kleine Zusammenstöße, aber sie griffen nicht über in die allgemeine Erregung, sondern erloschen wie einsam aufzischende Funken. Noch hielt der Prinz von Oranien strenge Zucht und überwachte dieses habgierige, zanksüchtige und böswillige Gesindel, das nur um des Gewinnes willen mit den Protestanten gleiche Sache machte.

Die große und prunkvolle Feierlichkeit der Prozession reizte nur den Grimm der unterdrückten Instinkte. Zum erstenmal mischten sich derbe Scherzworte in den Sang der Gläubigen, blinde Drohungen flatterten auf und höhnisches Lachen. Manche sangen den Text des Geusenliedes auf die fromme Melodie, ein junger Bursch ahmte zum Gaudium seiner Genossen mit quäkender Stimme den Prediger nach, andere grüßten das Bildnis mit koketter Hutschwenkung, wie eine geminnte Dame. Die Soldaten und die wenigen Gläubigen, die sich zur Feier gewagt hatten, waren machtlos und mußten mit verbissenen Zähnen den Spott ertragen, der immer übermütiger wurde. Und immer ungebärdiger wurde das ungezügelte Volk, seitdem das Bewußtsein seiner trotzigen Kraft erwacht war. Fast alle schon gingen in Waffen. Und der finstere Wille, der sich jetzt nur in Flüchen und wuchtigen Drohungen Bahn brach, begehrte nach Taten. Wie eine Gewitterwolke lastete diese drohende Unruhe am festlichen Tage und an den folgenden über der Stadt.

Die Frauen und die Besorgteren unter den Männern hüteten seit den ärgerlichen und gefahrdrohenden Szenen bei der Prozession das Haus. Dem Pöbel und den Protestanten gehörte die Straße nunmehr allein. Auch Esther war daheim geblieben in den letzten Tagen. Aber sie wußte von all diesen Stürmen und Geschehnissen nichts. Sie merkte dumpf, daß sich mehr und mehr in der Schenke die Menschen drängten, daß sich kreischende Dirnenstimmen in den erregten Chor der streitenden und fluchenden Männer mischten, sie sah rings verstörte Frauengesichter und heimlich tuschelnde Gestalten, aber eine dumpfe Lässigkeit allen Dingen gegenüber erfüllte sie dermaßen, daß sie nicht einmal ihren Ziehvater darum fragte. Sie dachte nur mehr an das Kind, an jenes Kind, das längst in ihren Träumen das ihre geworden war; alle Erinnerung verdämmerte m diesem einen Bilde. Nicht mehr fremd schien ihr die Welt, sondern wertlos, weil sie ihr nichts zu geben hatte; in dem Kindesgedanken verlor sich ihre liebende Hingebung und das glühende Gottesbedürfnis ihrer Jahre. Nur die eine Stunde, da sie sich zu dem Bilde, das ihr Gott und Kind zugleich war, hinschlich, atmete sie wirkliches Leben, sonst war ihr Tun und Treiben nur das sehnsüchtige Irren einer Verträumten, die an den Dingen wie eine Mondsüchtige vorübergeht. Tag für Tag und einmal auch eine lange und von heißen Düften schwere Sommernacht, da sie verstohlen aus dem Hause geflüchtet war und sich in die Kirche hatte einschließen lassen, lag sie auf den Knien vor diesem Bilde, das ihre unwissende Seele sich zum Gott gekrönt.

Und diese Tage lasteten schwer auf ihr, denn sie versperrten ihr den Weg zu ihrem Kinde. Während des Marienfestes erfüllten festliche Mengen die hohen Gänge und das orgelbrausende Kirchenschiff; gekränkt und demütig wie eine Bettlerin mußte sie sich aus dem Gewirre der Frommen wieder zum Ausgange wenden, denn Gläubige umstanden unablässig an diesem Tage die Marienbilder, und sie mußte fürchten, erkannt zu werden. Traurig und fast verzweifelt ging sie zurück und fühlte all die schwere Sonnenhelle des Tages nicht, weil ihr der Anblick des Kindes versagt war. Neid und Zorn packte sie beim Anblicke der unablässig heranpilgernden Scharen, die in frommer Wallfahrt durch die hohe Pforte der Kathedrale in das blaue, duftende Dunkel traten.

Und trauriger wurde ihr noch der nächste Tag, da man es ihr versagte, auf die mit gefährlichen Gestalten durchzogene Straße zu gehn. Ihre Stube, zu der der Lärm der Schenke aufbrauste wie ein dicker, häßlicher Qualm, wurde ihr unerträglich. Ihrem verwirrten Herzen war ein Tag, da sie das Kind auf dem Bilde nicht sehen durfte, wie eine dunkle, finstere Nacht ohne Schlaf und ohne Träume, eine Nacht nur mit Qual, Dunkel und Sehnsucht angefüllt. Noch war sie nicht stark genug, eine Entbehrung zu tragen. Spät abends, als ihr Ziehvater in der Schenke mit seinen Gästen saß, stieg sie ganz leise und behutsam die Treppen hinunter. Sie tastete an die Pforte und atmete auf: sie war offen. Leise und schon mit einem linden Gefühle lang entbehrter Lust schlüpfte sie durch die Türe und eilte der Kathedrale zu.

Die Straßen, die sie im Laufen durchmaß, waren dunkel und voll dumpfen Gedröhnes. Allerorts hatten sich einzelne Scharen zusammengerottet, und die Nachricht von der Abreise des Prinzen von Oranien hatte alle zügellosen Gewalten entfesselt. Die drohenden Worte, die tagsüber nur einzeln und unüberlegt aufgezuckt waren, klangen jetzt wie Kommandorufe. Dazwischen heulten die Trunkenen und sangen die Begeisterten die Rebellionslieder, daß die Fenster dröhnten. Die Waffen wurden nicht mehr versteckt, Beile und Haken, Schwerter und Pflöcke blitzten im unruhigen Fackelschein; wie eine gierige Flut, die nur noch minutenlang zögert, alle Dämme mit Schaum und Wogen zu überspringen, so ballten sich diese finsteren Massen zusammen, denen niemand zu wehren wagte.

Esther hatte nicht acht auf diese ungebärdige Schar, ob sie auch im Vorbeischlüpfen einmal einen rohen Arm zurückstoßen mußte, der nach ihrem hüllenden Kopftuche neugierig und begehrlich griff. Sie fragte gar nicht, warum solche Raserei plötzlich die Rotten erfüllte, deren Treiben und Rufen sie nicht verstand; nur Ekel und Angst überkam sie, und ihr Schritt beschleunigte sich mehr und mehr, bis sie endlich atemlos vor der hohen, mit weißen Mondschleiern überwebten Kathedrale stand, die tief in die Schatten der Häuser gebettet schlief.

Beruhigt und mit einem leise erschauernden Beben trat sie bei einer Seitenpforte ein! Es war ganz dunkel in den hohen lichtlosen Gängen, nur um die mattfarbigen Scheiben zitterte ein mystisches, mondsilbernes Licht. Menschenverlassen war das Gestühl. Kein Schatten schwankte in den weiten atemstillen Räumen, und die Heiligengestalten standen vor den Altären in schwarzem reglosem Erz. Und wie leise aufzuckendes Glühwurmblinken flackerte aus der Tiefe, die endlos schien, das schwankende Leuchten des ewigen Lichtes über den Kapellen. Alles war heilig und still in dieser unbewegten Ruhe, so daß sie, erfüllt von der schweigsamen Majestät des Raumes, ihre tappenden Schritte fürchtig dämpfte. Mühsam tastete sie sich so zum Seitengange durch und ließ sich erschauernd, mit einem unendlichen und doch mystisch gedämpften Jubel vor dem Bilde nieder, das in dem fließenden Dunkel aus dichten und duftenden Wolken herabzublicken schien, unendlich nah und unendlich ferne. Und nun dachte sie nicht mehr. Es war wie immer: das ganze wirr-sehnsüchtige Fühlen ihrer werdenden Mädchenseele zerspann sich in phantastische süße Träume, die Inbrunst schien allen ihren Fibern zu entströmen und sich als berauschende Wolke ihrer Stirn zu umschmiegen. Wie ein süßes und sanft betäubendes Gift waren diese langen Stunden vereinter unbewußter Gläubigkeit und unbewußter Liebessehnsucht, sie waren eine dunkle Quelle, die selige Hesperidenfrucht, die alles göttliche Leben erhält und nährt. Denn in diesen süßen, haltlosen und wollustdurchschauerten Träumen war alle Seligkeit. Einsam pochte ihr erregtes Herz in die große Stille der leeren Kirche. Vom Bilde kam ein ganz leichter, heller, gleichsam silberdunstiger Glanz, wie von einem tief innen strahlenden Lichte, aber sie erkannte ihr Kind in den ekstatischen Träumen, die sie von den frierenden, kalten Stufen emportrugen in eine milde warme Sphäre erträumten Lichtes. Längst wußte sie nicht mehr, daß dies ein fremdes Kind gewesen sei, das sie nur gekannt. Sie träumte den Gott in ihm und den Gott einer jeden Frau, das eigene blutwarme Wesen ihres Leibes; dumpfe Gottessehnsucht, sucherische Ekstatik und werdende Muttersehnsucht spannen zusammen das lügnerische Netz ihres Lebenstraumes. Für sie war nun Helle in dieser lastenden breiten Dunkelheit, ein zartes Tönen harfte auf in der schauernden Stille, die nichts wußte von Menschenwort und Uhrenschlag. Über ihren hingestreckten Körper ging die Zeit mit unhörbaren Schritten ...

Ein jäher Stoß erschütterte mit einem Male die Pforte. Und ein zweiter und dritter, daß sie entsetzt auffuhr und in das furchtbare Dunkel starrte. Und neue donnernde Stöße, daß das ganze hohe stolze Gebäude erzitterte und die einsamen Lampen wie feurige Augen durch das Dunkel rollten. Wie hilfloses Schreien gellte das Feilen des gesprengten Türriegels durch den leeren Raum, dessen Wände sich die schaurigen Geräusche wirr und heftig zuwarfen. Gieriger Zorn vieler Menschen hämmerte an der Pforte, und ein Brausen erregter Stimmen dröhnte in die hohle Einsamkeit, als hätte das Meer donnernd alle Dämme zerrissen und stände mit seinen anprallenden Wogen vor den ächzenden Türen des schlafenden Gotteshauses.

Esther horchte verstört, wie aus einem Traume geschreckt. Aber da schmetterte endlich das Tor nieder. Ein dunkler Strom Menschen quoll heftig herein und füllte mit jähem Johlen und Toben die gewaltige Halle. Und mehr, immer mehr. Tausende schienen draußen noch zu warten und sie anzufeuern. Und trunkene Fackeln funkelten plötzlich hoch auf wie gierige Hände, und ihr irrer blutiger Schein fiel auf wilde, von blindem Eifer verzerrte Gesichter, aus denen die Augen heiß quollen wie sündige Begierden. Nun ahnte Esther erst dumpf die Absicht der finsteren Rotten, denen sie unterwegs begegnet war. Und schon knatterten die ersten Axtschläge nieder in das Holz der Kanzel, Bilder sausten zu Boden, Statuen knickten um, Flüche und Hohnworte wirbelten auf aus diesem dunklen Schwall, über dem die Fackeln unruhig tanzten, wie erschreckt von dem wahnwitzigen Gebaren. Wirr ergoß sich die Flut gegen den Hauptaltar, plündernd und vernichtend, schändend und entweihend. Hostien flatterten zu Boden nieder wie weiße Blüten, eine ewige Lampe sauste, von wilder Faust geschleudert, wie ein Meteor durch das Dunkel. Und immer mehr Gestalten drängten nach, die Fackeln flackerten häufiger und häufiger. Ein Bild fing Feuer, und die Flamme leckte hoch auf wie eine züngelnde Schlange. Irgendeiner hatte die Orgel gepackt; die irren Töne ihrer zerschmetterten Pfeifen schrien gell und hilfesuchend durch das Dunkel. Und Gestalten tauchten auf wie aus wirren und wahnsinnigen Träumen. Ein toller Geselle mit einem blutigen Gesicht schmierte sich unter dem tierischen Jubel der andern die Stiefel mit dem heiligen Öle, zerlumpte Schelme stolzierten in reichgestickten Bischofstogen, eine kreischende Dirne trug in ihrem wirren, schmutzigen Haar einer Statue goldenen Heiligenreif. Diebe tranken sich Wein zu aus den heiligen Gefäßen, und am großen Altar kämpften zwei mit blinkenden Messern um eine edelsteingeschmückte Monstranz. Dirnen tanzten geile und trunkene Tänze vor den Heiligtümern, Trunkene spien in die Weihebecken, Zornige schmetterten mit ihren blinkenden Äxten, gleichgültig, was es traf, vor sich hin. Das Lärmen schwoll in ein Chaos polternder Laute und kreischender Stimmen; wie ein ekler und dichter Pestdunst qualmte das Toben empor zu den schwarzen Höhen, die finster auf das springende Leuchten der Fackeln herabblickten und unbeweglich, unerreichbar schienen für diesen verzweifelten Menschenhohn.

Esther hatte sich halb ohnmächtig in den Schatten des Altars versteckt. Ihr war, als müsse dies alles geträumt sein und plötzlich verschwinden, wie ein trügerischer Spuk. Aber schon stürmten die ersten Fackeln in die Seitengänge. Gestalten, die in fanatischer Leidenschaft bebten, wie im Rausche, sprangen über die Gitter oder zerhieben sie mit dröhnenden Streichen, stürzten die Statuen und rissen die Bilder von den Schreinen. Dolche blitzten wie feurige Schlangen im zuckenden Fackellicht und zerbissen zornig Schränke und Bilder, die mit zerschmetterten Rahmen zu Boden sausten. Näher und näher taumelte die Schar mit ihren qualmenden, zuckenden Leuchten. Esther blieb atemlos und preßte sich tiefer ins Dunkel. Ihr Herz hörte auf zu schlagen vor Angst und quälender Erwartung. Noch wußte sie nicht recht die Geschehnisse zu deuten und fühlte nur Furcht, jähe, unbändige Furcht. Ein paar Schritte kamen heran. Und ein stämmiger, wüster Kerl zerhieb mit einem Schlage das Gitter.

Schon glaubte sie sich entdeckt. Aber erst im nächsten Augenblicke erkannte sie die Absicht der Eingedrungenen, als am Nebenaltare eine Statue der Madonna mit gellem Todesschrei zersplittert zu Boden sank. Die Angst wurde in ihr wach, man wolle auch ihr Bild, ihr Kind vernichten, und sie wurde Gewißheit, als Bild um Bild, im unsichern Fackelschein unter Jubel und Hohn herabgezerrt, zerstoßen und zertreten wurde. Ihr ganzes Denken strömte brausend zusammen in die furchtbare, blitzartig aufzuckende Idee, man wolle das Bild ermorden, das in ihren wirren Träumen längst eines war mit ihrem eigenen, lebendigen Kinde. In einer Sekunde flammte alles auf wie in blendendes Licht getaucht. Ein Gedanke, der Gedanke all ihrer Tage, tausendfach gedacht in diesem einen Augenblicke, entzündete ihr Herz: das Kind zu retten, ihr Kind. Und in dieser Sekunde umfingen sich in ihr Traum und Wirklichkeit mit verzweifelter Inbrunst. Schon stürmten die zelotischen Zerstörer auf den Altar zu. Eine Axt flog hoch auf in der Luft – und in diesem Augenblicke verlor sie alles wache Besinnen und sprang schützend mit ausgebreiteten Armen vor das Bild ...

Und wie ein Zauber war es. Dumpf schmetterte die Axt aus der kraftlos niedersinkenden Hand zu Boden. Und aus des andern erstarrender Faust zischte die Fackel verlöschend nieder. Wie ein Blitz fuhr es unter diese berauschten, lärmenden Menschen. Alles war verstummt, nur einem erstarb in der Kehle der gurgelnde Ruf: »Die Madonna ... die Madonna!«

Kreidefahl und zitternd standen sie alle. Ein paar fielen betend in die schlotternden Knie. Keiner war, der nicht ins tiefste erschauert wäre. Überwältigend war die wundersame Täuschung. Denn für sie gab es keinen Zweifel, daß sich hier ein oft beglaubigtes und erzähltes Wunder ereignet hatte, daß die Madonna, die offenbarlich des Bildes Züge trug, ihr Bild beschützt hatte. Ihr aufgepeitschtes Gewissen riß sie mit, als sie die Züge des Mädchens sahen, das ihnen nicht anders schien als das verlebendigte Bild. Und nie waren sie gläubiger als in diesem raschen und flüchtigen Augenblick.

Aber da stürmten schon andere herbei. Fackeln erhellten die erstarrte Gruppe und das Mädchen, das sich halberstarrt an den Altar preßte. Lärm überflutete das Schweigen. Rückwärts kreischte eine Dirnenstimme: »Vorwärts ... das ist ja nur das Judenmädel des Wirts.«

Und jählings war der Zauber gebrochen. In Scham und Wut stürmten die Gedemütigten hinauf. Eine rauhe Faust stieß Esther zur Seite, daß sie taumelte. Aber sie raffte sich auf; sie kämpfte für das Bild, als gelte es wirklich eigenes blutwarmes Leben. Blindwütend und in altem Trotze schlug sie mit einem schweren silbernen Leuchter gegen die Bilderstürmer; einer stürzte auffluchend hin, aber einer sprang erbittert vor. Ein Dolch zuckte wie ein kurzer roter Blitz, und Esther taumelte nieder. Und schon regneten die Splitter und Stücke des Altars auf sie herab, die keinen Schmerz mehr fühlte. Das Bild der Madonna mit dem Kinde und das der Madonna mit dem wunden Herzen, beide fielen sie unter einem einzigen wütenden Axthieb.

Und weiter stürmte das Rasen; von Kirche zu Kirche eilten die Plünderer, die Straßen mit heillosem Lärm erfüllend. Eine furchtbare Nacht sank auf Antwerpen herab. Schrecken und Beben schlich in die Häuser mit der Kunde, hinter den verriegelten Toren schlugen ängstliche Herzen. Aber die Flamme des Aufruhrs flaggte wie eine Fahne über das ganze Land. –

Auch der alte Maler erschauerte in dieser Nacht in unbändiger Angst, als er die Nachricht vom Bildersturm vernahm. Seine Knie zitterten, und er faßte mit flehenden Händen ein Kruzifix, um die Rettung des Bildes zu beschwören, das ihm doch Gottes offenbare Gnade geschenkt. Eine wilde und finstere Nacht quälte ihn der fürchterliche Gedanke. Und im frühesten Morgengrauen hielt es ihn nicht länger zu Hause.

Vor der Kirche schlug seine letzte Hoffnung nieder, wie eine gefällte Gestalt. Die Tore waren zerbrochen, Fetzen und Splitter, wie blutige Spuren deuteten den mitleidslosen Weg der Bilderstürmer. Mühsam tappte er durch das Dunkel zu seinem Bilde. Seine Hände griffen nach dem Schrein. Aber sie irrten, irrten ins Leere. Und sanken müde herab. Das Vertrauen in seiner Brust, das viele Jahre sein frommes Lied zu Gottes Dank und Gnade gesungen, verflog jäh, wie eine gescheuchte Schwalbe.

Endlich faßte er sich und schlug ein Licht an. Ein flüchtiger Schein zuckte vom Zündsteine auf und hellte ihm einen Anblick, der ihn taumelnd zurückfahren ließ. Auf dem Boden zwischen Trümmern lag des italienischen Meisters traurig-süßes Madonnenbild, die Madonna mit dem blutenden Herzen, vom Schwertstoß durchdrungen. Aber nicht das Bild, sondern die Gestalt, die Madonna selbst ... Kalter Schweiß stand auf seiner Stirn, als das schnelle Aufleuchten wieder erlosch. Er glaubte einen bösen Traum zu leben. Aber als er wiederum das Licht entflammte, erkannte er Esther, die mit tödlicher Wunde hingestreckt war. Und durch ein seltsames Mirakel offenbarte sie, die sein Madonnenbild im Leben verkörpert, des fremden Meisters Madonnenzüge und ihr blutendes Schicksal im Tode ...

Es war dies ein Wunder, ein offenbares Wunder. Aber der alte Mann wollte an keine Wunder mehr glauben. In dieser Stunde, da er sie, seiner letzten Lebenstage mildleuchtende Blüte, tot sah, neben seinem zerschmetterten Bilde, war die gläubig klingende Saite seiner Seele zerbrochen. Er verleugnete den Gott seiner siebzig Jahre in einer Minute. Konnte dies denn des weisen und milden Gottes Hand sein, die so viel Schöpferseligkeit und werdende Pracht nur schenkte, um sie wieder zwecklos ins Dunkel zu reißen? Dies konnte kein Wille sein, nur das Spiel eines tändelnden Willens! Nur ein Wunder des Lebens und nicht Gottes, ein Zufall, wie Tausende durch den Tag rauschen, sich verschlingend und sich wieder lösend. Nicht mehr! Könnten denn Gott die guten und lauteren Seelen so wenig sein, daß er sie hinwarf im lässigen Spiel? Zum ersten Male stand er in einer Kirche und verzweifelte an Gott, weil er ihn groß und gütig geglaubt hatte und nun seine Wege nicht mehr verstand.

Lange sah er nieder zu der jungen Toten, die so viel frommes Abendlicht über seine letzten Jahre gegossen. Und er ward milder und gerechter, als er die verhaltene Seligkeit um ihre gebrochenen Lippen sah. Demut kam wieder über sein gütiges Herz. Durfte er denn wirklich fragen, wer dies seltsame Wunder vollbracht, daß dieses einsame Judenmädchen für der Madonna Ehre in den Tod gegangen war? Durfte er rechten, ob Gott, ob das Leben dies gefügt? Durfte er die Liebe mit Worten umkleiden, die er nicht wußte, durfte er sich gegen Gott auflehnen, weil er sein Wesen nicht verstand?

Der alte Mann erschauerte. Er fühlte sich sehr arm in dieser einsamen Stunde. Er fühlte, daß er in den langen Jahren einsam geirrt war zwischen Gott und dem Leben, daß er zwiefach hatte begreifen wollen, was einfach und doch undeutbar war. Waren es denn nicht gleiche wundersam wirkende Sterne gewesen über dem tastenden Wege dieser aufknospenden Frauenseele – waren sie denn nicht in ihr und in allem Eines gewesen, Gott und die Liebe? ...

Über den Fenstern glühte leise das erste Morgenrot. Aber es erhellte ihn nicht, denn er hatte keine Sehnsucht mehr nach neuen werdenden Tagen, nach dem Leben, das er in so langen Jahren durchschritten, berührt von seinen Wundern und nie doch ganz durchleuchtet. Und ohne Bangen fühlte er sich nun jenem letzten Wunderbaren nahe, das nicht mehr Täuschung und Traum ist, sondern die ewige dunkle Wahrheit.

DIE LIEBE DER ERIKA EWALD

Camill Hoffmann in inniger Freundschaft

... Aber das ist die Geschichte aller jungen
Mädchen, dieser sanften Dulderinnen. Sie sagen
nie, daß sie leiden. Die Frauen sind zum Dulden
geschaffen. Es ist gewiß so ihr Schicksal, sie
erfahren es früh und sind darüber so wenig
erstaunt, daß sie noch immer sagen, das Übel sei
nicht da, wenn es längst gekommen ...

Barbey d'Aurévilly

Erika Ewald trat langsam ein, mit dem vorsichtig-
leisen Gang einer Zuspätkommenden. Der Vater und die
Schwester saßen schon beim Abendessen; beim Geräusch
der Türe blickten sie auf, um der Eintretenden flüchtig
zuzunicken, dann klang nur wieder das Klingen der Teller
und das Klappern der Messer durch den matterhellten
Raum. Gesprochen wurde selten, nur hie und da fiel ein
Wort, und das flatterte wie ein aufgeworfenes Blatt haltlos
in der Luft, um dann ermattet zu Boden zu sinken. Sie
hatten sich alle wenig zu sagen. Die Schwester war
unscheinbar und häßlich; eine jahrelange Erfahrung, stets
überhört oder bespöttelt zu werden, hatte ihr jene
altjüngferliche stumpfe Resignation gegeben, die jeden
Tag mit einem Lächeln scheiden sieht. Den Vater hatte
eine langjährige gleichfarbige Bureautätigkeit der Welt
entfremdet, und insbesondere seit dem Tode seiner Frau
umfing ihn jene harte Verstimmung und trotzige
Schweigsamkeit, mit der alte Leute gerne ihre physischen
Leiden verbergen.

Auch Erika schwieg meistens an diesen eintönigen Abenden. Sie fühlte es, daß sich gegen die graue Stimmung, die sich wie dicke drohende Wetterwolken über diese Stunden legte, nicht ankämpfen lasse. Und dann war sie zu müde dazu. Die quälende Tagesarbeit, die sie von Stunde zu Stunde hetzte und sie zwang, Disharmonien, tastende Akkorde, unmusikalische Brutalitäten mit rastloser Sanftmut zu ertragen, löste in ihr ein dumpfes Ruhebedürfnis aus, ein wortloses Verströmen aller Empfindungen, die die Gewalt des Tages überwuchert hatte. Sie liebte es, in diesen wachen Träumen sich selbst anzuvertrauen, weil ihr eine fast überreizte Schamhaftigkeit nie gestattete, anderen nur eine Andeutung ihrer seelischen Erlebnisse zu geben, ob auch ihre Seele unter dem Drucke ihrer ungesprochenen Worte bebte, wie ein überreifer Obstbaumzweig unter der Last seiner Früchte schwankt. Und nur ein leichter, ganz unmerklich feiner Zug um die schmalen blassen Lippen verriet, daß Kampf und Ringen in ihr war und eine unbändige Sehnsucht, die sich nicht von Worten tragen lassen wollte und nur manchmal ein wildes Beben um den festgeschlossenen Mund legte wie von jähem Schluchzen.

Das Abendessen war bald zu Ende. Der Vater erhob sich, sagte kurz einen Gutenachtgruß und ging in sein Zimmer, um sich die Pfeife anzuzünden. Das war so jeden Tag in diesem Hause, wo auch die gleichgültigste Tätigkeit zu starrer Gewohnheit versteinerte. Und auch Jeanette, ihre Schwester holte sich wie immer ihr Nähzeug her und begann beim Lampenlicht, stark vorgebeugt wegen ihrer Kurzsichtigkeit, mechanisch zu sticken.

Erika ging in ihr Zimmer und begann sich langsam zu entkleiden. Es war diesmal noch sehr früh. Sonst pflegte sie bis tief in die Nacht hinein zu lesen, oder sie lehnte in einem süßen Gefühle am Fenster und blickte hoch von oben über die hellen mondscheinbeleuchteten Dächer, die sich in lichter Silberflut badeten. Sie hatte da nie klare, zielstrebende Gedanken, nur das unbestimmte Gefühl einer Liebe für das Schimmernde, Blitzende und doch so sanft Verströmende des Mondlichtes, das die Tausende von Scheiben blank spiegelte, hinter denen sich die Geheimnisse des Lebens bargen. Aber heute empfand sie eine sanfte Mattigkeit, eine selige Schwere, die sich sehnt, von milden, warm anschmiegenden Decken getragen zu werden. Eine Schläfrigkeit, die nichts anderes ist als Sehnsucht nach süßen, seligen Träumen, rann durch alle Glieder wie ein sacht erkaltendes, betäubendes Gift. Sie raffte sich auf, warf beinahe mit Hast die letzten Kleidungsstücke von sich, verlöschte die Kerze. Einen Augenblick noch – und dann dehnte sie sich im Bette ...

Wie ein hurtiges Schattenspiel tanzten noch einmal die seligen Erinnerungen des Tages vorbei. Sie war heute bei ihm gewesen ... Gemeinsam hatten sie wieder geprobt zu ihrem Konzert, wo ihr Spiel seine Geige begleiten sollte. Und dann spielte er ihr vor – Chopin, die Ballade ohne Worte. Und dann die sanften lieben Worte, die er ihr sagte, die vielen lieben Worte!

Die Bilder eilten immer rascher vorbei, sie führten sie wieder nach Hause zu sich selbst, um rasch wieder hinwegzuirren in die Vergangenheit, zu dem Tag, da sie ihn zuerst kennengelernt hatte. Und bald stürmten sie heraus über die Enge der Zeit und des Erlebens und wurden immer wilder und bunter. Noch hörte Erika, wie ihre Schwester nebenan zu Bette ging. Und ein toller merkwürdiger Gedanke kam ihr, ob er sie wohl auch zu sich gebeten hätte. Ein frohes übermütiges Lächeln wollte sich noch matt auf ihre Lippen schleichen, aber sie war schon zu schlaftrunken. Und einige Minuten später trug sie ein sicherer Schlaf zu seligen Träumen.

Beim Erwachen fand sie eine Ansichtskarte auf dem Bette. Nur ein paar Worte waren darauf, mit fester energischer Schrift hingeworfen, Worte, wie man sie auch an Fremde verschenkt. Aber Erika empfand sie als Gabe und Glück, weil er sie geschrieben hatte; ihr war es gegeben, aus dem Geringfügigen und Unscheinbaren die Ahnungen der wirklichen Fülle sich zu erschließen. Und so sollte ihr diese Liebe nicht nur wie ein milder Glanz werden, der jedes Wesen umleuchtet und erhellt, sondern so tief sollte dieses verklärende Gefühl sich verlieren, daß es wie ein Schimmer wurde, der in innigem Durchglühen von innen emporzuwachsen schien aus allem Leblosen und Unbeseelten. Schon von früher Jugend auf hatte das dunkle Gefühl ihres Ängstlichseins und ihrer zurückhaltenden Einsamkeit sie gelehrt, die Dinge nicht als kalt und leblos zu betrachten, sondern als verschwiegene Freunde, die Geheimnisse und Zärtlichkeiten dem anvertrauen, der auf sie hört. Bücher und Bilder, Landschaften und Musikstücke sprachen zu ihr, der das dichterische Vermögen des Kindes geblieben war, in bemalten Körpern, unbeseelten Dingen frohbewegte bunte Wirklichkeit zu sehen. Und das waren ihre einsamen Feste und Seligkeiten, ehe die Liebe zu ihr gekommen war.

So wurden ihr auch die wenigen schwarzen Schriftzüge auf dem Blatte Ereignis. Sie las die Worte so wie er sie zu sprechen pflegte, mit der weichen und musikalischen Betonung seiner Stimme, sie suchte in ihren Namen den heimlich-süßen Reiz zu legen, den nur die Sprache der Zärtlichkeit geben kann. Und sie horchte in den wenigen Sätzen, die ihrer Angehörigen wegen in kühler, fast respektvoller Form gehalten waren, den verborgen klingenden Unterton der Liebe und buchstabierte sich so langsam und traumverloren durch die Zeilen, daß sie beinahe ihren Inhalt wieder vergessen hätte. Und der war nicht so unwichtig. Sie möchte ihm doch mitteilen, ob ihr geplanter Sonntagsausflug zustande käme. Und noch ein paar unwichtige Worte wegen ihres gemeinsamen Auftretens in einem längst besprochenen Konzert. Dann ein freundlicher Gruß und eine hastige

Unterschrift. Aber sie las die Zeilen immer wieder und wieder, weil sie in ihnen die starke und drängende Empfindung zu hören glaubte, die doch nur der Widerklang ihrer eigenen war.

Es war noch nicht lange her, daß diese Liebe zu Erika Ewald gekommen war und den ersten Glanz in ihr blasses gleichgültiges Mädchendasein getragen hatte. Und ihre Geschichte war still und alltäglich.

In einer Gesellschaft hatten sie sich kennengelernt. Sie gab dort Klavierstunden, aber ihre diskrete und feine Art gewann ihr so sehr die Liebe des ganzen Hauses, daß sie nur mehr als Freundin betrachtet wurde. Und er war dort zu einer Veranstaltung geladen, sozusagen als *pièce de résistance*, denn sein Ruf als Geigenvirtuose war trotz seiner Jugend ein ganz ungewöhnlicher.

Die Umstände erwiesen sich selbst als bereitwillig, um ihre Verständigung zu unterstützen. Er wurde gebeten zu spielen, und es ergab sich als fast selbstverständlich, daß sie die Begleitung übernehmen sollte. Und da wurde er zuerst auf sie aufmerksam, denn sie ging mit soviel Verständnis auf seine Intentionen ein, daß er sogleich die Feinheit und Innigkeit ihres Wesens ahnte. Und noch mitten im stürmischen Applaus, der ihrem Vortrag folgte, machte er ihr den Vorschlag, ein bißchen zusammen zu plaudern. Sie nickte leise, ganz unmerklich leise.

Aber es kam nicht dazu. Man gab sie beide nicht so rasch frei, er konnte nur ab und zu mit einem verstohlenen Blicke ihre überschlanke biegsame Gestalt messen und einen schüchtern-staunenden Gruß ihrer dunklen Augen auffangen. Ihre Worte gingen unter in Gewöhnlichkeiten und Höflichkeiten, mit denen man sie überhäufte. Dann kamen wieder neue Menschen und hunderterlei

Ablenkungen anderer Art, daß sie beinahe an die Verabredung vergaß. Aber als alles vorüber war und sie sich empfahl, stand er plötzlich neben ihr und fragte sie mit seiner sanften zurückhaltenden Stimme, ob er sie nach Hause geleiten dürfe. Einen Augenblick war sie hilflos; dann lehnte sie mit so ungeschickten Worten seine Mühe ab, daß er seinen Willen schließlich leicht durchsetzen konnte.

Sie wohnte ziemlich weit draußen in der Vorstadt, und es war ein langer Weg in der mondhellen klaren Winternacht. Eine Zeitlang blieb ein Stillschweigen zwischen ihnen; es war dies keine Unbehilflichkeit, sondern nur die unbestimmte Furcht, die feiner durchbildete Leute haben, eine Unterhaltung mit Banalitäten zu beginnen. Dann begann er zu sprechen. Von dem Musikstück, das sie gemeinsam gespielt hatten, und von der Kunst überhaupt. Aber das war nur ein Anfang. Nur ein Weg zu ihrer Seele. Denn er wußte, daß alle, die in der Kunst ihre letzten Schätze so königlich verschwendeten, die ihr volles Gefühl in die musikalische Schönheit legten, im Leben ernst und verschlossen waren und sich nur dem Verstehenden offenbarten. Und sie gab ihm auch wirklich in ihren Ansichten über Schaffen und Reproduzieren viel von ihren geheimen psychischen Erlebnissen, vieles, das sie noch keinem anvertraute, und manches, das ihr selbst bisher noch nicht zum Bewußtsein gekommen war. Später konnte sie es selbst nicht begreifen, wieso sie ihre stete, fast ängstliche Zurückhaltung damals überwunden hatte, später, als er ihr näher getreten war, ihr Freund und Vertrauter wurde. Denn an jenem Abend erschien ihr ein Künstler, ein Schaffender noch wie ein Gewaltiger, der nie in das Leben tritt, sondern in Fernen lebt, unnahbar und überragend, ein Verstehender und Gütiger, dem man nichts verschweigen darf. Bisher waren nur schlichte Leute in ihren Kreis getreten, Menschen, die sich zerlegen und berechnen ließen, wie eine

Schulaufgabe, vorurteilsvolle und konservative Ketzerrichter, denen sie sich fremd fühlte, und die sie beinahe fürchtete. Und dann: es war eine stille und helle Nacht gewesen. Und wenn man in solchen schweigenden Nächten zu zweit geht, von niemandem gehört und gestört, und sich die dunklen Schatten der Häuser über die Worte senken und die Stimmen ohne Nachhall in der Stille verwehen, da ist man so vertrauensvoll, als ob man zu sich selbst spräche. Da wachen Gedanken aus den Tiefen auf, die in der bunten Unrast des Tages ungehört untergehen und denen erst die Stille des Abends sanfte Schwingen gibt; und die Gedanken werden zu Worten, fast ohne daß man es will.

Der lange Gang in der einsamen Winternacht hatte sie einander nahe gebracht. Als sie sich zum Abschied die Hände reichten, blieben ihre blassen kühlen Finger lange hilflos in seiner starken Hand liegen wie vergessen. Und sie gingen wie alte Freunde voneinander.

Sie begegneten sich noch oft in diesem Winter. Zuerst war es ein günstiger Zufall, der aber bald Verabredung wurde. Ihn reizte dieses interessante Mädchen mit allen ihren Eigenarten und Seltsamkeiten, er bewunderte die vornehme Zurückhaltung ihrer Seele, die sich nur ihm offenbarte und sich zagend zu seinen Füßen warf wie ein erschrecktes Kind. Er liebte ihre tausendfachen Feinheiten, die schlichte Gewalt des Empfindens, die jeder Schönheit willenlos entgegenpulste und doch vor fremden Augen sich bergen wollte, um sich die reine Innigkeit des Genusses nicht zu stören. Aber diese zarten und innigen Empfindungen, die er so voll und hinreißend bei jemandem mitempfinden konnte, waren ihm selbst fremd. Schon von Jugend auf, noch ein halbes Kind, war er zu sehr von Frauen als Künstler verhätschelt und verführt worden, um in einer vergeistigten Liebe Befriedigung zu finden; er empfand zu wenig feminin, zu wenig jünglinghaft, weil die ganze unverständige wunschlose Süße der Gymnasiastenliebe sich nie in sein frühreifes Leben eingeschlichen hatte. Temperamentvoll und blasiert zugleich liebte er mit jenem schroffen Begehren, das der letzten sinnlichen Erfüllung zustrebt, um dort zu verbluten. Und er kannte sich selbst und verachtete sich wegen jeder Schwäche, die ihn überwältigte, er empfand jede dieser raschen Befriedigungen mit Ekel, ohne sich wehren zu können, denn Leidenschaftlichkeit und Sinnlichkeit durchbebten sein Leben wie seine Kunst. Auch die Meisterschaft seines Spieles wurzelte in dieser festen, temperamentvollen Männlichkeit; die letzten verhauchenden Nuancen, die wie leise Atemzüge einer schlummernden Melancholie sind, mußten seiner energischen und doch zigeunerhaft-süßen Bogenführung entgehen. Eine leise Furcht stand immer versteckt hinter der packenden Gewalt, mit der er zu überwältigen wußte.

Und so furchtsam und ergeben war auch ihre Liebe zu ihm. Sie liebte in seiner Person alle ihre Traumgestalten, die in den langen Jahren des Alleinseins eine gewisse Wirklichkeit gewonnen hatten, sie verehrte den Künstler, der sich in seinem Wesen verkörperte, weil sie den mädchenhaften Glauben hatte, daß ein Künstler auch in seiner Lebensführung die priesterliche Würde verwirklichen müsse. Manchmal sah sie ihn mit einem fremden und unsinnlichen Blick an wie ein seltsames Bild, in dem man vertraute Züge empfinden will, und ihr Anvertrauen war wie zu einem Beichtiger. Sie dachte nicht an das Leben, weil sie es nie gekannt hatte, sondern es erlebt hatte wie einen haltlosen Traum. Darum fehlte ihr auch jede Angst und jedes Bangen vor der Zukunft, sie glaubte an ein sanftes und seliges Weiterklingen dieser unsinnlichen verehrenden Liebe, die sie zuversichtlich machte mit ihrer künstlerischen Schönheit und innigen Reinheit.

Manchmal überraschte sie sich dabei, daß sie gar nicht das Bedürfnis hatte zu sprechen, wenn sie bei ihm war. Er spielte oder schwieg, und sie saß und träumte und fühlte nur, wie ihre Träume immer heller und lichter wurden, wenn er sprach oder sie anblickte. Das war alles verklungen, kein irrer Lärm drang mehr vom Tage herüber, nur Stille, Schweigen und silberne Feiertagsglocken tief im Herzen. Und ein sehnsüchtiges Zärtlichkeitsbedürfnis, ein Erwarten von lieben und leisen Worten, die sie doch eigentlich fürchtete, bebte dann in ihr. Sie ahnte, wie sie ganz in seinem Banne stand, wie er sie mit seiner Kunst beherrschen konnte, Schmerzen und Jubel geben mit seinen lockenden Tönen; sie fühlte sich wehrlos seinem Spiel gegenüber, und so unsäglich arm, weil sie nichts geben konnte und nur empfing, mit offenen zitternden Händen bei ihm bettelte.

Es war eine unabänderliche Gewohnheit geworden, daß sie mehrmals in der Woche zu ihm kam. Zuerst waren es Proben zu einem gemeinsamen Konzert, aber bald konnten sie die wenigen Stunden gar nicht mehr entbehren. Sie ahnte gar nicht die Gefahr, die in der wachsenden Intimität ihrer Freundschaft lag, sondern ließ die letzte Zurückhaltung ihrer Seele vor ihm fallen und offenbarte ihm ihre verborgensten Geheimnisse als ihrem einzigen Freunde. Sie merkte es oft gar nicht in ihrem heißen, fast visionären Erzählen, wie er ihre Hände in wachsender Erregung umspannte und manchmal die Lippen brennend zu ihren Fingern herabsenkte, während er ihr zu Füßen lag und zuhörte. Und sie erkannte auch nicht, wie er manchmal in den drängendsten und verlangendsten Tönen seiner Geige nur zu ihr sprach, weil sie in der Musik immer sich selbst suchte und ihre Träume. Ein Verstehen und eine Erlösung war ihr diese Zeit für das viele, das sie bisher nicht laut zu sagen wagte, und noch nicht mehr. Sie wußte nur, daß eine solche stille Stunde viel Glanz hineinbrachte in ihren öden, arbeitsvollen lag und einen lichten Schein in ihre Nächte. Und mehr wollte sie nicht als still sein und

selig sein; sie verlangte nur einen reichen Frieden, in den
sie flüchten konnte, wie zu einem Altar.

Aber sie hütete sich wohl, ihr Glück offen zu zeigen;
ihre Lippen bargen oft ein Lächeln reinster Seligkeit mit so
herbverschlossener Gewalt vor den Leuten und vor ihrer
Familie, als sei es ein aufquellendes Weinen. Denn sie
wollte ihre Erlebnisse bewahren vor fremden Blicken wie
ein Kunstwerk mit hunderterlei flüchtigen
Zusammenhängen, das in plumpen Fingern mit einem
bangen Aufschrei zerbricht. Und sie baute kühle und
abgenutzte Alltagsworte um ihr Glück und um ihr Leben,
so daß es durch viele Hände gehen konnte, ohne verkannt
zu werden und in wertlose Scherben zu zerbrechen.

Am Samstag abend vor dem Ausfluge besuchte sie
ihn wieder. Als sie anklopfte, fühlte sie wieder jene
merkwürdige Bangigkeit wie immer, wenn sie zu ihm ging,
und die sich immer mehr steigerte, bis er selbst mit ihr war.
Aber sie mußte nicht lange warten. Er öffnete rasch,
geleitete sie in sein Studienzimmer, nahm ihr mit
vorsichtiger Galanterie die Frühlingsjacke ab und streifte
respektvoll mit den Lippen ihre schöne feingeäderte Hand.
Und dann setzten sie sich zusammen auf ein kleines
dunkles Samtsofa, das bei seinem Schreibtisch stand.

Es war schon düster im Zimmer. Draußen am
Himmel verfolgten sich graue Wolken hastig im
Abendwind, und ihre Schatten trübten unruhig das matte
Dämmerlicht. Er fragte, ob er anzünden solle. Sie
verneinte. Das matte süße Licht, das nicht mehr erkennen
und nur ahnen läßt, war ihr so lieb mit seiner sanften
Melancholie. Sie saß ganz still. Man konnte noch die
geschmackvolle Einrichtung des Zimmers deutlich
wahrnehmen, den prächtigen Schreibtisch mit einer
Bronzestatue, rechts einen geschnitzten Geigenständer,
dessen Silhouette sich scharf von dem grauen Stück
Himmel abhob, das durch die Scheiben gleichgültig

hereinblickte. Irgendwo tickte eine Uhr mit schwerem abgemessenem Schlag, als sei es der harte Schritt der mitleidslosen Zeit. Sonst war es still. Nur ein paar bläuliche Rauchstreifen von seiner vergessenen Zigarette stiegen ebenmäßig in das Dunkel. Und durch das geöffnete Fenster kam ein lauer Frühlingswind zu ihnen herein.

Sie plauderten. Zuerst war es ein Lächeln und Erzählen, aber ihre Worte wurden immer schwerer im drohenden Dunkel. Er sprach von einer neuen Komposition, einem Liebeslied, das sich an ein paar schlichte wehmütige Volksliedstrophen anschmiegte, die er einmal in einem Dorfe gehört hatte. Ein paar Mädchen waren es gewesen, die von der Arbeit kamen, ihre Stimmen klangen weit von ferne, daß er die Worte nicht mehr verstand und nur die leise, schweratmende Sehnsucht der Weise hörte. Und gestern war die Melodie wieder in ihm erwacht, spät am Abend, und war ihm ein Lied geworden.

Sie sagte nichts, sondern sah ihn nur an. Und er verstand ihre Bitte. Schweigend trat er zum Fenster hin und nahm seine Geige. Ganz leise begann sein Lied.

Hinter ihm ward es langsam wieder hell. Die Abendwolken waren in Brand geraten und glühten in purpurnem Glanz. Das Zimmer begann widerzuleuchten von dem hellen Schein, der allmählich düsterer und gesättigter wurde.

Er spielte das einsame Lied mit wundervoller Gewalt, er verlor sich selbst in seinen Tönen. Und er verlor sein Lied und behielt nur die unendlich sehnsüchtige fremde Volksmelodie, die in allen seinen Variationen immer wieder dasselbe stammelte, weinte und jauchzte. Er dachte an nichts mehr, seine Gedanken waren fern und verwirrt, nur das strömende Gefühl seiner Seele formte mehr die Töne und gab sich ihnen zu eigen. Das enge dunkle Zimmer überflutete von Schönheit ... Die roten Wolken waren schon schwere, schwarze Schatten geworden, und er spielte noch immer. Längst hatte er schon vergessen, daß er dieses Lied nur ihr als Huldigung spielte; seine ganze Leidenschaft, die Liebe zu allen Frauen der Welt, zum Inbegriff des Schönen wachte in den Saiten auf, die in seliger Inbrunst erschauerten. Immer wieder fand er eine neue Steigerung und eine wildere Gewalt, aber nie die verklärende Erfüllung, es blieb auch im rasendsten Aufschwung immer nur Sehnsucht, stöhnende und jauchzende Sehnsucht. Und er spielte immer weiter, wie einem bestimmten Akkord zu, einer abschließenden Auflösung entgegen, die er nicht finden konnte.

Plötzlich brach er jählings ab ... Erika war mit einem dumpfen hysterischen Schluchzen auf dem Sofa zusammengebrochen, von dem sie sich in ihrer Ekstase erhoben hatte, wie angelockt von den Tönen. Ihre schwachen reizbaren Nerven unterlagen stets dem Zauber einer Gefühlsmusik; sie konnte weinen bei wehmütigen Melodien. Und dieses Lied mit seiner drängenden, aufpeitschenden Erwartung hatte in ihr alle Gefühle erregt, ihre Nerven in eine furchtbare atemlose Spannung versetzt. Wie einen Schmerz empfand sie die Wucht dieser niedergehaltenen Sehnsucht, sie hatte ein Gefühl, als ob sie aufschreien müßte unter dieser engenden Qual, aber sie vermochte es nicht. Nur in einem jähen Weinkrampfe löste sich ihre gesteigerte physische Erregung.

Er kniete bei ihr nieder und suchte sie zu beruhigen. Er küßte ihr leise die Hand. Aber sie bebte noch immer, und manchmal lief ein Zucken über ihre Finger wie von einem elektrischen Schlage. Er sprach ihr freundlich zu. Sie hörte nicht. Da wurde er immer inniger und küßte mit heißen Worten ihre Finger, ihre Hand und küßte ihren bebenden Mund, der unbewußt unter seinen Lippen erschauerte. Seine Küsse wurden immer drängender, dazwischen stieß er zärtliche Liebesworte hervor und umfaßte sie immer stürmischer und verlangender.

Mit einem Male fuhr sie aus ihrem Halbtraum und stieß ihn beinahe mit Heftigkeit zurück. Er stand erschrocken und unsicher auf. Einen Augenblick blieb sie noch stumm, wie um sich an alles zu besinnen; dann stammelte sie mit unruhigem Blick und gebrochener Stimme, er möge ihr verzeihen, sie habe öfters so nervöse Anfälle, und die Musik habe sie erregt.

Einen Augenblick blieb ein peinliches Schweigen. Er wagte nichts zu antworten, weil er fürchtete, eine niedrige Rolle gespielt zu haben.

Sie fügte noch hinzu, sie müsse jetzt gehen, es sei schon höchste Zeit, man würde sie zu Hause schon längst erwarten. Und zugleich nahm sie ihre Jacke. Ihre Stimme schien ihm kühl und fast frostig.

Er wollte etwas sprechen, aber es kam ihm alles so lächerlich vor nach den Worten, die er ihr noch eben in seiner leidenschaftlichen Trunkenheit gesagt hatte. Stumm und respektvoll geleitete er sie zur Türe. Erst wie er ihr die Hand zum Abschied küßte, fragte er zögernd: »Und morgen?«

»Wie wir verabredet haben. Ich denke doch?«

»Selbstverständlich.«

Er war freudig berührt, daß sie über sein Benehmen ohne ein Wort hinwegging, und bewunderte ihre feine Zurückhaltung, die ihm vergab, ohne es merken zu lassen. Ein flüchtiges Abschiedswort sagten sie sich noch, dann fiel die Türe dumpf ins Schloß.

Der Sonntagmorgen war ein wenig trübe und melancholisch gewesen. Ein schwerer Frühnebel legte sein dichtmaschiges graues Netz über die Stadt und ließ wie durch feine Ritzen ein leises Regenstieben auf die Straße niederzittern. Aber bald begann es in dem dunklen Netz zu funkeln, als ob sich eine schwere goldene Königskrone darin gefangen hätte, die immer schimmernder und heller wurde. Und schließlich zerriß das trübe Gewebe unter der lichten Last, und eine frische Frühlingssonne leuchtete herab und spiegelte tausendfältig ihr junges Antlitz in den blanken Scheiben und nassen Dächern, in den glitzernden Wassertümpeln, den sanft erglühenden Kirchturmkuppeln und in den heiteren Blicken der auslugenden Leute.

Nachmittags war schon helles Sonntagstreiben in den Straßen. Die vorüberrasselnden Wagen klapperten eine frohe Melodie, aber die Spatzen wollten noch lauter sein und schrien um die Wette von den Telegraphendrähten herab, und dazwischen schrillten die Signale der Straßenbahn in hellem Durcheinander. Eine breite Menschenflut drängte sich auf den Hauptstraßen gegen die Peripherie zu wie ein dunkles Meer, aber ein lichtes schimmerndes Blitzen war darin von weißen Frühlingskleidern und hellen Farben, die sich zum ersten Male wieder ins Freie wagten. Und über dem allen lag Sonne, eine warme lichtflutende Frühlingssonne mit einem blinkenden Leuchten.

Erika freute sich im Dahinschreiten, wie leicht und beseligt sie an seinem Arm ging. Am liebsten hätte sie getanzt oder getollt wie ein Kind. Und ganz kindlich und mädchenhaft war sie in ihrem einfachen glatten Kleide und dem aufgesteckten Haar, das sonst tief und schwer wie eine wetterschwere Wolke über der Stirne drohte. Und ihr Übermut war so überquellend und echt, daß er auch seinen Ernst bald ins Wanken brachte.

Sie hatten ihren ursprünglichen Beschluß, in den Prater zu gehen, bald aufgegeben, denn sie fürchteten den grellen stimmenlauten Sonntagstrubel, der in die feierliche

Stille des prächtigen Parkes bricht. Ihr Prater, das waren die breiten wohlgepflegten Alleen mit den uralten Kastanienbäumen, die weiten schweifenden Auen, die in dunklen Waldungen enden und die hellen Wiesen, die sich in sattem Glanze sonnen und nichts mehr von der Millionenstadt wissen, die in unmittelbarer Nähe atmet und stöhnt. Aber am Feiertag verliert sich dieser Zauber und verbirgt sich vor den überströmenden Scharen.

Er schlug vor, gegen Döbling zu zu gehen, aber weit hinter den eigentlichen netten Ort mit seinen freundlichen weißen Häuschen, die so kokett aus der dunklen Umhüllung schmucker Gärten herausblitzen. Er wußte dort ein paar stille und stimmungsvolle Wege, die durch schmale akazienblütenbeschneite Alleen sanft in die weiten Felder hinüberfuhren. Und die gingen sie auch heute. Sie kamen in den stillen Ort mit seinem fast ländlichen Sonntagsfrieden, der sie auf ihrem ganzen Spaziergange wie ein milder unfaßbarer Duft begleitete. Manchmal sahen sie sich an und fühlten, wie reich ihr Schweigen war, wie es die ganze selige Empfindung des vollströmenden Frühlings trug und mehrte.

Die Felder waren noch niedrig und grün. Aber der segensschwere Duft der warmen spendenden Erde kam zu ihnen wie ein verheißungsvoller Gruß. Ferne lag der Kahlenberg und der Leopoldsberg mit seinem uralten Kirchlein, von dem die Wand steil abfiel bis zur Donau hinab. Und dazwischen viel reiches Land, meist noch braun und unbestellt und voll gewärtiger Saat. Aber dazwischen schon viereckige Flächen mit gelber werdender Frucht, die sich eckig und unvermittelt vom dunklen Erdreich abhoben, wie abgerissene und zerschlissene Fetzen auf dem gebräunten kraftvollen Körper eines arbeitsharten Werkmannes. Und wie ein blauer Bogen darüber ein heiterer Frühlingshimmel gespannt, in den die flinken Schwalben mit zwitscherndem Jubel hineinsegelten.

Als sie durch eine alte breite Akazienallee kamen, erzählte er ihr, daß dies Beethovens Lieblingsgang gewesen sei, auf dem er im Spazierengehen viele seiner tiefsten Schöpfungen zuerst empfunden habe. Der Name stimmte sie beide ernst und feierlich. Sie dachten an seine Musik, die ihnen ihr Leben in vielen begnadeten Stunden reicher und inniger gemacht hatte. Alles schien ihnen bedeutender und größer, da sie an ihn dachten: sie empfanden die Majestät der Landschaft, deren fröhliche Heiterkeit sie nur vorher geschaut, und der schwere satte Duft der sonneglühenden fruchtschwellenden Erde gab ihnen das geheimste Symbol des Frühlings.

Ihr Weg ging weiter durch die Felder. Erika ließ im Vorübergehen das unreife Korn durch ihre Finger rauschen, aber sie fühlte es gar nicht, wenn ab und zu ein Halm unter ihrer Hand zerknickte. Das Schweigen zwischen ihnen gab ihr seltsame und tiefe Gedanken, in die sie sich träumend verlor. Es waren milde und heimliche Liebesgefühle in ihr erwacht, aber sie dachte nicht an ihn, der ihr zur Seite ging, sondern an alles, das um sie war und lebte, an das Korn, das sich leise im Winde wiegte und an die Menschen, denen es Arbeit und Glück schenkte; sie dachte an die Schwalben, die sich am Himmel hoch verfolgten, und an die Stadt, die fern unten in einer grauen Dunstkapuze eingehüllt herüberschaute, sie fühlte wieder die allumfassende Gewalt des Frühlings in sich wie ein Kind, das mit frohen Sprüngen zum ersten Male jubelnd in das mildströmende Sonnenlicht hinausstürmt.

Sie gingen lange in den Wiesen und Feldern. Inzwischen neigte sich der Nachmittag seinem Ende zu. Es war noch nicht Abend, aber das scharfe Licht ging allmählich in eine weiche verhauchende Mattigkeit über, die sein Nahen verkündigte, und in der Luft zitterte ein leiser blaßrosa Ton. Erika war ein wenig müde geworden und, um sich auszurasten und ein wenig auch aus Neugier, gingen sie in ein kleines Wirtshaus am Wege, aus dem ihnen fröhliche Stimmen in buntem Durcheinander entgegenklangen. Im Garten setzten sie sich nieder; an den Nachbartischen saßen Familien aus der Vorstadt, bessere Leute mit gemütlichen Mienen und lauten ungezwungenen Stimmen, die den Sonntag nach Wiener Art mit einem Ausflug feierten. Rückwärts in einer Laube waren ein paar Musikanten, drei oder vier Leute, die am Wochentag in der Stadt bettelnd herumzogen und nur des Sonntags ein Dach über sich hatten. Aber sie spielten die alten abgeleierten Volksweisen recht gut, und wenn sie einen besonders flotten und populären ›Schlager‹ begannen, so fielen bald alle Stimmen ein und sangen die Melodie aus voller Kehle mit. Auch die Frauen stimmten ein, niemand genierte sich, alles war hier Gemütlichkeit und behäbige Zufriedenheit.

Erika lächelte ihm über den Tisch zu, aber ganz verstohlen, daß sich niemand beleidigt fühlte. Ihr gefielen diese schlichten unkomplizierten Leute mit den einfachen Empfindungen und Trieben, die sich nicht verbergen konnten. Und ihr gefiel die behaglich-ländliche Stimmung, die kein fremder Einschlag trübte.

Der Wirt, ein breiter, gutmütiger Mann kam mit jovialem Lächeln zum Tisch her. Er hatte in seinem Gast einen vornehmeren Mann bemerkt, den er selbst bedienen wollte. Er fragte, ob er ihm Wein bringen dürfe, und als das bejaht wurde, erkundigte er sich, ob das Fräulein Braut auch etwas wünsche.

Erika wurde blutrot und wußte ihm im ersten Augenblicke nichts zu antworten. Dann nickte sie nur verwirrt mit dem Kopf. Ihr ›Bräutigam‹ saß gegenüber, und obwohl sie ihn nicht ansah, fühlte sie seinen lächelnden Blick, der sich an ihrer Verwirrung weidete. Sie schämte sich eigentlich, wie ungeschickt sie sich benahm einer naturgemäßen Verwechslung halber, aber sie wurde das peinliche Gefühl nicht mehr los. Und mit einem Male war ihr die Stimmung verdorben, jetzt fühlte sie erst, wie abgehackt und maschinenmäßig die Leute ihre Lieder abdudelten, jetzt erst hörte sie das häßliche Brüllen und Poltern der Bierbässe, die in toller Freude mitjohlten. Am liebsten wäre sie weggegangen.

Aber da begann der Geiger ein paar seltsame Takte. Mit weichen süßen Strichen spielte er einen alten Walzer von Johann Strauß, und die andern stimmten schmiegsam in die weiche, liebe Melodie ein. Erika fühlte wieder erstaunt, was für zwingende Macht die Musik über ihre Seele habe, denn mit einem Male war eine Leichtigkeit in ihr und ein Wiegen und Schweben. Und die Süßigkeit der Melodie ließ sie fremde Versworte mitsingen, ganz leise mitsummen, ohne daß sie es recht wußte. Sie spürte nur, daß wieder alles gut und froh sei, und das Blühen des Frühlings fühlte sie wieder und ihr eigenes tanzendes Herz.

Als der Walzer zu Ende war, stand er auf und ging. Sie folgte ihm gern, denn sie verstand sofort seine Absicht, sich die packende Gewalt der Melodie und ihre sonnige Innigkeit nicht durch einen öden Gassenhauer zerstören zu lassen. Und sie gingen den schönen Weg gegen die Stadt zu wieder zurück.

Die Sonne war schon gesunken, nur hinter den Kanten der Berge, durch die goldumglühten Bäume sickerten feine Lichtbäche von seltsam rosiger Färbung hinab ins Tal. Es war ein wundersamer Anblick. Ein rötliches Leuchten stand am Himmel wie von einem fernen Brande, und tief unten über der Stadt wölbte sich der Dunst in der intensiven Strahlenfärbung wie ein purpurner Ball. Und alle Geräusche verklangen im Abend in sanfter Harmonie: der ferne Gesang von heimkehrenden Ausflüglern, begleitet von einer Harmonika, das immer lauter werdende helle Gezirp der Grillen und das unbestimmte Sausen und Rauschen und Raunen, das in allen Blättern lebte, in allen Ästen wisperte und selbst in der Luft zu surren schien.

Plötzlich, ganz unvermittelt, fielen ein paar Worte von ihm in ihr feierliches, fast andächtiges Schweigen hinein: »Erika, das war doch komisch, wie Sie der Wirt meine Braut nannte.«

Und dann ein Lachen, ein mühseliges gezwungenes Lachen.

Erika fuhr aus ihrer Träumerei. Was wollte er damit? Sie fühlte, daß er ein Gespräch beginnen, erzwingen wollte. Sie hatte Furcht, eine dumme, sinnlose dunkle Angst. Sie gab keine Antwort.

»Nicht, das war doch komisch? Und wie Sie rot geworden sind!«

Sie sah hinüber, um seinen Gesichtsausdruck zu betrachten. Wollte er sie verspotten? – Nein! Er war ganz ernst und sah sie gar nicht an. Er hatte es absichtslos gesagt. Aber er wollte eine Antwort haben. Jetzt fühlte sie erst, wie gezwungen er das gesagt hatte; wie um einen Anfang zu machen. Es war ihr so bange, und sie wußte nicht, warum. Aber etwas mußte sie sagen, er wartete ja darauf.

»Mir war es weniger komisch als peinlich. Ich bin nun einmal so, daß ich Scherze nicht recht verstehen kann.« Sie sagte es hart und abschließend, fast wie gereizt.

Dann stellte sich wieder ein Schweigen zwischen beide. Aber es war keine selige Stille vereinten Genießens mehr, wie früher, kein sympathetisches Ahnen und Erfassen der ungeborenen Empfindung, sondern ein schweres und dunkles Schweigen, das ein Verschweigen war von irgend etwas Drohendem und Drängendem. Und sie hatte plötzlich Angst vor ihrer Liebe, daß sie auch so schmerzhaft und verzehrend werden sollte wie jedes Glück, das ihr begegnet war, wie die wehmütigen und leisen Bücher, über denen sie weinte, und die doch ihr liebstes waren und wie die brennenden Wellen der Tonfluten in ›Tristan und Isolde‹, die ihr höchste Seligkeit bedeuteten und sie doch quälten wie ein Schmerz. Das Schweigen drückte sie immer mehr und mehr und wurde wie ein dunkler, schwerer Nebel, der sich schmerzhaft auf ihre Augen legte. Allmählich befreite sie sich erst aus ihrer Bangigkeit. Sie wollte ein Ende machen, ihn klar und offen fragen.

»Mir ist so, als wollten Sie mir etwas verschweigen. Was ist Ihnen?«

Einen Moment blieb er ruhig. Dann sah er sie an mit dunklen, unbeweglichen Augensternen. Er überlegte und sah sie nochmals an, tiefer und sicherer, und seine Stimme klang seltsam voll und melodisch.

»Ich habe es lange nicht gewußt. Seit kurzem weiß ich es erst. Ich – sehne mich nach Ihnen.«

Erika erbebte. Sie hatte die Augen zu Boden gerichtet, aber sie spürte, daß er sie ansehe, tief, fragend, durchdringend. Sie dachte nun an das letzte Mal, wie sie bei ihm war und er sie geküßt hatte. Sie hatte ihm damals nichts gesagt, aber ihr Herz war ungestüm erwacht, sie wußte nicht, ob in Zorn oder Scham. Und das Bangen hatte sie erfaßt, das sie sonst spürte, wenn er so glühende und leidenschaftliche Lieder spielte, jenes selige Grauen mit Abgründen und Seligkeiten ohne Ende. Was sollte jetzt kommen? O Gott, o Gott! ... Sie fühlte, daß er weitersprechen würde und sehnte sich darnach und fürchtete sich doch. Sie wollte es nicht hören. Sie wollte die Felder sehen, ja, den Abend, den herrlichen Abend. Nur nichts hören, nichts hören. Nur die Stadt ansehen mit ihrem dunkeln Nebel, die Stadt und die Felder. Und die Wolken da oben ... Die Wolken, wie sie rasch am Himmel segelten! Ganz wenige waren noch oben. Eins zwei ...

drei... vier ... fünf... ja, fünf Wolken ... Nein! Nur vier waren es! ... Vier ... Aber da begann er zu sprechen.

»Ich habe lange Angst gehabt vor meiner Leidenschaft, Erika! Ich habe immer geahnt, daß sie kommen werde, und habe es nie glauben wollen. Nun ist sie da. Ich weiß es, seitdem Sie das letzte Mal bei mir waren, seit gestern.«

Einen Moment schwieg er und holte Atem aus tiefster Brust.

»Und – das macht mich traurig, unendlich traurig. Ich weiß, daß ich Sie nicht heiraten kann, ich weiß, es würde mich meine Kunst kosten. Das kann kein Fremder verstehen – Sie werden es verstehen, meine liebe, liebe Erika. Nur ein Künstler kann das verstehen, und Sie haben eine reiche, unendlich reiche Künstlerseele. Und Sie sind auch klug. Wir können nicht mehr weiter so zusammen verkehren ... es muß ein Ende gemacht werden ...«

Er hielt inne. Erika fühlte, daß er noch nicht zu Ende war. Am liebsten wäre sie vor ihm bettelnd hingesunken und hätte ihn gebeten, jetzt nicht weiterzusprechen. – Sie wollte jetzt nichts hören, nichts verstehen. – Nein, sie wollte nicht ... Und angstvoll begann sie wieder die Wolken zu zählen ...

Aber die waren schon weg ... Nein, dort war noch eine ... Eine, die letzte, rosig überhaucht wie ein stolzer Schwan, der den dunklen Strom hinabsegelt ... Wieso fiel ihr das Bild ein? Sie wußte es nicht... Ihre Gedanken wurden immer wirrer. Sie fühlte nur, daß sie bloß an die Wolke denken wollte ... Die zog jetzt fort, ja sie zog fort über den Berg hin ... Sie spürte, wie ihr ganzes Herz an ihr hing, wie sie sie am liebsten mit ausgestreckten Händen gehalten hätte, aber sie ging ... sie lief, lief schneller, immer schneller ... Und jetzt – jetzt war sie verschwunden

... Und Erika hörte nun wieder klar und unabänderlich seine Worte, unter denen ihr Herz in blinder Angst erbebte.

»Ich weiß nicht, ob du mich so kennst. Ich glaube nicht, ich meine immer, daß du mich überschätzt. Ich bin kein großer Mensch, ich bin keiner von denen, die ... die über dem Leben stehen in ihrer sicheren Selbstgenügsamkeit. Ich wollte, ich wäre so, aber ich bin es nicht. Ich klebe am Leben, ich bin nicht eben viel mehr als einer, der das begehrt, was er liebt. Ich bin nur so, wie alle Männer sind, ich verehre nicht nur die Frau, wenn ich sie liebe, ich ... verlange sie auch ... Und ... mit Fremden will ich dich nicht betrügen. Ich will nicht, daß du mich verachtest. Du bist mir zu lieb dazu ...«

Erika war blaß geworden. Nun erst verstand sie, was er meinte, und sie wunderte sich, daß sie nicht früher daran gedacht. Mit einem Male war sie wieder ruhig geworden. Es war alles gekommen, wie es kommen mußte.

Sie wollte ablehnend sprechen, aber sie vermochte es nicht. Das sanfte ›du‹ seiner Rede hatte sie eigentümlich überwältigt mit seiner liebevollen Innigkeit. Sie verspürte wieder, wie sie ihn liebte; das Bewußtsein kam ihr plötzlich, wie ein vergessenes Wort, das wiederkehrt. Und sie fühlte auch, wie schwer sie ihn verlieren könnte, wie viel geheime Kräfte sie mit ihm verbanden. Wie ein Traum war ihr alles ...

Er sprach weiter, und seine Stimme wurde mild wie eine Liebkosung. Sie fühlte seine Hand in ihren zärtlichen Fingern.

»Ich weiß nicht, ob du mich geliebt hast, ob du mich so geliebt hast, wie ich dich jetzt. Mit der letzten Hingabe und mit dem grenzenlosen Vergessen an alle Kleinlichkeiten, mit jener heiligsten Liebe, die nur schenken und nichts verweigern kann. Und ich glaube nur an die Liebe, die Opfer bringt um ihrer selbst willen ... Aber nun ist alles zu Ende. Und ich habe dich darum nicht minder lieb ...«

Erika war wie von einem Rausch befangen. Ein sanfter Schauer überlief sie. Sie wußte nur, daß sie ihn verlieren sollte und nicht konnte. Und daß sie hoch über dem Leben stand. Alles war so fern, so weit. Abendstille lag über den Tälern und sanfte Feierlichkeit, die Stadt war fern und ihr Gebrause und alles, was an Wirklichkeit erinnerte. Sie fühlte sich in sonnigen Höhen, weit, weit oben über alle Häßlichkeit und Kleinlichkeit mit ihrer opferfreudigen, freien und spendenden Liebe, mit ihrer seligen Macht des Glückverschenkens. Keine Gedanken, kein kluges, rechnendes Besinnen war mehr in ihr, nur Gefühle, jauchzende, überströmende Gefühle, wie sie sie nie gespürt. Die Stimmung überwältigte sie und ihr eigenstes Wollen. Und so sagte sie leise und schlicht:

»Ich habe niemanden auf der Welt als dich. Und dich will ich glücklich machen.«

Alle Scham war von ihr gewichen, wie sie zu ihm sprach. Sie wußte nur, daß sie mit einem Worte viel, viel Glück verschenken konnte und sah nur seine leuchtenden Augen und ihren dankbaren Glanz.

Und er beugte sich nieder und küßte mit stiller Ehrfurcht ihren Mund.

»Ich habe nie an dir gezweifelt.«

Und dann gingen sie den Weg hinab, der Stadt, nach Hause zu.

Langsam kamen sie wieder in die dunkle, tagesmüde Stadt, und es war Erika, als stiege sie von den leuchtenden Firnen eines seligen Traumes ins harte, kalte und unerbittliche Leben nieder. Mit fremden und ängstlichen

Blicken trat sie in die nebelfeuchten Vorstadtgassen, die vom häßlichen und aufdringlichen Lärm und Dunst erfüllt waren; und ein Gefühl schmerzhafter Öde senkte sich auf sie herab. Sie fühlte sich bedrückt von den rauchigen Häusern, die sich dunkel über ihr zueinander drängten, ein finsteres Symbol des Alltagslebens, das sich mit rücksichtsloser, drohender Gewalt in ihr Schicksal preßte, um es zu zermalmen.

Sie erschrak beinahe, als er sie plötzlich mit einem Liebeswort ansprach, und sie erstaunte, daß sie die zärtlichen Minuten und ihr Versprechen beinahe vergessen hatte. Wie fremd ihr alles hier plötzlich geworden war in dieser dumpfen, beengenden Umgebung, was ihr früher die jähe Impulsivkraft einer Rauschstimmung entlockt hatte. Sie sah ihn an, ganz vorsichtig von der Seite. Seine Stirne war kraftvoll gefaltet, und um den Mund lag die Ruhe eines Selbstsicheren, alles war unbeugsame und selbstgefällige Männlichkeit in seinem Gesichtsausdruck. Nirgends die sanfte Melancholie, die sonst seine Kräfte in eine schöne Harmonie bannte, nur triumphierende Härte, die vielleicht eine lauernde Sinnlichkeit war. Langsam wandte Erika den Blick. – Noch nie war er ihr so fremd und so ferne gewesen wie in diesem Augenblick.

Und plötzlich hatte sie Angst, tolle, unbändige Angst! Mit einem Male wachten tausend erschreckte Stimmen in ihr auf, die warnten und lärmten und sich selbst überschrien. Was sollte jetzt kommen? Sie fühlte es nur dunkel, denn sie wagte es nicht auszudenken. Alles empörte sich in ihr gegen das Versprechen, das ihr eine Minute der Schwäche entrissen hatte, und ihre heiße Scham brannte wie eine Wunde. Sie war nie sinnlich gewesen, das spürte sie nun in allen Tiefen ihres Herzens, sie hatte kein Begehren nach einem Manne, nur Abscheu vor der brutalen, zwingenden Macht. Nur Ekel empfand sie in diesem Augenblick, und alles verfinsterte sich vor ihren Blicken und bekam eine häßliche und niedrige Bedeutung;

der leise Armdruck, den sie fühlte, die Liebespaare, die im Nebel auftauchten und sich wieder verloren, jeder zufällige Blick, der sie im Vorübergehen traf. Deutlich und zornig klopfte ihr Blut an den schmerzenden Schläfen.

Mit einem Male ward ihr die tiefe Schmerzlichkeit ihrer Liebe bewußt, die unter den Enttäuschungen bebte, wie unter züchtigenden Schlägen. Was immer geschehen war, mußte wieder Erlebnis werden. Die Sinnlichkeit des Mannes mordete die sanfte Liebe des Mädchens und ihre heiligsten Schauer. Das Glück, das wie schimmernde Abendwolken über dem Dunkel gehangen, war nun zerbrochen, und die Nacht begann aufzusteigen, schwarz und schwer mit drohender, leidvoller Stille und unbarmherzigem Schweigen ...

Ihre Füße wollten kaum weiter. Sie merkte, daß er den Weg gegen seine Wohnung nahm, und dieses Bewußtsein betäubte sie. Sie wollte ihm alles sagen: wie ihre Liebe ganz anders sei als die seine, wie sie nur das Versprechen gegeben im Banne einer Stimmung, der ihr nervöses Empfinden unterlegen, und wie sich alles in ihr aufbäume gegen diese vorbesprochene Liebesszene. Aber die Worte fanden keine Laute, nur finstere und drängende Empfindungen, die ihre Seele quälten und marterten, ohne sie zu befreien. Dunkle und bange Erinnerungen streiften sie wie mit schwarzschattenden Schwingen. Und eine kam immer wieder, eine seltsame und doch so alltägliche Geschichte von einem Mädchen, die mit ihr zur Schule gegangen war. Die hatte sich einem Manne hingegeben, und als er sie verließ, aus Rache und Zorn einem andern und dann wiederum andern – sie wußte selbst nicht mehr, warum. Und Erika erschauerte immer, wenn sie an dieses Mädchen dachte, durch deren Leben die Liebe gegangen war wie ein dunkler Wettersturm; und das gewaltsame Widerstreben in ihr war mehr als die erste Scham eines unbefleckten Mädchens, das vor dem unbekannten Geschehen bangt, es war die schöne Schwäche einer zarten und schwächlich-scheuen Seele, die das laute Leben fürchtet und seine brutale Häßlichkeit.

Aber das Schweigen blieb kalt und scheidend zwischen den beiden, die nebeneinander hergingen, Arm in Arm. Gern wollte Erika den ihren losmachen, aber es war, als hätten ihre Glieder jede Bewegungsfähigkeit verloren, nur die Füße schoben sich in traumhafter Gleichförmigkeit nach vorwärts. Und ihre Gedanken wurden immer wirrer und schossen durcheinander wie glühende Pfeile, die sich mit feinen brennenden Widerhaken in ihrem Gehirn festbohrten. Und darüber legte sich immer dichter die schwarze Wolke der kraftlosen Furcht und der verzweifelten Ergebung. Ein Gebet wagte sich immer wieder auf ihre Lippen, daß jetzt plötzlich alles vorbei sein sollte, ein großes, dunkles, schmerzloses Nichts, ein Nichtfühlen und Nichtmehrdenkenmüssen, ein Aufhören, jäh und unvermittelt, wie das Erwachen, das aus einem bösen Traum befreit ...

Plötzlich blieb er stehen.

Sie fuhr auf und erschrak. Sie waren vor dem Hause, in dem er wohnte. Eine Minute blieb ihr Herz ohne Schlag, ruhig, ganz unbeweglich. Aber dann begann es wieder zu pochen, hastig und wild, mit hämmernder Angst und steigender Schnelligkeit.

Er sagte ihr ein paar Worte, liebe süße Worte. Sie hatte ihn beinahe wieder gern in diesem Augenblick, so herzlich und feinfühlig sprach er zu ihr. Aber als er ihren Arm fester erfaßte und ihren widerstandslosen Körper mit sanfter Zärtlichkeit drängte, da kam wieder die alte dunkle Angst, und sie war betäubender und furchtbarer denn je. Es war ihr so, als müßte plötzlich in ihr die Stimme freigebunden werden und laut ihn betteln und bitten, daß er sie freigebe, aber ihre Kehle blieb stumm und verschlossen. Halb bewußtlos ging sie an seinem Arm durch das große, düstere Tor, jenen Schmerz des Unabwendbaren in der Seele, der so tief ist, daß man ihn nicht mehr als Leid empfindet.

Eine dunkle Wendeltreppe gingen sie hinauf. Sie fühlte die kalte, muffige Kellerluft und sah die gelben, zitternden Gaslichter, die im kühlen Hauche bebten. Jede Stufe spürte sie, alle diese Bilder glitten an ihr vorüber, wie die Vorstellungen knapp vor dem Einschlafen, flüchtig und doch scharf, tief eindringend und doch wieder verfliegend im nächsten Augenblicke.

Nun standen sie in einem Gang. Sie wußte es, vor seiner Tür ...

Er ging voraus und ließ ihren Arm.

»Einen Augenblick, Erika, ich will nur Licht machen.«

Sie hörte seine Stimme von innen, wie er hineinging und dort ein Licht anzündete. Der Augenblick gab ihr Mut und Erwachen. Die Furcht kam plötzlich über sie wie ein Fieberschauer, der die krampfhafte Starre löste. Und blitzschnell stürmte sie wieder die Treppe hinab, ohne in ihrer wahnsinnigen Eile auf die Stufen zu achten, rasch, nur rasch vorwärts. Ihr war noch, als ob sie seine Stimme von oben hörte, aber sie wollte gar nicht mehr zur Besinnung kommen, sondern lief und lief, ohne innezuhalten, immer vorwärts. Eine wilde Angst war in ihr erwacht, daß er ihr nachfolgen könne, und eine Angst vor ihr selbst, sie möchte zu ihm zurückkehren. Und erst, als sie mehrere Straßen weit war und plötzlich sich in einer fremden Gegend sah, blieb sie mit einem tiefen Seufzer stehen, um dann langsam der Richtung ihrer Wohnung zuzuschreiten.

Es gibt leere, inhaltslose Stunden, die Schicksal in sich bergen. Sie steigen auf wie dunkle gleichgültige Wolken, die kommen, um sich wieder zu verlieren, aber sie bleiben hartnäckig und trotzig. Und wie ein schwarzer, steigender Rauch lösen sie sich auf, werden ferner und breiter, bis sie schließlich mit mattem, schwermütigem Grau unbeweglich über dem Leben schweben, ein Schatten, der sich unabwendbar und eifersüchtig an die Minute heftet und immer wieder seine drohende Faust erhebt.

Erika lag auf dem Sofa in ihrem dunkel heimlichen Zimmer, den Kopf in die Kissen gepreßt und weinte. Sie fand keine Tränen, aber sie spürte sie in sich verfließen, heiß, quellend und anklagend, und manchmal lief der jähe Schauer eines Schluchzens über ihren Körper. Sie fühlte, wie ihr diese schmerzvollen Minuten Erlebnis wurden, wie mit der ersten großen Enttäuschung sich das Leid tief in ihre Seele einsog, die sich ihm ahnungslos erschloß. Eigentlich bebte der Triumph in ihrem Herzen, daß ihr die Flucht gelungen war, noch im letzten entscheidenden Augenblicke, aber es wollte keine helle, blinkende Freude und kein Jubel werden, sondern blieb stumm wie ein Schmerz. Denn es gibt Naturen, in denen alle großen Ereignisse und alle überragenden Geschehnisse mit der allgemeinen Erschütterung der Seele auch die vorklingende dumpfe Saite einer verborgenen Schmerzlichkeit und innigen Melancholie anschlagen, deren Klingen so laut und drängend wird, daß alle anderen Stimmungen sich selbstlos in ihr auflösen. Und so war die Erika Ewald. Sie trauerte um ihre Liebe, die jung und schön gewesen war, wie ein spielendes Kind, das sich im Leben verliert. Und Scham war in ihr, heiße brennende Scham, daß sie entflohen war wie ein stummes hilfloses Wesen, statt ehrlich zu sein und zu ihm zu sprechen, kühl und mit herbem Stolz, dem er sich hätte fügen müssen. Und sie dachte an ihn und ihre Liebe mit einem so seligen Schmerz und einer heißen

Ängstlichkeit, und alle Bilder kamen wieder und wirrten durcheinander, aber sie waren nicht mehr hell und froh, sondern dunkel beschattet von der Wehmut der Erinnerung.

Draußen ging eine Türe. Sie erschrak jäh und unvermittelt. Ängstlich horchte sie jedem Geräusch und suchte sich jede leise Klangerregung zu deuten in einem unbestimmten Gedanken, den sie nicht recht zu denken wagte.

Da trat ihre Schwester ein.

Erika war verwirrt. Sie erstaunte, daß sie nicht daran, nicht an das Nächstliegende gedacht hatte, daß ihre Schwester kommen müsse, und sie spürte wieder mit einem merkwürdigen Gefühle, wie fremd, wie ungeheuer fern ihr doch alle diese Leute waren, mit denen sie lebte.

Die Schwester begann sie über den Nachmittag zu fragen. Erika antwortete ungeschickt, und wie sie merkte, daß sie unsicher sei, wurde sie hart und ungerecht. Man sollte sie nicht immer mit Fragen belästigen, sie kümmere sich auch um niemanden. Und außerdem habe sie jetzt Kopfschmerzen und wolle Ruhe haben.

Die Schwester erwiderte nichts, sondern ging aus dem Zimmer. Mit einem Male fühlte Erika, wie ungerecht sie gewesen war. Und Mitleid empfand sie mit diesem stillen, schicksalsergebenen Wesen, das nichts erlebte und auch nicht bat darum, das nichts besaß vom Leben, nicht einmal einen reichen, adelnden Schmerz, wie sie selbst.

Das brachte sie wieder zu ihren Gedanken zurück. Und die zogen heran und verloren sich in der Ferne, schwere, schwarzbeschwingte Boote, die sich durch die dunkle Flut gerungen ohne Lärm und Rauschen, ohne Färbung und tiefeinschneidende Spur, nur von unbekannten und unsichtbaren treibenden Gewalten gesendet und gelenkt. Aber ihre trübe Stimmung zitterte in Erikas Seele fortschwingend dahin und löste sich nach dunkelschweren Stunden in einer Müdigkeit, der sie sich willenlos ergab.

Die nächsten Tage brachten für Erika nur Harren und Bangen. Im geheimen wartete sie auf einen Brief, eine Nachricht von seiner Hand; sie sehnte sich selbst nach einem Schreiben mit harten, unbarmherzigen Vorwürfen und zornigen Worten. Denn sie wollte einen Abschluß haben, ein Ende, das sich über die Vergangenheit legte und ihr das geheime Hinübertreten in ihre kommenden Tage verwehren sollte. Oder es sollte ein Brief sein mit milden, verstehenden Worten, die zu ihrer Seele gingen und sie wieder zurückführten in den Reigen der seligen Stunden, aus dem sie geschieden.

Aber keine Botschaft kam, kein Zeichen stellte sich zwischen sie und die quälende Ungewißheit. Denn Erika war noch viel zu sehr im Banne ihrer Empfindungen und Erregungen, um zu wissen, ob ihre Liebe zu ihm noch lebte oder ob sie schon gestorben war oder sich am Ende im Umwandlungszustande neuer Phasen befand, von denen sie noch nichts ahnte. Sie spürte nur die Unruhe und Verworrenheit in sich, die fortwährende Spannung, die sich nicht lösen wollte und in ihr gereizte und häßliche Stimmungen erweckte. Nervös und mit Kopfschmerzen ging sie in die Stunden, die ihr furchtbarer wurden als je, weil sie alles Falsche und Unharmonische viel schärfer spürte. Und jedes Geräusch irritierte sie, die Außenwelt wurde ihr unerträglich in ihrem lauten Hasten und Drängen, und selbst die eigenen Gedanken verloren ihre sanfte, wohltuende Traumhaftigkeit und bekamen harte einschneidende Spitzen. In jedem Dinge verbarg sich ihr eine geheime Feindseligkeit und eine trotzige Absicht, die sie verletzen wollte. Die ganze Welt, die sie umschloß, schien ihr nur mehr ein großes, dunkles Gefängnis mit tausend verborgenen Marterwerkzeugen und erblindeten Scheiben, die dem Lichte den Eingang verwehrten.

Und diese Tage waren ihr unerträglich lang und wollten kein Ende nehmen. Erika saß beim Fenster und wartete auf den Abend, der ihr ein wenig Frieden brachte mit der sanften Milderung aller Kontraste. Wenn die Sonne sich langsam hinter den Dächern zu senken begann, und immer matter und mehr abgedunkelt die Widerscheine nachzitterten, wurde alles in ihr stiller und ruhiger. Dann fühlte sie auch, daß ihr ganzes Denken und Fühlen jetzt anders und fremder werden wollte, daß neue Geschehnisse und neue Gefühle vor der Pforte ihres Lebens standen und lärmten und Einlaß begehrten. Aber sie achtete ihrer nicht, denn sie glaubte, die Regungen, die in ihr wuchsen und sich formten, seien nur die letzten verscheidenden Zuckungen ihrer sterbenden Liebe ...

So gingen zwei Wochen dahin, ohne daß Erika eine Nachricht von ihm empfangen hätte. Alles schien vorüber zu sein und vergessen. Ihre Traurigkeit und Unbeständigkeit verlor sich noch nicht, aber sie befreite sich von ihrer häßlichen, gereizten Form und fand verfeinerten und durchgeistigten Ausdruck. Die schmerzlichen Empfindungen lösten sich leise und lind in schwermütigen Liedern, Melodien mit tiefen, verhaltenen Mollklängen und melancholisch wehklingenden Akkorden. Manche Abende spielte sie so ohne Gedanken, sich in sanfter Abirrung vom eigentlichen Motive zu selbstgeschaffenen Verbindungen hinwendend, immer leiser und leiser werdend, wie die Geschichte ihrer so leidvollen Liebe, die nun langsam in Vergangenheit verrinnen wollte.

Auch begann sie wieder zu lesen. Jene herrlichen Bücher wurden ihr wieder nahe, denen die Schwermut entströmt wie ein schwerer betäubender Duft aus seltsam dunklen und melancholischen Blüten. Die Marie Grubbe kam ihr wieder zur Hand, der das harte Leben eine heilige und tiefinnige Liebe zerstört, und die unglückliche Madame Bovary, die nicht entsagen wollte und ihr schlichtes Glück verstieß. Und das unsägliche rührende Tagebuch der Maria Bashkirtscheff las sie, zu der die große Liebe nie gekommen war, ob ihr auch ein reiches und sehnsuchtsvolles Künstlerherz erwartungsvoll die Hände entgegenhielt. Und ihre gequälte Seele tauchte in diesem fremden Schmerze unter, um den eigenen zu verlieren und zu vergessen, aber manchmal kam ein Erschrecken über sie, in dem Furcht sich dem Stolze verschwisterte; denn Worte kamen ihren Blicken entgegen, die auch in ihrem eigenen Leben standen, und deren schicksalsschweren Sinn sie verstand. Und nun fühlte sie, wie ihre Geschichte nicht Ungerechtigkeit und Haß des Lebens verkündigte, sondern nur schmerzlich war, weil ihr der frohe Tänzerschritt eines lachenden unbedeutenden Temperamentes fehlte, der rasch vergessend die dunklen, aber geheimnisreichen Abgründe des Schmerzes überspringt. Nur ihre Einsamkeit senkte sich noch drückend auf sie herab. Niemand stand ihr nahe. Eine sonderbare Scham, sich mit ihren Tiefen und geheimen Schönheiten einem Fremden zu geben, hatte sie von allen Freundinnen abgewandt; und ihr fehlte auch der seligvertrauende Glaube der Frommen, der zu einem Gotte spricht und ihm die verschwiegensten Geständnisse zu eigen gibt. Der Schmerz, der von ihr ausging, floß wieder in ihre Seele zurück, und dieses unaufhörliche Sichselbstanvertrauen und Zergliedern gab ihr schließlich eine dumpfe Müdigkeit und hoffnungslose Trägheit, die nicht mehr mit dem Schicksal ringen wollte und mit seinen verborgenen Gewalten.

Sonderbare Gedanken überkamen sie, wenn sie vom Fenster auf die Gasse herabsah. Sie sah Leute in wildem Durcheinander, Liebespaare, die in seliger Versunkenheit vorübergingen, dann wieder hastende Burschen, vorbeischießende Radfahrer, rasch dahinrollende Wagen mit schwirrenden Rädern, Bilder des Tages und der Gewöhnlichkeit. Aber ihr war alles das so fremd. Wie von ferne, aus einer anderen Welt schaute sie zu, als könnte sie nicht verstehen, warum diese Wesen so eilten und drängten und vorbeistürmten, wenn alle Ziele so klein und verächtlich waren. Als ob es etwas Reicheres und Seligeres geben könne als den großen Frieden, in dessen Bann alle Leidenschaften schlafen und alle Sehnsüchte; der doch wie eine wunderwirkende Quelle war, in deren milder und geheimkräftiger Flut sich alles Kranke und Häßliche ablöste, wie eine lästige Schicht. Und wozu dann alle die Kämpfe und Überwindungen? Und wozu die heiße nimmermüde Sehnsucht, die niemanden zurückweichen läßt?

So dachte die Erika Ewald manchmal und lächelte über das Leben. Denn sie wußte nicht, daß auch der Glaube an diesen großen Frieden nur eine Sehnsucht ist, das innigste und unvergänglichste Begehren, das uns nicht zu uns selbst gelangen läßt. Sie glaubte ihre Liebe überwunden zu haben und dachte ihrer, wie man eines Toten gedenkt. Die Erinnerungen bekamen milde, versöhnliche Farben, vergessene Episoden tauchten wieder auf, und zwischen Wirklichkeit und sanfter Träumerei liefen geheime, verbindende Fäden hin und her, bis sie sich unlöslich verwirrt hatten. Denn sie träumte von ihrem Erlebnis wie von einem eigenartigen und schönen Roman, den man vor langem gelesen; seine Gestalten treten langsam wieder heran und sprechen die Worte, die bekannt sind und doch so ferne, alle Räume werden wieder sichtbar, wie erleuchtet von einem plötzlichen aufblitzenden Licht, alles ist wieder wie einst. Und Erika dichtete sich in ihren Gedanken, die sich am Abend berauschten, immer wieder neue Abschlüsse dazu, aber sie fand keinen rechten, denn sie wollte ein mildes und versöhnliches Ende voll Hoheit und reifer Entsagung, mit kühlem freundschaftlichem Händereichen und tiefem Verstehen. Langsam gaben ihr diese romantischen Träume den innigen Glauben, daß auch er jetzt ihrer harre und in tausend seligen Schmerzen gedenke, und diese Idee, die sich in ihr allmählich zu einer unbeugsamen Tatsache verdichtete, ließ das Vertrauen immer sicherer sich entfalten, daß alles noch gut werden müsse und daß eine versöhnende, abschließende Konsonanz die seltsam bewegte Melodie ihrer Liebe erlösen müsse.

Nach langen, langen Tagen wagte sich jetzt manchmal ein Lächeln über ihre Lippen, wenn sie ihrer Liebe gedachte mit all ihren bitteren Wunden, die nun vernarben wollten. Denn sie wußte noch nicht, daß ein tiefer Schmerz wie ein finsterer Gebirgsbach ist, der sich unterirdisch, mit unruhvollem Schweigen durch das Gestein wühlt und in ohnmächtigem Zorne lange an ungebahnten Pforten pocht und pocht. Aber einmal zersprengt er die Wand und stürmt mit haltlosem Jubel vernichtend und kraftvergeudend in die blühenden Tale hinab, die sich in heiterem, ahnungslosem Vertrauen gewiegt ...

Es sollte alles anders kommen, als es Erika geträumt. Noch einmal trat die Liebe in ihr Leben, aber sie war anders geworden; nicht mehr so still und mädchenhaft nahte sie mit milden, segnenden Geschenken, sondern wie ein Frühlingssturm, wie eine heiße, begehrende Frau, die brennende Lippen hat und die tiefrote Rose der Leidenschaft im dunklen Haare trägt. Denn die Sinnlichkeit der Männer ist nicht wie die der Frauen; bei jenen glüht sie vom Anbeginn, von den Jahren der ersten Reife, aber zu manchen Mädchen kommt sie vorerst in tausend Verhüllungen und Gestalten. Sie schleicht sich als Schwärmerei ein und als selige Träumerei, als Eitelkeit und ästhetisches Genießen, aber einmal kommt ein Tag, da wirft sie alle Masken von sich und zerreißt die bergenden Hüllen.

Eines Tages war Erika alles bewußt geworden. Kein lautes Ereignis hatte ihr die Erkenntnis abgezwungen und auch kein Zufall. Vielleicht war es ein Traum gewesen mit verwirrenden Lockungen oder ein Buch mit heimlich verführender Gewalt, vielleicht eine ferne Melodie, die sie plötzlich verstanden oder ein fremdes, blühendes Glück – es war ihr nie klar geworden. Sie wußte nur plötzlich, daß sie sich wieder nach ihm sehnte, aber nicht nach gültigen Worten und schweigenden Stunden, sondern nach seinen kraftvollen Armen und nach den heißen Lippen, die einstmals verlangend auf den ihren gebrannt, ohne daß diese ihre stummen, bettelnden Worte verstanden. Vergebens widerstrebte ihre mädchenhafte Scham diesem Bewußtsein; sie suchte der früheren Tage zu gedenken, die nie auch nur ein schwacher Hauch schwüler Sinnlichkeit durchzittert, sie suchte sich vorzulügen, daß diese Liebe schon längst tot und begraben sei, indem sie jenes Abends gedachte, da sie aus seinem Hause mit innerlichem Abscheu geflüchtet. Aber dann kamen Nächte, da sie ihr Blut brennen fühlte von glühendem Begehren und ihre Lippen in die kühlen Kissen sich einknirschen mußten, damit sie nicht stöhnten und seinen Namen hinausschrien in die stumme, mitleidslose Nacht. Und da wagte sie sich nicht länger zu täuschen, und die Erkenntnis machte sie erbeben.

Nun wußte sie auch, daß die dumpfen Wallungen, die sie in allen diesen Tagen empfunden, nicht das Absterben ihrer schönen und hellen Liebe bedeutet hatten, sondern das langsame Keimen dieser drängenden Gewalten, die nun ihre Seele durchwühlten. Und mit sonderbarer Scheu dachte sie dieser Neigung, die so schlicht und alltäglich gewesen war, und der doch unablässig neue Schmerzen entsprossen, die feindlichen Kinder eines dunklen Geschickes. In dieser Leidenschaft, welche wie ein später Herbst gekommen war, der seine Früchte in die leeren, fröstelnden Felder wirft, einte sich die Kraft der Unberührtheit mit der Fülle der unverbrauchten Jugendtage, die nie unter den drängenden Krisen des Blutes gelitten. Eine stürmische, siegende Gewalt war in ihr, gegen die es kein Widerstreben gab und kein Verweigern, weil sie über alle Schranken sprang und die letzte Überlegung ertötete.

Erika ahnte noch nicht, wie schwach sie gegen diese jähe Leidenschaft war. Sie fühlte nur das Verlangen in sich siegreich werden, daß sie ihn wieder sehen müsse, sei es auch nur von der Ferne, ganz von fern, ohne bemerkt zu werden, ohne daß auch eine Ahnung ihn überkommen könne, daß sie ihn sehe und ersehne. Sie holte sich wieder seine Photographie hervor, die in einer versteckten Lade beinahe verstaubt war und brachte ihr eine sonderbare Verehrung entgegen. Sie küßte in glühender Leidenschaft seinen Mund, dann stellte sie sie wieder vor sich hin und begann wirre und heftige Worte zu sprechen, die sie ihm selbst sagen wollte, daß er ihr verzeihen möge, weil sie damals kindisch und erschreckt gehandelt habe. Und dann erzählte sie ihm in sich übereilenden Sätzen von ihrer Sehnsucht, und wie sie ihn wieder unendlich liebe, mehr, als er es jemals werde verstehen können. Aber alle diese Ekstasen befriedigten sie nicht, denn sie wollte ihn selbst wiedersehen. Mehrere Tage lang wartete sie an den Ecken der Straßen, die er zu passieren pflegte, doch vergebens. Und so sehr steigerte sich ihre Ungeduld, daß manchmal, aber ganz furchtsam und unbestimmt, der Gedanke in ihr erwachte, sie sollte zu ihm in die Wohnung gehen und sich für ihr Benehmen von damals entschuldigen. Aber da fand sie in den Tagesblättern die Notiz, daß er nächstens in einem eigenen Konzert auftreten wolle, eine Nachricht, die Erika wie mit einem seligen Rausche erfüllte, denn nun ergab sich die beste Möglichkeit, ihn zu sehen, ohne daß er es ahnte. Und langsam, furchtbar langsam verflossen ihr die Tage, welche sie von dem festgesetzten, sehnlichst herbeigewünschten Abende trennten.

Erika war eine der ersten im großen, mit tausend Lichtern flimmernden Konzertsaale. Eine sehnsüchtige Unruhe, die Minuten zu Stunden dehnte, hatte sie seit Tagesanbruch erfüllt und durchschauert, seit jener Stunde, da der Gedanke, daß sich heute alles begeben müsse, ihr den Schlaf von den Lidern riß. Und dann war sie alle die Stunden durch Traumland gegangen, ob auch die einzelnen Forderungen ihres Berufes sie immer wieder aufschrecken ließen aus ihren sinnenden Erwartungen und ihrer sanftruhenden Sehnsucht. Und als der Abend kam, nahm sie ihr bestes Gewand und legte es mit einer gewissen feierlichen Sorgfalt an, die nur Frauen haben, wenn sie den Blick des Geliebten erwarten. Eine Stunde zu früh begab sie sich zum Konzertsaal. Wohl hatte sie zuerst einen Spaziergang geplant, ein kurzes Rasten für ihre Nerven, die zu fiebern schienen, aber kaum daß sie die Straße betrat, fühlte sie eine dunkle Gewalt, die sie magnetisch einer Richtung zudrängte. Ihre anfangs bedächtigen Schritte wurden unruhiger und beschleunigter. Und mit einem Male stand sie, fast selbst überrascht, vor den breiten Stufen des Konzertgebäudes und schämte sich ihrer Unrast. Gedankenlos ging sie noch ein wenig dort auf und ab. Und als die ersten Wagen behäbig vorrasselten, mühte sie sich nicht mehr länger, sich zu bezwingen und ging mit beherzter Miene in den eben erleuchteten Saal.

Nicht lange blieb drinnen dieses breite und leere Schweigen, das zu fürchtigen Träumen lud. Dichter und dichter drängten sich die Leute. Erika sah nicht die einzelnen, sondern fühlte nur die hereinströmende Masse, fühlte vor ihren Augen die wandernden Streifen der farbigen Toiletten, das dunkle Durcheinanderschieben und die vielen wechselnden Gesichter, die ihr wie Masken schienen. Alles in ihr war Unrast und Erwartung. In ihren Augen stand nur ein Name, ein Wunsch, ein Wort.

Und dann plötzlich begann das jähaufrauschende Murmeln und Bewegen, die vorbereitende Unruhe vor dem Schweigen, das leise Knacken der geöffneten Operngläser, das Klappern der Lorgnons, das Regen und Bewegen, jenes vieltönige Geräusch, das sich in stürmischen Beifall löste. Sie fühlte, daß er eingetreten war, jetzt eingetreten war. Und schloß die Augen. Sie wußte sich zu schwach, ihn in dieser stolzen Minute schweigend zu sehen. Sie hätte ja jubeln müssen oder ihn rufen, aufspringen oder ihm zuwinken, aber jedesfalls etwas Törichtes, Unüberlegtes, Lächerliches tun. Ihr Herz fühlte sie bis an die Kehle schlagen. Sie wartete. Sie wartete, mit geschlossenen Augen alles sehend, wie er hinaufschritt, wie er sich verneigte und jetzt, – jetzt mußte es ja sein – zum Bogen griff. Sie harrte, bis endlich die ersten Töne seiner Geige sich singend erhoben wie langsam steigende Lerchen, die aus den Feldern zum Himmel aufjubeln.

Dann schaute sie empor, leise, ganz vorsichtig, wie man in ein sehr grelles blendendes Licht sieht. Und sie fühlte eine warme Blutwelle, wie sie ihn sah, gleichsam emporgetragen von diesem dunklen, schweigenden Meer, das die funkelnden Gläser und suchenden Blicke wie zitternde Schaumkämme durchglänzten. Und sie fühlte sein Spiel und wieder die ganze zauberische Gewalt von einst. Und wie die Töne wuchsen und anschwollen, so füllte sich auch ihr Herz. Lachen und Weinen war in ihr, ein Fluten der Erregung, warme zitternde Wellen. Sie fühlte Jubel, Jubel aus tausend sonndurchglänzten Springstrahlen in ihr Herz sprudeln, sie fühlte es selbst aufschäumen zu ihrer Kehle wie den jauchzenden Strahl einer aufzuckenden Fontäne. Wieder verführte sie die Stimmung der Musik wie eine Blinde, die keinen Weg weiß und sich willig der fremden und lieblichen Hand vertraut. Und als dann der Jubel losbrach und dieses dunkle Meer im Saale, das gleichsam in bezaubertem Schlafe gelegen war, plötzlich in wilder, tosender Brandung aufschäumte, als von allen Seiten ein überwältigender Beifall dröhnte, da rauschte ein jäher Stolz in ihr empor. Ihre Seele jubelte bei dem Gedanken, von ihm begehrt worden zu sein. Alle Häßlichkeit und Herbe jener Minuten war zerronnen in diesem stolzen Bewußtsein, in dieser siegenden Stunde seines Künstlertums.

So ward dieser Abend ein lauteres und tiefes Fest für ihre suchende und unruhige Seele. Nur eine Frage drängte sie, ob er ihrer wohl noch gedachte. Und sie war ganz Demut in jener Stunde, eine Sehnsüchtige, die nur begehrt, sich verschenken zu dürfen. Sie dachte nicht mehr an sich und nur mehr an ihn, sah nur sein Verlangen und seine Inbrunst in dem lockenden Geigenspiel und nicht mehr Töne und Melodien.

Und da kam ihr eine seltsame und unendlich beseligende Antwort. Nach langen Beifallsstürmen hatte er sich noch zu einer Zugabe entschlossen. Und nur ein paar schlichte, langsame Takte hatte er gespielt, als Erika erblaßte. Sie lauschte und lauschte wie gebannt. In herbem Erschrecken hatte sie das Lied erkannt, das Lied jenes ersten seltsamen Abends, da er es ihr zuliebe in der Dämmerung gestammelt. Und sie träumte von einer Huldigung. Sie fühlte, daß es ihr gesungen sei, zu ihr gesungen sei. Sie hörte es nur als Frage, die über alle andern zu ihr hinabtastete in den Saal, sie sah eine Liedseele, die in den dunklen Saal flog, um sie zu finden. Eine rasche Gewißheit schaukelte sie in selige Träume. Sie verstand ein Geständnis, daß er ihrer, nur ihrer mehr gedachte. Und Seligkeiten brausten auf sie nieder. Wieder war es die Musik, die sie betörte und über alle Wirklichkeiten hob. Sie fühlte einen Flug nach oben, menschenhoch und erdenfrei. Fast so wie damals in jener Stunde, als sie hoch über der fernen, brausenden Stadt zusammen standen. Nur höher noch, viel höher über Schicksal und Welt, über allen Kleinlichkeiten und

Bedenken. In den wenigen Minuten dieses Spieles überflog sie in seligem Traume alle Schranken und Wirklichkeiten.

Der unerhörte Jubel, der seinem Spiele folgte, erweckte Erika erst wieder aus ihren weltentrückten Träumen. Und in drängender Hast eilte sie dem Ausgange zu, um ihn zu erwarten. Denn nun wußte sie auch die helle und sonnige Antwort auf ihre letzte Frage, die sie beängstigt und sie zurückgehalten, sich ihm zu schenken – nun war es ihr offenbar, daß er sie noch immer liebte und glühender wie einst, mit einer viel schöneren, wilderen und größeren Liebe. Sonst hätte er nicht all diesen Menschen den leuchtenden Hymnus gesungen, den er ihr zur Feier und aus ihrer Liebe geschaffen, dieses herrliche Lied, dessen Macht sie damals überwältigt und besiegt hatte, ohne daß sie es geahnt. Aber heute wollte sie ihm die sorglich gehüteten Früchte ihrer schenkenden Neigung zu Füßen legen, daß er sie selig erhöhe ...

Mit Mühe drängte sie sich bis zum Ausgange durch, wo die Künstler herabzukommen pflegten. Wenige Flammen erhellten das matte Dunkel; dort drängten die Menschen nicht in so wilder Hast, und sie konnte sich ungestört wieder ihren Träumen hingeben, die sich in seliger Sicherheit wiegten. Sie hätte es doch schon lange, so lange wissen können, daß er sie nicht vergessen könnte – dieser Gedanke kehrte immer wieder und einte sich mit fröhlichen Verheißungen für die kommenden Tage. Mit übermütigem Lächeln dachte sie an seine Überraschung, wenn er ahnungslos die Treppen herabkäme und sich plötzlich der Wunsch verwirklichte, von dem er vielleicht eben geträumt. Und wenn ...

Aber da kamen wahrhaftig schon Schritte, die immer lauter und näher tönten. Unwillkürlich zog sich Erika mehr ins Dunkel zurück.

Lachend und plaudernd stieg er die Treppe hinab zärtlich hinabgebeugt zu einer Dame in spitzenbesetztem Kleide, einer kleinen, netten Sängerin von der Oper, die irgend eine alte Operettenmelodie trällerte. Erika zuckte zusammen. Da bemerkte er sie. Instinktiv griff er nach dem Hut, aber ließ die Hand auf halbem Wege müßig sinken. Ein böses, beleidigtes und höhnisches Lächeln schien auf seinen Lippen zu lauern, aber er wandte den Kopf zur Seite. Und dann führte er die kleine Dame im Spitzenkleid zu seinem Wagen, half ihr hinein und stieg selbst ein, ohne den Blick noch einmal zurückzuwenden zur Erika Ewald, die dort einsam stand mit ihrer verratenen Liebe.

Solche Erlebnisse erwecken oft mit ihrer jähen Gewalt ein Leid, das so furchtbar und tiefeinschneidend ist, daß man es nicht mehr als Schmerz empfindet, weil man die Fähigkeit des Begreifens und des bewußten Fühlens in seinem wilden Anpralle verliert. Man fühlt sich nur sinken, aus schwindelnden Höhen atemlos, willenslos und widerstandsunfähig herabsausen, einem Abgrunde zu, den man noch nicht kennt, den man aber ahnt, näher, näher und immer näher kommen fühlt mit jeder Sekunde, mit jeder verschwindend kleinen Zeiteinheit, die im wirbelnden Sturze verfliegt, jenem furchtbaren Ende zu, von dem man weiß, daß es zerschmettern und zerbrechen wird.

Erika Ewald hatte schon zu viele kleine Leiden ertragen, um einem großen Ereignis ruhig ins Auge sehen zu können. Jene kleinen Schmerzlichkeiten hatten ihr Leben erfüllt, die ein seltsames Glückseligkeitsgefühl in sich tragen, weil sie zu melancholischen, träumerischen Stunden leiten, zu sanften Verzagtheiten und zu jenen süßen Traurigkeiten, aus denen die Dichter ihre innigsten und wehmütigsten Verse schaffen. Aber sie hatte in jenen Stunden schon die mächtige Pranke des Schicksals zu verspüren geglaubt, und es war doch nur ein verrinnender

Schatten seiner drohend ausgereckten Hand. Sie hatte gemeint, die finstere Gewalt des Lebens schon getragen zu haben und auf dieses Bewußtsein baute sie ihre starke Sicherheit, die jetzt zusammenbrach unter der Wirklichkeit wie ein Kinderspielzeug in einer nervigen Faust.

Und darum verlor ihre Seele so ganz ihre bindenden Kräfte. Das Leben kam zu ihr wie ein Hagelschauer, der Saaten und Blüten zerbricht. Nur mehr Öde war vor ihren Blicken und Finsternis, weite undurchdringliche Finsternis, die alle Wege versteckte, alle Blicke erblindete und die hallenden Angstrufe mitleidslos verschlang. Nur mehr Schweigen war in ihr, ein dumpfes, atemloses Schweigen, die Stille des Todes. Denn viel war in ihr gestorben in einem einzigen Augenblick; ein helles heiteres Lachen, das noch nicht geboren war, aber in ihr Leben wollte, wie ein Kind, das zum Lichte strebt. Und viel Jugend, jenes sehnsüchtige Empfangenwollen, das der Zukunft vertraut und Freude und Glanz hinter allen verschlossenen Pforten ahnt, die ihr Verlangen sich eröffnen soll. Und viel lautere und weltvertrauende Empfindungen, das Sichhingeben an alle Menschen und an die große Natur, die nur Feste und Wunder ihren gläubigen Schülern offenbart. Und endlich eine Liebe, die unendlich reich gewesen war, weil sie in den dunklen Quellen des Schmerzes sich gebadet hat und durch wechselnde Gestalten gegangen ist, um die Vollkommenheit zu finden. Aber auch eine neue Saat war in dieser Enttäuschung, ein bitterer Haß gegen alles, was sie umgab und ein heißes Rachebedürfnis, das noch nicht wußte, wie es sich Bahn brechen sollte. In ihren Wangen brannte die Schmach, und ihre Hände bebten, als müßten sie jeden Augenblick losfahren in zorniger Gewalt gegen irgend etwas. Die Schwächlichkeit und Scham war von ihr gewichen, die drängende Macht des Handelns wurde immer deutlicher und unruhiger in ihr; ein Wesen, das sich vom Schicksal immer hatte formen und lenken lassen, wollte ihm nun entgegengehen und mit ihm ringen.

Und dieser ziellose ungebärdige Trieb ließ sie in den Gassen irren, ohne einen Entschluß. Die Wirklichkeit lag in weiter, weiter Ferne. Sie wußte nicht, wohin sie ging, in ihren Füßen war bleierne Müdigkeit, aber auch eine irre Bewegung, die sie weiterstieß. Immer mehr hüllte sie sich in ihre Gedanken, um den Schmerz, der jetzt wach werden wollte, wegzudenken und ihn im raschen Gehen zu vergessen; doch sie spürte einen Druck von Tränen, die noch nicht hervorbrechen konnten, aber innen brannten und tropften ...

Auf einmal stand sie vor einer Brücke. Unten der Fluß, schwarz und langsam gleitend, mit vielen hellen, glitzernden Punkten. Sterne waren das und Reflexe von den Brückenlaternen, die hinaufstarrten wie aufgerissene Augen. Und von irgendwo ein leises unaufhörliches Plätschern, die Strömung, die sich an einem Pfeiler bricht.

Einen Todesgedanken barg dieser Anblick, das fühlte sie. Ein Beben überlief ihren Körper. Sie wandte sich um. Es war niemand in der Nähe, hie und da schwarze Schatten, die vorüberhuschten. Manchmal ein Lachen aus der Ferne oder das Rollen eines Wagens. Aber in der Nähe niemand, keiner, der sie hindern könnte. Wie leicht, wie rasch das war; ein Griff, ein Schwung über die Rampe, dann noch ein paar häßliche ringende Minuten unten, dort unten in dieser schweigsamen Dunkelheit und dann Friede ... reicher, ewiger Friede, fern von allen Wirklichkeiten, der beruhigende Trost des Nichtwiedererwachens...

Aber dann ein anderer Gedanke! Eine verunstaltete Leiche, die man aus dem Wasser zieht, Neugierige, die sich belustigen, Gerede und Geschwätz – es tat ja nicht mehr weh! Aber einer war, der könnte es erfahren und dann vielleicht selbstbewußt lächeln, im Bewußtsein eines Siegers ... Nein – das durfte nicht sein! Das Leben war noch nicht erschöpft, das fühlte sie, denn es konnte noch Rache bergen, den letzten tastenden Versuch einer

Verzweiflung. Und vielleicht war es sogar schön, und sie hatte nur falsch gelebt, sie war gut und vertrauend gewesen, mild und zurückhaltend, während man rücksichtslos, gierig und verschlagen sein sollte, wie ein Raubtier, das sich von fremdem Leben nährt.

Ein Lachen rang sich ihr aus der Brust, wie sie sich von der Brücke abwendete, ein Lachen, vor dem sie erschrak. Denn sie fühlte, wie sie sich selbst nicht ihre ungesprochenen Worte glaubte. Nur der Schmerz war wahr, und der glühende brennende Haß, die blinde Sucht nach Rache. Wie fremd sie sich doch geworden war, daß sie sich nicht einmal selbst mehr erkannte, wie schlecht und wie wertlos!

Ihr fröstelte. Sie wollte an nichts mehr denken. Sie ging wieder tiefer in die Stadt hinein ... irgendwohin ... nach Hause zu ... Nein – nicht nach Hause! Mit Furcht dachte sie daran. Dort war alles so finster und eng und dumpf, dort lauerten in allen Ecken Erinnerungen, die mit hämischen Fingern auf sie deuteten, dort war sie dann ganz allein mit ihrem großen Schmerz, dort konnte er seine schwarzen Flügel dicht ausbreiten, sie umfassen und eng, ganz eng an sie pressen, daß ihr der Atem verginge.

Aber wohin? Wohin? Die Frage zermarterte ihr das Hirn. Sie wußte nichts anderes mehr, ihr ganzes Denken konzentrierte sich in dieses eine Wort. –

Neben ihr lief ein Schatten.

Sie achtete nicht darauf.

Sie merkte es auch nicht, als er sich hart gegen den ihren neigte und mit ihm eine Zeitlang parallel lief. Jemand ging neben ihr, ein Freiwilliger, und betrachtete ihr Gesicht angelegentlich in dem Momente, als sie vor einer Laterne vorbeikamen. Erst wie er sie höflich ansprach, fuhr sie jäh aus ihren Gedanken auf. Sie brauchte einige Momente, um die Situation, in der sie sich befand, erst recht zu erfassen und antwortete nicht.

Der Freiwillige, ein Kavallerist, sehr jung noch und ein bißchen ungeschickt, ließ sich durch ihr Schweigen nicht einschüchtern, sondern redete in einem halb vertraulichen Ton, aber mit einer gewissen Reserve weiter. Offenbar war er mit sich nicht recht im klaren, mit wem er es eigentlich zu tun hätte; sie hatte ihm nicht geantwortet und war doch so vornehm – solid gekleidet. Und andererseits wieder dieses einsame langsame Spazierengehen spät in der Nacht – ganz recht bekam er's nicht heraus. Aber er redete unbekümmert weiter.

Erika schwieg. Instinktiv hatte sie ihn abweisen wollen, aber alle Dinge von früher hatten sie auf seltsame Gedanken gebracht. Sie wollte doch jetzt ein anderes Leben beginnen, nicht mehr dieses traumvolle Dahindämmern und müßige Sichsehnen, das ihr tausend Leiden geboren, es sollte ja für sie ein neues Leben beginnen, heiß verwegen und voll wilder Gewalt. Und dann dachte sie wieder an ihn – eine Rache wollte sie nehmen, eine furchtbare Schmach. Dem ersten besten, der gekommen, wollte sie sich verschenken; weil er sie verschmäht, die Erniedrigung auskosten bis zum letzten bittersten und vielleicht tödlichen Tropfen. Alles wurde rasch in ihr Plan und Entschluß, eine grausame Selbstpeinigung, die eine neue Schmach wählt, um die alte brennende zu vergessen ... wie sie zurecht kam, die Gelegenheit ... ein junger Mensch, ganz jung, der nichts davon verstand, nichts wußte, der sollte es sein, der erste beste ...

Und plötzlich antwortete sie ihm mit so hastiger Liebenswürdigkeit, er dürfe sie begleiten, daß er beinahe wieder schwankend wurde, mit wem er es zu tun hätte. Aber ein paar Fragen, das Opernglas, das sie vom Konzert mitbrachte und ihr vornehmes Benehmen, veränderten seine oberflächliche Haltung zu ihr. Er blieb recht befangen. Eigentlich war er noch ein halbes Kind, das in einer Uniform sich so seltsam ausnahm, wie in einem kriegerischen Maskenkostüm; und seine bisherigen Abenteuer waren so simpler Natur gewesen, daß sie keine Abenteuer mehr waren. Zum ersten Mal sah er sich einem wirklichen Rätsel gegenüber. Denn manchmal blieb sie Minuten still und unbeweglich, überhörte alle Fragen und ging wie im Traum, bis sie dann plötzlich wie mit einer provozierten Zärtlichkeit, die sie im Augenblick vergessen hätte, mit ihm lachte und scherzte; aber manchmal wollte es selbst ihm so erscheinen, als sei im Lachen ein falscher Ton.

Und in der Tat kostete es Erika nicht geringe Mühe, die Rolle einer Entgegenkommenden und Leichtsinnigen zu spielen, während ihr die tollsten Gedankenreihen durch den Kopf schwirrten. Sie wußte, was das Ende sein würde, und sie wollte es, aber eine geheime Angst beschlich sie immer wieder, daß sie gegen sich selbst frevle. Aber das Bedürfnis nach Rache, das sich positiv nicht betätigen konnte, hatte hier ein Mittel gefunden, sich zu entfalten, wenn auch in einer falschen Richtung, die die Spitze gegen sich selbst kehrte, aber es war so überströmend und machtvoll, daß sich ihre frauenhaften Empfindungen vergebens dagegen aufbäumten. Mochte geschehen, was da wolle, sollte eine Reue kommen ... nur nichts wissen von jener Schmach ... nur vergessen, wenn auch in einem Rausch, einem künstlichen und einem verderblichen ... aber nur nicht mehr daran denken müssen ...

So nahm sie auch gern den Vorschlag des Freiwilligen an, mit ihr in ein Restaurant in ein separiertes Zimmer zu gehen, obwohl sie dumpf ahnte, was das bedeutete. Aber sie wollte nicht daran denken ... nur nicht sich immer besinnen müssen ...

Zuerst kam ein kleines Souper, dem sie aber nicht zusprach. Aber Wein trank sie, in gieriger Hast, Glas auf Glas, um sich zu betäuben. Ganz gelang ihr es noch nicht. Manchmal übersah sie die ganze Situation mit furchtbarer Klarheit. Sie betrachtete ihr Gegenüber. Das war eigentlich der Rechte, besser hätte sie sich ihn nicht wünschen können: ein guter Kerl, von einer gesunden rotwangigen Derbheit, ein bißchen eitel und nicht zu klug ... der würde nie ahnen, was in dieser Nacht geschehen sei, was für eine Rolle er gespielt in einem armen gequälten Menschenleben ... der würde sie übermorgen vergessen haben. Und das wollte sie ...

In solchen Augenblicken der Überlegung bekamen ihre Augen einen träumerischen Ausdruck, und in ihrem Gesichte zeichnete sich der düstere Schatten eines inneren Schmerzes. Dann kam sie langsam ins Träumen hinein ... ihre Finger zitterten leise ... sie hatte alles vergessen, und die fernen versunkenen Bilder wollten langsam, ganz langsam wieder auftauchen ...

Dann erweckte sie wieder plötzlich ein Wort oder eine Berührung. Eine Sekunde brauchte sie immer, um sich wieder recht in alles hineinzufinden, aber dann faßte sie wieder ein Weinglas und leerte es auf einen Zug. Und dann noch eines und noch eines, bis sie spürte, wie ihr der Arm schwer herabsank ...

Der Freiwillige hatte sich inzwischen herübergesetzt und ziemlich dicht an sie angedrückt. Sie merkte es noch, aber scherzte ruhig weiter ...

Allmählich aber begann sie die Wirkung des Weins zu fühlen. Ihr Blick wurde unsicher und sah wie durch trübe Wolken eines schweren breitverströmenden Dunstes; und die zärtlichen und überredenden Worte, die sie vernahm, schienen irgendwo von weiter, weiter Ferne herzukommen, ganz verschwommen und verloren. Ihre

Zunge begann zu lallen, und sie merkte, wie trotz aller Bestrebungen ihr Gedankengang sich verwirrte und ein Blitzen und Surren vor ihren Augen funkelte, gegen das sie sich nicht zu wehren wußte. Aber mit der Müdigkeit, die sie immer enger und zärtlicher umfaßte, kam auch jene Schwermut wieder, halb die lallende unmotivierte Melancholie der Trunkenen, und halb der Schmerz, der schon den ganzen Abend ihre Brust durchstürmte und sich noch immer nicht Bahn gebrochen hatte. Sie war ganz in ihr Leid verloren, stumpf und gefühllos gegen die Außenwelt, taub gegen alle Worte und sanften Liebkosungen.

Der junge Bursch verstand ihr Verhalten nicht ganz und eine Unsicherheit überkam ihn, was er mit ihr beginnen sollte; er hielt sie für betrunken, wollte sie jedoch bewegen, wach zu werden, weil er sich schämte, ihre Trunkenheit sich zunutze zu machen. Aber ihre Apathie war nicht durch Zureden, noch durch schmeichelnde Küsse zu lösen; er fächelte ihr Kühlung zu; als er aber versuchte, ihr Kleid zu öffnen, geschah etwas Unerwartetes, das ihn erschreckte.

Denn im Augenblicke, da er sie umfaßte, fiel sie ihm plötzlich in die Arme und begann furchtbar zu weinen. Es war ein unendlich schreckvolles und leidvolles Schluchzen, nicht das wehmütige Duseln eines Trunkenen, sondern in ihrem Weinen war eine elementare Gewalt; wie ein Raubtier war es, das jahrelang im Käfig gefesselt war und mit einem Male in wilder Gewalt die Schranken durchbricht, es war ihr ganzer heiliger und tiefer Schmerz, der ihr nun dunkel bewußt gewesen war und sich jetzt in bebenden Schauern erlöste. Erika weinte aus tiefster Brust, alles, alles schien jetzt gut zu werden, da diese glühende Last der Tränen und die drückende Bürde der nichtentladenen Erregungen sich wie in mächtigen Gewitterstößen von ihr losrang; sie weinte und weinte, jähe Schauer liefen über ihren hilflos angeschmiegten Körper, aber die heißen Quellen ihrer Augen schienen nicht versiegen zu wollen; es war, als spülten sie all das bittere Leid mit sich hinweg, das sich langsam angesetzt hatte wie wachsende Kristalle, die sich verhärten und nicht weichen wollen. Nicht ihre Augen weinten, ihr ganzer schmaler und biegsamer Leib erbebte unter den harten Stößen, und ihr Herz erbebte mit.

Der junge Mann war diesem jähen und peinlichen Ausbruche gegenüber gänzlich hilflos. Er suchte sie zu beruhigen, strich ihr leise und zärtlich über die dunklen Flechten; wie aber ihre Anstrengungen sich immer verdoppelten, kam ein sonderbares Gefühl mitleidsvoller Zuneigung über ihn. Er hatte noch nie so weinen gehört, und dieses unerhörte Leid, von dem er nichts wußte, dessen Größe er aber ahnen mußte, flößte ihm eine achtungsvolle Furcht vor dieser Frau ein, die willenlos in seinen Armen lag. Wie ein Verbrechen erschien es ihm, ihren Körper zu berühren, der zu schwach war, den mindesten Widerstand leisten zu können; nach und nach kam ihm dann auch zu Bewußtsein, daß er sehr großartig dabei handle, und diese kindliche Freude an einem seltsamen Erlebnis stärkte seine Willenskraft. Er ließ einen Wagen holen und begleitete sie, nachdem er von ihr die Adresse erfahren hatte, bis zum Hause hin, wo er sich mit freundlichen und beruhigenden Worten verabschiedete.

Als Erika sich wieder in ihrem Zimmer befand, war auch der letzte Rest des Rausches verflogen. Nur das Geschehene der letzten Stunden war ihr unklar und verschwommen, aber sie dachte nicht mit scheuer Ängstlichkeit zurück, sondern mit friedevoller Ruhe. In diesen glühenden Tränen war ihre ganze junge Seele gewesen mit all ihrem Schmerz: mit der großen drückenden Liebe, mit der wilden und brennenden

Schmach und der letzten, beinahe vollbrachten Erniedrigung.

Langsam kleidete sie sich aus.

Alles hatte so kommen müssen; denn es gibt Menschen, die nicht zur Liebe geboren sind, denen nur die heiligen Schauer der Erwartung blühen, weil sie zu schwach sind, die schmerzhaften Seligkeiten der Erfüllungen zu tragen.

Erika dachte über ihr Leben nach. Sie wußte nun, daß die Liebe nicht mehr zu ihr kommen würde, und daß sie ihr nicht entgegengehen dürfe; die Bitterkeit des Entsagens nahte ihr zum letzten Male.

Einen Augenblick zögerte sie noch in geheimer unverständlicher Scham; doch dann löste sie die letzten Hüllen vor dem Spiegel.

Sie war noch jung und schön. In ihrem blütenweißen Körper lag noch die hellschimmernde Frische früher Jahre, in sanfter, fast kindlicher Rundung bebten ihre Brüste, die in wilder innerer Erregung sich hoben und senkten, leise und zart in rhythmisch verfließendem Linienspiel. Stärke und Geschmeidigkeit prunkte in den Gliedern, alles war geschaffen und bereit, eine schenkende Liebe kraftvoll zu empfangen und zu erhöhen, Seligkeiten zu geben und zu nehmen im wechselnden Spiel, dem heiligsten Ziele entgegen zu schaffen und das verklärte Wunder der Schöpfung in sich zu erleben. Und das alles sollte ungenützt und unfruchtbar vergehen, wie die Schönheit einer Blume, die ein Wind verweht, ein taubes Korn im unübersehbaren Garbenfelde der Menschheit?

Eine milde versöhnliche Resignation kam über sie, die Hoheit der Menschen, die durch den größten Schmerz gegangen. Und auch den Gedanken, daß diese blühende

Jugend einem, einem einzigen bestimmt gewesen sei, der sie begehrt und verachtet habe, auch diese letzte schwerste Prüfung fand keinen Groll mehr bei ihr. Wehmütig löschte sie das Licht und sehnte sich nur mehr nach dem leisen Glück milder Träume.

Diese wenigen Wochen umgrenzten das Leben der Erika Ewald. In ihnen lag alles beschlossen, was sie erlebte, und die vielen späteren Tage gingen an ihr vorüber, gleichgültig wie Fremde. Ihr Vater starb, die Schwester heiratete einen Beamten, Verwandte und Freunde trugen Glück und Unglück, nur in ihre einsamen Stunden ließ sie das Schicksal nicht mehr ein. Ihr konnte das Leben nichts mehr anhaben mit seiner stürmischen Gewalt; die tiefe Wahrheit war ihr bewußt geworden, daß der große heilige Friede, um den sie gerungen, nicht anders errungen wird, als durch einen tiefen läuternden Schmerz, daß es kein Glück gebe für den, der nicht den Weg der Leiden gegangen ist. Aber diese Weisheit, die sie dem Leben abgerungen, blieb nicht kalt und unfruchtbar; die Fähigkeit zur spendenden Liebe, die einst ihr Wesen in heißen Konvulsionen erschüttert, zog sie nun zu den Kindern hin, die sie Musik lehrte und denen sie vom Schicksal und seinen Tücken erzählte, wie von einem Menschen, vor dem man sich hüten muß. Und so gingen ihre Monate, Tag für Tag dahin.

Und wenn der Frühling ins Land kam und warmer segnender Sommer, dann überströmten auch ihre Abende von inniger Schönheit ...

Sie saß dann am Klavier beim offenen Fenster. Von außen zitterte ein feiner würziger Duft herein, wie ihn der erste Frühling bringt, und das Brausen der Großstadt war fern wie ein Meer, das seine stürmischen Fluten gegen die weißen Gestade wirft. Im Zimmer trällerte der

Kanarienvogel die lustigsten Läufe, und draußen vom Gang hörte man die Knaben des Nachbars mit ihren tollen, übermütigen Spielen. Wenn sie aber zu spielen begann, dann wurde es draußen still; leise, ganz leise ging dann die Tür auf, und ein Knabenkopf nach dem anderen schob sich herein, um andächtig zu horchen. Und Erika fand wehmütige Melodien mit ihren weißen schmalen Fingern, die immer heller und durchleuchtender zu werden schienen, dazwischen leise Phantasien, bei denen verhallte Erinnerungen anklangen.

Und einmal, als sie so spielte, kam ihr ein Motiv, dessen sie sich nicht entsinnen konnte. Und sie spielte es immer wieder, bis sie es jählings erkannte; das Volkslied, die wehmütige Liebesweise, mit der er sein Liebeslied begonnen ...

Da ließ sie die Finger sinken und träumte wieder von der Vergangenheit. Ganz ohne Groll und Neid waren ihre Gedanken. Wer weiß, ob es nicht das Beste gewesen, daß sie sich damals nicht gefunden ... Und ob sie sich vertragen? Wer kann es wissen? ... Aber ... – sie schämte sich beinahe des Gedankens – ein Kind hätte sie gerne von ihm gehabt, ein schönes goldlockiges Kind, das sie hätte wiegen und warten können, wenn sie allein war, ganz einsam war ...

Sie lächelte. Was für dumme Träumereien das doch waren!

Und tastend suchten ihre Finger wieder das vergessene Liebesmotiv ...

9 791096 314201